PROBLÈMES DE LA VIE

Études de
Positivisme métaphysique

par

Narcisse MUÑIZ

O. S. C. S. R. E.

Édition revue et augmentée par l'Auteur

TRADUIT DE L'ESPAGNOL

PARIS
MARCEL RIVIÈRE & Cie, ÉDITEURS
31, Rue Jacob
1914

PROBLÈMES DE LA VIE

Études de
Positivisme métaphysique

PROBLÈMES DE LA VIE

Études de

Positivisme métaphysique

par

Narcisse MUÑIZ

O. S. C. S. R. E.

Édition revue et augmentée par l'Auteur

TRADUIT DE L'ESPAGNOL

PARIS
MARCEL RIVIÈRE & Cⁱᵉ, ÉDITEURS
31, Rue Jacob
1914

INTRODUCTION

ÉTUDE I

La Zoologie et le Somnambulisme

La vie zoologique. — La réaction idéaliste. — Le somnambulisme. — Somnambulisme organique. — Somnambulisme littéraire. — Somnambulisme « philosophant ». — *Premier degré* : Création de vérités, le Pragmatisme. — *Deuxième degré* : Création de l'Univers. — *Troisième degré* : Rayons ultra-violets du néo-kantisme. — Dangers du somnambulisme philosophant. — Avantages du somnambulisme. — Caractère zoologique du somnambulisme. — La fraude du Pragmatisme.

§ I. — La vie zoologique

Il y eut une époque où la bête humaine fut traitée avec mépris ; mais les temps sont changés et au mépris a succédé l'apothéose.

Sous des déguisements trompeurs, la vie animale de l'homme fascine aujourd'hui et s'impose avec un pouvoir despotique. Elle a formé tout un ensemble d'enseignements théoriques et pratiques : éducation, littérature, philosophie, rien ne manque à cette science moderne tant vantée.

Tout d'abord le *Sport* : car avant tout il faut développer et fortifier le corps humain, le mettre à même d'exercer parfaitement toutes ses fonctions vitales. Le Sport comprend toutes sortes d'exercices physiques propres à fortifier l'organisme, depuis le rythme grotesque de la danse jusqu'aux évolutions les plus dangereuses de la gymnastique : sauts, courses, danses, coups de poing, coups de pied, chasse, escrime, équitation, *décharges musculaires* de tout genre, tout ce qui prépare et dresse l'homme à dominer la nature, et à triompher de tout animal de même espèce ou d'espèce inférieure.

Si la faveur du public va à ces exercices destinés à rendre plus vigoureux l'organisme humain, elle va aussi à l'étude des fonctions naturelles, et c'est le sujet favori du roman et du théâtre contemporain. Ce n'est plus la lutte du devoir et de la passion qui, en d'autres siècles, fut le ressort de drames célèbres ; la littérature, aujourd'hui à la mode, c'est la littérature purement animale, la rencontre et la lutte des différents appétits entre eux. Le protagoniste est toujours la bête humaine. Le spectacle des passions déchaînées, voilà ce qui affole les foules. Séduites par la ressemblance du portrait, elles applaudissent leurs photographes, les couvrent de fleurs et les portent en triomphe.

La nouvelle science ne se borne pas à cultiver le sport, le roman et le théâtre naturalistes ; elle a des horizons plus vastes, elle possède sa philosophie, d'antique et célèbre origine, connue dans l'histoire sous le nom d'Epicurisme. Les prosélytes de cette philosophie, qui s'appelèrent eux-mêmes, un jour, *Epicuri de grege porcos*, conseillent de ne pas céder aux impulsions irréfléchies de l'animal qu'ils prirent pour modèle, mais de rechercher le raffinement des appétits organiques. En effet, dans la vie animale, à côté des plaisirs brutaux, il y a place pour les plaisirs de la sensualité qui les complètent ; aux plaisirs naturels il faut ajouter les plaisirs artificiels ; aux plaisirs connus, les plaisirs cachés, inconnus de la foule ignorante ; enfin, il faut multiplier les plaisirs en sacrifiant la satisfaction immédiate de quelques-uns à des jouissances ultérieures plus intenses. L'Epicurisme, modérateur des instincts, est comparable à la taille des arbres qui, loin de leur nuire, les rend plus vigoureux et leur fait porter des fruits plus abondants et plus savoureux.

§ 2. — La réaction idéaliste

Les fonctions naturelles arrivent à dominer si bien dans la vie humaine que beaucoup ne sentent pas d'autre nécessité, n'ont pas d'autre aspiration que de voir leurs appétits complètement satisfaits. Ils en donnent leur parole, et la politesse nous oblige à les en croire.

Mais contre cette fascination exercée par la vie animale, contre cette prédominance de ses plaisirs, d'autres protestent énergiquement : ce sont ceux qui ont honte et qui, poussés par une impulsion irrésistible, se lèvent pour vivre, dans des régions plus élevées, une vie plus noble.

Ce dégoût de la vie animale, ces nobles aspirations apparaissent de nos jours sous le nom d'*Idéalisme*, terme vague qui sert à désigner deux doctrines opposées, deux genres de vie absolument différents. Or, il est nécessaire de les définir, de les préciser clairement, car, même dans des ouvrages expressément consacrés à l'étude du mouvement idéaliste, il n'est pas rare de voir confondre les enseignements les plus opposés.

§ 3. — Le somnambulisme

Le XIXe siècle a détourné de son sens le mot *Idéalisme* en l'appliquant à cette aptitude particulière de l'homme, considéré comme un animal supérieur, de s'élever au-dessus des bassesses dégradantes de la vie organique pour trouver ses jouissances dans la contemplation d'images et de rêves artificiellement cultivés et qu'on appelle faussement *Idées*.

Le seul nom qui convienne à ce faux Idéalisme, confiné dans la pure animalité, est celui de *Somnambulisme*.

Il y en a trois espèces différentes : organique, littéraire et « philosophant ».

§ 4. — Le Somnambulisme organique

L'anémie provoque un somnambulisme pathologique involontaire auquel sont sujets les tempéraments débiles exposés à des troubles cérébraux. Il y a aussi une autre espèce de somnambulisme organique ; il n'est plus involontaire, mais artificiel ; ce n'est plus un effet, mais la cause de troubles cérébraux et des hallucinations qui en sont la conséquence. Sous le nom de *Paradis artificiels*, Frédéric Boutet l'a décrit dans un intéressant article de l'*Echo de Paris* du 28 août 1908.

Parmi les moyens employés pour le provoquer, le plus connu est l'ivresse produite par les boissons alcooliques ; de tout temps, les peuples y ont cherché l'oubli de leurs misères et de leurs devoirs.

Mais l'ivrognerie est trop vulgaire pour les somnambules distingués ; ils préfèrent chercher dans l'opium et le haschich des rêves de jouissances raffinées et de délices que l'alcool ne parvient pas à procurer.

L'usage de l'opium, général en Orient, a été importé en Europe. Les uns le mâchent, les autres le fument. En Irlande, à une certaine époque, il fut mâché avec délices par les *teriakis*, dont les enthousiasmes et les tortures ont été décrits par Thomas de Quincey (1) ; et Paris possède un grand nombre de fumeries où une foule de somnambules va chercher les voluptés de rêves plus ou moins certains.

Le haschich a partagé vers la fin du siècle dernier la vogue funeste de l'opium. Les esthètes et les symbolistes crurent atteindre, grâce à lui, une puissante originalité littéraire, et, pour se livrer à leur passion favorite, ils fondèrent à l'Hôtel Pimodan le *Club des Haschichins* ; Gautier et Baudelaire assistèrent à leurs mystérieuses séances. Les parnassiens fréquentaient aussi ce club pour y trouver des consolations aux désenchantements de la vie.

§ 5. — SOMNAMBULISME LITTÉRAIRE

La vie orientale, type classique du Somnambulisme littéraire nous offre dans les *Mille et une nuits* un modèle achevé de ce genre de rêves. La vie européenne possède, elle aussi, une littérature qui, sans avoir la luxuriante richesse des créations orientales, est riche en fantaisies non moins imaginaires que l'existence des génies et des fées. Au moyen-âge, ce furent les livres de chevalerie ; en tout temps, les églogues et les

---

(1) *Confession d'un mangeur d'opium.* Trad. franç. Paris 1890.

idylles ; de nos jours, les œuvres des romantiques censurées par Dühring (1). Il leur reproche, à l'inverse des naturalistes qui se complaisent à décrire la vie humaine dans toute sa brutale réalité, de chercher à l'embellir et à la poétiser, de distraire les hommes de leur abjection par des narrations fantastiques, par des chimères dont le but est de nous faire dormir tout éveillés, sans recourir aux perturbations organiques occasionnées par l'opium et le haschich.

§ 6. — Somnambulisme « philosophant »

Le somnambulisme littéraire cherche à nous faire jouir de rêves agréables ; le Somnambulisme philosophant a pour but de nous faire rêver de choses philosophiques. Autant le premier est agréable et gai, autant le second est ennuyeux et soporifique.

Kant peut être considéré comme le fondateur de ce Somnambulisme d'un nouveau genre ; mais son rôle se borne à commencer le mouvement que les néo-Kantiens ont précipité durant le XIXe siècle à des excès qu'il n'avait pas rêvés.

Pour bien comprendre ce qu'est le Somnambulisme philosophant, il convient d'y distinguer trois degrés. Le Kantisme est le premier degré ; le Néo-Kantisme, le second et le troisième.

§ 7. — 1er degré : Création de vérités
Le Pragmatisme

Le premier degré du somnambulisme philosophant

---

(1) *Der Werth des Lebens.* Ch. I.

a été clairement décrit, par un talent digne d'une meilleure cause, Unamuno, recteur de Salamanque, dans un discours prononcé à Gijon, au mois d'août 1904.

Pour éviter les dangers de l'anémie, le Somnambulisme philosophant conseille de se bien nourrir ; c'est *après avoir bien rempli son estomac* que l'homme est apte à se lancer dans la céleste région des chimères. Sans cette précaution, le Somnambulisme ne serait plus philosophant, mais pathologique.

Après s'être bien alimenté, l'homme doit se proposer non d'apprendre, mais de rêver. *Ose te tromper et rêver*, disent-ils avec Schiller. Rêve sans crainte ; *puis, crois que tout ce que tu as rêvé est vrai*. Cela s'appelle *créer des vérités*, et en cela consiste le premier degré du Somnambulisme philosophant, le pur Kantisme.

Chercher la vérité comme une chose extérieure et supérieure à l'homme, *c'est bassesse de lâches et de mendiants*. Le brave, le vaillant, guidé par ce qu'on appelle justement *instinct de perpétration, doit regarder le ciel qui est au fond de son cœur, et là, allumer sa propre lumière, créer ses vérités intimes, ses vérités intérieures*, et, de plus, *il doit faire de telle sorte l'éducation de ses yeux que leur regard par lui-même crée la beauté*.

Ce premier degré du somnambulisme philosophant, expression exacte de la *Métaphysique future* de Kant, est la thèse du Pragmatisme moderne, Philosophie brillante et bruyante exposée d'abord à l'Institut Lewel de Boston et devenue ensuite un article d'exportation que les Yankees ont expédié en Europe.

Dans des conférences données à cet Institut, se chargèrent d'annoncer au monde cette prodigieuse nouveauté d'abord Dewey, auteur de *Studies in logical Theory*, puis William James dont le *Pragmatism* (1907) devint bientôt pour les philosophants européens le nouvel Evangile du Scepticisme. Loyalement W. James avoue lui-même que son enseignement n'a rien de bien original. Le Pragmatisme n'est qu'un nom nouveau appliqué à d'antiques modes de penser : *a new name for some old ways of thinking*. Mais le vulgaire le lit avec avidité comme le feuilleton quotidien, et l'ignorance le célèbre comme une nouveauté merveilleuse. Bref, F. C. S. Schiller, professeur à Oxford, exposait en Angleterre la même doctrine ; et en Italie elle est chaleureusement adoptée et professée par un groupe florentin dont la direction revient, d'après W. James, à Papini.

Selon les pragmatistes, pour tout homme en qui la science a éveillé le sens critique, les *Idées*, comme les sécrétions du cerveau, sont des produits humains. Ce qu'on appelle *vérités* sont des créations de l'homme. La Philosophie est un arome que l'homme exhale, *an essential personal flavor... the personal flavor of some fellow*. Les systèmes philosophiques sont de même nature que les drames, que les poèmes, que toutes les créations du somnambulisme littéraire ; aussi, faut-il les étudier comme Balzac étudia la littérature. C'est une faculté caractéristique de l'espèce humaine que de rêver tout éveillé et de se forger à sa guise toute espèce de fantaisies philosophiques. Papini s'extasie devant « cette perspective qu'ouvre le Pragmatisme, sur ces divines fonctions créatrices qui appartiennent à l'homme ».

La classification pragmatiste des Idées est par conséquent la classification même des tempéraments. W. James classe les hommes suivant leur rudesse ou leur délicatesse, suivant qu'ils sont plus ou moins brutaux ou tendres, suivant leur *tough-mindedness* ou leur *tender-mindedness*.

Des plus rudes, des plus attachés à la vie zoologique W. James dit qu'ils sont *pluralistes*, en ce sens qu'il n'y a pour eux rien au-delà de la pluralité de leurs perceptions organiques.

Inversement, il appelle *absolutistes et monistes* ceux qui, non contents de leurs fonctions purement zoologiques prétendent parler de *l'absolu* et rêver une *cause unique* ; ce qui, dit-il, n'est pas obligatoire dans le Pragmatisme mais simplement volontaire.

Le pragmatiste n'est pas obligé de se créer uniquement des Idées absolutistes et monistes ; s'il lui plaît, il peut sans inconvénient rêver le Naturalisme, le Panthéisme et le Déisme ; il peut même se permettre de créer une religion et être mystique, si l'envie lui en prend. W. James a prévu le cas, et plein de sollicitude, il a prévenu ce désir. Dans ses *Expériences Religieuses*, il a exposé la religion qui lui paraît la mieux appropriée aux pragmatistes neutres, c'est-à-dire à ceux qui ne veulent ni s'arrêter à l'ordre strictement zoologique ni se perdre dans les extravagances du somnambulisme mystique.

§ 8. — 2ᵉ *Degré* : Création de l'univers

Le Kantisme conseille de croire à la vérité de ses rêves : de là le fameux *transcendantalisme* de ce qu'il appelle à tort ses Idées.

Le Néo-Kantisme au contraire consiste à n'accorder aucune créance à ses rêves et à croire que le monde entier n'est qu'une pure hallucination.

Dans son *Histoire du Matérialisme* (1) Lange a donné l'exposition la plus claire qui ait été faite jusqu'ici de ces étapes supérieures du Somnambulisme néo-Kantien. Hans Vaihinger le considère comme l'un des trois grands génies qui personnifient le mouvement philosophique en Allemagne dans la seconde moitié du XIXᵉ siècle, après la décadence de l'école hégélienne (2).

Le somnambulisme du second degré, d'après Lange, non seulement crée ses vérités mais encore il crée l'Univers.

Devant la critique de ces somnambules, « l'*Univers se dissipe comme la fumée*.. Il n'y a plus de réalité extérieure, ni matière, ni espace, ni temps, ni monde, ni rien. *Le monde des sens n'est qu'un produit de notre imagination*, un simple rêve. *Le soleil, la lune, les étoiles, avec leurs mouvements réguliers et l'Univers entier*, dit Ueberweg, *ne sont pas des images réfléchies de l'extérieur, mais des éléments et, pour ainsi dire, des portions de notre intérieur.*

Stallo, hégélien converti au néo-kantisme, dans sa *Physique Moderne*, prend en pitié les astronomes qui ne se sont pas encore rendu compte que ces astres qui paraissent situés à des distances merveilleuses que naïvement ils veulent mesurer, n'existent que dans leur cerveau : *ce sont des portions de leur intérieur*. Pour les néo-kantistes, le cerveau humain est un kaléidoscope au fond duquel se dessinent des figures capricieuses, sans aucune réalité, et dont on ne peut par

---

(1) Tome II, 3ᵉ partie, ch. IV. De la physiologie des organes des sens et de l'Univers en tant que représentation.
(2) *Hartman, Dühring ind Lange*. Iserlhon (1876)

conséquent pas faire l'objet de sérieuses observations astronomiques. *On ne se demande plus ce que sont, ce que signifient ces images merveilleuses que je vois là-dedans, mais quelle est l'organisation du tube qui les produit.*

Contempler ces visions, observer cette fantasmagorie est une *précieuse possession de notre esprit*, et c'est dans cette prodigieuse faculté de rêver que réside, d'après Lange, toute la grandeur humaine.

Ce qu'il y a de plus curieux dans cette catégorie de somnambules, c'est qu'il y en a qui recommandent de cultiver les rêves religieux, et à cet effet, ils organisent un culte nouveau, néo-Kantien, que Lange dit *complètement analogue au culte chrétien* et dont les prosélytes devraient s'assembler dans des temples gothiques pour entendre jouer sur les orgues les messes de Palestrina et pour entonner le *Gloria in excelsis*.

Lange raconte que s'entretenant un jour avec son ami Ueberweg, de la convenance qu'il y aurait à cultiver ce genre de rêves et à choisir les chants d'église les mieux appropriés, il alla jusqu'à lui proposer de former un recueil de Psaumes, et il lui signala le cantique protestant *O tête couverte de plaies et de sang !* Ueberweg, ennemi déclaré de la tristesse et de la mélancolie, en resta stupéfait, et il mit fin à la conversation ne voulant plus jamais entamer pareille discussion.

C'est très candidement que Lange raconte cette anecdote ; et il s'est trouvé des auteurs graves pour applaudir le plus sérieusement du monde à cette tentative de rénovation religieuse.

§ 9. — 3ᵉ degré : Rayons ultra-violets du néo-kantisme

Nous avons vu l'Univers se dissiper comme une fumée ; c'est maintenat son créateur lui-même qui se dissipe ; l'homme disparaît, il s'escamote lui-même après avoir escamoté le monde entier.

Le dernier mot du néo-kantisme est sa protestation contre la *fausse théorie basée sur le principe que notre propre corps puisse être élevé au rang de chose en soi.* Lange attribue à Ueberweg le mérite de cette étonnante découverte fondée sur les lois de l'optique et sur la théorie des couleurs.

Nos yeux, ces yeux avec lesquels nous contemplons les figures de notre kaléidoscope, *leur structure, le nerf optique, le cerveau.... ne sont que pures représentations,* comme la représentation de l'Univers.

Notre cerveau à son tour n'est pas autre chose que l'abstraction d'une image née en vertu des lois qui régissent notre faculté de représenter.

Mon organisme physique n'est que ma propre représentation ; c est une image optique qui nous trompe.

L'individu n'est pas une réalité, ce n'est qu'une *synthèse faite par ma pensée*

Et rien ne sert de dire : « *Je vois mon corps, je sens ma réalité* » *Qui pourra nier que cette main que je remue à mon gré soit mienne* ? Le somnambule du troisième degré se rit de telles exclamations, de telles préoccupations parce que, pour être un vrai philosophe, il faut en faire abstraction.

Tels sont les rayons ultra-violets de la lumière qui éclaire les néo-Kantiens.

Contre ces étonnantes et stupéfiantes affirmations, inutile d'en appeler au sens commun. Kant, le grand pontife, a eu soin de nous déclarer que dans les questions philosophiques *le sens commun n'a pas voix au chapitre*. Le vrai philosophe ne doit pas avoir le sens commun.

§ 10. — Dangers du somnambulisme philosophant

Le premier degré du somnambulisme philosophant peut se rencontrer avec un état de santé satisfaisant ; la santé peut ne point être ébranlée par les rêves métaphysiques pris comme récréation et passe-temps plus ou moins honnêtes. Mais à partir du second degré, le néo-Kantisme court le risque d'entrer dans l'ordre pathologique.

La solide nourriture conseillée par Unamuno peut être insuffisante à conjurer le péril. Si le néo-Kantiste en arrive à se persuader qu'il porte dans son cerveau le soleil et les étoiles, tandis qu'il doute de sa propre existence, alors le cas revêt une réelle gravité ; et ses conséquences peuvent être tout aussi funestes que celles de l'usage de l'opium et du haschich.

§ 11. — Avantages du somnambulisme

En revanche, le Somnambulisme philosophe présente des avantages que ses apologistes ne cessent de célébrer.

Le principal, disent-ils, c'est qu'il dessèche, par magie, la source empoisonnée des discordes et des discussions, alimentée jusqu'à présent par la divergence des croyances et des doctrines toutes basées sur la connaissance d'une réalité extérieure et supérieure à l'homme Toute la science humaine se bornant à un pur somnambulisme, il n'y a plus de discorde possible. Il n'y a plus rien à étudier, rien à apprendre, rien à discuter. *Placé au fond de son propre être*, chacun est libre de rêver à ce qui lui plaît, sans qu'il trouve dans ses rêves un motif de critiquer les autres ou de les empêcher de rêver à ce qui leur plaît. Ainsi, aux désastres de la guerre succèdent les bienfaits d'une paix inaltérable.

Et tout le monde y gagne, en particulier les partisans du mécanisme cosmologique aujourd'hui à la mode. Le somnambulisme, s'il faut en croire Lange, leur offre le seul moyen de se tirer d'affaire. Ils se voient en effet dans le plus grand embarras, impuissants qu'ils sont à expliquer ou à démontrer scientifiquement une multitude de faits. Or, si l'on part de ce principe que *rien ne peut être démontré*, que la science humaine *n'a rien de commun avec la connaissance scientifique*, puisqu'il n'y a aucune réalité objective, rien de réel ni de démontrable, puisque tout est fantaisies, rêves et créations poétiques de l'homme *qui procurent le contentement et l'harmonie* du cœur, alors disparaissent toutes les difficultés et toutes les confusions. Lange a raison de leur dire qu'ils ont entre les mains le seul moyen de sortir du bourbier. Le mécanisme n'est pas une question de science ni de démonstration ; c'est un rêve, une création poétique comme tout le reste. S'il me plaît de rêver ainsi, quel compte, quelles explications dois-je en donner à qui que ce soit ?

§ 12. — Caractère zoologique du somnambulisme

Le trait principal du somnambulisme est sa nature purement animale. Le Kantiste est un animal qui rêve, et quand les maîtres parlent d'*instinct*, ils emploient le mot propre.

Rien en effet, dans le Somnambulisme, qui puisse s'opposer au développement complet de la vie zoologique, rien qui puisse la diminuer ou la réprimer. L'homme a le même droit de rêver et de se complaire dans les chimères que de se livrer aux décharges musculaires du sport ou de satisfaire ses passions. Le Somnambulisme pourra être le complément, mais non le frein ou la condamnation de la vie animale, parce qu'il n'est qu'une fonction organique qui n'a aucun titre à commander aux autres. Et pour prévenir tout danger d'usurpation de pouvoir, Kant et Lange ont soin de conseiller *de ne rien rêver qui ne soit du domaine de la plus pure zoologie.*

§ 13. — La fraude du pragmatisme

Ce qui a le plus contribué à la vogue du Pragmatistisme — et c'en est pour W. James le principal mérite — c'est l'orientation nouvelle qu'il imprime au somnambulisme philosophant ; il a canalisé le torrent débordé de ses *Idées* en les dirigeant *vers les choses dernières, vers les résultats, les conséquences, les faits.*

S'appuyant sur l'enseignement de Kant au sujet du *transcendantalisme* des Idées, les pragmatistes se proposent de les juger précisément par leur transcendance ; c'est *pratiquement* qu'ils distinguent la vérité ou la fausseté des Idées, en les *vérifiant* et en les *éprouvant*.

Et de là le nom donné à cette orientation nouvelle par Pierce et vulgarisé dans la suite par W. James. N'ignorant pas que *pratique* en grec se dit *pragma*, ils baptisèrent leur école du nom de Pragmatisme. Ajoutez-y l'*Epistémologie* et le *Solipsisme*, et voilà une phraséologie propre conforme au cultisme Kantien.

Rien ne pouvait paraître plus sensé que cette orientation nouvlle, et de là sa facile popularité. Mais ici apparaît le caractère typique des Pragmatistes, la fraude qui recouvre leur charlatanisme.

W. James repousse avec colère la croyance vulgaire qui consiste à penser que les Idées sont vraies lorsqu'elles sont la copie de réalités correspondantes. « La notion d'une réalité extérieure qui nous oblige à nous conformer à elle est une chose qui le déconcerte. *I have to confess that it still completely baffles me.*

Affolé par cette pensée, W. James passe au second degré du somnambulisme sans se rendre compte de ce qu'il dit, parce que ce n'est plus le Pragmatisme qu'il prêche. Le vrai Pragmatisme ne va pas jusqu'au délire de penser que l'Univers est une création de l'homme. Il lui suffit de l'imaginer comme il veut, de le rêver comme il lui plaît (1).

Négligeant toute fantaisie stérile et s'attachant aux conditions essentielles de la vie zoologique, le Pragmatisme ne reconnaît d'autre réalité que ce qui convient à chacun. *Réalité* est synonyme d'*Utilité*.

---

(1) He trusts his temperament. Wanting an Universe that suits it, he believes in any representation of the Universe that suits it. *Pragmatism*, p. 7.

Une idée vraie est celle qui nous plaît, celle qui nous procure quelque satisfaction. L'idée la plus vraie est celle qui produit la plus grande somme de *satisfactions* vitales. La vérité consiste en ce que l'idée soit avantageuse pour l'homme : *peu importe la manière*. Se conformer à la réalité signifie simplement convenir ou être agréable à l'homme.

Cette doctrine de Dewey, W. James ne cesse de la répéter dans son *Pragmatism*. C'est le critérium de l'utilité appliqué au Somnambulisme philosophant.

La vérité des Idées change avec l'utilité des choses ou le goût des personnes. L'idée qui est vraie aujourd'hui parce qu'elle nous convient ou nous agrée, ne sera pas une vérité demain si elle cesse de nous agréer ou de nous convenir.

L'expérience dont parlent les Pragmatistes n'a rien à voir avec l'expérimentation scientifique destinée à vérifier une réalité externe ; c'est une expérience personnelle — *to experience* — pour juger de l'utilité qu'elle peut avoir pour nous.

Fidèle à cette doctrine de ne penser qu'à augmenter nos satisfactions vitales, W. James conseille aux délicats, et principalement aux mystiques qui ont la prétention de rêver à une cause première, de rêver le Naturalisme qui ne s'oppose pas le moins du monde à la plénitude de nos satisfactions vitales. En tout cas, qu'ils tiennent pour absurde tout rêve de privation de choses utiles à la vie zoologique.

Point de rêves lugubres : mettre fin à toute espèce de terreurs, rejeter loin de soi le tourment de notre responsabilité, faire trêve à nos angoisses ; rien qui puisse causer des mélancolies malsaines et des remords maladifs, rêves d'imaginations fiévreuses. Arrière !

arrière tout cela ! s'écrie W. James. *Away with it* ! *Away with all of them* !

En fin de compte, dit-il aux pragmatistes, imitez-moi ; laissez-là absolutismes et monismes et célébrez comme moi, tranquillement les *moral holydays*, c'est-à-dire les fêtes ou expansions de la vie zoologique.

ÉTUDE II

Le Positivisme métaphysique

CHAPITRE I

LA CONNAISSANCE INTELLECTUELLE

Deux positivismes. — L'entendement zoologique. — L'intelligence. — Diversité de leurs natures respectives. — Positivisme de la Métaphysique. — La vision intellectuelle. — Négation frauduleuse des idées.

§ 1. — Deux positivismes

Le Positivisme est l'antithèse du Somnambulisme : c'est la doctrine qui à la vanité des rêves néo-Kantiens oppose la réalité des objets et la vérité de leur connaissance.

Il y a deux genres de Positivisme.

L'un, essentiellement *zoologique*, qui est aujourd'hui le Positivisme par excellence, celui qui monopolise l'usage de ce nom.

L'autre, le vrai Positivisme, basé comme le premier sur la réalité des choses et la vérité de leur connaissance, est le véritable Idéalisme, le Positivisme *ultra-*

zoologique, improprement appelé Métaphysique, parce qu'Aristote en a parlé μετὰ τὰ υσικὰ après la Physique qu'il a mêlée à la Zoologie. Pour lui en effet l'homme est un pur animal ; l'anthropologie est donc une partie intégrante de la zoologie qui fait suite à la physique.

Cette étymologie du mot Métaphysique est erronée, car la Métaphysique, essentiellement ultrazoologique, doit être étudiée non pas après la Physique, mais après la Zoologie ; elle n'est pas Métaphysique, mais Métazoologie, car en elle se trouve la ligne de division qui sépare l'homme de l'animal. Cependant ce mot étant accepté et vulgarisé, il n'est point nécessaire de chercher un néologisme plus exact; il suffit de ne pas perdre de vue son vrai sens.

§ 2. — L'ENTENDEMENT ZOOLOGIQUE

L'animal connaît la réalité extérieure par l'intermédiaire de l'impression produite sur le cerveau par les objets que les sens perçoivent. De même que les objets se réflètent dans une chambre noire où se dessine fidèlement leur image, de même les objets impressionnant nos organes, se réflètent physiologiquement sur le cerveau et y forment des *Images* qui sont la copie fidèle des objets.

Ce sont ces images qui servent de base à l'entendement zoologique, faculté merveilleuse qui, dans les espèces supérieures, atteint une perfection prodigieuse.

Cette faculté de connaître, propre à l'animal, constitue son *Entendement*, mot dérivé de *intendere*, *tendre vers* ; l'animal, grâce à lui, discerne tout ce qui convient à la satisfaction des besoins et des appétits de la vie organique ; il connaît la qualité des choses, leurs coexistences et leurs su cessions, et il forme de véritables jugements sur tout ce qui se rapporte à la vie animale.

Bien que moins perspicace et moins pénétrant, cet Entendement zoologique existe aussi dans l'homme, et le Positivisme moderne prétend réduire au seul exercice de cette faculté toute la science humaine. Le moderne Savant, ainsi appelé par antonomase, devient simplement un animal dressé par l'expérience, tout comme sont dressés, suivant Brehm, les animaux : il se borne à observer les qualités des choses, leurs coexistences et leurs successions, leurs ressemblances et leurs différences.

§ 3. — L'Intelligence

Mais l'homme a autre chose que l'entendement zoologique ; il est doué d'une autre faculté de connaître qui est l'*Intelligence* (de *intus legere*) grâce à laquelle il pénètre dans l'intérieur des choses perçues par les sens, discerne leur essence intime et découvre les lois qui régissent les coexistences et les successions connues par l'entendement zoologique. Cette connaissance de l'essence intime des choses et de leurs lois constitue l'*Idée*.

Au sens strict, l'Intelligence est, elle aussi, une espèce d'entendement qui, comme le zoologique, tend vers une fin particulière. Mais pour parler avec précision, il faut employer ces deux mots *Entendement* et *Intelligence* pour désigner les deux facultés distinctes dont l'homme est doué.

§ 4. — Diversité de leurs natures respectives

Ce sont en effet des facultés essentiellemnt diverses. Ni l'entendement zoologique, vulgairement appelé *Instinct*, n'est une intelligence affaiblie, *a lapsed intelligence*, suuivant le mot de Romanes dans son ouvrage sur l'*Intelligence des Animaux*, ni l'intelligence n'est un instinct plus perspicace et plus subtil. Ce sont deux facultés qui ont deux fins différentes, et non deux degrés d'une même faculté de connaître ; ce sont deux facultés dont les procédés diffèrent comme diffèrent leurs natures. L'entendement procède sans hésitation ni apprentissage, avec la sûreté et la rapidité proverbiale des instincts vite développés. L'intelligence au contraire doit travailler, faire un apprentissage et une étude spéciale dont les animaux n'ont pas besoin.

§ 5. — Positivisme de la métaphysique

La connaissance intellectuelle des substances et de leurs lois est aussi réelle, aussi positive que la perception sensible des phénomènes. La même réalité est simultanément l'objet de deux connaissances distinctes, mais également positives. Ces deux connaissances ont pour objet les mêmes choses *quae sub alio et alio lumine possunt repraesentari*, comme disait Gœthals L'intelligence pénètre dans l'intérieur des choses dont l'extérieur est perçu par les sens ; et la Métaphysique prend pour base de ses recherches la même réalité, non point la réalité fugitive des phénomènes, mais la réalité permanente des substances. L'intelligence alors s'élance vers les régions les plus élevées, mais comme le ballon captif rattaché à la terre et qu'un câble empêche de se perdre dans l'immensité de l'espace. La conformité de la connaissance zoologique avec le phénomène connu, qui constitue sa vérité respective, existe aussi dans la connaissance intellectuelle. De même, que les images normalement produites dans le cerveau sont la copie fidèle de l'extérieur des choses, de même les idées doivent l'être de l'intérieur.

La Métaphysique est un Positivisme tout aussi légitime que peut l'être le Positivisme zoologique.

Ceux que l'on appelle aujourd'hui positivistes repoussent avec raison les ridicules chimères des néo-Kantistes et opposent à leurs rêveries la connaissance certaine de la réalité. Mais ils n'ont aucune raison de barrer le passage aux recherches métaphysiques ; car les idées ne sont pas des chimères, comme le prétend Lange, ni des noms, comme l'affirme Taine ; ce sont des réalités positives auxquelles l'homme donne des noms, comme il en donne à toute autre réalité.

Comme l'image prouve l'existence de l'objet perçu, ainsi l'idée est la preuve de l'essence connue. C'est la doctrine certaine de Saint Anselme combattue par ceux qui prétendent supplanter la vision intellectuelle par un artifice logique fabriqué suivant certaines règles.

§ 6. — La vision intellectuelle

La connaissance intellectuelle peut se comparer à la vision organique. Il y a des auteurs qui appellent faussement l'Intelligence une *lumière*. L'intelligence n'est pas la lumière, mais l'œil par lequel nous voyons l'intérieur des choses, comme nous en voyons l'extérieur par le sens de la vue.

Aucun auteur ancien ou moderne n'a défini la connaissance intellectuelle avec autant de clarté et de précison que St Augustin paraphrasant le texte de St Paul *Invisiblia enim a constitutione mundi per ea quae facta sunt intellecta conspiciuntur* (1). Il y a deux ordres de vision, dit-il dans son admirable traité *De Trinitate* : la vision organique et la vision intellectuelle. *Visiones enim duae sunt una sentientis, altera cogitantis. Cogitatio visio est animi quaedam.* Et ce qu'il dit dans ce traité il le répète dans toutes ses œuvres (2).

§ 7. — Négation frauduleuse des idées

Cette diversité manifeste entre l'image et l'idée met en relief la fraude que Spencer et, en général, les Kantistes commettent quand ils commencent par admettre comme un axiome que toute idée pour être certaine doit être représentée.

Rejeter toute idée qui ne peut être représentée ou imaginée, c'est nier à priori la connaissance intellectuelle et la repousser comme inconcevable. Cette représentation qu'ils réclament n'est pas autre chose que l'image particulière de l'ordre zoologique, et aucune idée ne peut être imaginée parce que l'image et l'idée sont deux notions essentiellement différentes.

---

(1) Ep. aux Romains, I, 20.
(2) *De Trinitate*, liv. xi, ch. 9 ; liv. xii, ch. 14 et 15 ; liv. xv, ch. 9. *De Quantitate animæ*, ch. 14. *Contra Adimantum*, ch. 28. — *De Doctrina Chistiana*, liv. ii, ch. 32. *Ad Paulinam de videndo Deo*.

CHAPITRE II

ANALYSE DE LA CONNAISSANCE INTELLECTUELLE

Classification des Idées. — Causalité, substance et loi. — La diversité des lois est une preuve de la pluralité des substances.

§ 8. — Classification des idées

Il y a deux sortes de connaissance intellectuelle : l'une directe, appelée Intuition, l'autre discursive : toutes deux sont de pures actes de vision intellectuelle.

Il y a des connaissances acquises instantanément, sans effort, à première vue, pour ainsi dire ; à cette classe appartiennent non seulement des idées simples, mais de vrais jugements que l'on appelle pour cette raison intuitifs ou directs. D'autres idées, d'autres connaissances demandent un effort particulier. Pour voir ce qu'elle souhaite, l'intelligence a besoin de raisonner, elle a besoin de parcourir, pour ainsi dire, des sentiers plus ou moins difficiles, à la recherche du lien qui relie les idées entre elles. Cette marche de l'Intelligence constitue le *Raisonnement*, travail pénible et difficile attribué à la Raison qui n'est autre que l'Intelligence en tant qu'elle raisonne. Seul le mode de fonctionner varie.

Au raisonnement de l'intelligence appartiennent l'*Induction* et la *Déduction*. Par l'induction nous connaissons les substances et les lois qui régissent leur causalité; par la déduction nous appliquons ces mêmes lois à des cas particuliers.

§ 9. — Causalité, substance et loi

En observant les modifications des objets perçus par les sens, l'Intelligence connaît l'existence d'une *Cause*, et de la connaissance immédiate de cette causalité elle induit l'existence d'une entité, d'un être qui subsiste au fond de toutes ces modifications, qui constitue l'essence intime des choses. Et parce qu'elle reste latente et cachée, elle reçoit le nom de *substance* (de *sub-stare*). La permanence de la substance n'est pas nécessairement absolue, comme le pensait Descartes ; elle peut être éphémère, parce que son caractère contingent ne l'empêche pas d'être une véritable essence, tant qu'elle existe.

En même temps qu'elle connaît l'existence des substances, l'intelligence voit que leur activité est réglée par une *Loi* qui ordonne toutes leurs opérations.

La causalité est l'*âme* de toutes les choses, qui leur donne leur vie particulière, c'est-à-dire leur mouvement propre, et l'étude de la causalité constitue toute la métaphysique. Intelligence, Causalité et Métaphysique signifient donc une même chose. L'intelligence est la faculté de connaître, la causalité est l'objet de sa connaissance, et la métaphysique, la science qui résulte de cette connaissance.

Le charlatanisme philosophique se plaît à embrouiller cette notion si simple de la causalité, en distinguant des causes efficientes, des causes finales, des causes formelles, des causes exemplaires, des causes matérielles, une foule de causes qui se réduisent à une cause unique, laquelle reçoit des noms différents suivant les aspects sous lesquels on la considère.

Dans la causalité qui produit les modifications des substances, la seule chose à considérer, c'est son *imma-nence* ou sa *transcendance*. Une activité peut être intrinsèque, inhérente à la substance qui est d'elle-même active, ou bien elle peut être extrinsèque, l'activité de la substance lui venant d'une autre substance étrangère qui se superpose à elle et la domine en se la subordonnant. Le principe de Leibnitz : *Operari sequitur esse* est un des sophismes les plus répandus. La notion de substance n'est pas inséparable de celle d'activité. Il peut y avoir des substances passives, qui par elles-mêmes n'ont ni vie ni mouvement ; et l'étude cosmologique démontre clairement leur existence.

§ 10. — La diversité des lois est une preuve de la pluralité des substances

La loi qui régit la pluralité propre à chaque substance détermine aussi sa nature particulière. Deux lois diverses révèlent l'existence de deux causalités diverses et par conséquent celle de deux substances diverses. Qu'une seule essence ne puisse être simultanément régie par deux lois diverses, c'est là un principe si évident que même les philosophes les plus férus de monisme cosmologique ne peuvent pas ne pas reconnaître que « les choses qui présentent des caractères « opposés ne peuvent pas dépendre d'un principe uni- « que » (1). Chaque essence a sa loi propre tendant à une fin particulière. Les contraires sont incompatibles avec le monisme.

---

(1) San Severino. *Cosmologia* § 91.

CHAPITRE III

DE LA CERTITUDE DE LA CONNAISSANCE INTELLECTUELLE

Scepticisme zoologique. — Scepticisme intellectuel. — La certitude résulte de l'assentiment. — Aveux des sceptiques. — La théorie et la pratique.

§ 11. — Scepticisme zoologique

Vouloir nier la certitude de la connaissance humaine est une prétention bien vieille dans l'histoire de la philosophie. Le besoin de se singulariser alla, il y a bien longtemps, jusqu'à nier la connaissance zoologique. Pyrrhon le premier refusa d'accorder créance aux perceptions des sens et nia la réalité des choses, Nous le savons par le *Sillographe* de Timon son disciple, célèbre danseur d'un théâtre grec qui, enthousiasmé par sa doctrine, changea sa profession de danseur pour celle de philosophe. Berkeley, au XVIIIe siècle, voulut lui aussi réduire nos perceptions à de simples hallucinations.

Quand il s'agit de scepticisme intellectuel, peut-être peut-on se demander si ceux qui le soutiennent sont de bonne ou de mauvaise foi. Mais pour le scepticisme zoologique, c'est niaiserie que de le discuter, et en écrivant plusieurs volumes sur *l'objectivité de nos perceptions*, Farges fait une dépense inutile de talent et d'érudition qui aurait pu être mieux employée. Ceux qui mettent en doute nos perceptions sensibles ne peuvent pas être de bonne foi ; ce ne sont pas des philosophes, mais des clowns de la philosophie. La seule réponse qu'ils mériteraient serait de les mettre dans une situation périlleuse ; on verrait alors si, pratiquement, ils croient ou non à leurs sens.

§ 12. — Scepticisme intellectuel

Au XVIII° siècle, « le beau professeur de Kœnigsberg » s'annonça au monde comme *un nouveau Copernic* ; il allait enseigner la seule métaphysique future possible et éveiller l'humanité de son sommeil dogmatique, comme il en avait été éveillé lui-même par David Hume. Sa doctrine, disait-il, allait éclipser tout ce qu'on avait écrit jusqu'à lui en fait de métaphysique ; il allait fonder la critique, car il n'y en avait pas eu encore : tout cela dit en allemand ou plutôt en grec, pour plus de clarté.

L'enseignement du nouveau Copernic était purement et simplement le scepticisme métaphysique qu'il avait appris de Hume, la vieille doctrine d'Aenesidème dans son *Enseignement des Pyrrhoniens* et de Sextus Empiricus (*Adversus Logicos*), doctrine déjà exhumée par les philosophes des XVII° et XVIII° siècles.

Comme les sensualistes ses comtemporains, Kant acceptait la connaissance zoologique. Les critiques qu'il en fit dans l'édition de 1781, il les supprima dans celle de 1787. Mais il n'admettait pas d'autres réalités que celles que nous percevons par nos sens. Son principe fondamental était de ne rien tenir pour certain qui ne pût être vérifié par l'expérience. Avec Sextus Empiricus il pensait que seules les perceptions des sens nous arrachent un assentiment irrésistible. Il accepte les jugements appelés *analytiques*, purement zoologiques, qu'il étudie sous le nom d'*Esthétique*, et il nie la vision intellectuelle de la Réalité Aussi repousse-t-il pour son système le nom d'*Idéalisme*, parce que Idée signifie une réalité connue par l'Intelligence, et Kant n'admet que des rêves mentaux, rêves qui ne sont pas *constitutifs* ou *architectoniques*. Ces caractères d'après lui, n'appartiennent qu'à la fonction de rêver.

Mais en revanche ces rêves mentaux sont *transcendantaux* et *régulateurs* ; l'homme ne peut pas en faire abstraction, et grâce à eux il forme ce qu'il appelle des *jugements synthétiques* qui proviennent de la connaissance animale et des rêves régulateurs de l'intelligence. Et c'est à cela que se réduit sa fameuse *Philosophie transcendantale*, génératrice du Somnambulisme.

§ 13. — La certitude résulte de l'assentiment

La certitude qu'a l'animal de la réalité des objets perçus par les sens, l'homme la possède de la réalité des substances et des lois connues par son intelligence. La certitude s'impose (*assensum rapiens*) dans l'ordre zoologique comme dans l'ordre intellectuel. Un acquiescement irrésistible, une adhésion, un assentiment spontané — que les philosophes appellent cela comme il leur plaît : *croyance, fidéisme, dogmatisme* — résiste à toute espèce de sophismes et oblige l'homme à croire à la vérité de ses idées, comme il croit à la vérité de ses perceptions. C'est à cette nécessité s'imposant à l'homme que se réduit toute la théorie d'A. Fouillée sur les *Idées-forces* ; ce néologisme ne signifie pas autre chose que la puissance avec laquelle les idées s'imposent à l'humanité, car l'évidence intellectuelle est aussi manifeste que l'évidence organique.

§ 14. — Aveux des sceptiques

L'assentiment à la vérité des idées s'impose avec une telle force que les écrivains les plus fameux finissent par abandonner leur scepticisme et rendre hommage à l'intelligence.

Kant, après avoir nié l'intelligence dans la *Critique de la raison pure*, la reconnaît formellement dans la *Critique de la Raison pratique*, et se soumet à ce qu'elle nous dicte.

A. Comte, le célèbre fondateur du Positivisme moderne, après avoir consacré tous ses efforts à démontrer qu'il n'y a de connaissance véritable que la connaissance zoologique, finit par renier son Positivisme et par voguer, toutes voiles déployées, dans la mer sans limites de la métaphysique, en s'instituant le grand-prêtre d'un vieux système dont il s'attribue la découverte.

Lange avoue notre *constitution raisonnable* et il reconnaît que notre intelligence est *une faculté constitutive de notre esprit*. De même, Mill et Whewel finissent par confesser qu'elle existe de par la constitution de notre esprit : *by the constitution of the mind itself*.

Stallo, dans sa *Physique moderne*, déclare aussi que

la connaissance intellectuelle est *structurale*, et qu'il en est ainsi non seulement de la faculté de rêver, mais encore de la faculté de croire absolument à ses rêves. Spencer n'hésite pas non plus à avouer que *s'impose à nous comme un élément positif et indestructible de notre pensée, comme une affection normale de notre intelligence* la recherche de la cause des phénomènes perçus par les sens et la nécessité de rechercher l'essence qui subsiste au fond de toutes les modifications. En effet, les perceptions zoologiques des phénomènes ne suffisent pas à l'homme, et une impulsion irrésistible le porte à se demander ce qu'il y a au-dessous : *what lyes behond* ? (1).

Et il est si vrai que la connaissance zoologique ne peut satisfaire l'homme, que ceux-là mêmes qui nient l'Intelligence sont les premiers à s'en servir, et comme le poète d'Ovide jurait en vers de ne plus écrire de vers, de même ils font travailler leur intelligence sans s'en rendre compte, ou bien ils nient *intellectuellemnt* l'existence de l'intelligence.

§ 15. — La théorie et la pratique

Si l'homme est doué d'intelligence, ce n'est pas à dire que tout homme connaît tout ce que l'intelligence peut connaître. Et peut-être n'y a-t-il aucun principe qui prête à plus de fausses applications que le principe, vrai en lui-même, que l'homme est un être raisonnable.

---

(1) Dans ses *First Principles*, Spencer déclare catégoriquement que l'homme se voit forcé de reconnaître l'existence des subtances latentes au fond des phénomènes : *something constant under all modes. There ever remains behind an element which passes into new shapes; which exists persistently and independly of conditions.*

La réalité de la vie humaine dément l'apriorisme enseigné par les rationalistes.

Dans l'homme fonctionnent en même temps ses deux facultés diverses de connaître : son Entendement zoologique et son Intelligence. Elles constituent réellement les deux logiques différentes signalées par Th. Ribot dans *La Logique des sentiments* : la logique proprement intellectuelle et la logique zoologique qu'il appelle *logique affective* ; c'est la logique de l'organisme émotionnel, régie par les tendances et les désirs de sa nature animale.

Et en outre de ces deux logiques qui forment des jugements très différents, il faut tenir compte que dans la pratique, l'exercice de l'intelligence s'écarte beaucoup de la régularité présupposée par l'apriorisme rationaliste.

Dans l'ordre intellectuel comme dans l'ordre zoologique il se présente de véritables cas de cécité ; il y a des aveugles de l'intelligence, avec lesquels il est aussi impossible de raisonner que de discuter perspective avec un aveugle ou mélodie avec un sourd.

D'autre part, l'intuition intellectuelle des hommes, bien qu'ils ne soient pas mentalement aveugles, varie tout comme la perspicacité de leur vision organique. Il en va des intelligences comme des montres. Toutes les intelligences sont faites pour connaître les vérités métaphysiques, comme les montres pour marquer l'heure. Mais de même qu'il y a des montres de précision et des montres de pacotille, de même il y a des intelligences de valeur plus ou moins grande.

Enfin, la vie animale et la vie intellectuelle se compénètrent, s'unissent si bien que les intelligences s'affaiblissent à mesure que se développent les entendements. Dans certains cas, la prépondérance des appétits empêche l'homme de raisonner, c'est-à-dire de se mouvoir, de marcher dans l'ordre intellectuel, et le même résultat se produit pour la connaissance intuitive qui ne peut alors atteindre que ce qui se rapporte à sa fin animale. Dans d'autres cas, cette influence zoologique produit dans l'ordre intellectuel des divergences profondes entre les intuitions spontanées et directes de l'intelligence et les jugements erronés qu'elle forme lorsqu'elle raisonne, égarée par les passions. En théorie, la raison, c'est l'intelligence même cherchant à discerner le vrai ; et en pratique, de profonds penseurs ont été jusqu'à dire que *la raison et l'absurde s'aiment d'un amour invincible.* En principe, l'homme est un être qui doit apprécier les raisons qu'on lui expose ; mais, en fait, la discussion devient la manière la plus désagréable de perdre le temps.

CHAPITRE IV

SENS DÉTOURNÉ DE LA CONNAISSANCE INTELLECTUELLE

Concept zoologique de la connaissance intellectuelle. — Le consentement universel de Lamennais. Les idées innées.

§ 16. — CONCEPT ZOOLOGIQUE DE LA CONNAISSANCE INTELLECTUELLE

Quelques philosophes, croyant ainsi donner à la connaissance intellectuelle plus de force et d'évidence, ne trouvèrent rien de mieux que de la représenter comme une fonction organique dont la légitimité ne pouvait plus être contestée par les sensualités.

En France, Fénélon, dans son traité de *l'existence de Dieu*, défendit l'intuition intellectuelle en la confondant avec le sens commun. Buffier fit de même dans son *Traité des vérités premières*, et sa doctrine, louée par Reid et Destutt de Tracy, servit de base à la théorie des *sentiments* de l'Ecole écossaise. Celle-ci défendit les intuitions de l'intelligence contre les grossièretés du sensualisme, en opposant aux appétits et aux impulsions zoologiques d'autres impulsions de même nature que l'homme *sent*, mais tendant à des fins supérieures.

En Allemagne, le représentant le plus connu de cette théorie fut Jacobi. Comme les philosophes de l'Ecole écossaise avaient défendu en Angleterre les *sentiments* contre Locke et les sensualistes, il défendit en Allemagne la connaissance intellectuelle contre les rêveries délirantes de l'idéalisme et du scepticisme germanique. Mais sa valeur métaphysique ne fut pas à la hauteur de son renom. Il rejeta les absurdités de la philosophie de Spinoza et de Kant, mais il ne réussit pas à les réfuter. Leurs sophismes le révoltèrent, mais il ne parvint pas à découvrir les prémisses fausses de leur sophistique; et il n'imagina rien de mieux que de renier la Raison qui est l'intelligence même. Les intuitions primordiales, c'est-à-dire la connaissance directe et immédiate par l'intelligence des grandes vérités qui doivent servir de base au raisonnement, il les attribua à une autre faculté, distincte de l'intelligence, au *cœur* ; et il confond l'adhésion aux notions intellectuelles avec les *sentiments* de l'ordre zoologique, comme les philosophes de l'Ecole écossaise ses contemporains. D'après Jacobi, *Dieu est présent au cœur de l'homme, comme la nature est présente à ses sens. Le cœur* (devenu le centre de la sphère cognitive) *est le foyer de la lumière par laquelle nous voyons les grandes vérités de l'ordre suprasensible* ; lumière brillante et pure qui rayonne du cœur et qui se dégrade et s'obscurcit quand du cœur elle passe à la pensée. Les idées ne sont pas des intuitions de l'intelligence, mais du cœur ; l'esprit est la perfection de l'homme et *le cœur est la perfection de l'esprit*. Il est impossible d'enfermer plus d'erreurs en moins de mots.

Jacobi n'est pas le seul à en appeler au cœur pour réfuter les attaques des sceptiques. Ce qui, pour la science, est simplement l'organe propulseur de la circulation, pour les philosophes devient l'organe de tout ce qu'il leur plaît de lui attribuer.

Et ils poussent si loin l'identification de l'Intelligence avec l'organisme, que des auteurs qui exposent avec une grande clarté les fonctions de l'organe cardiaque, comme Riche (1), finissent par attribuer au cerveau ce qu'ils refusent avec raison au cœur. Leur erreur vient de ce qu'ils ne savent point sortir de la vie organique, animale, et qu'ils confondent les actes essentiellement spirituels avec les fonctions organiques.

§ 17. — LE CONSENTEMENT UNIVERSEL DE LAMENNAIS

Lamennais donne comme critérium des vérités métaphysiques, le consentement universel. Peut-être était-il guidé par l'intention assurément louable de défendre les grandes vérités métaphysiques contre les erreurs individuelles. Mais il ne parvint pas à s'exprimer avec la précision nécessaire ; le mot *consentement* semble en effet supposer une intervention de la volonté qui n'a rien à faire dans l'espèce. La vérité est l'équation de l'idée avec la réalité. L'assentiment peut être une preuve, mais non un critérium ; la connaissance en elle-même est un acte de vision qui par nature est étranger à la volonté.

§ 18. — LES IDÉES INNÉES

Enfin, d'autres philosophes ne parviennent à expli-

---

(1) Riche (prêtre de Saint-Sulpice). *Les fonctions de l'organe cardiaque dans les phénomènes de la sensibilité affective.*

quer l'universalité des idées primitives et fondamentales, qu'en les supposant innées dans l'homme, ce qui est une nouvelle erreur opposée à la connaissance intellectuelle.

Ce qui est inné dans l'homme, c'est la faculté de connaître. L'intelligence naît sans idées, comme le cerveau sans images. La faculté naît seule, puis les idées se forment dans l'intelligence, comme les images dans le cerveau en présence des objets qui s'y reflètent.

L'erreur ne saurait être plus manifeste, et cependant elle a aveuglé des philosophes éminents comme Descartes, Leibnitz et Rosmini.

CHAPITRE V

DU DISCRÉDIT DE LA MÉTAPHYSIQUE

Pathologie de l'Intelligence. — Cultisme Kantien. — Aristote. — Ce qu'entend Aristote par Intelligence et Idées. — L'Aristotélisme. — Paroxysme aristotélicien du Moyen-Age.

§ 19. — Pathologie de l'intelligence

Comme les médecins étudient l'étiologie des maladies organiques, de même il est intéressant pour la métaphysique de rechercher les causes des maladies qui enlèvent à l'Intelligence la santé, la vigueur qui lui sont nécessaires. Et voilà pourquoi il convient de déterminer les causes de son discrédit afin de les éviter, comme l'hygiène étudie celles qui détruisent la santé.

§ 20. — Cultisme Kantien

L'une des premières, c'est le cultisme introduit dans la philosophie, à l'image des *Précieuses ridicules* de Molière.

La généalogie des précieux ridicules de la métaphysique remonte à Kant. Dans sa *Raison pratique* il censure le pédantisme qui, pour se distinguer du vulgaire, recherche des termes inusités, et il est le premier à nous parler grec : apodictique, apagogique, achromatique, ectype, noumène, amphibolie, antinomie, paralogisme, mathème, voilà quelques-uns des termes qui faisaient enrager Mme de Stael et Herder ; phraséologie pédantesque exagérée encore par les hégéliens et les Kraussistes, et dont la première victime est toujours la grammaire.

Le cultisme de Kant et de ses disciples se plaît dans les logomachies nuageuses ; tantôt il détourne les mots de leur sens et leur donne une signification différente de celle qu'ils ont dans le langage ordinaire ; tantôt il bâtit des phrases extraordinaires pour déguiser la vulgarité ou la fausseté des idées. Fouillée compare la phraséologie Kantienne aux ténèbres de la nuit, et, d'après Vacherot, il faut deviner ce que les Kantistes veulent dire, à supposer qu'ils le sachent eux-mêmes.

Evitant ces mauvais exemples, il faut se rappeler toujours que la métaphysique ne doit pas être une science ésotérique, enveloppée de mystères, mais au contraire une doctrine parfaitement claire, mise à la portée de tous, pour que tous puissent en juger. Le prestige, la noblesse de la métaphysique exigent qu'on n'exprime pas des banalités dans un style profond et obscur, mais des idées profondes dans un langage clair et simple. Le talent est une vue nette des choses, et celui qui veut passer pour en avoir doit le mériter par la clarté avec laquelle il exprime ses pensées.

§ 21. — Aristote

Plus funeste encore que le cultisme a été pour la métaphysique l'enseignement d'Aristote. Homme chétif et maigre, exténué par les vices les plus répugnants (1),

---

(1) Aristoclès rapporte que pour combattre l'épuisement provoqué par ses vices, Aristote prenait des bains d'huile, et qu'il en revendait l'huile au public.

glouton, avare, sodomite, après avoir dissipé sa fortune, il alla vivre à Athènes de son métier de rhéteur et il se fit bientôt connaître par la vaillance avec laquelle il supportait de pied ferme la lecture des *Dialogues* de Platon.

Timée lui reprochait ses misérables futilités. Elien disait qu'il *fatiguait tout le monde par l'intempérance de son charlatanisme* qui dénotait *un caractère frivole et vain*. Céphisodote, Eubulide, Alexinos, Stilpon, Démocharès, Timon le Sillographe, Lucien, Épicure, tous parlèrent de lui avec mépris. Sa renommée ne lui vint que d'avoir plagié, utilisé le nombre considérable d'œuvres philosophiques et scientifiques que lui procura son disciple Alexandre, lequel dépensa, dit-on, pour recueillir cette collection une somme de 800 talents qui équivaudrait aujourd'hui à quatre millions de francs.

Athènes, si corrompue pourtant, fut scandalisée par le cynisme dégoûtant de son *Hymne à Herméias* ; et se faisant gloire de sa dépravation, Aristote érigea à Delphes en l'honneur de ce même Herméias *un monument aussi creux que sa cervelle*, suivant l'expression de Théocrite de Chios.

Cette passion immonde avilit tous ou presque tous les philosophes grecs. L'austère et vertueux Zénon la nourrit pour Crémonide ; le *divin* Platon, pour Dion, Astor, Phèdre, Alexis, Agathon, et combien d'autres ! Tous dédièrent à leurs mignons des vers plus ou moins obscènes, mais Aristote les surpassa tous par son impudence.

Méprisé, discrédité, il dut enfin quitter Athènes, fuyant l'accusation publique de trahison lancée par Eurumidès et Démophile, et dont la preuve fut faite par Démocharès.

Mais l'indignation provoquée à Athènes par sa trahison et son cynisme s'accroît encore de celle que soulève sa participation à l'assassinat d'Alexandre le Grand et dont Pline dans son *Histoire naturelle* (1) dit qu'*elle couvre d'infamie le philosophe.* Son crime, découvert, quelques années après, par Antigonos, fut rendu public par Arrien dans ses *Expédilions d'Alexandre* (2).

D'après Plutarque (3), Aristote enseignait que seuls les Grecs méritaient d'être gouvernés comme des hommes ; les autres nations étaient composées d'êtres inférieurs à l'animalité, nés pour la servitude et l'esclavage et qui devaient être soumis au plus dur despotisme, non pas comme des hommes, mais comme des bêtes. Fidèle à cette doctrine, Antipater, chargé du gouvernement de la Macédoine, commit tant d'excès que les Macédoniens se virent obligés d'envoyer en Orient une ambassade chargée d'implorer la protection d'Alexandre contre la barbarie aristotélicienne de son lieutenant. La colère d'Alexandre à ces nouvelles, fut si grande, et si grande la terreur qui s'empara de Cassandre, fils d'Antipater, que longtemps après, alors qu'il était déjà roi de Macédoine, il pâlissait en voyant à Delphes la statue du grand roi (4). Au récit des violences de son lieutenant, Alexandre, indigné, jura, dit Plutarque, de tirer vengeance d'Antipater et du *sophiste*. Mais ceux-ci ne lui en laissèrent pas le

---

(1) XXX, 53.
(2) VII, 27.
(3) Discours sur la fortune ou la *Vertu d'Alexandre*. Tome II, p. 168. Trad. par Ricard (Paris Lefèvre 1844).
(4) Plutarque. XCVI.

temps. Les deux fils d'Antipater, Cassandre et Iolaüs, et Callisthène, neveu d'Aristote, qui faisaient partie de la suite d'Alexandre, lui présentèrent un breuvage empoisonné préparé par Aristote qui le payait ainsi des innombrables faveurs dont il lui était redevable. Ce breuvage lui fut servi par Iolaüs qui remplissait auprès de lui les fonctions d'échanson.

Le fait, rapporté par Arrien et Pline, est nié par les partisans d'Aristote. Si l'empoisonnement était certain, disent-ils, les assassins n'auraient pas manqué d'en aviser officiellement la veuve d'Alexandre, ses fils et les généraux qui lui furent fidèles, afin que mention en fût faite dans la chronique officielle de son règne. Ainsi raisonnent les aristotéliciens.

§ 22. — Ce qu'Aristote entend par intelligence et par idées.

L'intelligence, d'après Aristote, n'est pas autre chose que l'entendement zoologique plus perfectionné (1). Elle est *le pouvoir inné de juger, commun à tous les animaux.*

Les *principes* ou Idées sont une transformation, une évolution des sensations. Il le dit et le répète, parce qu'il ne croit pas s'exprimer assez clairement.

Tout dépend de la persistance ou de la non-persistance des sensations. « Lorsque cette persistance n'a pas lieu, la connaissance s'efface et ne va pas au-delà de la sensation elle-même. D'autres fois, au contraire, quelque chose persiste dans l'âme après la sensation,

---

(1) *Derniers analytiques.* Liv. ii, chap. 9. De l'acquisition des principes.

et beaucoup d'animaux sont ainsi constitués. Mais il y a entre eux cette différence que dans les uns, *en vertu de cette persistance des sensations, la Raison se forme*, tandis qu'elle ne se forme jamais dans les autres ». Ainsi la sensibilité s'élève jusqu'au général et nous fait connaître les principes, parce que c'est la sensation elle-même qui produit en nous l'universel.

« A la guerre, dit-il ailleurs, au milieu d'une déroute,
« quand l'un des fuyards s'arrête, un autre l'imite,
« puis un troisième jusqu'à ce que l'armée se reforme.
« Or, l'âme est ainsi constituée qu'il en arrive de mê-
« me avec les sensations ».

La Raison, d'après Aristote, se réduit à l'expérience et à la *persistance des images*, qu'il appelle faussement Idées. Sa théorie de la connaissance est la théorie proprement zoologique. Locke, Condillac et les sensualistes les plus déterminés ne pensent pas autrement.

§ 23. — L'Aristotélisme

L'époque qui précéda Aristote fut celle des fameux sophistes, racontée par Funck-Brentano (1), époque qui vit de grands charlatans parcourant les villes de la Grèce, donnant des conférences philosophiques où brillait la sublimité de leur esprit, et réalisant en même temps de gros bénéfices : c'était un métier très lucratif. Protagoras, que Platon dans son Dialogue nous montre entouré d'admirateurs qui l'escortaient de ville en ville, demandait jusqu'à cent mines pour une conférence. Prodicos était payé à raison de deux à cinquante drachmes, suivant l'importance de la conférence. Zénon re-

---

(1) *Les Sophistes grecs.*

çut deux cent mines de Pythodoros et deux cents autres de Callias. Hippias, jeune encore, rapporta de la Sicile, où il avait enseigné en concurrence avec Protagoras, une fortune supérieure à celle de ses plus célèbres collègues, si l'on en croit Platon dans le *Grand Hippias*.

A cette époque des charlatans de la philosophie remonte l'Eristique qui fit de la dialectique l'art de défendre les paradoxes les plus extravagants.

Enseignée déjà par Protagoras aux temps de Périclès, elle fut, dans la suite, particulièrement cultivée par l'école de Mégare fondée par Euclide le Socratique. Celui-ci eut pour disciple Eubulide connu dans l'histoire de la philosophie par ses célèbres sophismes. Ce fut la prostitution de l'Intelligence. A la vision intellectuelle se substitue une espèce de gymnastique mentale destinée à faire briller dans les sophismes la subtilité de l'esprit, comme les saltimbanques et les jongleurs font parade dans les cirques de la flexibilité et des contorsions de leur corps, gymnastique qui fait de ses élèves de véritables clowns de la philosophie.

C'est alors qu'Aristote, émule d'Eubulide et jaloux de sa renommée, écrivit sa fameuse *Logique*, dont le but n'est pas de rechercher la vérité. Ses admirateurs les plus intelligents et même ses éditeurs ne peuvent s'empêcher de reconnaître avec Barthélemy Saint-Hilaire que *c'est une logique indifférente à la vérité et à l'erreur*. Son argumentation n'a pas pour objet la connaissance de la Réalité, mais bien l'exercice de la *Dialectique pour la Dialectique* ; art de charlatans, comme *la Gymnastique pour la gymnastique* est un art de saltimbanques.

Son véritable objet fut de réglementer l'exercice de l'Eristique, en aiguisant l'esprit des controversistes, en les dressant à ce genre de tournois dialectiques, et de leur fournir un arsenal bien garni d'armes appropriées à leur profession. Et, de fait, les plus exigeants durent avouer qu'ils étaient bien servis.

La Logique commence par leur offrir dans ses catégories des frivolités mêlées avec les idées de cause et de substance ; dans ses *Analytiques*, trois figures susceptibles de 16 modes ; puis vint s'ajouter une quatrième figure, ce qui porte à 64 le nombre de modes d'argumenter ; et dans sa *Dialectique*, 322 lieux communs qui se répartissent comme suit : 107 topiques d'accident, 81 de genre, 67 du propre et 67 autres de définition ; un cours complet de funambulisme et de chorégraphie dialectique composé de plus de 400 figures.

La perle la plus précieuse de cette Logique est le fameux syllogisme qui fait du raisonnement un jeu de dés gobelets à l'usage des prestidigitateurs de la dialectique et dont l'artifice consiste à tromper l'adversaire en mettant dans la majeure ce qu'il faut tirer de la conclusion.

L'usage de ce procédé, que l'ignorance attribue à Aristote, remonte à l'époque bien antérieure où les Aryas et les Dashyus se livrèrent de grandes batailles métaphysiques dans la région du Gange, pays de philosophes supérieurs au grand charlatan du Peripatos.

Le syllogisme usité par eux se composa d'abord de cinq termes, puis fut réduit à trois, et c'est ainsi simplifié qu'il parvint à la connaissance d'Aristote, par l'intermédiaire d'Architas le Pythagoricien dont le plagiat fut dénoncé par Jamblique, Dexipos et Simplicius, et par Callisthène, d'après le Dabistan (1).

Pour se rendre compte de la façon dont Aristote raisonne, il faut ouvrir au hasard sa Logique tant vantée et lire un texte quelconque. En voici un : « Quant
« aux syllogismes de la dernière figure,il n'y en a qu'un
« qui ne se réduise pas à la première, c'est celui où la
« négative n'est pas universelle ; mais tous les autres
« s'y peuvent ramener. Et ainsi, si A et D sont attri-
« bués à toute C, C se convertit particulièrement avec
« l'un et l'autre extrême, donc sera attribuée à quel-
« que B : et on aura alors la première figure, puisque
« A est attribuée à toute C et C à quelque B. Et si A
« est attribuée à toute C et B à quelque C, le raisonne-
« ment sera le même, car B se convertit relativement
« à C. Mais si B est attribuée à toute C, et A à quelque
« C, B doit être prise comme premier terme, parce que
« B est attribuée à toute C, et C à quelque A ; de sorte
« que B est attribuée à quelque A ; et comme la parti-
« culière se convertit, A sera également attribuée à
« quelque A. Si le syllogisme est négatif, les termes
« étant universels, il faut procéder de même. Donc, si
« B est attribuée à toute C et A à aucune C, C le sera à
« quelque B et A ne le sera à aucune C ; et dans ce cas,
« C sera le moyen terme. Il en va de même si la néga-
« tive est universelle et l'affirmative particulière ;
« car A ne sera attribuée à aucune C, mais C le sera à
« quelque B. Si la négative est prise particulièrement,
« il n'y aura pas de résolution possible. Par exemple,
« si B est attribuée à toute C, et si A ne l'est à aucune

---

(1) cf. Etude XIII. Préhistoire de la métaphysique. § 38.

« C ; parce qu'en convertissant BC, les deux proposi-
« tions seront particulières » 1().
Voici un autre texte moins diffus.
« Qu'est-ce que le tonnerre ? L'extinction du feu
« dans les nuages. Pourquoi tonne-t-il ? Parce que le
« feu s'éteint dans les nuages. Nuages C, tonnerre A,
« extinction du feu B. B est attribuée à C, le nuage,
« parce que c'est dans le nuage que s'éteint le feu. Mais
« A, c'est-à-dire le bruit, le tonnerre est atttribuée à B,
« et B est la définition de A, premier terme. Et s'il faut
« un autre moyen terme pour prouver B, la définition
« de A sera toujours le résultat des définitions anté-
« rieures ».

Telle est cette stupéfiante *logique* d'Aristote, merveille du monde, où l'on enseigne que *chauffer* est le contraire de *refroidir*, et que *être* dans un lieu n'est pas la même chose qu'*être* chaussé, bien que dans les deux cas on emploie le même verbe *être* ; et mille autres niaiseries du même genre. Il faut la lire soi-même pour pouvoir en croire ses yeux. Patrizzi avait raison de dire qu'au lieu de perdre son temps à de pareilles puérilités, il valait mieux, comme les enfants, jouer aux chevaux, un roseau entre les jambes.

§ 24. — Paroxysme aristotélicien du moyen-age

Ce n'est pas la Grèce qui vit l'apogée de l'aristotélisme. Les contemporains d'Aristote le dédaignèrent.

Dans les premiers siècles du christianisme, la *logique* d'Aristote fut précisément l'arme dont se servirent

---

(1) Premières analytiques. XLV, 12.

les ennemis les plus acharnés de l'Eglise, et le triomphe de l'Eglise fut une victoire remportée sur les troupes aristotéliciennes.

En revanche, au Moyen-âge, il en fut tout autrement. Lors de la renaissance des études métaphysiques, après les temps barbares, la Logique d'Aristote commença à se vulgariser grâce aux traductions de Boèce et d'Al-Farabi ; cette dernière fut une traduction de l'arabe au latin due à un archidiacre de Tolède et à un juif converti. Les plus grands métaphysiciens chrétiens du XIIe siècle s'empressèrent de censurer les nouvelles troupes de dialecticiens *in spiritu aristotelico afflati* et de condamner leurs études *ut non maligniora ant inflatiora reddant*. Saint Anselme les combattit dans son *Monologium*, et Jean de Salisbury dans son *Metalogicus et Polycraticus* ; les grands mystiques de l'abbaye de Saint Victor condamnèrent également *les subtilités insensées, le formalisme aride, la prolixité infinie, la langue barbare* de ces nouvelles doctrines des *quatre labyrinthes de France*.

Tout fut inutile. Le délire aristotélicien fut sans bornes. A la vue des fameux tournois où les guerriers se disputaient la palme de la brutalité, les amants de la nouvelle philosophie se sentirent pris du désir de créer des tournois de dialectique pour montrer leur habileté au maniement des armes d'Aristote. Pour peu qu'on se sentît de vocation, on courait se ranger parmi les troupes des ergoteurs et on prenait part à leurs discussions. L'engouement fut général et il dura longtemps. On en arriva à discuter sérieusement *de salute Aristotelis*, et peu s'en fallut que l'on ne commençât un procès pour la canonisation de celui qui, suivant Saint Augustin, *brûle dans les enfers*.

Son enseignement fut comparé à celui des quatre Pères de l'Eglise. Il devint le cinquième Père ! Lorsque les humanistes protestèrent contre la barbarie du jargon aristotélicien, les ergoteurs, furieux, demandèrent au roi de France d'exterminer par le bras séculier les ennemis du *Prince des philosophes*, du *philosophe unique*, collègue de Dieu ; car si Dieu avait créé l'homme, seul Aristote avait été capable de lui apprendre à ergoter.

ÉTUDE III

Méthodologie

Égarements de l'apriorisme ontologique. — Connaissance préalable de la réalité. — Nécessité de l'observation scientifique : Bacon et Sanchez. — Doctrine de l'Église catholique. — Distinction à établir entre les observations et les inductions. — Acceptation des observations scientifiques. — Critique des inductions des prétendus savants. — Nécessité de l'observation interne. — Supériorité de l'observation interne. — Contradictions de Kant. — Plan de la Métaphysique : Analyse et Synthèse. — Les trois problèmes de l'Analyse.

§ 1. — EGAREMENTS DE L'APRIORISME ONTOLOGIQUE

La règle capitale de la méthodologie métaphysique est de proscrire l'apriorisme ontologique et de s'en tenir strictement à la réalité.

Sans doute la connaissance intellectuelle est la connaissance des essences latentes ou substances qui constituent le fond permanent des choses perçues par les sens, de l'Etre, d'où procèdent tous les phénomènes et accidents. Mais qu'est-ce que l'Etre, la substance ? nous ne pouvons le savoir *a priori*, nous ne pouvons la connaître qu'à la suite de la plus attentive observation.

C'est pour avoir oublié ce principe que les philosophes *in spiritu aristotelico afflati* renversent l'ordre logique et prétendent avant toute autre chose, pour constituer l'Ontologie, définir ce que sont les Etres. Les sens, dit-on, sont les fenêtres à travers lesquelles l'âme contemple l'Univers. Et les ontologistes soutiennent que pour connaître l'univers, l'âme doit tout d'abord fermer ces fenêtres, puis, dans l'obscurité, les yeux fermés, se mettre à raisonner *a priori* sur la nature des êtres qui le composent. Ils discutent ainsi sur le *ubi* et le *quando*, sur l'*actio* et la *passio*, le *situs* et l'*habitus*, le *quid* et le *quotuplex*. Sur le fil de fer de l'Etre ils se livrent aux voltiges les plus risquées du funambulisme ontologique, et ils écrivent des volumes de milliers de pages. On sait que leurs auteurs y ont survécu, mais on ne sait pas si les lecteurs ont été aussi heureux.

Cette méthode, en contradiction avec la nature de la connaissance intellectuelle, présente en outre deux graves défauts.

A force de raisonner *a priori* sur l'Etre, de nombreux philosophes, comme Rosmini, finissent par tomber dans l'*Ontologisme*, par ne voir dans l'Univers que l'évolution d'un seul être. Et s'ils n'en arrivent pas jusqu'à l'absurdité du monisme, ils échappent rarement à de graves erreurs ; ils se font des préjugés qui deviennent comme des caillots, des concrétions dans le cerveau dont ils empêchent le fonctionnement régulier. En voici deux exemples : le principe : *operari sequitur esse* et cet autre : *tout ce qui est postérieur est accidentel*. Le premier est contredit par la passivité de l'espace. Le second est contraire à toutes les observations scientifiques ; l'énergie en effet naît postérieurement à la matière pondérable, mais la domine ;

les âmes organiques naissent après l'énergie, mais lui sont supérieures tant qu'elles vivent ; et les Esprits naissent après l'âme cosmique et les âmes organiques, mais sont par leur nature la partie principale de l'univers. Toutes choses qui dépassent la portée intellectuelle du cerveau de l'ontologiste, car le kyste une fois formé, il n'y a plus moyen de l'arracher.

§ 2. — Connaissance préalable de la réalité

Contrairement aux affirmations de l'apriorisme ontologique, la base de toute vraie métaphysique doit être l'observation de l'Univers. Rien de plus absurde que l'assertion de Kant : *la Métaphysique n'a pas besoin de la Physique, puisqu'elle doit s'élever au-dessus de la Nature.* Le Somnambulisme n'a pas besoin, lui, de la Métaphysique ; mais la métaphysique, antithèse de Somnambulisme philosophant, doit précisément commencer par l'étude de la physique et par la connaissance préalable de la Réalité qui est l'objet de ses recherches. Sa mission n'est pas de s'élever au-dessus de la nature, mais de l'expliquer. Nous sommes donc aux antipodes de Kant. Avant de pénétrer dans l'intérieur de l'univers, il est nécessaire d'observer et d'étudier ses manifestations extérieures, perçues par les sens. La détermination des essences sera le résultat d'une induction et non pas une prémisse. En un mot, l'ontologie doit être l'épilogue et non le prologue de la métaphysique.

§ 3. — Nécessité de l'observation scientifique : Bacon et Sanchez

Pour connaître la Nature, une observation vulgaire ne suffit pas ; le vulgaire, généralement ignorant, procède à la légère et se trompe aisément. La métaphysique doit, au contraire, étudier attentivement les faits et s'assurer qu'elle possède la certitude.

A l'aube des temps modernes, deux philosophes contemporains, l'un anglais, l'autre espagnol, Bacon de Vérulam et François Sanchez, proclamèrent la nécessité d'appuyer toute discussion métaphysique sur une véritable science ; ils protestèrent contre le procédé absurde de l'apriorisme et les extravagances des observations vulgaires. Aux érudits de décider qui des deux fut le premier à proclamer cette nécessité.

A Bacon de Vérulam, le plus connu dans l'histoire de la philosophie, les acrobates de l'apriorisme ne pardonnent pas d'avoir démontré plus ou moins bien la nécessité de recourir à des méthodes scientifiques pour connaître la réalité. Blessés au vif dans leur amour-propre, ils fouillent dans sa vie publique ou privée pour y trouver des faits qui ne diminuent en rien d'ailleurs la vérité de sa thèse. Qu'il y eut, quelques siècles avant lui, un moine de même nom, mais d'un mérite supérieur, que l'observation scientifique fut employée avant lui par d'autres savants, qu'il ne réussit pas à formuler les lois de la méthode expérimentale, qu'il lui échappa des erreurs (elles ne furent pas plus grandes que celles de Newton), qu'il fut concussionnaire : rien de tout cela ne lui enlève le mérite d'avoir proclamé la nécessité de substituer à l'apriorisme l'observation scientifique, et ce fut là sa thèse principale.

Sanchez, comme Bacon, tomba dans de graves erreurs ; mais, comme lui, il eut le mérite de protester contre des erreurs vulgarisées et de proclamer la nécessité d'une science expérimentale *rei perfecta cognitio*. Parmi les reproches dont il fut l'objet, le plus étrange est celui que lui firent des critiques de grand renom, à savoir que sa théorie de l'induction et sa guerre au syllogisme préalable seraient *la ruine de toutes les entités métaphysiques*. Sa méthode expérimentale fut peut-être la ruine de l'apriorisme ontologique, mais non des véritables entités qui ne peuvent être connues que par l'induction scientifique.

§ 4. — Doctrine de l'Eglise catholique

Connaître tout d'abord la Réalité avant de l'expliquer, voilà ce qu'enseigne aussi l'Eglise catholique.

Le Concile du Vatican déclare que l'Eglise, loin d'être l'adversaire des arts et des sciences humaines, les favorise et les propage de mille manières ; que la Science vient de Dieu et conduit à Dieu, et que chaque science a sa thèse propre où elle peut se mouvoir suivant ses principes propres et sa méthode particulière.

« L'Intelligence humaine, dit, à son tour, Léon XIII dans son Encyclique du 4 août 1879, pour arriver à la connaissance des choses spirituelles a son point de départ dans les choses sensibles. Aussi, rien de plus utile pour le philosophe que de scruter minutieusement les secrets de la nature et d'appliquer les facultés de son esprit, avec force et constance, à l'étude du monde physique ».

Loin de jeter l'anathème sur l'étude de la Science moderne, le Pontife célèbre les progrès des sciences physiques « aujourd'hui si estimées et développées grâce à tant de célèbres découvertes qui excitent partout l'admiration la plus vive ». Il repousse comme une injure très grave l'accusation lancée contre la Philosophie chrétienne d'être opposée au progrès et au développement des sciences naturelles ». Il demande seulement qu'après avoir observé les faits et étudié la nature, l'Intelligence « remonte à la connaissance de l'essence des êtres et à l'investigation des lois qu'ils suivent dans leurs mouvements ».

Et il ajoute : « C'est de bon gré et avec plaisir qu'il faut admettre tout ce qui a été scientifiquement enseigné par n'importe quel savant, ou inventé ou pensé au profit de l'humanité », de telle sorte que « si quelque chose ne cadre pas avec *les doctrines mises au jour à une autre époque* ou est improbable pour quelque motif que ce soit, son intention n'est pas de le proposer à notre siècle comme digne d'imitation ».

§ 5. — Distinction a faire entre les observations et les Inductions

Dans l'étude de la science moderne qui doit servir de base au Positivisme métaphysique, il est nécessaire de distinguer deux parties bien diverses que l'on confond aujourd'hui et dont la confusion mène à des erreurs tout aussi graves que celles de l'apriorisme ontologique.

Sous le nom de science moderne, on débite au public un mélange d'éléments de natures bien distinctes. Tout d'abord les observations scientifiques proprement dites, les faits que les savants attestent sous la foi de leur parole ; puis, confondues avec ces faits, avec ces données scientifiquement vérifiées, on prétend nous imposer des inductions purement intellectuelles. C'est que la nature intellectuelle de l'homme s'impose si bien à ceux qui s'intitulent *savants* positivistes qu'inconsciemment, sans s'en rendre compte, il font de la

Métaphysique, croyant faire ce qu'ils appellent de la
Science. En même temps qu'ils nous décrivent ce que
les yeux de leur corps ont vu, ils nous racontent ce
qu'ils s'imaginent voir par les yeux de leur Intelligence. Et c'est ici que commencent leurs égarements.

§ 6. — Acceptation des observations scientifiques

Pour ce qui est des faits que l'on nous donne comme scientifiquement observés et des expériences réalisées pour en vérifier la certitude, les *savants* peuvent se croire le droit de nous imposer leurs affirmations et d'obtenir de nous l'adhésion à ce qu'ils nous disent. Et certes, ils ne sont jamais à court et leurs affirmations étonnantes vont toujours *crescendo*.

Secchi rapporte qu'un certain comte Castracane compta un jour 6.000 cellules dans un millimètre carré. Un autre savant nous assure qu'il y a dans un millimètre carré seize millions et demi de molécules qui se heurtent 17.700 fois à la seconde. Un autre affirme que les ondes du sodium mesurent six dix millionièmes de mètre, les jaunes, cinq cent trente billionnièmes de seconde, et que dans une seconde elles vibrent cinquante milliards de fois. Même un autre compte jusqu'à neuf cent quarante huit trillions de vibrations à la seconde : pas une de plus ni de moins

En pareil cas il n'y a qu'une chose à faire, c'est d'applaudir les savants comme ils le méritent et d'en passer par ce qu'ils affirment. Le nombre de poils de l'antenne d'un insecte, par exemple, est plus modeste, et il est bien plus simple d'accepter le fait sans se donner la peine de vérifier le compte.

§ 7. — Critique des Inductions des prétendus savants

L'inviolabilité — donnons-lui ce nom — des savants ne va pas plus loin que les perceptions de leurs sens ; du moment où le savant se permet d'induire, sa compétence exclusive cesse, il rentre dans l'ordre métaphysique où il ne jouit d'aucune inviolabilité. Une critique sévère de ses inductions est d'autant plus nécessaire que plus grandes sont ses prétentions et son arrogance.

Tous ne procèdent pas avec la même légèreté. Il y a des savants du plus grand renom, comme B. Stewart et Tait justement appelés princes de la physique moderne, qui ont la modestie de reconnaître que « les propriétés physiques de la matière forment un alphabet mis entre nos mains par Dieu et dont l'étude bien dirigée nous rendra capables de lire dans le grand livre que nous appelons l'univers » ; mais, pour le moment, nous commençons à peine à connaître quelques-unes des principales lettres de cet alphabet et à les réunir deux à deux ; et déjà comme les enfants intelligents mais prétentieux, nous nous enorgueillissons de notre science... nous contemplons ces syllabes avec une espèce d'adoration... et nous nous figurons que toute la science se réduit à l'alphabet, comme le jeune musicien croit que toute la musique se réduit au piano » (1).

D'autres, comme Haeckel, ont la franchise de déclarer que « sa théorie de la création *n'a rien de commun avec la science humaine et qu'elle ne peut être l'objet d'au-*

---

(1) *Unseen Universe*, § 236.

cune investigation ou démonstration scientifique », mais que c'est tout simplement une théorie inventée à plaisir.

Mais il est très fréquent de voir les soi-disant *savants* se permettre d'imposer au public, comme des vérités scientifiquement prouvées, des Inductions véritablement absurdes. Les découvertes, depuis fort longtemps déjà, sont choses qui les mettent hors d'eux-mêmes. On raconte d'Archimède, qu'ayant trouvé la solution d'un problème tandis qu'il était au bain, il s'élança tout nu, sautant et criant, à travers les rues de Syracuse. Newton, lui, fut sur le point de s'évanouir et dut demander à un ami de poursuivre l'heureux calcul qu'il avait commencé. Lombroso, dans *Genio é Follia* raconte qu'après l'heureuse issue de leurs expériences, Gay Lussac et Davy dansaient en pantoufles dans leur laboratoire. La synthèse de l'hydrogène et du carbone fit danser en pantoufles tous les savants de France, et la nation se trouva embarrassée, ne sachant que faire pour Berthelot.

Et ce qui arrive aux *savants* qui étudient la nature arrive aussi aux romanciers, à prétentions psychologiques, qui étudient la vie humaine et se figurent connaître l'homme.

Sans doute on peut leur permettre des joies enfantines qui s'expliquent chez les uns par l'étrangeté de leurs données scientifiques et chez les autres par le succès en librairie de leurs frivolités littéraires. Mais ils ne doivent pas oublier qu'il ne sont en somme que des *reporters* de la métaphysique et pousser l'orgueil, comme Tolstoï, jusqu'à se croire prédestinés à « *montrer le chemin aux générations futures et à prêcher à l'Humanité de nouveaux évangiles* ». Là, ils envahissent le terrain métaphysique et, faute d'une préparation indispensable, ils sont pris de véritables coliques intellectuelles.

Les inductions sont des actes de l'esprit dont la légitimité peut être jugée par ceux même qui restent étrangers à toute observation scientifique. L'Intelligence, en effet, n'est pas un attribut du microscope, ni du télescope, ni du creuset, ni du bistouri. Le *savant* peut demander que l'on tienne compte de ses observations ; mais le métaphysicien peut repousser ses Idées quand, de faits certains, on prétend tirer des inductions fausses. Et les plus grands savants eux-mêmes ne sont pas à l'abri de pareilles erreurs. Galilée et Newton, en induisant les lois d'inertie et de gravitation, tombèrent dans des erreurs que l'on peut parfaitement repousser. La vie la plus glorieuse, passée à contempler les étoiles, ne donne pas le droit d'imposer à l'humanité, ni comme *principes* ni comme conséquences, des Idées évidemment fausses.

§ 8. — Nécessité de l'observation interne

Quelle que soit l'importance de l'observation externe, base de la science moderne, l'importance, la nécessité de l'observation interne est plus grande encore.

L'acte primordial de tout être doué de la faculté de connaître est de se connaître lui-même. La sensation rudimentaire de son existence propre apparaît au degré le plus bas de la vie organique ; elle se perfectionne et se précise à mesure que se développe la faculté de connaître. La conscience, ce que les allemands appellent *inne seyn* et les anglais *to be conscious of o'self*, est une fonction zoologique propre à tous les animaux *qui sentiunt se ipsos vivere.*

Dans l'homme le *scio me vivere* est une fonction primordiale de son Intelligence. Saint Augustin en a parlé avec une clarté sans égale, devançant de plusieurs siècles le *Cogito, ergo sum* Descartes, et le Moi et Non Moi de Fichte. Il explique *quomodo se ipsam anima inquirat*, se distinguant de tout ce qui n'est pas elle, dès que *se esse et vivere sentit.*

Dans son admirable traité de *Trinitate* et dans le *De Quantitate animae*, il expose cette doctrine de la conscience humaine avec une lucidité et une sûreté merveilleuses. « Nous connaissons dit-il, deux sortes de choses : celles que l'âme perçoit par les sens du corps, et celles qu'elle perçoit par elle-même. L'œil intérieur, c'est-à-dire l'Intelligence, a la faculté de voir. L'âme se voit elle-même. Qu'y a-t-il de plus présent à l'esprit que l'esprit lui-même ? Telle est la force de la pensée que l'esprit ne se met, pour ainsi dire, en présence de lui-même que lorsqu'il se pense » (1).

§ 9. — Supériorité de l'observation interne

Les données de l'observation interne ont sur celles de la science une double supériorité : elles sont plus importantes et elles sont plus certaines.

---

(1) Duo sunt genera rerum quæ sciuntur : unum earum quæ per sensum corporis percipit animus; alterum earum quæ per se ipsum. Interiore quodam oculo videre concessum est, ipso animo animum cernere ut ipsa se anima videat.
Quid tam menti adest quam ipsa mens ? Quid enim tam in mente quam mens est ? Tanta est tamen cogitationis vis ut nec ipsa mens quodam modo se in conspectu suo ponat nisi quando se cogitat. (*De Trinitate.* Liv. X, chap. 7 et 8. Liv. XIV, chap. 6. — *De quantitate Animæ*, chap. 14.)

Plus importantes, car ce qu'il importe par dessus tout à l'homme d'éclairer, c'est le mystère de sa propre existence. L'Univers ne nous intéresse que par les rapports qu'il a avec nous.

Plus certaines aussi ; l'observation externe, si elle est vulgaire, s'égare et se trompe facilement : il serait oiseux d'énumérer ses absurdités ; et si elle est scientifique, rien de plus facile que de séduire le public par l'exposition trompeuse d'expériences inexactes, dont la vérification est impossible pour le commun des mortels. Au contraire, tous nous pouvons être juges des faits attestés par l'observation interne, tous en pleine connaissance de cause nous pouvons dire que celui-là ment qui les altère ou les fausse. Et cette facilité de vérification explique l'aversion que le charlatanisme éprouve pour les données subjectives, et la guerre qu'il leur déclare. S'il récuse l'observation interne, c'est à cause de la facilité avec laquelle ses contes peuvent être jugés par la conscience. Le perfectionnement des méthodes scientifiques pourra, jusqu'à un certain point, garantir la vérité des inductions ; mais il n'arrivera jamais à la certitude des données de la conscience.

§ 10. — EXPLICATION DES CONTRADICTIONS DE KANT

C'est dans cette différence des certitudes de l'observation interne et de l'observation externe que nous trouvons non pas la justification, mais la seule explication possible du lamentable spectacle que nous offrent les contradictions et les rétractations de Kant.

Dans la *Critique de la Raison pure*, tout en reconnaissant l'existence de noumènes et de lois, il nie la connaissance intellectuelle.

Dans la *Critique de la Raison pratique* il renie son scepticisme et, se basant sur le témoignage de sa propre conscience, il affirme catégoriquement la connaissance intellectuelle et formule des principes apodictiques et constitutifs.

Et dans la *Critique du Jugement*, il retombe dans son scepticisme et rétracte sa rétractation prédécente.

Il reconnaît qu'il s'agit d'une seule raison et d'une même Intelligence, et il l'affirme et la nie tour à tour, sans qu'on puisse trouver d'autre excuse de ses contradictions que les différents degrés d'évidence que présentent respectivement l'observation interne et l'observation externe. Dans la *Critique de la Raison pure*, il nie l'Intelligence parce qu'il ne parvient pas à découvrir dans l'observation externe une explication satisfaisante de l'Univers. Et dans la *Critique de la Raison pratique*, l'évidence des données de la conscience l'oblige à admettre la connaissance intellectuelle et à faire de l'Intelligence l'aveu le plus catégorique et le plus formel, parce qu'il trouve dans l'observation interne des données qu'il ne parvient pas à découvrir dans la cosmologie.

§ 11. — Plan de la métaphysique
Analyse et Synthèse

A la différence du Somnambulisme philosophique et de l'Ontologisme qui peuvent immédiatement se lancer dans l'Océan insondable de leurs rêves, le Positivisme métaphysique doit commencer par l'investigation scientifique de la Réalité.

La première partie de la métaphysique sera donc,

comme base de toutes ses recherches, l'*Analyse* scientifique de l'Univers et de l'Homme, l'étude préalable des substances et des lois qui régissent leurs transformations. La Physique, la Chimie, la Biologie, la Zoologie et l'Anthropologie, chacune des sciences qui étudient les différentes parties de l'Univers doit contribuer tout d'abord par ses données à l'étude de la métaphysique. De chacune d'elles il faut extraire la quintessence, la partie fondamentale ; car, ayant trait aux substances et aux lois que les sciences ont tirées par induction de leurs propres observations, elles constituent une véritable connaissance intellectuelle et sont, pour autant, partie intégrante de la Métaphysique.

La seconde partie sera une *Synthèse* de toutes les sciences particulières, qui nous explique leur enchaînement respectif et la raison d'être suprême de l'Univers et de l'Homme. L'Analyse, en effet, loin de satisfaire les aspirations naturelles de l'Intelligence, ne fait que la pousser avec une force irrésistible à rechercher une explication des faits observés.

Devant l'immensité de cet espace que doit parcourir l'Intelligence, il faut hâter le pas et restreindre le plus possible les discussions. Evitons le bavardage de ces *loquacissimi ventilatores* dont parle Saint Augustin. De tous temps les philosophes ont été diffus à l'extrême. Schopenhauer relève chez les modernes le même défaut que Saint Augustin chez les anciens ; il leur reproche de *diluer un minimum de pensée en cinq cents pages d'une insupportable phraséologie* (1).

---

(1) Nous avons vu de nos jours, un philosophe de talent, consacrer à *l'Idée du continu* tout un volume in-4° de 278 pages bien compactes.

Si la métaphysique veut mener son entreprise à bonne fin, elle doit suivre sans s'égarer une méthode bien définie. Tout d'abord, préciser le plus possible ses propositions, imitant en cela la sobriété des philosophes antiques de l'Hindoustan qui, il y a vingt ou trente siècles, formulaient leurs doctrines en de brefs aphorismes ; puis, suivre l'exemple des mathématiciens, et, comme eux, énoncer les problèmes à résoudre dans un langage clair et vulgaire, à la portée de tous, sans logomachie.

§ 12. — Les trois problèmes de l'Analyse

Kant, dans sa *Critique de la Raison pure*, avoue le besoin qu'éprouve l'Intelligence de résoudre les grands problèmes ultrazoologiques. Ma Raison, dit-il, a besoin de répondre à trois questions :
Que puis-je savoir ?
Que dois-je faire ?
Que puis-je espérer ?
En formulant ainsi les problèmes, Kant se rapproche de la vérité, mais il ne parvient pas à s'exprimer avec toute l'exactitude nécessaire.
La première question ne pose aucun problème que l'Intelligence doive résoudre, aucune demande à laquelle la Raison doive répondre ; la question qu'elle pose, c'est de savoir si la Raison, qui doit répondre aux questions, existe ou n'existe pas ; et ce problème doit être résolu au préalable.
L'Intelligence étant supposée, restent à résoudre non pas deux, mais trois problèmes.
Il y a certainement à résoudre deux problèmes de l'ordre anthropologique : le problème éthique, pour

savoir la conduite que l'homme doit suivre, et le problème du bonheur, pour savoir s'il existe quelque rayon de lumière qui illumine les sombres horizons de la vie.

Mais avant ces problèmes anthropologiques, il faut en résoudre un autre, capital, sans lequel la vie humaine ne peut être expliquée. Avant d'expliquer l'homme, il faut savoir ce qu'est l'Univers, et l'Univers ne peut être connu sans une Cosmogonie qui nous rende pleinement raison de son existence, en nous disant comment et pourquoi il fut formé.

Les problèmes, dont la solution constitue l'objet de la Métaphysique, sont donc au nombre de trois :

Le Problème cosmogonique ;
Le Problème éthique :
Le Problème du bonheur.

PREMIÈRE PARTIE

L'ANALYSE ET SES PROBLÈMES

ÉTUDE IV

Le Problème Cosmogonique

CHAPITRE Ier

DONNÉES DE LA PHYSIQUE

La Matière : deux espèces diverses. — L'Ether. — Les Atomes : Loi de gravitation. — L'Energie : Ame cosmique. — Premier antagonisme : Entre l'Énergie et la gravitation.

§ 1. — LA MATIÈRE : DEUX ESPÈCES DIVERSES

La première Idée que nous dégageons de l'observation de l'Univers est celle de l'existence de la Matière dont les attributs essentiels sont l'*Etendue* à trois dimensions et la durée ou existence successive qui constitue le *Temps*.

La matière première qui forme l'*Espace* doit être forcément conçue comme une étendue *continue* sans aucun interstice. La notion la plus absurde qu'enregistre l'histoire des égarements humains est celle du Vide absolu enseignée par Démocrite. Le vide absolu, c'est le Néant, et le Néant, c'est la négation de toute existence. Il ne peut y avoir de vide absolu total ou partiel.

La seconde substance que la science moderne induit de l'étude physique de l'Univers, c'est celle d'une autre matière non plus continue, mais *discontinue*, formée par des particules séparées flottant dans l'Espace.

La science moderne appelle *Ether* cette première matière qui forme l'Espace, et *Atomes* les particules de la Matière discontinue. Pour mieux comprendre, on peut comparer ces deux matières : l'Ether, à la scène d'un théâtre, et les Atomes aux acteurs qui représentent le grand drame cosmique.

Hirn, dans son *Analyse élémentaire de l'Univers*, se trompe quand il dit de l'Ether qu'il est *immatériel*. Les deux substances, éther et atomes, scènes et acteurs, sont de la matière, car leur attribut essentiel, à toutes deux, est l'étendue à trois dimensions.

Mais, bien que cette ressemblance commune puisse nous autoriser à leur donner ce nom de matière, cependant la diversité absolue des lois qui les régissent respectivement démontre la diversité de leur nature. Et ici, au seuil même de la science moderne, nous rencontrons des Inductions absurdes soutenues avec une arrogante assurance par les *savants*.

§ 2. — L'Ether

Tous les savants sont d'accord pour avouer que nul ne sait ce que c'est que l'Ether, car l'Ether ne peut être l'objet direct d'aucune observation scientifique.

Secchi (1) confesse « *notre complète ignorance de la*

---

(1) *L'Unité des forces physiques.*

constitution physique de l'Ether et des forces qui le régissent ; *ce serait une véritable folie que de demander une seule preuve de quoi que l'on dise sur l'Ether* ; *si quelque chose échappe à nos sens, c'est l'Ether* ; *tout ce que l'on dit de lui, il faut l'admettre sans preuves* » (1).

B. Stewart et Tait, les grands physiciens anglais, déclarent également que « ses propriétés sont d'un ordre beaucoup plus élevé dans les secrets de la nature que « celles de la Matière tangible ; et comme les proprié- « tés de cette dernière échapppent à toute conception « des savants, il est inutile de discuter sur l'Ether ». (2).

Mais précisément parce que personne ne sait ce que c'est que l'Ether, l'Ether est devenu le thème favori du plus audacieux charlatanisme scientifique.

Quelques-uns, et Newton lui-même, lui attribuent la suprême Intelligence ; et, d'après eux, l'Ether est le cerveau de Dieu (3).

Pour d'autres, l'Ether n'est pas précisément Dieu, mais une sorte de *Deus ex machina* qui meut mécaniquement l'Univers. Secchi et Clerck Maxwell rivalisent dans ce genre d'absurdités ; l'absence absolue d'observations scientifiques leur donne carte blanche pour dire tout ce qui leur passe par la tête.

Le P. Secchi ne dit pas comme Newton, que l'Ether est le cerveau de Dieu, car dans son ouvrage sur l'*Unité des forces physiques* il préfère invoquer Jupiter

---

(1) Pages 151, 234, 267, 543. Secchi déclare que « celui qui exige des démonstrations doit renoncer à l'étude de la philosophie naturelle », p. 481. — La philosophie naturelle consisterait, d'après lui, à accepter aveuglément tout ce que les savants affirment sans preuves ni démonstrations d'aucune sorte.
(2) *Unseen Universe* § 148.
(3) *Optica.* q.28.

et ne jamais parler de Dieu, pour ne point froisser les susceptibilités des savants ; mais il les avertit avec un certain courage que, *si on le presse*, il serait capable de reconnaître l'existence d'un auteur de l'Univers (1). Il attribue à l'Ether le rôle combien modeste ! de thaumaturge de la vie cosmique. S'inspirant de Lucrèce, son auteur préféré, citant Horace, copiant Le Sage de Genève, il dit que les atomes éthérés, se mouvant éternellement en tous sens, finissent par former une espèce de grêle ou danse éthérée avec des mouvements rectilignes, réflexions, progressions, conversions positives et négatives, motions et commotions, mouvements de rotation et de translation, pressions, tensions raréfactions, oscillations, vitesses croissantes et décroissantes vers le haut et vers le bas, à droite et à gauche, en avant et en arrière, dilatations, condensations et changements d'équilibre. Et tout cela, il l'affirme sérieusement, après avoir protesté de son intention de « faire table rase de toutes les forces abstraites et de tous les agents qui échappent à nos sens » (2).

Clerck Maxwell trouvant étrange cette mer éthérée en révolution se propose d'y mettre de l'ordre et de donner aux mouvements de l'éther une allure un peu plus scientifique. Persistant dans l'absurdité capitale d'un Ether en poussière, d'une matière discontinue se mouvant dans le vide absolu, il substitue à la danse éthérée de Secchi les mouvements des cellules et des tourbillons. Les cellules, bien que susceptibles de mou-

---

(1) « Si on nous presse pour dire quelle est la puissance qui a « produit le mouvement primitif, nous n'hésitons pas à dire que « cette Puissance est Dieu » P. 606.

(2) Op. cit. p. 49.

vements rotatoires, ont pour fonction principale de donner le branle aux tourbillons, alignées qu'elles sont en filets longitudinaux qui forment de véritables courants. Les tourbillons, élastiques, sous la poussée des cellules, tournent et se dilatent à l'équateur et s'aplatissent aux pôles, les axes étant orientés dans le même sens. Et tous ces mouvements de translations et de rotations, toutes ces orientations et désorientations, vibrations rectilignes et transversales, circulaires et non circulaires, dextrogyres et lévogyres, célébrés par Clerck Maxwell, constituent la doctrine enseignée par les savants contemporains dans les chaires et dans les académies. C'est, aujourd'hui, le dernier mot de la *Science*, et les auditeurs en restent bouche bée. Et tout cela, les savants le proclament après avoir protesté de leur complète ignorance de la constitution physique de l'Ether et après avoir exigé qu'on ne leur demande aucune démonstration, aucune preuve de ce qu'ils avancent.

Négligeons des hypothèses si arbitraires, enseignées sans le moindre fondement. Les seules inductions rationnelles que nous puissions faire de l'Ether sont :

L'Ether est une *Matière continue* qui constitue l'*Espace* de l'Univers visible.

Sa merveilleuse *immensité*. Les astronomes mesurent leurs distances par années de lumière ; ils calculent que la lumière parcourt 206.000 kilomètres à la seconde ; or, avec les télescopes de Herschell et Rose, on distingue des étoiles distantes de 30.000 années.

Sa *limitation*. Kant lui-même, le Pontife du scepticisme moderne, se voit obligé d'avouer, dans la *Critique de la Raison pure*, que si l'homme ne peut arriver à la certitude sur un autre point, il peut du moins acquérir cette certitude que l'espace infini comme le temps infini sont deux absurdités que le bon sens ne peut accepter.

Sa forme *sphérique*, induite par Lobatcheusky et Bolyai, objet des profondes investigations de Gauss et Riemann, acceptées par Beltrami, Lipschitz, Helmholtz, Silvestery et Cliford (1).

Sa *pénétrabilité* ; car dans son sein se meut en tous sens la Matière discontinue qui forme les astres.

Enfin, sa *passivité*, car on ne connaît aucun fait dont on puisse conclure qu'il possède une activité quelconque.

§ 3. — LES ATOMES : LOI DE GRAVITATION

Toute l'activité faussement attribuée à l'Ether appartient à une matière d'un autre genre, étendue comme l'Ether, mais régie par une loi complètement différente, à la Matière *discontinue* dont les particules primordiales sont les *Atomes*. Ceux-ci successivement groupés forment d'abord les molécules élémentaires, puis les molécules composées.

Son identité première, induite d'abord par Proust et Stas, et confirmée ensuite par les observations scientifiques, d'après Crookes, Radau et d'autres, est maintenant une donnée généralement adoptée comme l'induction la mieux fondée. Les 65 ou 70 éléments faussement désignés sous ce nom, ne sont certainement que des atomes que la science n'a pas pu désagréger jusqu'à ce jour.

---

(1) Stallo. *La Matière et la Physique moderne*. Chap. 13.

Les molécules, associées en quantités fabuleuses, forment les astres dont le nombre correspond à l'immensité de l'Ether. On dit qu'avec de bons yeux on peut distinguer 6.000 soleils environ ; avec des télescopes moyens on en compte des centaines de mille : dans la voie lactée seulement il y en a, d'après Herschell, 18 millions, et les astronomes croient qu'il n'y en a pas moins de 100 millions, ce qui, avec leurs planètes, formerait un total de 1000 millions d'astres. La toute petite sphère que nous habitons serait donc, d'après ce calcul, la 1.000.000.000^e partie de l'Univers visible.

L'attribut essentiel des atomes ou de la matière discontinue est de graviter vers un centre de l'Univers signalé par Newmann dans son ouvrage *Uber die Principien der Galileo Newton'schen Theorie* (1870) Il y démontre la nécessité où se trouvent « tous les mouvements actuels et possibles de l'Univers de tendre vers un centre unique », dont il ne détermine pas la position. Herschell indique la constellation d'Hercule, Augelander celle de Persée, Maxwell Hall une autre étoile double de 6e classe, Mädler l'étoile Alcyon, l'une des Pléiades qui est trente-six millions de fois plus éloignée de nous que le Soleil.

Cette gravitation, qui pousse tous les atomes vers le centre de l'Univers, justifie le nom de *Matière pondérable* que l'on donne à la matière discontinue.

Sur la nature de cette gravitation, Newton délire d'une façon étrange, quand il invente sa fameuse *loi d'attraction*. Cette loi en effet, exige, au centre de l'Univers, un corps de grandeur incroyable dont l'action atteindrait les limites les plus reculées. Le premier effet produit sur les savants par cette induction de Newton fut la stupeur. Huyghens la trouvait absurde ; Bernouilly, révoltante, tout comme James Croll et Du Bois Raymond ; Stewart et Tait déclarent que *nul, s'il a dans l'ordre philosophique la faculté de penser* (ce que l'on appelle vulgairement le sens commun) *ne peut admettre un seul instant la possibilité de pareille action à distance* ».

Mais, comme le tout est de s'y habituer, la majorité des *savants* a fini par s'adapter à l'absurde et parler de cette loi d'attraction comme d'une chose naturelle et courante.

Tout bien considéré, ce que l'on doit induire de l'observation des faits c'est que la nature de cette *force centripète* est tout le contraire de ce que prétend Newton. De ses propres observations scientifiques il faut conclure que la cause de cette force centripète n'est pas une attraction exercée à distance par un corps central, mais une véritable *vis insita*, qu'il s'obstine précisément à nier, une force intrinsèque et inhérente aux Atomes. Grâce à elle, ceux-ci mus par leur propre impulsion, tendent à se grouper en masses de grandeurs croissantes, à se condenser, à se réunir tous en un centre de gravitation universelle : force immanente dont la nature explique qu'un corps interposé n'empêche pas la gravitation, comme il empêcherait l'attraction newtonienne.

L'intensité de la Gravitation ne varie pas, quelle que soit la distance à laquelle l'astre se trouve de son centre de gravité ; la force centripète est immuable ; ce qui varie c'est l'intensité d'une autre force *centrifuge* celle-là, qui éloigne la matière pondérable de son centre de gravitation.

Cette conception vraie de la Gravitation, loi suprême

des Atomes, qui détermine leur attribut essentiel, détruit en même temps la *loi d'inertie* attribuée par Galilée à la matière pondérable. Les Atomes ne sont pas inertes puisque la Gravitation est une force suprême *immanente* en eux et qui les meut avec une impulsion souveraine.

Les deux grandes lois de l'Attraction et de l'Inertie formulées par Newton et Galilée ne sont donc que deux fausses inductions.

§ 4. — L'Energie : Ame cosmique

Poursuivant l'analyse scientifique de l'Univers visible, Képler conclut à l'existence d'une nouvelle substance qui n'est plus matière ; c'est une *species immateriata inestimabilis vigoris adeoque actus primus omnis motus mundani*. Et, dire qu'une susbstance est immatérielle ce n'est pas affirmer qu'elle soit pour cela consciente, comme le suppose à tort San Severino.

Immatériel est un terme purement négatif ; il signifie seulement que ce à quoi il s'applique n'est pas une matière. Une substance peut n'être pas matière et n'être pas consciente, comme c'est ici le cas.

Cette nouvelle susbstance, immatérielle mais inconsciente, signalée par Képler, c'est l'Energie, objet des plus grandes découvertes du XIXe siècle.

L'Energie est l'Ame cosmique, force non plus immanente comme la Gravitation, mais *transcendante* qui s'empare des Atomes, les compénètre, les subjugue et, supérieure à la Gravitation, les vivifie et leur imprime toute sorte de mouvements. On ne peut pas lui reprocher, comme au système absurde de Newton, l'action à distance. Répandue à travers l'Univers visible, l'Energie compénètre les atomes, est en contact intime avec eux. Si elle agit, c'est qu'elle est présente, et si elle fait sentir son influence simultanément sur des masses de matière pondérable séparées par de grandes distances sans que ses effets soient perçus dans l'intervalle, c'est qu'elle n'agit que sur les atomes et que, là où il n'y a pas d'atomes, elle ne produit aucune action perceptible. Si l'Energie concentrée dans un Soleil exerce son action sur une planète lointaine, c'est parce que la partie de l'Energie qui se répand tout autour du foyer arrive jusqu'à la planète ; elle agit toujours sur la matière pondérable, non pas à distance, mais par contact, par compénétration. Imperceptible dans l'Ether, l'Energie n'est perceptible qu'autant qu'elle agit sur la matière pondérable.

Rumford et Davy à la fin du XVIIIe siècle, et, plus tard, Sadi Carnot commencèrent à entrevoir l'unité de cette Ame cosmique. Mohr, en 1837 (1), proclamait déjà avec une grande précision, l'existence d'un agent unique « qui, selon les circonstances, apparaît sous forme de mouvement, affinité, cohésion, électricité, lumière, chaleur et magnétisme, chacune de ces manifestations pouvant produire toutes les autres ». Faraday, Colding et Joule en 1839 et 1840 firent des observations semblables à celles de Mohr ; enfin en 1842, Mayer en Allemagne et, en 1843, Grove en Angleterre divulguèrent la découverte.

Toutes les manifestations de la vie cosmique procèdent de la proportion dans laquelle se combinent l'Energie et les Atomes ; tout dépend du degré de l'intensité avec laquelle agit l'Energie.

---

(1) *Baumgartner und von Holger's Zeitschrift für Physik.*

A son plus haut degré d'intensité, elle produit les vertigineuses et incalculables vitesses des astres ; ceux ci, par suite de la forme sphérique et limitée de l'espace éthéré, prennent forcément un mouvement circulaire. A mesure que diminue son intensité, l'Energie se transforme en lumière et en chaleur, et enfin en mouvements de masses qui finissent par s'éteindre. Toute vie, tout mouvement physique révèle la présence et l'action de l'Energie, tout dépend d'elle ; tout, sauf la Gravitation qui est la mort.

Sur la nature de ce que Helmholtz et Lodge appelèrent *atomes d'électricité* et le Dr Johnston Stoney des *Electrons*, nom adopté aujourd'hui par tous les milieux scientifiques, a été commise une de ces erreurs qui semblent réservées aux plus grands *savants*. Drumaux dans sa récente *Théorie corpusculaire de l'Electricité* en a fait une étude intéressante.

Le fond de cette théorie comme il arrive souvent, est une induction erronée basée sur des faits scientifiquement vérifiés.

On peut tenir pour certain que les particules des corps simples, improprement dénommées *Atomes*, ne sont pas l'élément dernier de la matière, car il y a des corpuscules infiniment plus petits, doués de mouvements vertigineux, qui entrent dans la composition des molécules des corps simples. Et c'est un fait aussi que *la notion de la structure atomique s'impose aussi bien à l'électricité qu'à la Matière*. Ces deux faits peuvent être tenus pour certains ; mais ces Electrons, ces atomes d'électricité ne sont pas autre chose que les Atomes primordiaux de la matière pondérable, et cette électricité qu'on leur attribue est tout simplement l'Energie qui se trouve en eux à un degré très intense et dont les fonctions sont en rapport très intime avec les phénomènes propres de leur sexualité.

Les savants cherchent à déterminer les dimensions infinitésimales de ces corpuscules. Pour les uns, leur longueur serait cent mille fois plus petite que celle de la molécule d'hydrogène ; pour d'autres, elle ne le serait que mille fois.

De l'intensité extraordinaire de leurs mouvements provient leur pouvoir de pénétration au travers des corps ; ils pénètrent non seulement les liquides, mais même les solides. Leur passage au travers des métaux est la merveille de la Télégraphie.

L'étude des phénomènes de cet état primitif de la matière pondérable, appelée dans ce cas *matière radiante*, a été l'objet des intéressantes observations scientifiques de Crookes, de Goldstein, de Rœntgen, de Becquerel et de Mme Curie.

Classés d'après leur intensité décroissante, les Electrons produisent d'abord les *rayons cathodiques* étudiés par Crookes ; puis les *rayons X* de Rœntgen qui résultent, dit-on, d'un arrêt brusque des électrons ; enfin, les *Kanalstrahlen* de Goldstein, dont la vitesse, d'après Wien, diminue jusqu'à se rapprocher de celle de la molécule d'hydrogène.

A ces trois espèces de rayons correspondent les rayons dénommés α, β et γ dans les émanations observées par Mme Curie dans les corps radio-actifs.

Les rayons χ ressemblent aux Kanalstrahlen ; les β aux rayons cathodiques,, et le γ aux rayons X.

La Science est impuissante à déterminer la vitesse initiale de l'atome isolé ; elle parvient seulement à calculer celle des molécules groupées dans les soleils, et les astronomes parlent alors de vitesses de 400.000 et

500.000 kilomètres à la seconde ; les courants descendent ensuite dans les câbles à des vitesses de 4000 à 5000 kilomètres ; dans l'état radiant de Crookes la vitesse diminue considérablement ; elle va en décroissant dans les gaz (dans l'hydrogène elle est de 1844 mètres), et enfin le mouvement le plus lent se rencontre dans les états liquide et solide de la Matière pondérable.

C'est à la transformation des effets de l'Énergie, en la dispersant ou en la concentrant, que se réduisent toutes les conquêtes de la science moderne. Une somme donnée d'énergie disséminée dans une masse relativement grande ne pourra lui communiquer que des mouvements faibles ; si on concentre cette même énergie dans un nombre plus réduit de molécules, elle pourra leur imprimer les mouvements prodigieux des courants électriques et se transformer successivement en lumière, chaleur ou mouvement de masses.

Le volume de la matière pondérable dépend de la somme d'énergie qui la compénètre. En effet, de la vitesse imprimée aux atomes par l'énergie dépend leur expansion, c'est-à-dire la distance qui les sépare les uns des autres et, par conséquent, leur volume. Le volume au zéro absolu, c'est-à-dire en l'absence complète d'énergie (Hirn le fixe à 273°) deviendrait 25 fois plus grand au zéro de congélation, 400 fois à l'état liquide et 10.000 fois à l'état gazeux. Les molécules élémentaires de l'oxygène et de l'hydrogène, qui forment la molécule composée de l'eau, étant désagrégées auraient un volume 100.000 fois plus grand que celui de leurs atomes au zéro absolu.

§ 5. — Premier antagonisme : entre l'énergie
et la gravitation

La Gravitation, attribut essentiel des Atomes, et l'Énergie ou Ame cosmique qui les vivifie sont deux forces absolument contraires. Les confondre est la plus grande des nombreuses absurdités que les *savants* modernes aient pu inventer. L'une en effet produit la condensation, l'autre, l'expansion. L'une est une *force centripète* qui condense les Atomes et les entraîne vers le centre de l'Univers ; l'autre est une *force centrifuge* qui les désagrège et les éloigne d'autant plus du centre qu'elle est plus intense.

Cet antagonisme suprême entre la Gravitation et l'Energie est le premier qu'enregistre l'analyse de l'Univers.

CHAPITRE II

DONNÉES DE LA CHIMIE

Sexualité des corps inorganiques. — Procréation de l'Énergie. — Préordination interne des corps inorganiques. — Préordination morphologique.

§ 6. — SEXUALITÉ DES CORPS INORGANIQUES

Le fait capital que l'on observe dans les corps inorganiques, formés successivement par le groupement croissant des molécules, est leur *sexualité* ; elle se manifeste surtout dans leurs états électriques ; l'électricité soit statique, soit dynamique n'est pas autre chose.

Franklin ne voyait dans l'électricité que les différents degrés d'intensité, ainsi d'ailleurs que Boyle et Newton. D'après Tyndall, Symner et Fay furent les premiers à soupçonner la distinction de deux espèces de fluides électriques. Mais la gloire de cette découverte revient en propre à Berzélius. Il fut le grand chimiste qui mit en évidence cette véritable sexualité inorganique dont le premier indice se rencontre déjà dans la chimie dualiste de Lavoisier. Berzélius nomme les sexes *électro-positifs* et *électro négatifs* ; et, adoptant une idée déjà émise par Schweiger, il distingue dans les molécules deux pôles, l'un positif, l'autre négatif, correspondant aux différents sexes des Atomes qui s'y trouvent combinés. C'est précisément en s'unissant que les pôles positifs et négatifs forment les molécules, et la prédominance de l'un ou de l'autre sexe détermine la sexualité prédominante du composé.

La sexualité de l'Energie apparaît comme statique et comme dynamique ; comme tension, et c'est alors, d'après Secchi, « un état d'exaltation de force », et comme courant, lorsque l'Energie pousse les atomes positifs à s'unir aux atomes positifs ; et dans ce dernier cas, les atomes positifs revêtent la forme d'une aigrette violacée et les atomes négatifs, celle d'une étoile brillante au centre de laquelle pénètrent les atomes positifs. Il se produit alors ce qu'on appelle le vent électrique qui s'accompagne de phénomènes lumineux visibles dans l'obscurité (1).

Les corps chargés de la même électricité se repoussent, tandis que les corps chargés d'électricités contraires s'attirent. Le positif repousse le positif et attire le négatif ; et le négatif repousse le négatif et attire le positif (2). Substituons aux termes scientifiques de positif et de négatif ceux de masculin et de féminin, et le phénomène sera clairement expliqué. Les premières manifestations de la sexualité inorganique apparaisent dans la matière radiante. L'électricité des rayons X et des rayons cathodiques est négative, celle des Kanalstrahlen, positive. Les déviations de la direction rectiligne de leurs courants observées dans les champs électro-magnétiques n'ont pas d'autre cause.

Cette attraction des corps de différents sexes, les chimistes l'appellent *Affinité*. Confondre l'affinité

---

(1) Joubert, « *Traité élémentaire d'Electricité*. Page 17.
(2) Tyndall, « *Leçons sur l'Electricité*. Page 34.

avec l'attraction newtonienne a été l'une des grandes erreurs des *savants* modernes. L'une engendre la vie, l'autre produit la mort.

§ 7. — Procréation de l'énergie

Dumas, étudiant les combinaisons des corps inorganiques, parle d'*époux* et Gerhardt de *copulations* (1). Ces expressions sont tout à fait propres, car l'union des corps de différents sexes produit une véritable procréation d'énergie, d'autant plus grande que plus intense est l'affinité qui les attire. La combinaison de molécules de sexes différents, leur copulation, suivant l'expression de Gerhardt, produit non pas une transformation, mais une véritable *génération* d'Energie nouvelle, et dans des proportions parfois merveilleuses, comme nous en avons des exemples dans les explosifs découverts par la Science moderne. Toute la doctrine de la chimie moderne repose sur le principe fondamental établi par Berzélius et inutilement combattu par les modernes mécanistes. Les *associations* et *dissociations* des corps, toutes leurs synthèses, tout le secret de la chimie moderne se borne à connaître la respective affinité des corps pour les associer ou les dissocier, les marier ou les divorcer, selon la fin qu'on se propose ; et pour engendrer des sommes d'Energie qui n'étaient pas latentes, comme on le dit à tort, mais qui *naissent* réellement. Ce qui est latent, c'est uniquement la puissance sexuelle qui les procrée.

L'*atomicité* n'est pas autre chose que le degré d'in-

---

(1) Wurtz, *Histoire des doctrines chimiques*. Hachette 1869. Pages 85 et suivantes.

tensité, la plus ou moins grande puissance sexuelle de chaque corps (1). *Saturations, substitutions* et *valences* n'ont pas d'autre base ; les corps *polyacides* et *polybasiques* correspondent à la polyandrie et à la polygamie du monde organique (2).

Les fanfaronnades et les criailleries des mécanicistes ne changent rien à la chose ; devant l'évidence des faits il est impossible de nier. Les niaiseries de Kekulé et Butleroff sur la *position* qu'occupent les molécules au moment de leur union n'infirment nullement l'existence du lien sexuel qui les combine et les place dans ces positions que les savants reproduisent graphiquement, croyant pour cela avoir découvert la quadrature du cercle.

§ 8. — Préordination interne des corps inorganiques

L'observation découvre aussi qu'au moment où la matière pondérable se condense, les molécules ne se groupent pas au hasard, mais en proportions préétablies, et qu'elles forment ainsi des *types*, des *familles* déterminées.

C'est un fait démontré par Lavoisier, Dalton, Thomson, Wollaston et autres chimistes célèbres.

Faisant allusion à la discusion soutenue par Berthollet qui niait la certitude de ce fait, Wurtz, dans son *Histoire des doctrines chimiques*, dit : « La loi des proportions fixes, fondamentale en chimie, sortit triomphante du grand débat. Depuis, elle a été universelle-

---

(1) Op. cit. P. 247.
(2) Op. cit. P. 263.

ment acceptée, et, pourquoi ne pas le dire, elle a reçu de nos jours une éclatante confirmation... D'après Wenzel, Richter et Proust on peut admettre cette grande loi de la nature ; et, d'après Stas, on peut affirmer que cette loi n'est pas sujette à des modifications sensibles » (1).

Les corps ainsi formés, en proportions fixes, sont doués d'attributs ou propriétés semblables. Selon les observations de Gerhardt et Williamson, les propriétés des corps inorganiques permettent de les classer, comme les organismes, en espèces et en familles. Leur nature particulière réapparaît dans les étapes successives de la condensation de la matière discontinue. Le type du chlore, par exemple, dont le poids spécifique est 35,5 réapparaît dans le brome dont le poids est 80, puis dans l'iode dont le poids est 127. Une ressemblance analogue se remarque dans le silicium 28, le germanium 73, l'étain 118, et le plomb 208 : et il a dû y avoir un corps aujourd'hui inconnu qui correspondait au poids 163 (2).

Cette récurrence des types se trouve admirablement exposée dans le diagramme de Reynolds rectifié par Crookes. C'est encore un essai imparfait, mais il met en évidence un fait d'une importance capitale, à savoir la réduction à un certain nombre de types primitifs des corps inorganiques, comme les genres dans l'ordre biologique.

---

(1) Op. cit. P. 49.
(2) Crookes, *La genèse des Eléments* ; trad. par Richard. P. 47.

§ 9. — Préordination morphologique

La même préordination qui régit la constitution interne des corps apparaît aussi dans leur forme extérieure. Sauf des anomalies dues à des causes perturbatrices, on observe dans la configuration des corps inorganiques une tendance manifeste à se cristalliser suivant six systèmes cristallins parfaitement déterminés. Et cette tendance est si merveilleuse que, à la ressemblance de ce qui se passe dans les organismes, les corps inorganiques, lorsque leurs cristaux se brisent, reconstituent la partie coupée ou l'angle tronqué, réparent leurs pertes et refont leur type morphologique particulier, comme le reptile refait le membre mutilé.

CHAPITRE III

DONNÉES DE LA BIOLOGIE

Formation des organismes. — Altérations mécaniques, morphologiques et chimiques. — Préordination, unité et solidarité des organismes. — Sensation et conscience. — L'Hérédité. — Second antagonisme : entre l'Énergie et les Ames individuelles.

§ 10. — Formation des organismes

L'observation scientifique poursuivant l'analyse de l'Univers, rencontre des faits nouveaux qui attestent l'apparition d'une causalité nouvelle qui n'est plus plus l'Energie, d'une Loi nouvelle qui démontre l'existence d'une autre susbstance immatérielle comme l'Energie, mais de nature différente.

L'attribut essentiel de l'Ame cosmique est de se répandre, de circuler à travers la Matière pondérable, de telle sorte que, dans la vie cosmique, le substratum permanent est la Matière et le changeant l'Énergie qui la vivifie.

Au sein de cette même Matière pondérable déjà vivifiée par l'Energie, dans des conditions telles qu'elles ne sont qu'un rapide épisode de la vie des astres, dans les limites étroites d'une centaine de degrés, apparaissent de nouvelles Ames, mais celles-ci ne circulent plus comme l'Ame cosmique ; elles demeurent, engendrant des vies individuelles complètement différentes de la vie cosmique.

Dans les organismes ainsi formés, le substratum qui persiste est l'Ame qui les engendre, et ce qui circule, c'est la matière pondérable ; tout au contraire de ce qui se passe dans la vie cosmique. Le fait est si notoire que Darwin ne peut que reconnaître comme incontestable *cette individualité qui persiste bien que toute la matière cosmique qui la forme change.*

La loi de ces âmes nouvelles est de s'approprier la matière pondérable, de la dominer, de la diriger vers leurs fins particulières.

La rapidité de la circulation de la matière pondérable autour des âmes individuelles, déjà observée par Liebig, croît à proportion de la perfection des organismes. A peine perceptible aux degrés inférieurs de la vie, elle prend des proportions étonnantes aux degrés supérieurs. Moleschott (1), dans ses tableaux 12 et 13, prit un soin spécial de démontrer ce fait capital qui sape les bases du matérialisme qu'il prétend défendre.

La circulation commence dans les organismes végétaux. Ils respirent et exhalent la nuit l'acide carbonique qu'ils ont absorbé le jour, de l'oxygène et, d'après Draper, de l'azote. Et en même temps qu'ils s'assimilent les masses de matière qui se trouvent à leur portée, ils éliminent des substances que les botanistes comparent aux sécrétions des organismes : résines, essences, éthers, parfums, matières colorantes et autres sécrétions produites par leurs fonctions de désassimilation.

---

(1) *La Circulation de la vie* traduit par Cazelles.

Ce mouvement de la matière pondérable revêt sa plus grande intensité dans l'ordre zoologique. Moleschott, sur ce point, donne des faits extrêmement intéressants et suggestifs qu'il emprunte à Laun, Gautier et autres chimistes renommés, d'après lesquels la matière pondérable des organismes se renouvelle complètement en 22, 25 ou 30 jours.

§ 11. — Altérations mécaniques, morphologiques et chimiques

La Matière pondérable dont les organismes sont formés est régie par les lois de la Gravitation et de l'Energie. C'en est assez pour que toutes les trompettes scientifiques s'empressent de proclamer que la vie organique tout entière s'explique par la physique et par la chimie, sans qu'il faille recourir à l'intervention d'une nouvelle causalité, d'un nouvel agent. Supposition contraire à la croyance des vrais savants de tous les temps, d'après lesquels les phénomènes biologiques sont physiquement inexplicables.

Berzélius observa que dans les organismes les combinaisons moléculaires se présentent dans des conditions spéciales dues à l'intervention d'un agent vital, et il exposa, avec une grande clarté, les fondements d'une *Chimie organique* différente de la chimie inorganique. Pringsheim reconnut de même dans ses études sur les organismes végétaux, qu'ils respirent, « s'ali-
« mentent et se reproduisent, exerçant leur action en
« dehors de toutes les lois physiques et chimiques dont
« on invoquerait en vain l'application.

Les faits intéressants publiés par Cochin dans l'*Evolution et la Vie* attestent combien les actes vitaux sont inexplicables par les lois cosmiques et combien glorieux fut le triomphe de Pasteur sur Bastian et Pouchet. Il se rencontre dans les organismes des nouveautés mécaniques, morphologiques et chimiques qui révèlent clairement l'intervention d'un nouvel agent différent de l'Energie.

Mécaniques. — Dans l'ordre physique, l'intensité de l'Energie se révèle en imprimant à la matière pondérable le sceau particulier de son activité.

Dans l'ordre biologique, sans manifestation quelconque qui révèle l'intensité de l'Energie, naissent, cachées dans des germes exigus, des âmes d'une vigueur extraordinaire, assez puissantes pour grouper en organismes, parfois gigantesques, des masses énormes de matière dont l'accumulation est absolument inexplicable physiquement. Et cette même causalité, ce même agent, qui soumet ainsi à sa loi la matière pondérable, se manifeste ensuite par de nouvelles impulsions, de nouveaux mouvements que n'expliquent absolument pas les lois mécaniques qui régissent les corps inorganiques.

Morphologiques. — La forme extérieure des corps inorganiques diffère complètement de celle des organismes qui se manifeste dans la *dissymétrie*. Dans les individuations la matière pondérable s'organise à droite et à gauche suivant un plan dissymétrique, et elle s'y adapte de telle sorte que, même dissoute dans un liquide, la matière organique conserve l'empreinte imprimée dans sa constitution moléculaire, à laquelle elle doit son pouvoir rotatoire et la polarisation de la lumière.

Chimiques. — Enfin, viennent les fonctions chimiques qui mirent Berthelot en si ridicule posture. Berzélius citait comme acte exclusif du principe vital l'association de l'hydrogène et du carbone. Berthelot parvint à les associer, à réaliser la célèbre synthèse qui fit pleurer de joie les savants. Mais l'illusion fut de courte durée. La véritable science fit observer bien vite que le principe vital produisait à la température ambiante ce que Berthelot n'obtenait qu'à 2000°. Il en est de même pour la dissociation du carbone et de l'oxygène. Là où la température ambiante suffit au principe vital, la chimie inorganique exige des températures élevées au rouge et au blanc.

Devant des faits si éloquents il n'est pas possible de confondre les synthèses purement chimiques avec les synthèses organiques ni d'attribuer la formation des organismes à des transformations de l'Energie. On se trouve en présence d'une nouvelle causalité régie par une loi différente. « Il n'y a pas, dit « Tyndall, dans la science expérimentale de conclusion « plus certaine que celle-là ».

§ 12. — Préordination, unité et solidarité des organismes

La préordination qui apparaît déjà clairement dans la formation des corps inorganiques, acquiert dans les organismes une évidence qui augmente avec leur perfection.

Bien loin du *triage* rêvé par les mécanicistes, les éléments les plus hétérogènes viennent à se combiner dans les corps inorganiques de la façon la plus étonnante.

Des millions de molécules distinctes forment les cellules étudiées par Schwann et Turpin ; et des millions de cellules forment des colonies complètement différentes, chacune d'elles ayant une fonction particulière; et les colonies forment des appareils préordonnés pour des fins très diverses. Un groupe de colonies forme les os et les cartilages qui constituent l'armature de l'organisme ; un autre groupe, l'appareil de chauffage qui maintient l'organisme à une certaine température ; un autre, l'appareil digestif qui prépare et assaisonne la matière pondérable destinée à faire partie de l'organisme ; un autre, l'appareil circulatoire qui porte aux cellules leur aliment et recueille les résidus qu'elles éliminent ; et enfin, viennent les groupes de colonies qui forment les grands sytèmes nerveux de la vie organique et de la vie de relation. Entre ces appareils si divers il existe une telle solidarité que l'impression subie par l'un d'eux se répercute sur tout l'organisme ; le cerveau souffre des souffrances de l'estomac et celui-ci de celles du cerveau ; plaisirs et douleurs affectent l'ensemble, et chaque colonie, en plus de sa vie propre, vit de la vie du tout.

Les plus grandioses créations de l'industrie humaine ne sont rien comparées à l'économie d'un organisme supérieur. Il ne s'agit plus ici de l'entretien de quelques milliers d'ouvriers, mais de celui de milliers de millions de cellules qui travaillent toutes de concert avec un ensemble merveilleux. Aqueducs, cloaques, pompes aspirantes et foulantes, soufflets, fourneaux d'oxydation, rames et leviers, il n'y a pas de création manufacturière où le génie humain ait accumulé des merveilles que l'on puisse comparer, même de loin, au mécanisme d'un animal supérieur.

Si le concert des appareils qui constituent la vie interne des organismes est admirable, non moins admirable est le concert de ceux qui ont été ordonnés pour la vie de relation : appareils de sensibilité grâce auxquels l'âme perçoit du monde extérieur tout ce qu'il lui importe de connaître, appareils de locomotion et, enfin, appareils de reproduction pour engendrer de nouvelles âmes individuelles.

De même que l'on a voulu expliquer par les forces physico-chimiques les combinaisons organiques, il n'a pas manqué de *savants* pour prétendre expliquer aussi, mécaniquement, l'harmonie d'appareils si complexes. Ils ont parlé de *consensus*, de *contiguïté*, de *succession*, de *résultante* ; ils ont expliqué les organismes, comme on explique l'exécution d'une symphonie par le *concert* des musiciens d'un orchestre, par leur *contiguïté*, par la *succession* des notes musicales, et comme une *résultante* des sons de tous les instruments réunis. Et lorsqu'ils eurent imaginé cette explication, ils éprouvèrent une joie étourdissante, comme Berthelot quand il eut formé sa synthèse.

Pour les vrais savants, au contraire, tout révèle et confirme l'existence d'un *stratège*, d'une Ame qui vivifie et harmonise merveilleusement l'organisme, qui lui prête sa propre vie de telle sorte que lorsqu'elle meurt, meurt aussi la vie de toutes les cellules qu'elle avait unies. L'analyse scientifique ne la rencontre dans aucune cellule particulière. L'éminent Virchow fut obligé d'avouer qu'il n'y a pas de cellule qui puisse être considérée comme un tel *stratège* ; et cependant ce stratège existe, son intervention est indéniable. L'agent qui opère ainsi est une substance *immatérielle*, nouvelle, régie par une loi biologique absolument différente de l'Energie.

§ 13. — Sensation et conscience

La nécessité d'une Ame particulière pour expliquer l'unité et la solidarité des organismes est évidente Cependant il y a une preuve plus irrécusable encore de son existence, une preuve devant laquelle l'audace des savants les plus arrogants se trouve prise au dépourvu : c'est le témoignage que, dans les étapes supérieures de l'évolution biologique, les Ames fournissent de leur propre existence lorsque les Ames se sentent elles-mêmes et que leur conscience se forme à mesure que leur Entendement se perfectionne.

Alors apparaît, dans toute son insondable profondeur, l'abîme qui sépare la Physique de la Biologie, la vie cosmique de la vie individuelle : point culminant où la science la plus présomptueuse s'avoue vaincue. Les auteurs les plus célèbres confessent à l'envi leur impuissance à expliquer les phénomènes de sensation et de conscience. La Science, disent-ils, peut expliquer dans leurs moindres détails les fonctions physiologiques dont s'accompagnent les actes de sensation et de conscience, qui leur sont corrélatives ; mais l'existence même de l'être sensible et conscient est une énigme physiquement et physiologiquement insoluble. « Avec la première sensation de plaisir ou de douleur « qu'éprouve l'être le plus simple, au commencement de « la vie animale sur la terre, s'ouvre cet abîme infran« chissable qui rend le monde doublement incompré« hensible » (1).

Stokes, dans son discours d'Exeter, s'exprime de

---

(1) Du Bois Reymond, dans son discours de Leipzig, 1872.

même ; Prayer reconnaît que « la Science ne sait pas répondre »; B. Stewart et Tait dans le *monde invisible* (1) et Tait dans la première de ses *Conférences sur les progrès récents de la Physique* déclarent de même qu'il est absurde de supposer que la vie organique puisse être expliquée physiquement.

§ 14. — L'Hérédité

A l'union et à la solidarité des organismes, à leurs phénomènes de sensation et de conscience vient enfin s'ajouter un autre fait que ni la physique, ni la chimie ne peuvent expliquer davantage : c'est l'Hérédité.

De même que dans l'ordre physique les corps inorganiques engendrent de nouvelles sommes d'Energie, de nature identique à celle qui les vivifie, ainsi les âmes organiques procréent d'autres âmes semblables, régies par la même loi, douées des mêmes tendances et aptitudes qui sont transmises par hérédité. Devant ce fait, les savants restent muets et déclarent qu'il est éternellement inexplicable, *das ewige unerklärliche*.

§ 15. — Second antagonisme : entre l'Energie et les ames individuelles

Pour engendrer leurs organismes, pour entretenir leur vie particulière, les Ames doivent dominer l'Energie et les lois de la nature inorganique, et accommoder à leurs propres fins la matière pondérable soumise et à la loi de la Gravitation et à la loi de l'Energie.

La vie individuelle établit ainsi un véritable anta-

(1) *The Unseen Universe* § 235.

gonisme entre l'Energie et les âmes particulières ; et cet antagonisme est le second qu'enregistre l'analyse scientifique de l'Univers.

La Physique et la Chimie détruisent tout ce que crée l'Ame. «Si la création appartient à l'âme, le dégât et la « décomposition sont de domaine de la Physique et de « la Chimie » (I).

Claude Bernard reconnaît la réalité des faits et il finit par dire que *la vie c'est la mort*. « La vie, dit Cochin, en terminant son ouvrage, n'est pas ce que l'homme croit à première vue ; la vie, c'est la mort qui marche, qui lutte et qui crie ». — Plus active est la vie et plus rapide est la destruction. — « La destruction la plus rapide est la condition invariable de l'activité la plus énergique » (1).

L'activité de l'âme, pour dominer les lois physiques exige un effort qui diminue et affaiblit sa vigueur, et à mesure que sa vigueur diminue, la machine qu'elle a construite se désagrège, ses leviers perdent de leur puissance, ses engrenages s'encrassent, ses canaux s'obstruent, son foyer s'éteint : l'Ame meurt et, avec elle, l'organisme qu'elle soutenait ; et la matière soustraite au joug de l'Ame, retourne vivre de la vie de la matière inorganique.

Voilà pourquoi la vie des âmes est si précaire et fugitive.

---

(1) Cochin, *L'Evolution et la vie*.

CHAPITRE IV

DONNÉES DE LA ZOOLOGIE

Finalité de la vie zoologique. — Appétits du brutalisme. — Appétits du sensualisme : l'Esthétique. — Déterminisme zoologique : Loi de Chevreul. — Morale zoologique. — Association pour des fins brutalistes. — Association pour des fins esthétiques. — Langage. — Chefs et classes sociales. — Fausseté de l'altruisme zoologique. — Troisième antagonisme : La loi du combat.

§ 16. — Finalité de la vie zoologique

L'analyse de la formation des organismes doit être complétée par une étude scientifique de l'évolution biogénique tout entière. En effet, l'action des âmes sur les organismes les plus parfaits est plus visible, et, de plus, c'est là que l'on peut voir plus clairement quelles sont leur nature, leurs fonctions et leur finalité propre.

La loi d'individuation est toujours la même. Du protozoaire jusqu'à l'animal le plus parfait, à travers une série d'étapes entre lesquelles il est aussi difficile d'établir des lignes de division qu'il est difficile de déterminer exactement le moment précis du crépuscule qui sépare le jour de la nuit, l'individua-

---

(1) Moleschott. *La Circulation de la Vie*. Lettres 12 et 13.

tion se développe successivement avec des caractères toujours plus précis, et c'est en arrivant aux espèces supérieures que se manifeste le mieux la loi qui règle leur finalité.

Cette fin particulière de toute individuation d'où dépend sa nature, se manifeste dans les instincts de l'animal. Sous ce nom, on comprend la vie zoologique dans toute son extension, les *besoins* que ressent l'animal, les *appétits* qui en procèdent et les *facultés* dont il dispose pour les satisfaire.

C'est d'après la plus ou moins grande perfection des facultés que l'on classe les genres et les espèces. La finalité zoologique se manifeste dans les appétits, dans les impulsions qui, prenant naissance dans le fond même de l'âme, dirigent toute l'activité de l'animal vers la conquête de sa fin. Elle ne réside pas dans l'éducation des facultés, mais dans la satisfaction des besoins et des tendances ; les facultés ne sont pas des fins, mais des moyens ; ce sont des attributs et non des essences.

En analysant les appétits ou impulsions organiques de l'animal, nous voyons que les uns lui sont communs avec les corps inorganiques, les autres propres à la vie zoologique.

Les corps inorganiques ont de commun avec les organismes l'appétit sexuel, générateur des phénomènes électriques déjà décrits (1).

Parmi les appétits propres à la vie zoologique, il

---

(1) Beaunis appelle l'attention sur l'analogie évidente des phénomènes chimiques d'Affinité avec les phénomènes organiques du besoin sexuel. Ses appréciations sont conformes à celles de Strassburger et de Pfeffer. *Les sensations internes.* Page 53.

faut distinguer deux groupes différents : les uns que nous appellerons appétits de *Brutalisme* et les autres, appétits de *Sensualité*.

Sous le nom de Brutalisme nous comprenons tous les appétits et besoins se rapportant à la nutrition, conservation et développement des organismes. Et sous le nom de Sensualité, tous ceux qui ont trait aux plaisirs des sens, et qui sont comme le raffinement, la perfection de la vie animale.

§ 17. — APPÉTITS DU BRUTALISME

Des besoins et appétits du Brutalisme, les uns se rapportent à la *nutrition*, d'autres à la *défense* et d'autres à la recherche du *gîte*.

C'est un spectacle merveilleux que la perfection, à laquelle atteignent les espèces supérieures, des facultés dont les animaux disposent pour satisfaire cette classe d'appétits.

Il nous suffira de citer quelques exemples pour nous rendre compte de cette perfection : ce sont des données d'une valeur inappréciable pour la métaphysique.

Nutrition. — La *fourmi-lion* (1) construit dans le sable des trappes en forme d'entonnoir pour que sa proie tombe jusqu'au fond et y reste prisonnière. L'araignée est d'une habileté proverbiale pour tisser les toiles où se prendront les mouches, et pour en réparer les déchirures. Ce sont là des faits vulgaires connus de tous.

Mais on peut citer aussi des faits prodigieux et presque à l'infini. Par exemple, le cas du *Sphex langue-*

---

(1) Pouchet. *Mœurs et instincts des animaux.*

docien cité par Fabre dans ses *Souvenirs entomologiques*. Il dépasse tout ce que l'imagination humaine peut rêver. D'une habileté consommée pour s'emparer de sa proie, il invente pour les conserver dans de bonnes conditions des moyens étonnants ; comprimant le cerveau de sa victime de telle sorte que sans amener la mort, il la plonge dans une espèce de léthargie qui dure assez longtemps sans que l'insecte se décompose. Le savant le plus habile n'aurait pas trouvé mieux.

Défense. — L'habileté déployée par les animaux pour s'emparer de leur proie n'est comparable qu'à celle dont leurs victimes font preuve pour esquiver les attaques de l'ennemi et conserver la vie. Nous en trouvons des exemples admirables dans une multitude d'espèces. Leroy, naturaliste du XVIII° siècle, cite des cas merveilleux de la ruse des vieux renards expérimentés. Et que dire de ces animaux qui, devant le danger imminent d'être dévorés, simulent la mort ou secrètent un fluide d'odeur fétide qui met en fuite leurs persécuteurs !

Construction du gîte. — Parmi les insectes, les araignées sont connues pour le génie avec lequel elles fabriquent les portes de leur foyers, et en particulier, les araignées aquatiques appelées naïades, observées par Walckenaer et Pouchet. Elles construisent des cloches qu'elles submergent au fond des eaux et qu'elles assujettissent avec des filaments, comme l'aérostat que l'on gonfle. Puis elles les remplissent d'air respirable transporté par petites bulles adhérentes à leurs corps.

Faut-il parler des oiseaux et de leurs nids ? Les uns les placent sur des arbres et parfois les y cousent avec des filaments, brins d'herbe, etc., comme font les oiseaux couturiers. D'autres construisent des nids flottants à la façon des pirogues ; palmipèdes, ils les conduisent en ramant avec leurs pattes, comme le feraient d'habiles bateliers. D'autres enfin construisent des nids grandioses, tel le mégapode tumulaire d'Australie, oiseau de la taille d'une perdrix, et dont le nid mesure 150 pieds de circonférence sur 14 de hauteur.

Parmi les mammifères, les castors nous offrent le cas le plus prodigieux de la perfection de l'entendement zoologique dans la construction des gîtes. Rien de plus connu que les faits publiés par Lewis Morgan dans *Le Castor d'Amérique* et par Romanes dans *l'Intelligence des animaux*. L'orgueil humain reste confondu devant ces travaux d'ingénieurs et d'architectes exécutés par un seul couple et qui, d'après Agassiz, servent de foyer à une multitude de générations, durant des milliers d'années. La sagacité dont ils font preuve dans le choix des emplacements, dans la préparation et le transport des matériaux, dans les détails des constructions ; vestibules, chambres, galeries souterraines, canaux, écluses, réservoirs artificiels, digues, tranchées, talus, magasins de provisions ; et la vigilance qu'ils exercent en prévision des crûes des rivières et que ne surpasse point celle des habitants des polders hollandais : sous tous ces rapports les demeures des castors sont la plus grande merveille des habitations animales.

§ 18. — Appétits de sensualité : l'Esthétique

L'analyse des organismes exige que l'on étudie les sens animaux sous deux aspects différents : comme moyens de perception et comme organes susceptibles de plaisirs particuliers.

Chacun des sens a son plaisir propre : le toucher se complaît au moelleux, le goût aime les douceurs, l'odorat les parfums, l'ouïe les mélodies et harmonies musicales, la vue les charmes de la perspective.

Les plaisirs particuliers que les animaux goûtent par les sens de l'ouïe et de la vue, dans l'acoustique et la perspective, forment ce que l'on appelle l'*Esthétique*. Et il est absurde de prétendre élever l'Esthétique à un rang ultra-zoologique, comme si les sens de l'ouïe et de la vue, pour être plus parfaits, cessaient d'être de même nature que les autres. L'instinct esthétique est aussi animal que le plus grossier des appétits ; la vie zoologique ne se borne pas aux fonctions brutalistes, elle comprend aussi les plaisirs spéciaux des sens. Cela est beau qui fait plaisir aux organes de l'ouïe et de la vue, et la beauté n'est pas autre chose que la qualité des objets dont la perception produit cette sensation de plaisir.

La plus grande des erreurs de Kant est de supposer que le Beau n'existe que pour les hommes, c'est-à-dire pour les êtres à la foi sensibles et *raisonnables*, et que le sentiment de la Beauté purement *subjectif*, est indépendant des objets extérieurs.

Le *Gefühl der Lust und Unlust* n'est pas *indifférent in Ansehung des Daseyns eines Gegenstandes*, comme il le prétend dans la *Critique du Jugement*. L'animal sent l'appétit sensuel de la Beauté, *Anreize, Begehrung*, et ce sentiment est un effet physiologique produit dans ses organes de la vue et de l'ouïe par la perception de qualités spéciales des objets extérieurs. Helmholtz explique cet effet physiologique produit dans l'ouïe par les harmonies et les cadences et dans la vue, par la régularité et la symétrie des images. Et en même temps qu'il en a la sensation, l'animal possède la faculté de discerner la Beauté, il a le goût, *Geschmack, das Vermögen des Beurtheilung des Schönen*, il connaît et juge le beau comme il discerne l'utile. L'Intelligence peut former des jugements mentaux sur toutes les fonctions zoologiques aussi bien brutalistes qu'esthétiques ; mais le discernement de la Beauté est un acte animal tout comme le plaisir ressenti. L'Intelligence peut avoir des idées sur l'Esthétique, mais non des idées proprement esthétiques. L'Esthétique est partie intégrante de la Zoologie.

Les observations scientifiques démontrent que le sentiment esthétique apparaît dans les espèces supérieures, comme un raffinement, une perfection de la vie zoologique. « Les animaux, dit Darwin (1), admirent ce que l'homme admire, les mêmes couleurs, les mêmes formes gracieuses, les mêmes sons ». L'animal aime le beau, comme il aime l'utile, et l'animal seul peut apprécier et juger le plaisir ressenti.

Quant à l'Acoustique, une observation vulgaire suffit pour nous apprendre combien les oiseaux chanteurs jouissent à faire leurs roulades dans les bois ; l'observation scientifique ne fait qu'ajouter des données intéressantes sur la musique vocale et instrumentale des animaux. Le violon dont l'homme s'enorgueillit est un instrument propre aux animaux ; le grillon en joue comme un artiste, tantôt en se raclant l'abdomen avec son fémur denté, tantôt en frottant ses ailes l'une contre l'autre. Les cigales le jour, les fulgorides la nuit, réjouissent les bois par de vérita-

---

(1) *The descent of man.* Ch. III *Sense of Beauty.*

bles concerts qui plaisent non seulemnt aux exécutants, mais aussi aux auditeurs. Le Rév. Lockwood, dans un article paru dans *The American Naturalist*, parle d'une espèce de rats musiciens d'Amérique, le *Hesperomis cognatus*, dont il publia même la notation musicale (1871). Waterhouse cite aussi des singes qui parcourent une gamme de huit notes.

Pour ce qui est de la perspective, on sait le plaisir que ressentent les animaux à contempler la Beauté aussi bien locale que corporelle. Rien de plus beau que certains insectes hyménoptères ou lépidoptères, ou que certains oiseaux comme le faisan, le paon, l'oiseau du Paradis. Et si leur beauté n'échappe à personne, personne non plus n'échappe à l'admiration qu'ils excitent lorsqu'ils font étalage de leurs ornements : tantôt ils dressent orgueilleusement leurs têtes surmontées de couronnes et de panaches, tantôt ils « poitrinent » pour donner plus d'éclat à la bigarrure de leurs couleurs, tantôt ils déploient le splendide plumage de leurs queues. La préférence accordée par la femelle au plus beau mâle est une preuve évidente de l'impression que produit sur elle sa beauté.

Les exemples sont nombreux du plaisir provoqué chez les animaux par la beauté locale. Les naturalistes les citent quand ils parlent de ce qu'ils appellent *architecture de plaisir*, à propos des animaux qui travaillent à embellir leurs demeures. Parmi les insectes Pouchet cite les araignées qui ornent l'intérieur de leur logis de véritables tapisseries, chefs-d'œuvre d'habileté. Darwin, Brehm, Stokes, Pouchet, Strange, Gould (1) citent à l'envi des exemples fort intéressants

---

(1) Gould. *Handbook of the birds of Australia*

parmi les oiseaux. Un exemple, entre autres, met en évidence cette sensualité des oiseaux ; c'est celui du chlamydodère. Il ne se contente pas de construire son nid sur les arbres ; il construit sur le sol, pour son plaisir, des berceaux richement décorés de plumes, coquillages, ossements, feuilles, auxquels mène une treille ou avenue couverte : Trianon en miniature où le couple heureux passe ses heures de plaisir. Brehm en a publié des dessins et le British Museum en possède un très curieux exemplaire.

§ 19. — Déterminisme zoologique
loi de Chevreul

La satisfaction immédiate de l'appétit est la loi invariable de l'ordre zoologique ; l'animal n'a pas d'autre règle, et cette tendance fatale qui le force à suivre ses impulsions naturelles est ce qui constitue le déterminisme zoologique. L'image des objets perçus excite l'appétit ; l'appétit provoqué détermine d'une façon irrésistible la fonction organique qui doit le satisfaire.

A cet enchaînement physiologique qui relie les images et les mouvements organiques, enchaînement déjà observé par Cuvier, on donne le nom de Loi de Chevreul. Ce savant en a fait une étude particulière ; il décrit comment, à peine l'image produite dans le sensorium, commencent dans l'organisme des mouvements d'appropriation ou de répulsion, suivant que l'objet représenté favorise ou contrarie la satisfaction de l'appétit. Joly, dans son ouvrage *L'Instinct* (1), cite à l'appui de ce déterminisme, les observations de Gra-

---

(1) Page 257.

tiolet sur l'influence de l'imagination qui dirige simultanément tous les appareils de la vie animale. « Il est « impossible, dit-il, de voir, d'entendre, de goûter une « chose quelconque sans exécuter en même temps « les mouvements initiaux qui correspondent aux actes « corrélatifs ».

§ 20. — Morale zoologique

Au sens large, la Morale est une doctrine essentiellement relative, en tant qu'elle a pour objet de déterminer ce qui est *bon* ; et comme cela est bon qui s'adapte, qui mène à une fin déterminée, il s'ensuit que les règles de la Morale dépendent nécessairement de la fin que l'on veut obtenir.

Dans ce sens large, on peut dire que la Zoologie a une morale particulière, basée sur sa finalité propre qui consiste dans l'expansion de la vie animale *aussi intense que possible*, dans la pleine satisfaction de ses appétits et dans la recherche de tous ses plaisirs, brutalistes et esthétiques.

Cette morale zoologique est celle que Guyau a décrite dans *Morale sans obligation ni sanction*. Elle n'exige aucune obligation qui garantisse la conduite, parce que l'impulsion naturelle de l'appétit suffit ; elle n'exige d'autre sanction que la douleur qui provient de l'appétit non satisfait, ni d'autre remords, comme dit Darwin, que le regret de n'avoir pas tout fait pour le satisfaire.

§ 21. — Association pour des fins brutalistes

C'est une erreur que d'attribuer un caractère ultrazoologique à l'Esthétique ; c'est une erreur semblable que d'attribuer ce même caractère à l'association des animaux pour l'accomplissement de leurs propres fins.

Les animaux s'associent pour se procurer des aliments. Les insectes en offrent des exemples remarquables. Celui des abeilles est bien connu ; parmi les fourmis, les naturalistes rapportent des exemples véritablement stupéfiants. Les faits observés d'abord par Wesmaël, plus tard par Huber, dépassent tout ce que l'on peut imaginer. Dans les sociétés humaines les plus civilisées, les moyens employés pour se nourrir ne dépassent pas la perfection que l'on observe parmi les fourmis. Un nombre incalculable de siècles avant les Flamands et les Anglais, elles étaient déjà passées maîtres dans l'art de l'élevage. On les voit élever des pucerons dans des conditions identiques à celles où l'on élève les brebis et les vaches.

Elles ont à leur service de véritables troupeaux d'hémiptères tantôt soumis au régime de la stabulation, tantôt paissant en plein air, dans des prés avoisinant les fourmilières avec lesquelles ils communiquent par des chemins couverts. C'est une race de pucerons qui secrètent une espèce de miel ou liquide sucré qui les gonfle et en fait des outres vivantes de la grosseur d'un gros pois (1).

Les naturalistes rapportent une foule d'exemples d'animaux s'associant pour leur défense mutuelle. Tantôt, comme les bisons, les mâles forment des cercles à l'intérieur desquels ils placent les femelles et les petits ; tantôt, comme les singes, ils postent

---

(1) Lubbock. *Fourmis, abeilles et guêpes*. — Pouchet. *Mœurs et instincts des animaux*.

des sentinelles qui font des signaux d'alarme pour que les associés se tiennent sur leurs gardes.

Pour ce qui est de la construction des demeures, les exemples n'en sont pas moins dignes d'admiration et d'étude. L'abeille maçonne d'Egypte dont les ruches obstruent les caveaux des Speos ; la guêpe cartonnière dont les foyers forment des tours cylindriques de quinze et vingt étages superposés communiquant entre eux par des galeries centrales ; les fourmis blanches qui construisent des espèces de phalanstères de cinq et six mètres de hauteur ressemblant de loin à des huttes indiennes ; tout cela provoque une véritable admiration. Il y a tel insecte dont les constructions sont cinq cents fois plus longues que son corps. Quels édifices l'orgueil humain pourrait il présenter qui soutiennent la comparaison avec ceux-là ? Et l'on rencontre des exemples analogues parmi les oiseaux. Le *républicain du Cap*, oiseau de la grosseur d'un moineau, bâtit des demeures composées de cinq et six cents cellules !

§ 22. — Association pour des fins esthétiques

Les animaux s'associent non seulement pour l'entretien, la défense et l'habitation des associés, mais encore pour des fins esthétiques, pour jouir des plaisirs de la sensualité, comme peut le faire la société humaine la plus frivole. Réunions, bals, soirées, concerts sont choses connues des animaux. Les naturalistes en rapportent des exemples à foison, principalement parmi les oiseaux qui sont les animaux les plus parfaits dans l'ordre esthétique.

Qu'on lise la description par Schomburg des danses des rupicoles. Ils préparent d'abord l'emplacement de leurs réunions, arrachant l'herbe et nivelant le terrain, aussi bien que le ferait la main de l'homme. Une fois réunis, les mâles dansent l'un après l'autre, en faisant admirer leur plumage, tantôt étendant les ailes, tantôt étalant leur queue ; ils se pavanent fièrement, avec des mouvements tantôt rythmiques tantôt désordonnés jusqu'à ce qu'ils tombent épuisés de fatigue et qu'ils soient remplacés par d'autres. Ils se laissent fasciner à tel point par le spectacle, que les Indiens profitent de leur extase pour les prendre. On peut comparer à ces bals les réunions des tétras en Allemagne, Scandinavie et Amérique, décrites par Darwin ; celles des coqs de bruyère par Brehm, celles des ibis, des pies, des oiseaux du Paradis, des perdrix, des bécasses et d'autres espèces en grand nombre.

§ 23. — Langage

Les animaux qui s'associent de la sorte ont encore leur langage particulier pour communiquer à leurs associés tout ce qui intéresse la vie collective.

Les insectes, dit Darwin, ont une variété de sons qui signifient toute espèce de sensations : sonores quand le mâle appelle la femelle, doux quand il la caresse, stridents de jalousie et de colère à l'approche d'un autre mâle. Les fourmis, grâce à leurs antennes, se communiquent rapidement tout ce qui intéresse la tribu. Les oiseaux manifestent leurs sensations de crainte ou de joie, de colère ou de triomphe, et, dans certains cas, ils poussent des cris particuliers d'alarme pour annoncer un danger ou effrayer les ennemis. Houzeau a compté jusqu'à douze intonations différentes dans le chant des poules. Chez les mammifères les organes vocaux sont encore plus expressifs ; il n'est personne qui ne sache reconnaître dans les aboiements des chiens ses impatiences, ses joies, ses menaces et toute espèce d'émotions.

§ 24. — Chefs et classes sociales

Les associations animales ont aussi des chefs qui les dirigent ; on peut observer cela soit dans les associations sédentaires des abeilles, soit dans les cas d'émigration. Les bisons, d'après Chateaubriand, ont leurs chefs qui les convoquent par leurs mugissements il en est de même des écureuils de la Scandinavie, des lemmings de Laponie, des grues, des hirondelles, etc.

Et non seulement il y a des chefs, mais aussi des classes sociales. C'est un fait observé dans les cités de fourmis blanches du Cap ; les naturalistes y distinguent, d'après Pouchet, jusqu'à quatre classes sociales. Une première classe aristocratique composée des mâles ailés de grade supérieur. Une seconde classe, militaire aussi, mais de grade inférieur, qui forme l'armée de défense de la colonie. Une troisième classe exclusivement composée des femelles consacrées à la reproduction ; ces femelles sont l'objet des plus grands soins ; elles deviennent de vrais sacs d'œufs si monstrueux que, d'après ce que l'on raconte, elles atteignent un volume deux mille fois plus grand que leur volume naturel et qu'elles pondent en un seul jour jusqu'à quatre-vingt mille œufs ! Et enfin, la quatrième classe comprenant de véritables esclaves recrutées à la guerre; les vainqueurs massacrent les vaincus, mais emportent avec soin leurs larves et leurs nymphes pour les élever dès leur bas âge dans l'esclavage. Ce sont ces fourmis-esclaves qui sont préposées à la garde des troupeaux de pucerons ; elles encore qui servent les fourmis de la classe aristocratique et leur donnent littéralement à manger. Celles-ci en arrivent à se faire transporter d'un endroit à l'autre et à mener une vie tellement indolente que non seulement elles perdent leurs habitudes guerrières, mais encore dégénèrent au point de se laisser mourir de faim si leurs esclaves ne les alimentent.

§ 25. — Fausseté de l'Altruisme zoologique

Parmi les plus grandes erreurs débitées par les marchands de science moderne, on rencontre ce qu'on appelle l'Altruisme : la sympathie qu'éprouve l'animal à voir jouir ses semblables le porterait à vivre en société. C'est une erreur grossière. L'animal n'aime pas en général l'animal, comme le suppose Bain ; il n'aime que son associé, et s'il l'aime, ce n'est pas par sympathie mais par égoïsme, en tant que sa coopération peut lui être utile. Si l'animal s'associe à ses congénères c'est uniquement pour mieux satisfaire ses propres appétits. Les animaux, comme l'observe Darwin, ne s'associent point par amour désintéressé, mais, comme le font les singes, pour mieux se défendre, pour en retirer quelque avantage. Voilà l'association zoologique, basée sur l'utilité que Bentham propose aux hommes comme un modèle, voilà ce que Guyau leur a représenté comme la morale zoologique.

« Bien loin que l'animal jouisse du plaisir de ses
« semblables, l'inimitié et la haine sont un instinct plus
« fort que tous les autres. — Les animaux n'éprouvent

« aucun sentiment de compassion à la vue des souf-
« frances de leurs semblables.—Au contraire, l'absence
« de toute sympathie entre les animaux est si manifeste
« qu'on les voit chasser du troupeau le camarade blessé
« et le poursuivre jusqu'à le tuer, quand ils le considè-
« rent comme un membre inutile. Voilà le fait le plus
« horrible que rapporte l'histoire naturelle. — Dans les
« associations d'animaux supérieurs dont l'organisation
« prodigieuse nous remplit d'admiration, on tue les pa-
« rents rapprochés, comme les abeilles ouvrières tuent
« leurs sœurs, et la reine ses propres filles, lorsque leur
« destruction procure un bienfait à la communauté » (1).
« Lubbock fait des déclarations semblables au sujet
« des fourmis en particulier. »

§ 26. — Troisième antagonisme : La loi
du combat

Les études modernes de Citologie ne découvrent pas, d'après Claude Bernard, de différences essentielles entre les cellules végétales et les cellules animales ; mais l'acte de locomotion propre aux organismes établit entre les deux règnes la différence la plus profonde.

La loi d'individuation établit dans les deux règnes l'appropriation par l'individu de tout ce qui se trouve à sa portée et qu'il peut s'assimiler. Mais l'organisme végétal, fixé dans un lieu donné, ne peut s'assimiler que des matières relativement rapprochées, tandis que les animaux pouvant se transporter d'un lieu à l'autre, peuvent se disputer les mêmes objets. Et voilà

---

(1) Darwin. Ch. IV.

ce qui engendre la fameuse *lutte pour la vie* qui constitue le troisième antagonisme.

« L'impulsion la plus puissante dans l'animal, dit Darwin, est celle qui pousse à satisfaire ses propres désirs aux dépens de ses semblables. »

On dirait que les organismes héritent des corps inorganiques l'attraction et la répulsion que les chimistes observent dans les corps doués d'électricités semblables ou différentes. Si l'appétit sexuel tend à unir les animaux de sexes différents, les animaux de même sexe se repoussent et luttent dès que l'occasion s'en présente. Ils combattent chaque fois qu'ils sont deux à vouloir la même chose. Quand ils ne se disputent pas les aliments, parce que la nature prodigue leur en offre à tous abondamment, ils se battent pour la possession d'une femelle.

Les naturalistes en rapportent de nombreux exemples.

Pour ce qui est des insectes, on sait combien les Chinois aiment les combats de grillons, non moins célèbres que les combats de coqs. Aucun animal ne lutte avec plus de courage que le grillon ; il est aussi prompt à exprimer ses émotions au moyen de son violon qu'à se battre *au champ d'honneur*, en des duels qui ne se terminent que par la mort de l'un des combattants. On dit que les mantis, dont les pattes de devant affectent la forme du sabre, se battent avec autant d'habileté qu'un officier de hussards. Les papillons, dont on soupçonnerait moins la caractère belliqueux, se battent fièrement eux aussi, d'après Collingwood.

Parmi les reptiles, rien de plus curieux que les com-
« bats de lézards, décrits par Austen : « Il est rare que

« deux mâles se rencontrent sans se battre. Dès qu'ils
« s'aperçoivent, ils baissent la tête et la lèvent alterna-
« tivement quatre ou cinq fois ; leurs yeux sont
« brillants de colère : ils remuent la queue quelques
« instants comme pour prendre courage, puis ils se lan-
« cent furieusement l'un contre l'autre et se mordent
« avec rage, et la lutte dure jusqu'à ce que l'un des
« deux succombe. Alors le vainqueur coupe la queue
« du vaincu et la mange ».

Montes de Oca, raconte des colibris ce que Austen dit des lézards, que rarement deux colibris se trouvent en présence sans se battre furieusement. La seule différence, c'est que le vainqueur arrache la langue du vaincu, mais ne la mange pas.

Les mammifères se battent, tout comme les reptiles et les oiseaux. Ainsi les lièvres, les taupes, les écureuils, les phoques, les cerfs, les éléphants, les taureaux, chacun à sa manière : les uns à coups de dents, d'autres à coups de cornes, d'autres à coups de pattes. Les uns, seulement quand l'occasion se présente, d'autres, spadassins de profession comme les coqs de bruyère, poussent l'*altruisme* jusqu'à fréquenter les lieux connus comme champs de combat, à la recherche d'un adversaire à pourfendre. Ainsi faisaient les guerriers au Moyen-Age.

Et ce ne sont pas seulement les individus qui se battent, mais aussi les associations. Il y a même entre truites et saumons des guerres qui durent tout un jour. Buist raconte que plus de trois cents saumons périrent dans un réservoir de la Tyne à la suite d'un combat. Les guerres des fourmis décrites par Huber, Forel, Smith et d'autres auteurs, sont effrayantes. On voit des milliers de combattants y prendre part, dirigés comme pourrait le faire le meilleur général, avec reconnaissance du terrain, éclaireurs, avant-garde, gros d'armée, arrière-garde. Les combats se prolongent des semaines entières jusqu'à complet anéantissement de l'une des tribus. Moggrigde a assisté à l'un de ces combats : il dura quarante-six jours, du 18 janvier au 4 mars.

Dans les airs, dans les eaux, sur terre, entre individus et entre associations, règne *la Loi du combat* et non l'*Altruisme* inventé par le charlatanisme moderne.

CHAPITRE V

MORT DE L'UNIVERS VISIBLE

Mort des individus et des espèces. — Extinction de l'Énergie. — Subterfuges des savants.

§ 27. — Mort des individus et des espèces

Une des plus grandes étourderies des *savants* consiste à confondre les lois qui régissent des substances différentes ; et à appliquer à l'une la loi propre à une autre L'observation démontre que la matière pondérable ne se détruit pas : la balance est là pour prouver que le poids, son attribut essentiel, subsiste. Et cela suffit pour que les savants en concluent que rien ne se perd dans l'Univers, et pour que les philosophes qui se piquent de science, comme Fouillée, déclarent que l'idée de contingence est une *pseudo-idée*.

L'erreur ne saurait être plus manifeste.

Si les Atomes ne naissent ni ne meurent, cela n'empêche pas de naître et de mourir d'autres substances immatérielles que l'Univers enferme, comme les âmes qui donnent la vie aux organismes.

Tout d'abord meurent les âmes individuelles dont la vigueur s'affaiblit et s'éteint par leur antagonisme avec l'Energie et la Gravitation; et les espèces sont soumises à la mort comme les individus.

Comme il y a dans la vie des individus une période de robuste jeunesse durant laquelle l'âme fonctionne puissante et vigoureuse, puis peu à peu s'affaiblit jusqu'à mourir, de même dans la vie des espèces se reproduisent des phases analogues. Il y a une première période caractérisée par la vigueur des individus; cette vigueur ensuite, se débilite, et d'autres périodes succèdent de décadence progressive, en tout semblables à la vieillesse des individus, qui se terminent par une extinction totale.

C'est là un fait capital prouvé par les études paléontologiques et aussi par les expériences de Pasteur.

La paléontologie nous apprend qu'une multitude d'espèces, qui vécurent dans des temps reculés, ont déjà disparu, et que beaucoup de celles qui survivent n'ont plus qu'une vie rachitique si on la compare à celle d'autrefois. On a trouvé des fossiles de papillons dont les ailes avaient un mètre et demi d'envergure. Nos chétives fougères furent des arbres gigantesques. De l'époque des sauriens il reste des fossiles de lézards de seize mètres de longueur. L'esprit reste confondu quand il compare la vigueur passée des espèces à leur faiblesse actuelle.

Cette dégénérescence, cette destruction des espèces est corrélative à la vie des individus. Aussi Pasteur, dans ses expériences sur l'atténuation des virus, est-il parvenu à préciser cette loi biologique, dont la découverte a immortalisé son nom. Il a pour cela observé la dégénérescence des espèces dans les microbes « dont les générations se succèdent par mil-
« liers en quelques jours ; en une semaine se succèdent
« plus de générations qu'il n'y a eu de bœufs ou de che-

« vaux durant les siècles écoulés depuis les règnes des
« premiers Pharaons » (1).

La dégénérescence observée dans les grands organismes par la paléontologie, s'est retouvée confirmée dans les organismes microscopiques ; et la loi a pu être formulée.

§ 28. — Extinction de l'Energie

Comme les individus et les espèces, les astres sont soumis à la mort, et comme les astres les systèmes solaires.

Secchi, l'admirateur passionné de Lucrèce, se plaît à nous parler de quintillions et de sextillions de siècles; il se console de ses déceptions astronomiques par des chiffres fantastiques desquels il faudra supprimer probablement les neuf dixièmes des zéros. Mais si la durée plus ou moins grande des astres peut intéresser les astronomes, elle est indifférente à la métaphysique.

L'Energie, âme du monde, perd sans cesse de sa vigueur, et, à mesure qu'elle diminue d'intensité, la Gravitation recouvre sa prépondérance, et la Matière pondérable se concentre de nouveau.

La vie humaine n'est rien si on la compare aux périodes astronomiques ; et cependant elle arrive à observer des soleils qui s'éteignent, c'est-à-dire des astres qui se meurent.

Les astronomes nous expliquent comment les nébuleuses primitives, formées de quantités de matière incandescente éparse dans des espaces immenses, se refroidissent peu à peu et se concentrent. Partant de

---

(1) Denis Cochin. *L'Evolution et la vie.*

l'époque où le rayon de la nébuleuse d'où est sorti notre système solaire était dix fois plus grand que la distance de Neptune au Soleil, Faye (1) calcule que, par suite de son refroidissement et de sa condensation, notre système solaire est 428 milliards de fois plus petit. Durant la période de formation des planètes comprises entre le Soleil et Neptune, notre Soleil a perdu, d'après Pouillet, vingt millions d'unités, si l'on prend pour unité la somme d'Energie qu'il perd actuellement en un an, et, d'après les calculs postérieurs de Violle et de Crova, quinze millions. Durant cette période, la nébuleuse, devenue notre soleil, s'est trouvée réduite par suite de son refroidissement à un volume neuf millions de fois moindre. Helmholtz, prenant aussi pour base de ses calculs la somme d'Energie perdue, arrive à ce résultat que la somme d'Energie de notre système solaire est aujourd'hui 454 millions de fois moindre.

A peine connaissait-on la nature de l'Energie qui vivifie l'Univers, que les savants prédirent la mort certaine du monde. Ni Clausius dans son système de l'*Entropie*, ni William Thomson (2) dans *sa Tendance universelle dans la nature à la dissipation de l'Energie* n'arrivèrent à en pénétrer la véritable cause, mais ils n'eurent pas de peine à prédire le fait comme certain.

Imaginer, comme Faye, un Univers « composé de
« globes obscurs et gelés qui, après avoir perdu toute
« lumière, toute chaleur et toute vie, continuent à
« circuler silencieusement dans les ténèbres d'une nuit

---

(1) Faye. *Sur l'origine du monde*.
(2) Thomson. *On a universal tendency in Nature to dissipation of Energy*.

« éternelle », c'est une hypothèse absurde. Wolf dans son *Hypothèse cosmogonique* (1876) publiée peu de temps après l'ouvrage de Faye, s'empressa de protester contre une si folle supposition, affirmant « la nécessité de faire un pas en avant pour résoudre cette question » et comprendre d'un seul coup la destruction finale de l'Univers. La concentration doit se poursuivre jusqu'à ce que toute la matière pondérable soit pétrifiée en un noyau au zéro absolu.

B. Stewart et Tait, les maîtres de la physique moderne, le déclarent catégoriquement dans *Unseen Universe* (1). La chaleur et la lumière des astres, disent-ils, répandues à travers l'espace ne reviennent pas à leurs foyers. Le mouvement de translation et de rotation diminue graduellement. Les planètes meurent lentement, perdant leur énergie orbitale et se rapprochant de leurs soleils, en spirales toujours plus étroites jusqu'à ce qu'elles se fondent en eux. Les soleils, après avoir absorbé leurs planètes, passeront par les mêmes phases ; ils perdront peu à peu leur chaleur et leur lumière ; puis ils se convertiront à leur tour en planètes d'autres soleils sur lesquels ils tomberont enfin comme des cadavres raidis. Cette série immense de réductions stellaires pourra être accidentellement interrompue par des incandescences passagères dues à de simples transformations de l'Energie ; mais la somme d'Energie est soumise à une loi de mort. Si les lois physiques actuelles durent le temps nécessaire, il se produira à de grands intervalles de grandioses catastrophes produites par la réunion de soleils morts et par une nouvelle transformation en chaleur et en

---

(1) *Unseen Universe* §§ 114, 115, 162 et 163.

lumière de leurs mouvements de translation et de rotation. Mais ce seront là des épisodes impuissants à conjurer ou à ajourner la mort universelle. De ces agglomérations successives de matière pondérable surgiront de nouveaux systèmes solaires aux proportions de plus en plus gigantesques, jusqu'à l'aggrégation en une seule masse de toute la matière pondérable. Ainsi les mondes iront croissant en grandeur et diminuant en nombre jusqu'à l'épuisement complet de l'Energie ; puis ce sera le repos éternel.

Spencer s'exprime dans les mêmes termes que Stewart et Tait sur la concentration progressive des astres (1).

De même, Helmholtz affirme le refroidissement progressif de notre soleil dont l'Energie, dit-il, s'épuisera complètement, comme en définitive s'épuisera celle des autres étoiles. Etant donné la certitude de ces faits, il se demande : « Quel est le destin vers le-
« quel cheminent toutes choses ? N'est-il pas vrai que
« nous marchons vers une mort qui nous menace de
« tous côtés ! Cet état d'immobilité, appelé mort, qui
« met fin à l'évolution des organismes, est-il le type
« d'une *mort universelle* qui doit terminer toute l'évo-
« lution cosmique ? *Le moindre doute est impossible* ».
Toutes les découvertes modernes se résument « en un
« principe universel qui illumine l'abîme où se cachaient
« le commencement et la fin de l'Univers : principe qui
« découvre pour l'Humanité une longue durée, mais
« non l'éternité, qui nous annonce un jour fatal, le jour
« du jugement, dont la date seule est secrète ».

---

(1) Spencer. *First principles* § 176.

Voilà ce que nous enseigne la véritable science : voilà le véritable Positivisme (1).

§ 29. — Subterfuges des savants

L'omnipresent Death vers laquelle, au dire de Spencer, nous marchons manifestement, sans aucun doute, *beyond doubt*, a inspiré aux savants les subterfuges les plus étranges pour conjurer un avenir si lugubre.

Les principaux remèdes inventés par eux pour échapper à la mort universelle sont au nombre de deux : la *contraction* des astres et leurs *collisions*.

Secchi voulant sauvegarder l'éternité du mouvement), ou du moins ses sextillions de siècles, se réfugie dans le calcul de la somme énorme d'Energie que produira la contraction des astres. Etrange supposition ! La concentration des astres est la conséquene de la perte pe leur Energie. S'ils se contractent, c'est qu'ils perdent la force centrifuge qui les éloigne de leur centre de gravité, que la Gravitation recouvre sa prépondérance. Il faut tout le dérangement cérébral que révèle la théorie de l'Ether de Secchi pour imaginer cette nouvelle extravagance.

D'autres invoquent l'Energie que produiront les collisions des astres. L'idée d'attribuer aux chocs des corps entre eux une augmentation de forces ou de mouvement est contraire à toutes les notions de mécanique. Dans les discussions qui ont eu lieu, aux

---

(1) Cette induction aboutissant à la mort de l'Univers a rencontré beaucoup de résistance dans le monde des prétendus savants : mais elle paraît s'imposer enfin. La Bibliothèque de philosophie scientifique de Flammarion a publié, dans ce sens, *La Dégradation de l'Energie* de Bernard Brunhes directeur de l'Observatoire du Puy-de-Dôme.

siècles passés, sur la conservation du mouvement, des savants ont soutenu la conservation de la quantité de mouvement, du *momentum* mathématique ; mais ni Descartes, ni Leibnitz, ni Newton, ni personne ne songea à cette absurdité que le choc pourrait être cause d'une augmentation de force.

Ils se demandèrent si ce qui se conserve c'est le mouvement ou la *vis visa* ; s'il faut multiplier les masses par leurs vitesses ou par le carré de la vitesse ; ils discutèrent sur la mesure des forces de l'Univers ; ils déraisonnèrent au point de confondre l'Energie et la Gravitation : mais nul n'imagina que le choc pouvait accroître le mouvement. Quelques-uns affirmèrent au contraire qu'il pouvait arriver à produire la destruction totale du mouvement, mais l'augmenter jamais. Les plus favorables à sa conservation disaient avec Huyghens : « La quantité du mouvement que possèdent les corps ne peut augmenter ni diminuer par « leur choc, la quantité restera toujours égale ; si d'une « direction l'on soustrait la quantité du mouvement, la « somme sera toujours la même, après comme avant le « choc. »

Cette idée de rechercher dans les collisions des astres de nouveaux accroissements d'Energie est d'invention récente ; elle est d'ailleurs contredite par la véritable science et par le témoignage des savants. L'Energie employée en mouvements de translation et de rotation pourra se transformer en mouvements d'expansion, mais elle n'en sera pas augmentée. La Science n'admet pas d'autre génération d'Energie que celle qui provient de la copulation de corps inorganiques de sexes différents, et cela à des moments imperceptibles de la vie astrale et en des proportions de tous points inappréciables si on les compare à la somme du système solaire.

Si de telles collisions se produisent, ce seront, comme le fait observer Wolf, des cas tout à fait exceptionnels ; car le fait le plus merveilleux qu'enregistre l'astronomie c'est précisément la régularité avec laquelle les astres suivent leurs orbites sans jamais se rencontrer. Mais la collision étant supposée comme un cas exceptionnel, elle pourra *transformer* l'Energie, mais non pas en augmenter l'intensité.

L'Energie qui vivifie les soleils se perd surtout par rayonnement. D'après Faye, sur 67 millions de rayons lumineux émis par notre soleil, un seulement est reçu et utilisé par les planètes qui tournent autour de lui. D'après Tait, la matière planétaire n'absorbe que deux millionièmes de l'Energie irradiée. Mais on se console de ces pertes en pensant que l'Energie n'est pas pour cela perdue, car elle passe dans l'Ether. L'*Energie*, dit-on, *ne s'épuise pas, parce qu'elle passe dans l'Ether. Et elle passe dans l'Ether, parce qu'elle ne s'épuise pas.* Voilà comment raisonnent certains savants : terrible logique ! Comme personne ne sait ce qui se passe dans l'Ether (car il n'y a ni observation ni expérimentation possible) on lui attribue tout ce qu'on veut. Le principal pour eux c'est d'affirmer que l'Energie ne s'épuise pas, parce que son extinction serait contraire à la loi de Gravitation qui régit la matière pondérable.

En tous cas, ce passage de l'Energie dans l'Ether, enseigné par William Thomson, suffirait pour amener la mort de l'Univers : le résultat serait le même comme il l'avoue. Et il ne fallait pas rester sous l'impression d'une fin si funeste ; il fallait conjurer le conflit et consoler les esprits malheureux. Ce soin incombe à sir Rankine.

Lorsque W. Thomson publia son étude sur la *Dissipation de l'Energie*, sir W. J. Macquorn Rankine s'empressa de publier un article dans le *Philosophical Magazine* pour rendre la tranquillité au monde. Admettant la supposition que toute la chaleur émise par les astres passe dans l'Ether, Rankine assure que, loin de se répandre uniformément, comme le croyait Thomson, elle va cheminant, cheminant jusqu'aux confins les plus reculés de l'Espace ; là, elle s'accumule et forme des foyers immenses où les astres refroidis vont se réchauffer ; et la chaleur y sera si intense que les astres redeviendront incandescents et recommenceront à parcourir leurs orbites respectifs. Sir Rankine arrange tout cela fort bien. La loi de Gravitation règnera seulement un temps. Au moment opportun, elle restera en suspens pour permettre aux astres morts d'aller se réchauffer aux foyers préparés par Sir Rankine.

Il en sera un peu comme dans les théâtres où, après une sombre tragédie, on représente un joyeux vaudeville pour ne point laisser les spectateurs sous une triste impression.

CHAPITRE VI

POSITION DU PROBLEME COSMOGONIQUE

Résumé cosmologique. — Facteurs du problème cosmogonique.

§ 30. — Résumé cosmologique

De l'analyse scientifique de l'Univers ressortent trois faits capitaux qui résument toute la Cosmologie.

Le premier fait fondamental, vérifié par l'expérience, c'est l'admirable préordination des mouvements de toutes les substances. Chacune étudiée séparément est une merveille de finalité. Chaque loi est une preuve nouvelle de l'intervention d'une Intelligence suprême, d'un législateur de l'Univers.

Le second, c'est la pluralité et l'antagonisme des quatre substances qui constituent l'Univers visible: Ether, Atomes, Energie et Ames organiques, régies par quatre lois différentes : l'Espace éthéré par une loi de passivité, les Atomes mus par une force centripète, l'Energie douée d'une force centrifuge, et les Ames organiques soumises à la loi d'individuation.

Chaque étape de la science enregistre un antagonisme particulier. La Physique, l'antagonisme entre la gravitation et l'Energie ; la Biologie, l'antagonisme entre l'Energie et les Ames organiques ; la Zoologie, l'antagonisme des animaux entre eux. S'il y a proportion entre la grandeur des sottises et celle de leurs auteurs, on comprend la nécessité d'un génie comme celui de Leibnitz pour imaginer une extravagance semblable à celle de son *Harmonie préétablie*. L'Analyse de l'Univers nous prouve précisément le contraire : un *Antagonisme universel préétabli* (1).

Enfin, l'astronomie vient confirmer que l'Univers a eu un commencement et doit avoir une fin, qu'il est né et doit mourir, qu'à un moment donné la matière pondérable se répandit dans l'Ether, vivifiée par l'intensité incalculable d'une force centrifuge ; que cette force s'affaiblit et décroît ; qu'un jour, dont la date ne fait rien à l'affaire, la Matière pondérable, entraînée par la loi souveraine de Gravitation, se concentrera de nouveau, se condensera d'où elle avait surgi, et que sa tombe sera son propre berceau.

Préordination, Antagonisme et Mort de l'Univers visible, tels sont les trois faits capitaux sous lesquels

---

(1) La dernière mode de nos modernes savants est le scepticisme scientifique, exposé par H. Poincaré dans *La valeur de la Science* et *La Science et l'Hypothèse*. W. James range, parmi les corréligionnaires de Poincaré, Sigwart, Mach, Ostwald, Pearson, Milhaud, Duhem et Ruyssem.

La cause de ce scepticisme est tout simplement le propos de réduire à une loi unique la vie cosmique inexplicable, comme le dit H. Poincaré, par la théorie mécaniste ou par la théorie énergétique. Propos insensé qui va jusqu'à identifier les deux forces opposées, centrifuge et centripète, et à confondre sous le nom d'énergies *potentielles* la procréation de l'Energie et de la Gravitation.

La science moderne n'arrivera pas à la certitude tant qu'elle ne reconnaîtra pas, dans la pluralité des lois scientifiquement vérifiées, la pluralité de substances, et dans une même substance, comme dans l'Energie, les fonctions de sexualité absolument inexplicables par le mécanisme.

apparaît la Réalité qui doit être métaphysiquement expliquée.

§ 31. — Facteurs du problème cosmogonique

Les faits de la Science moderne sont d'une très grande importance, car par eux nous savons ce qu'est extérieurement la Réalité. Mais, quelle que soit leur importance, ils sont insuffisants. Brunetière, en proclamant, au grand scandale des *savants*, la faillite de la Science, n'a fait qu'enregistrer un fait indéniable.

L'analyse scientifique se borne à dire quelles sont les substances qui constituent l'Univers et quelles sont les lois qui président à leurs transformations. Mais loin de satisfaire les désirs de l'intelligence humaine, cette connaissance ne fait que raviver de plus en plus la nécessité de trouver des solutions qui dépassent les solutions scientifiques.

L'analyse scientifique atteste l'intervention d'une *Intelligence suprême*, auteur des lois cosmiques. Que peut connaître l'Intelligence humaine de ce Législateur suprême dont la science admire les œuvres ?

L'*Unité* s'impose à l'intelligence, et la Science est impuissante à la trouver. Dans le monde tout est variété et antagonisme. Où se trouve donc cette Unité sans laquelle on ne peut raisonnablement concevoir une Cosmogonie ?

L'Univers va vers son *Extinction* et l'Univers ne peut le considérer comme un éclair fugitif qui brille et disparaît subitement au sein du Néant. Qu'est-ce qui a précédé la dispersion de la Matière pondérable qui a engendré les astres, et qu'y aura-t-il après ?

Telles sont les trois prémisses que la science moderne

nous présente comme les facteurs du grand problème cosmogonique.

We are to infer a new universal life, nous devons induire une nouvelle vie universelle, dit Spencer avec raison. Mais comment cela se passera-t-il? La Science se borne à poser les problèmes. Leur solution constitue la seconde partie du Positivisme métaphysique.

ÉTUDE V

Le Problème éthique

CHAPITRE I

DONNÉES DE L'ANTHROPOLOGIE
LA BETE HUMAINE

Dualisme anthropologique. — Nature zoologique de l'homme. —
Conditions zoologiques des associations. — La loi du combat :
Fausseté de la doctrine de Lombroso et de l'école italienne. —
Apothéose de l'Esthétique. — L'Acoustique. — La Perspective.

§ 1er. — DUALISME ANTHROPOLOGIQUE

W. James, le fameux apôtre du Pragmatisme, célèbre comme une *découverte capitale en psychologie* l'étude, dans la seconde moitié du XIXe siècle, de la nature zoologique de l'homme, à laquelle la littérature philosophique a donné récemment les noms les plus grotesques.

Myers, fondateur d'une société de recherches psychiques, dans ses *Phantasms of the living*, appelle la partie animale de l'homme le *Moi subliminal*.

Grasset poursuivant ses recherches, dans son *Psychisme inférieur*, appelle O la partie intellectuelle, et *polygone* et *Moi polygonal* la partie inférieure.

Et comme une nouveauté prodigieuse, découverte

par les expériences hypnotiques, on nous parle d'une vie animale de l'homme, susceptible de localisations organiques, d'une vie affective, irréfléchie, et d'appétits transmis par hérédité.

L'erreur de ces savants est de considérer le *Moi supraliminal* et le *Moi supra polygonal* comme un *pic lumineux* de l'organisme : aberration perpétuelle du monisme.

Une analyse anthropologique vraiment scientifique démontre au contraire la coexistence dans l'homme de *deux vies* de nature très différente, engendrées par *deux activités* différentes aussi.

§ 2. — Nature zoologique de l'homme

Parmi les données dont la métaphysique est redevable à la Science moderne, celles que le darwinisme fournit à l'étude de l'Anthropologie méritent un examen attentif. Darwin est tombé dans de graves erreurs, mais il eut le mérite de bien observer les caractères de la vie essentiellement zoologique dont il faut tenir compte quand on entreprend d'étudier la vie humaine.

Ce que l'étude anthropologique découvre en premier lieu, c'est l'analogie manifeste qui existe entre l'organisme humain et celui des espèces supérieures de l'ordre zoologique.

Ce n'est pas dans des cas anormaux ou exceptionnels, mais dans la plénitude et la régularité de sa vie, ce n'est pas dans les bois, mais dans les villes où la civilisation est la plus splendide que l'homme accomplit des actes purement animaux.

Il a les mêmes appétits que l'animal : appétits concupiscibles qui le poussent avec force à satisfaire ses tendances zoologiques et appétits irascibles quand ses désirs se voient contrariés. Les passions ne sont pas autre chose que des appétits zoologiques exaspérés ; l'appétit et la passion ne diffèrent que par leur degré d'intensité.

Et comme il a les mêmes appétits que l'animal, l'homme a pour les satisfaire les mêmes facultés que l'on confond — grossière erreur — avec l'Intelligence. Dans sa lutte pour la vie, c'est l'Entendement zoologique et non l'Intelligence, qui instinctivement atteint le but, comme le porc trouve la truffe et comme la brebis, dans une prairie verdoyante, découvre l'herbe qui lui convient. Et dans le cours de sa vie intervient un hasard comparable à celui qui dans l'ordre végétal et dans l'ordre animal détermine tantôt la petitesse, tantôt la grandeur des organismes.

Une analyse attentive ne découvre que deux différences : la première consiste dans le développement plus puissant de l'imagination qui, multipliant les images, aiguise dans l'homme l'aiguillon de ses désirs. Et la seconde, dans l'intensité plus grande de l'appétit sexuel, limité dans les espèces inférieures à l'époque du rut par l'atrophie des organes sexuels ; seule l'espèce simienne est comparable sur ce point au genre humain.

En dehors de ces différences qui accentuent la condition zoologique de l'homme, les appétits de Brutalisme et de Sensualité et la sujétion à la loi du combat se manifestent chez l'homme aussi clairement que dans les espèces inférieures.

§ 3. — Conditions zoologiques des associations

L'analyse qui découvre dans l'homme individuel les mêmes appétits que dans l'animal et des facultés semblables, découvre aussi que les hommes s'associent instinctivement pour mieux remplir leurs fins zoologiques. Rien de plus faux que de supposer que cet acte de s'associer soit propre à l'humanité, qu'il la distingue des espèces inférieures. L'analogie qui existe entre les associations animales et les associations humaines, pour des fins identiques, est un fait évident, que la plus vulgaire observation peut découvrir.

Cet instinct purement zoologique se manifeste non seulement dans les associations qui ont pour but de satisfaire les besoins naturels et les appétits de l'homme, mais ces mêmes appétits se découvrent, très puissants, dans les associations formées en vue des fins les plus hautes. C'est un fait qui mérite d'être étudié avec soin.

Bien souvent, sous le couvert de l'association, se cachent des concupiscences qui n'oseraient se manifester individuellement, et des fins d'entités qui n'ont aucune réalité en dehors des individus qui les constituent se présentent comme des fins nobles et désintéressées.

§ 4. — La loi du combat : fausseté de la doctrine de Lombroso et de l'école italienne

La subordination de l'organisme humain à la loi du combat engendre sa *criminalité*. La notion en a été faussée par Lombroso et l'école italienne ; ils supposent que l'homme qui fait du mal à son semblable ou bien a un organisme anormal ou bien agit par ignorance. Deux thèses également fausses.

L'école italienne parle de crimes des animaux ; c'est confondre le *dommage* avec le *crime*. Elle suppose avec Ferri « que la mort d'un animal tué par un animal « d'espèce différente est une manifestation naturelle « de la loi de fer de la nature ; mais que le fait devient « antinaturel quand celui qui tue et celui qui est tué « appartiennent à la même espèce » (1).

En s'exprimant ainsi, on fausse complètement la loi zoologique. L'animal qui fait du mal à son semblable, qui le tue, ne commet aucun crime. En zoologie il n'y a d'autre loi que la loi du combat, d'autre légitimité que celle du triomphe de l'animal supérieur sous n'importe quel rapport. La limitation de Ferri suppose ou une falsification audacieuse ou une complète ignorance de la loi de sélection et d'évolution des espèces enseignée par les savants modernes. Les races supérieures se forment précisément par le triomphe des individus plus forts sur les individus inférieurs de même espèce.

La criminalité ne suppose rien d'anormal ou d'imparfait dans l'organisme. L'homme est criminel quand il fait du mal à ses semblables en obéissant strictement à la loi zoologique, en cédant à ses impulsions bestiales ; et cela est parfaitement compatible avec un organisme de tous points normal et sain. Il n'y a pas de type quelconque d'imperfection organique qui soit cause de la criminalité. Les vrais savants, comme

---

(1) Introduction à la traduction espagnole des *Nouveaux horizons du Droit et de la procédure pénale*, page XI, et *Traité sur l'Homicide*.

Virchow, ont protesté contre la théorie de l'école italienne. D'ailleurs les œuvres mêmes de ses inventeurs démentent leurs assertions. Il y a des criminels macrocéphales, microcéphales, brachycéphales, dolichocéphales et mésaticéphales, barbus et glabres, grands et petits, laids et beaux, à grandes et à petites oreilles, à nez camus et pointus, prognathes ou non. Dans tout pénitencier, on trouve toute espèce de types ; car l'unique type criminel, c'est l'homme agissant zoologiquement. Et cela n'est pas incompatible avec l'organisme le plus parfait ni avec les plaisirs esthétiques, raffinement de ses fonctions organiques,

Aussi fausse que cette invention du type criminel est l'hypothèse qui consiste à attribuer à l'ignorance la perpétration des crimes. Lombroso, le maître vénéré de cette école, dans son œuvre classique *L'Homme criminel*, fournit à chaque page la preuve que le développement mental ne s'oppose pas à la criminalité ; il reconnaît lui-même, au contraire, que l'animal use de la plus grande perspicacité de son entendement pour exécuter des actes nuisibles. « Les animaux les plus « intelligents, dit-il, sont ceux qui manifestent la plus « grande inclination au vice, et, comme il arrive chez les « hommes, ils sont les plus portés à exécuter des actes « criminels. » Et en effet, comme le fait remarquer Darwin, « l'impulsion la plus puissante de l'animal est tou- « jours celle qui le porte à satisfaire ses propres désirs « aux dépens de ses semblables ».La plus grande perfection de son Entendement ne lui sert qu'à lui permettre de mieux triompher de ses semblables dans la lutte pour la vie et qu'à le rendre plus redoutable et plus dangereux.

Les faits invoqués par Lombroso lui-même suffisent à renverser sa théorie de la dégénérescence par ignorance.

Parmi les hommes, d'après les maîtres de l'école italienne eux-mêmes, il y a des criminels intelligents jusqu'au génie, qui inventent et créent de nouvelles formes de criminalité. Lombroso cite des cas qui le prouvent, quand il traite des *criminels de génie* et de la *criminalité des savants*. Dans son ouvrage *Genio é Follia*, il expose encore des faits analogues pour démontrer comment peuvent fraterniser le génie et la criminalité, comment les *hommes de génie* peuvent être non seulement pédants, orgueilleux, ivrognes, hallucinés, mais aussi de véritables criminels qui se prévalent de la supériorité de leur Entendement pour perfectionner l'accomplissement de leurs délits. Quel *frein* le voleur peut-il trouver dans l'étude de la mécanique, ou l'assassin dans l'étude de la toxicologie ?

Letourneau, dans sa préface à la traduction française de *Uomo delinquente*, nous fournit un nouveau témoignage. « Le plus grand nombre, dit-il, des fraudes
« et des empoisonnements commis par les classes éclai-
« rées ne prouvent que trop que l'alphabet n'accom-
« plit pas de miracles et que l'éducation intellectuelle
« a besoin d'être complétée par l'éducation morale ».

§ 5. — Apothéose de l'esthétique

Ce qui caractérise l'homme et le distingue *dans l'ordre zoologique*, des espèces inférieures, c'est l'exaltation et la glorification de ses plaisirs de sensualité, en particulier des plaisirs de l'Acoustique et de la Perspective qui constituent l'Esthétique.

Jouir des plaisirs de l'ouïe et de la vue est le comble du bonheur zoologique. L'artiste qui réussit à *créer* ces plaisirs se trouve au sommet de la grandeur humaine. En dehors de l'ordre zoologique il pourra se rencontrer des hommes de talent, des hommes d'un mérite relatif ; mais les génies, les vrais *génies*, on ne les trouve que parmi les artistes, parce que, suivant la parole de Kant dans la *Critique du Jugement*, le génie est propre aux Beaux-Arts. Et ce que l'on dit du génie on peut l'étendre au *sublime*. En dehors de l'art, rien de sublime : les Beaux-Arts ont le monopole des superlatifs. Leurs œuvres sont des créations, les artistes sont des créateurs, leur attribut, c'est le sublime.

Or, ce qui fascine ainsi et transporte d'admiration est pure zoologie : les plaisirs de l'ouïe et de la vue sont de même nature que ceux du goût et de l'odorat, et si les adorateurs de la sensualité ont rêvé autre chose, Darwin a dissipé leurs illusions en démontrant « qu'ils ne diffèrent des espèces inférieures qu'en degré et non par diversité de nature ».

Dans la satisfaction de ces plaisirs, quel que soit le sens en jeu, l'Intelligence n'est pour rien ; ce sont des actes exclusifs de l'*Instinct*, étrangers à toute espèce de raisonnement ; et l'on peut appliquer à tous les actes instinctifs en général ce que Richter disait en particulier de la poésie, que « si un poète a besoin de réfléchir, c'est un imbécile ».

§ 6. — L'Acoustique

La littérature entretient avec l'ordre zoologique des relations intimes, de deux points de vue différents : comme créatrice des rêves qui constituent la seconde classe de somnambulisme, et en tant qu'elle cultive un genre spécial de sensualité dont l'objet est d'exprimer des affections et des émotions et, en même temps, de procurer la jouissance de l'ouïe par la mélodie et la sonorité du langage.

Dans l'ordre esthétique, le langage cesse d'être un acte mental pour se changer en une fonction zoologique exercée par un *Instinct* particulier. Dans cette fonction il faut distinguer trois étapes ou degrés.

Le premier constitue l'Eloquence ; le second, la Poésie ; le troisième, la Musique.

Le plaisir esthétique va croissant d'un degré à l'autre, en sorte que le meilleur orateur est un mauvais poète, et le meilleur poète un mauvais musicien.

Dès le premier degré, les rhéteurs, d'après Richter, cultivent l'harmonie des mots et les cadences musicales du langage employé pour exprimer les affections et les émotions de la vie animale. L'orateur, d'après la *Grammaire espagnole*, doit étudier « la concordante et « agréable variété de sons, des mesures et des pauses « qui résulte de l'heureuse combinaison des sons, mots « et terminaisons ». Il doit chercher à « émettre la voix « tantôt avec douceur, tantôt avec force, toujours « avec un séduisant clair-obscur, mélodie, sonorité et « rythme » et employer autant que possible des vocables dont le son imite celui de la chose signifiée ou lui ressemble. Raisonner est le moindre des soucis. On a dit avec raison que le comble de la frugalité est de se nourrir de la substance des discours des orateurs les plus renommés. Ce qui importe ce n'est pas de convaincre mais d'émouvoir, de rechercher non pas des arguments mais des émotions, non pas des idées mais des images ; en un mot, de procurer le plaisir de l'ouïe grâce à l'élément musical du langage et de fasciner l'auditoire en accompagnant ses phrases d'attitudes agréables et de gestes étudiés (1). Tel est l'*Instinct de l'Eloquence*. Darwin fait remarquer à propos que les orateurs ne se doutent pas qu'ils exercent une fonction essentiellement identique à celle des espèces inférieures. Cependant il y en a qui s'expriment comme s'ils s'en doutaient. Lord Derby avouait ingénuement que, dans ses triomphes parlementaires, il ressentait une émotion identique à celle que lui faisaient éprouver les victoires de ses chevaux dans les courses auxquelles il a donné son nom (2).

Dans la Poésie, second degré de l'Esthétique auditive, le poète prend son essor vers une région plus élevée que celle de l'orateur. Il commence par s'émanciper des entraves grammaticales, ne recherchant que les beaux sons capables de produire le plus grand enchantement possible et des images revêtues du plus splendide vêtement.

Dans la Musique, les entraves du langage articulé disparaissent complètement : les chanteurs les plus célèbres ne se donnent pas la peine d'articuler. Les paroles sont remplacées par des sons qui expriment les émotions de la vie animale mieux que le langage articulé. Seeman dit que « dans une seule note musicale il est possible de résumer et de condenser plus de sentiment que dans les pages entières d'écriture ». Au langage articulé succèdent les *leit motiv*, dont le nombre varie suivant la perfection des espèces. Les poules

---

(1) Prezzolini, dans l'*Arte di persuadere* a très exactement mis en relief ce caractère zoologique de l'éloquence.

(2) Auguste Conte, *Souvenirs d'un diplomate*.

d'après Houzeau, en possèdent douze ; les chiens, tout autant ; les hommes, une centaine, d'après les Wagnériens.

Dans l'Acoustique, l'homme n'a pas un grand avantage sur les espèces inférieures sous le rapport de la musique vocale. La voix humaine ne peut pas rivaliser en modulations avec celle des rossignols, ni en puissance avec celle de l'*oiseau-cloche* dont les notes s'entendent à quatre kilomètres de distance. C'est dans la musique instrumentale que sa supériorité se manifeste. Du violon du grillon à un Stradivarius, bien que la différence ne soit qu'une différence de degré et non d'essence, comme dit Darwin, on ne peut nier que le perfectionnement ne soit considérable.

§ 7. — La Perspective

Dans la sensualité propre à la Perspective, il faut toujours distinguer les deux classes de beauté qui procurent du plaisir au sens de la vue : la beauté *locale* et la beauté *personnelle*.

Le progrès de l'art humain dans la construction des demeures dépasse encore les progrès accomplis dans la musique instrumentale. L'Esthétique humaine se déploie tout entière dans la construction de logements splendides. Il n'y a rien dans les espèces inférieures qui lui soit, même de loin, comparable.

Pour ce qui est de la beauté personnelle ou corporelle, il faut noter un fait extrêmement suggestif, c'est la diversité des critériums qui, dans l'histoire de l'humanité, ont prévalu suivant les temps et les peuples. Il existe deux types, entièrement différents, de beauté corporelle de l'homme : le type grec et le type barbare.

Parfois l'homme se complaît dans la perfection morphologique de son propre corps; d'autres fois, il trouve plus de charme à parer son corps en imitant les ornements naturels d'animaux d'espèces inférieures.

CHAPITRE II

LA ZOOLATRIE DANS L'HISTOIRE

Philosophie de l'Histoire. — Paroxysmes de la bestialité humaine. — La Grèce. — Le Moyen-Age. — L'Ancien Régime. — Le XIXᵉ siècle : l'extase zoologique de Wagner. — Nietzsche. — L'animal sacré. - La nouvelle sociologie.

§ 8. — PHILOSOPHIE DE L'HISTOIRE

Un point capital que la philosophie de l'histoire doit étudier, c'est le développement de la vie humaine au point de vue zoologique. Elle se proposera de rechercher deux choses : la première, la prépondérance plus ou moins grande de la vie zoologique de l'homme à chacune des périodes de l'histoire ; la seconde, laquelle de ses deux phases, la brutaliste ou l'esthétique, a la prépondérance.

§ 9. — PAROXYSMES DE LA BESTIALITÉ HUMAINE

En règle générale, la fin propre de toute autorité sociale est d'empêcher les hommes de se nuire les uns aux autres. Voilà pourquoi les périodes de révolution, parce que l'exercice de l'autorité se trouve suspendu et les guerres internationales parce qu'il n'y a aucune autorité supérieure, constituent de véritables paroxysmes de la bestialité humaine.

Dans les grandes révolutions, la bestialité est poussée jusqu'au cannibalisme. A propos de la Révolution française, Mortimer Ternaux et Taine rapportent des scènes de véritable antropophagie. Les Septembriseurs en arrivèrent à manger, ou du moins à mâcher les cœurs de la princesse de Lamballe et du général Laleu. La *conquête jacobine* de Taine est une histoire strictement zoologique (1).

Dans les guerres internationales, la férocité humaine égale celle des espèces inférieures. Les scènes de dévastation, que Huber et Lubbock nous décrivent à propos des guerres des fourmis, paraissent des chapitres copiés de l'histoire de l'Humanité. L'extermination de la race rouge par la race blanche dans l'Amérique du Nord, et de la race noire en Australie révèle une bestialité que les espèces inférieures ne dépassent pas. Et ce débordement n'est pas encore ce qu'il y a de plus effrayant, mais bien, la bestialité prêchée de sang-froid par des hommes politiques, comme Salisbury qui, au déclin du XIXe siècle, conseillait l'extermination des nations faibles.

§ 10 La Grèce

La Grèce, dans ses jeux primitifs, cultiva le Brutalisme. Le *Penlathlon*, la fête des cinq luttes, n'eut pas un autre caractère. L'objet de ses sauts, de ses courses, de ses pugilats, comme celui du *sport* moderne, était de rendre robuste l'organisme. Les athlètes vainqueurs couronnés de laurier, furent chantés par les poètes, peints et sculptés par les meilleurs artistes, comparés aux Dieux et enviés par les rois. Gélon et Hiéron de

---

(1) Taine. *Les origines de la France contemporaine*. TOME II, liv. IV.

Syracuse, d'Agrigente. Pausanias de Lacédémone, Archélaüs de Macédoine, Alexandre le Grand lui-même aspirèrent à l'honneur de ces apothéoses.

Mais plus encore que cette glorification des muscles, ce qui dans l'histoire de l'humanité caractérise le génie grec, c'est son culte de l'Esthétique, admise dans les grands jeux à l'égal du Brutalisme. Orateurs et poètes enthousiasmaient les auditeurs par les cadences et les mélodies du langage, et léguèrent à la postérité, en éloquence et en poésie, des modèles inimitables d'Acoustique.

Le progrès ne fut pas moindre en Perspective. Pour la beauté locale, l'Architecture grecque fera toujours l'admiration universelle. Il en est de même de la sculpture ; loin de parodier dans ses œuvres les espèces inférieures, elle eut l'ambition de reproduire la perfection morphologique du corps humain, celle que Lessing exalte dans son Laokoon. Phidias, Polyctète, Praxitèle, Scoppas, Lysippe dans la sculpture et, dans la peinture, Polygnote, Zeuxis, Parrhasius et Apelle furent les maîtres consommés de cette véritable Esthétique au sommet de laquelle figurent les fameuses Vénus; non que l'organisme de la femme soit supérieur à celui de l'homme, comme le suppose à tort Lemke, mais parce que sa vue procure plus de jouissance sensuelle à l'homme : et c'est là l'unique critérium esthétique.

En Orient, l'Art avait été essentiellement *idéographique* ; cultivé comme un langage symbolique de l'Intelligence, propre à la vie spirituelle.

C'est en Grèce que, sur les ruines de l'Idéographie naquirent les Beaux Arts ; et les artistes firent consister le nouvel Art dans la Sensualité, dans les plaisirs de la vue et de l'ouïe qui constitue l'Esthétique et la vie zoologique.

La Diane d'Ephèse, couverte d'emblèmes idéographiques, et la Vénus grecque symbole de la luxure, sont deux statues qui représentent cette profonde transformation de l'Art et qui résument toute la philosophie de son histoire.

Cette substitution de l'Esthétique à l'Idéographie, cette exaltation de la Zoolâtrie est le sceau qui caractérise le peuple grec dans l'histoire de l'humanité.

§ 11. Le Moyen-age

Le Moyen-Age, à ce point de vue, est une période de régression vers la barbarie. Pour ces hordes de sauvages, campés sur les ruines de l'Empire romain, la loi suprême fut la loi du combat, quintessence de la vie zoologique. En parlant des espèces inférieures, les naturalistes se demandent si les cornes sont un ornement ou une défense. Pour les barbares, il n'y a aucun doute ; les cornes qu'ils fixaient à leurs casques marquent l'intention de s'attaquer et de se battre, comme s'attaquent et se battent les animaux inférieurs. Les couronnes des rois étaient des anneaux garnis de cornes. Le combat individuel était leur régal. Les duellistes ne s'arrachaient pas la langue comme les colibris ; ils ne coupaient ni ne mangeaient la queue du vaincu comme les lézards ; mais ils se battaient avec la même férocité. Comme les coqs de Bruyère dont parle Brehm, ils allaient eux aussi vers les champs clos où ils pussent combattre. Et pour achever la ressemblance, à leurs fameux tournois accouraient les dames, comme dans les espèces inférieures les femelles viennent assister aux luttes des mâles, pour les enflammer par l'espoir de leurs caresses. L'histoire des tournois et des cours d'amour au Moyen-Age est un chapitre de pure zoologie.

Après l'échec des tentatives faites en vue d'organiser de nouvelles nationalités sur les ruines de l'Empire romain, durant la première moitié du Moyen-Age, la féodalité, avec toute sa barbarie, succéda aux essais malheureux de monarchies. La souveraineté fut émiettée ; chaque portion de territoire devint la proie d'un seigneur abrité dans son château-fort. Avec les combats individuels alternèrent les combats de seigneurs qui, à la tête de leurs bandes, se firent des guerres de partisans, commettant toutes sortes de brigandages. L'influence surnaturelle de l'Eglise ne réussit qu'à suspendre, durant les quelques jours de la Trêve de Dieu, cette barbarie déchaînée. L'Eglise elle-même vit ses temples profanés, ses dîmes usurpées et ses biens ravis, sous prétexte de défense et de protection ; puis les seigneurs s'en faisaient des titres d'honneur, dont ils se paraient avec orgueil.

§ 12. — L'ancien régime

Les monarchies qui s'élevèrent sur les ruines de la féodalité, réussirent à mettre quelques entraves à la loi du combat et à châtier les attentats les plus graves. Mais, loin de guérir la diathèse zoologique invétérée, elles transigèrent avec elle et la sanctionnèrent.

Il suffit de fixer l'attention sur trois traits principaux qui caractérisent ce que l'on appelle l'Ancien Régime.

Le premier est la survivance des combats individuels, maintenus au mépris des lois et des tribunaux. La nature bestiale de l'homme fut regardée comme *honneur* ; se batttre pour l'honneur d'être un animal, loin de dégrader, ennoblissait.

C'est, en second lieu, l'honneur et la gloire qu'on attribue aux lignages. En vain l'Eglise prêcha que l'homme a un Esprit à la ressemblance de Dieu, de création directe, et que l'on ne reçoit par héritage que la nature animale. C'était prêcher dans le désert. Les hommes, méprisant leur Esprit, mirent leur orgueil précisément dans ce qu'ils avaient d'animal (*ad speciem bestiarum*), dans ce qu'ils avaient reçu par héritage de leurs ancêtres et qui constitue les lignages.

Enfin, le trait culminant de l'ancien Régime fut la dégradation de l'Esthétique en tant qu'elle a trait à la beauté personnelle. Les hommes furent atteints de cette diathèse incurable qui consiste à se parer des ornements propres à l'animal. De hauts dignitaires choisirent, pour orner leurs têtes, des perruques semblables aux crinières des lions : ils furent les moins nombreux. En général on imita les oiseaux dont les ornements furent copiés avec grand soin. A l'instar des crêtes et des panaches des oiseaux, on orna les têtes de couronnes, tricornes et protubérances de toutes sortes A l'imitation du plumage de leurs ailes, les hommes se couvrirent de luxueux manteaux et casaques terminés par des queues plus ou moins prononcées. Et surtout ils eurent à cœur d'orner leur poitrine de bijoux variés ; détail suggestif, les décorations préférées sont des figures d'animaux : aigles, lions, éléphants, voire même moutons !

Cette tendance à copier les ornements naturels des espèces inférieures jeta de si profondes racines que, l'Ancien Régime détruit, l'aberration survécut non moins puissante. Napoléon Ier, à peine proclamé empereur, s'empressa de parodier Louis XIV et de renouveler les splendeurs zoologiques de l'Ancien Régime dans les grandes cérémonies de la nouvelle Cour. Et il en est partout ainsi : aux processions les plus solennelles prennent part, en même temps que les grands dignitaires de l'Etat déguisés en perroquets, des coursiers richement harnachés qui rivalisent avec eux d'ornements zoologiques. Couronnes et panaches, casaques et housses, manteaux et caparaçons, frontaux, colliers, pompons, casques, diadèmes, morions, toutes les splendeurs de la Zoologie continuent à paraître à la joie universelle. Et les charmes de la Perspective s'augmentent des plaisirs de l'Acoustique, avec ses timbales, trompettes, tambours et fanfares. C'est le triomphe de la Zoologie.

L'obsession est toute puissante. Les hommes d'Etat les plus éminents sont ceux qui s'enorgueillissent le plus de leurs parures ornithologiques. Le rupicole et le tétraos ne se pavanent pas avec plus d'orgueil que les grands dignitaires avec leurs uniformes et les décorations qui ornent leur thorax resplendissant.

Treize cents ans ont passé depuis l'invasion des barbares, et la diathèse zoologique alors inoculée ne présente nul symptôme d'atténuation. Loin de la condamner, Guizot l'exalte comme un des principes générateurs de la civilisation européenne.

§ 13. — Le XIXe siècle
L'extase zoologique de Wagner

Les cérémonies d'Etat sont des extases passagères de sensualité qui ne se produisent que de loin en loin et dans des cas exceptionnels. Il était nécessaire d'organiser l'extase comme une institution permanente et de la mettre à la portée de tous. Ce fut la mission réservée à Wagner.

Pour produire l'extase désirée, il commença par multiplier les plaisirs de l'Acoustique en recherchant des jouissances dans tous les bruits imaginables. Dédaignant le langage articulé, il rechercha l'expression purement zoologique des émotions, et, dans ce but, il imagina plus de quatre-vingt-dix *leit motiv* ou sons correspondant à autant de sensations et affections de la vie animale. Aux modulations de la voix humaine il ajouta l'expression des émotions de toutes les classes d'animaux ; plus encore, il se proposa d'harmoniser les bruits de la nature inorganique.

Aux plaisirs de l'ouïe il ajouta ceux de la vue ; tout ce qui peut procurer plaisir des sens fut combiné avec soin dans des représentations splendides de lumière et de couleur : musique instrumentale et vocale, architecture, peinture, sculpture, danse, poésie et, pour que rien ne manque, scènes lubriques. Et malgré tout, l'entreprise de Wagner, si l'on y regarde bien, reste incomplète, parce qu'il n'y a pas de raison pour borner les plaisirs sensuels aux plaisirs de l'ouïe et de la vue. Les autres sens ont aussi leurs plaisirs propres et rien ne nous autorise à les déprécier ; sans leur satisfaction l'extase zoologique ne peut être parfaite. La perfection serait que le public mollement installé dans des fauteuils bien commodes, jouît en même temps que des plaisirs de la vue et de l'ouïe, de ceux du goût et de l'odorat, en savourant des douceurs exquises et aspirant des aromes parfumés.

§ 14. — Nietzsche et l'Anarchisme

Avec Wagner, Nietzsche est au XIX⁰ siècle l'apôtre de la zoologie humaine. Le premier prêcha la Sensualité, le second, le Brutalisme. Max Nordau en fait le portrait dans *Dégénérescence*. Il nous le représente «avec
« ses gestes sauvages, lançant des torrents de paroles
« retentissantes, et, au cours de ses vociférations, tan-
« tôt éclatant de rire, tantôt vomissant des injures, im-
« mondices et malédictions ; ou bien se livrant à des
« danses vertigineuses, ou s'élançant les poings crispés
« et la figure menaçante sur les ennemis imaginaires
« de la bête humaine. »

A ses débuts Nietzsche méprisa l'Esthétique puis, ayant compris que la sensualité ne peut pas être un frein pour le Brutalisme, mais au contraire le complément naturel, il se réconcilia avec elle.

Ses œuvres, nombreuses, se ressemblent toutes. Sa doctrine se borne à prêcher, dans un langage sybillin et désordonnée, la vie bestiale dans toute son intensité, tuer, voler, forniquer, braire et ruer, voilà sa morale ; morale purement zoologique, *sans obligation ni sanction*. Le surhomme de Nietzsche, son *homme fort* est celui dont la brutalité s'impose aux autres. Et malgré ces éjaculations répugnantes, il se rencontre des écrivains qui louent son talent : phénomène de suggestion provoqué par une diathèse latente mais certaine. Ils reprochent surtout à Max Nordau sa sévérité lorsqu'il dit que Nietzsche mérite les oreilles d'âne que les vieux magisters de village imposaient aux élèves stupides. Critique sévère mais juste.

La thèse de Nietzsche manque totalement d'originalité. Dans la pratique, c'est la conduite suivie par les bandits de tous les temps. Et en théorie, elle fut enseignée, avant lui, par son compatriote Max Stirner dans son ouvrage : *L'Individu et la Propriété*. L'unique originalité de Nietzsche fut l'idée absurde d'attribuer ses braiements à un antique apôtre du spiritualisme le plus fervent, dont il ne parvient à savoir que le nom *Zarathoustra*. Son érudition n'alla pas plus loin, non plus que celle de ses disciples et admirateurs. Il est le pontife de l'*Anarchisme*, de la Sociologie nouvelle basée sur la vie strictement zoologique sans limitation d'aucune sorte.

§ 15. — L'animal sacré

Le fait le plus curieux de la Zoolâtrie moderne est la façon dont on traite le criminel.

Dans l'ordre zoologique, tout individu a le droit absolu de se défendre et de tuer l'animal qui lui porte préjudice ; et la Zoolâtrie moderne réclame pour la bête humaine, la plus nuisible et la plus redoutable, un privilège d'inviolabilité.

L'ancien droit pénal reconnaissait dans tout homme, et c'était la meilleure protection pour le délinquant, l'existence d'une âme différente de l'âme animale, soumise à une autre loi; et dont on espérait qu'il se repentirait et s'amenderait. Dès que l'on nie cette âme, la logique veut que l'on reconnaisse à l'individu et à la société le droit de se défendre, absolument comme dans l'ordre zoologique, le seul que l'on admette, on se défend contre tout animal nuisible.

Or, la moderne Zoolâtrie nie l'existence de cette âme différente de l'âme zoologique ; et cependant, elle conserve et étend démesurément les respects qui lui étaient dus. La bête humaine peut faire du mal et il faut la respecter ; la zoologie ordonne d'attaquer, mais elle ne supporte pas que l'on se défende.

Les voyageurs nous disent combien puissante est, en Polynésie, l'institution du *Tabou*. Quand un homme ou un objet est déclaré tabou, il devient sacré et inviolable. Il en va de même aujourd'hui avec le criminel : il est devenu une espèce d'animal sacré, protégé par le Tabou.

Nous pouvons nous défendre contre les attaques des espèces inférieures et tuer l'animal qui nous nuit. Mais pour les attentats de la bête humaine, il faut réfléchir longtemps pour savoir s'il est possible de nous en défendre. Celui qui, pour se délivrer de l'attaque d'un bandit, fait à peine plus qu'il n'est strictement nécessaire pour sa propre défense, pourra ne trouver aucune protection dans les lois. Mais cette protection est assurée au bandit ; car de le retirer indemne des mains de la justice est devenu un intérêt professionnel pour un sacerdoce nouveau dont la doctrine est la *philosophie de l'impunité*.

Aux Etats-Unis, des crimes horribles reçoivent un châtiment immédiat, lorsque le peuple lynche le fauve humain. En Europe, cela n'est pas possible : une légion de professionnels et une autre légion d'imbéciles sortiraient aussitôt en criant à pleine voix : Tabou ! tabou ! Il ne faut pas toucher la frange de l'habit des criminels ; tout ce qu'on peut leur faire, c'est de les dévorer de baisers. Il existe à Paris plus de vingt mille apaches ainsi protégés par le Tabou.

Et lorsque les professionnels ne parviennent pas à obtenir l'impunité, alors interviennent les amnisties,

« ces jubilés du délit où on lâche la bride aux malfai-
« teurs pour qu'ils se jettent sur les villes, comme les
« loups affamés sur les troupeaux » (1). Après quoi, les
plus grands crimes sont oubliés. Personne ne se sou-
vient bientôt plus des victimes ; il ne reste plus qu'a-
mour pour les assassins : dames sensibles, prélats vertueux, philosophes, hommes d'Etat, poètes, journa-
listes, électeurs et élus, tous à l'envi implorent la clé-
mence pour l'animal sacré.

§ 16. — La nouvelle sociologie

La moderne Sociologie est profondément modifiée du fait que l'on escamote la fin ultrazoologique de l'homme dont le Droit nouveau ne tient aucun compte

L'éducation du Devoir, que Kant reconnaît comme le fondement de toute pédagogie, est remplacée par l'éducation zoologique qui n'a d'autre but que de dresser la jeunesse à la *lutte pour la vie.*

Et à un changement si profond dans l'éducation des nouvelles générations correspond un changement non moins important dans le gouvernement des peuples.

On croyait autrefois que la civilisation consistait dans la protection des faibles contre les forts ; aujourd'hui on proclame que les faibles sont destinés à succomber et les forts à triompher.

On croyait autrefois que la nation la mieux organisée était celle où le citoyen est le mieux protégé par l'autorité, et que l'état sauvage était celui où, faute d'autorité, l'homme se voit obligé de se défendre lui-même.

---

(1) Ferri. *Les nouveaux horizons du Droit et de la procédure pénale.* Ch. IV.

Aujourd'hui le progrès demande qu'on supprime successivement tout acte de tutelle et que l'homme reste sans protection.

Pour exercer l'autorité on recherchait autrefois les plus dignes ; aujourd'hui l'autorité est livrée aux hasards de la lutte pour la vie et de la loi du combat. Dans la nouvelle orientation politique, l'exercice de toute charge publique revient de droit à qui triomphe dans la lutte, que ce soit par Brutalisme ou par Esthétique. Et une fois légalisé le triomphe zoologique par le Droit moderne, comment espérer une dérogation quelconque à la loi zoologique de la part de ceux qui lui doivent leur élévation ?

Le Droit ancien considérait comme le plus digne d'exercer l'autorité celui qui était le plus apte à réprimer les impulsions zoologiques de l'homme. Le Droit nouveau tient pour le plus apte celui qui réussit à s'emparer de l'autorité par n'importe quel moyen. La lutte électorale éloigne des comices tous ceux à qui répugne la lutte pour la vie, et remet le pouvoir entre les mains de ceux qui s'y complaisent et ne vivent que pour elle. Et ce qui se passe dans les comices se répète dans les parlements : la victoire se dispute entre l'astuce des intrigants et la séduction des orateurs. Les triomphes de ces derniers rappellent ce que Saint Augustin raconte d'un peuple de l'antiquité qui, séduit par l'art avec lequel il jouait de la flûte, choisit pour roi un musicien. Orateur ou flûtiste, celui-là est appelé à gouverner qui l'emporte sur les autres dans l'Acoustique ; et la vie politique contemporaine devient ainsi une nouvelle phase du Darwinisme.

Quand on considère les conditions de cette nouvelle Sociologie et l'empire croissant de la loi zoologique dans le gouvernement des peuples, on ne peut s'empêcher de songer à la fameuse *loi du pendule* de Spencer. Les sociétés, comme le pendule, passent alternativement d'une position à l'autre. Est-ce que, par hasard, le secret que nous réserve l'avenir serait une régression à l'état sauvage ?

CHAPITRE III

LA LOI DU DEVOIR

Négation de la vie zoologique. — Confusion entre la Bonté et la Beauté. — Témoignage de Kant. — Témoignage de Darwin. — Témoignage de l'Ecole italienne. — L'Esprit. — Quatrième antagonisme : entre l'Esprit et l'Ame zoologique. — Unité du composé humain.

§ 17. — Négation de la vie zoologique

L'analyse anthropologique découvre dans l'homme, en même temps que la vie zoologique, une autre activité de nature très différente, une nouvelle vie qui ne consiste pas dans le perfectionnement de la vie animale, mais dans sa *négation*, dans la réprobation d'actes organiques parfaitement normaux, conformes à la loi zoologique.

Cette nouvelle vie obéit à une finalité nouvelle qui se révèle par des tendances et des impulsions très différentes des appétits

C'est la vie du *Devoir* qui oblige l'homme à conformer ses actes à une nouvelle *Loi*, à une *Loi morale*, laquelle ne consiste plus dans l'expansion de la vie animale, mais dans sa répression plus ou moins sévère. Agir par devoir n'est pas agir sans motif, comme le prétendent les défenseurs de la vie zoologique, car le devoir est le motif suprême devant lequel « tous les « appétits se taisent, pour rebelles qu'ils soient dans le « secret ».

La loi du Devoir est la loi morale par excellence, si l'on prend ce mot non plus dans un sens large, en tant que se rapportant à une finalité indéterminée, mais dans son sens strict de loi antizooogique. L'homme doit lui subordonner tous ses actes comme à une règle suprême; Loi caractérisée par la responsabilité, la sanction et le remords ; Loi qui constitue l'unique ligne de partage qui sépare l'animal de l'homme.

§ 18. — Confusion de la bonté avec la beauté

La Loi morale par excellence étant supposée, avec sa finalité différente de celle de la loi zoologique, il saute aux yeux que c'est une grave erreur que de confondre la Bonté avec la Beauté et de condamner les actes défendus par la loi morale en tant que *laids*.

Cette confusion provient de ce que l'on considère d'une façon abstraite la Bonté et la Beauté comme des perfections qui procurent à l'homme une satisfaction particulière, sans se rendre compte qu'il s'agit de perfections essentiellement diverses.

La Bonté basée sur la Loi morale consiste dans l'accomplissement du devoir qu'elle impose, et la Beauté est la propriété des objets qui procurent du plaisir aux sens de l'ouïe et de la vue. Bien loin qu'elles s'identifient, la Beauté peut être l'ennemie la plus redoutable de la Bonté, parce qu'elle exaspère les appétits que la Bonté a le devoir de réprimer.

La Bonté consiste dans l'accomplissement du Devoir, et la Beauté dans un plaisir de sensualité. La

Beauté est zoologique et la Bonté est sa négation. Le délire esthétique seul peut confondre des notions si opposées et enfermer ainsi la morale du Devoir dans l'Acoustique et la Perspective.

§ 19. — Témoignage de Kant

Si manifeste est cette nouvelle vie de l'homme que Kant lui-même, le patriarche du scepticisme moderne, est obligé de se rendre à l'évidence, confirmée par l'observation interne, et de la proclamer dans sa *Critique de la Raison pratique*, dans les termes les plus explicites.

Dans l'homme, dit-il, il y a deux vies différentes qui correspondent à deux mondes différents. Il y a une vie zoologique, que Kant aveuglé par le cartésianisme confond avec le mécanisme, et une autre vie *indépendante de l'animalité* et même de tout le monde sensible, soumise à une *nouvelle loi de causalité* dont le principe déterminant est *bien au-dessus de toutes les conditions du monde sensible*, qui ouvre à l'homme la perspective d'un *monde intelligible différent du monde zoologique* ; loi de l'existence de laquelle l'homme a pleine conscience, loi que *l'honnête homme reconnaît, tout en méprisant les subtilités auxquelles il ne saurait répondre.*

Cette nouvelle loi est *apodictique, apodictiquement certaine.* Ses concepts sont *assertoriques.* Ses préceptes sont des *impératifs catégoriques*, des idées immanentes et *constitutives*, plus tard appelées *structurales*. Ses préceptes sont des *postulats* ou principes tellement clairs et évidents qu'ils ne demandent point de démonstration. Cette loi morale et le ciel étoilé étaient les deux choses qui inspiraient à Kant la plus grande admiration.

Et non seulement il trouvait cette loi apodictique, mais encore il lui reconnaissait la *primauté* sur toute autre loi, et voilà pourquoi il proclamait (comme une chose nouvelle !) que l'Education devrait être fondée sur le Devoir.

§ 20. — Témoignage de Darwin

A Darwin lui-même l'évidence de cette Loi arrachait deux concessions, incompatibles avec son projet de réduire la vie humaine à une *différence de degré, mais non d'essence* avec la vie zoologique.

La première concession, il la fait quand il accepte sans réserve le jugement de ces auteurs qui affirment que le sens moral est *by far* la différence qui caractérise l'homme et quand il fait sien (*fully suscribe*) le jugement de Kant sur le Devoir.

La seconde, quand il reconnaît l'impossibilité d'expliquer le Devoir dans l'ordre zoologique (*from the side of natural history*). Il avoue, comme Wallace, l'impossibilité d'expliquer la loi du Devoir « sans la crainte ou sans l'amour de Dieu ». Aimer le prochain et rendre le bien pour le mal ne peut être l'œuvre de la sélection. L'évolution consiste dans l'exaltation de l'individu, et le Devoir, dans son abnégation.

§ 21. — Témoignage de l'École italienne

Les maîtres de l'Ecole italienne qui expliquent l'Anthropologie au sens zoologique, reconnaissent eux-mêmes, par une contradiction de leur thèse, l'existence de la loi morale.

Lombroso et Ferri, d'accord avec Lubbock, avouent

que la notion de *Justice* (nom par lequel ils désignent la Loi morale) est inconnue dans les espèces inférieures, et connue dans l'enfance de l'homme, comme dans celle des peuples. Aux degrés les plus bas de l'état sauvage, le respect pour les lois va jusqu'au sacrifice de la vie ; et l'étonnante précocité de l'homme à comprendre et à respecter la Loi morale est la preuve la plus éclatante de son existence.

Chez Ferri, la plume trahit son fanatisme zoologique. Dans un grand nombre de passages, il parle du *sens moral*, de la *loi morale*, des *devoirs* de l'homme, du *plasma de la moralité* des peuples ; il exalte les hommes qui préfèrent les horreurs d'une misère honorable, condamne la *violation des devoirs* et l'insensibilité morale, et proclame la nécessité de réprimer les impulsions zoologiques et d'étouffer leur explosion.

Le Devoir et la Loi morale sont si bien connus de l'Ecole italienne qu'elle regarde comme *fou* celui qui en méconnaît les préceptes.

A travers tous ses *distinguo* et ses subtilités sur la *folie morale*, il ressort de sa doctrine que la négation de l'existence d'une loi morale, répressive des impulsions zoologiques, est scientifiquement considérée comme un cas de démence. Il n'y a pas d'autre raison pour qu'on ait enfermé Nietzsche dans une maison de santé ; le paroxysme de sa bestialité ne pourrait être toléré en dehors d'une maison de santé ou d'une prison.

§ 22. — L'Esprit

La nouvelle causalité qui, dans l'homme, se manifeste comme Devoir, suppose évidemment une nouvelle substance, dont Kánt, dans un de ses moments lucides, disait qu'elle n'est pas *une propriété psychologique, un prédical transcendant d'un être appartenant au monde des sens.* La nouvelle causalité, la nouvelle activité doit être forcément une substance nouvelle, essentiellement différente de l'Ame qui vivifie l'organisme ; c'est une autre espèce d'Ame qui, comme le dit Saint Augustin, doit être proprement dénommée *Esprit.* Car, une substance nouvelle demande un nouveau substantif; ce serait une grave inexactitude que de la désigner par un adjectif, comme s'il s'agissait d'un simple prédicat ou attribut.

Cette substance, dénommée Esprit, est douée de facultés différentes de celles de l'Ame zoologique. Celle-ci a ses appétits et son entendement ; l'esprit a sa *Volonté* et son *Intelligence* ; l'une et l'autre ont des impulsions propres tendant à des fins distinctes, et des facultés de connaître ce qui correspond à leur fin propre.

Ce sont deux tendances, deux fins, deux natures, deux vies. Un abîme les sépare.

§ 23. — Quatrième antagonisme : entre l'esprit et l'ame zoologique

Non seulement l'Ame zoologique et l'Esprit sont distincts et différents dans l'homme, mais encore ce sont deux substances antagonistes, deux adversaires qui, suivant l'expression de Saint Grégoire, luttent entre eux *adversis frontibus,* dans une guerre incessante car la mission de l'Esprit n'est pas autre que de combattre et vaincre l'âme zoologique.

Et ce combat, que se livrent dans l'être humain, ces deux puissances zoologique et spirituelle, constitue le quatrième antagonisme que l'Anthropologie ajoute à ceux que nous a déjà montrés l'analyse scientifique de l'Univers.

§ 24. — Unité du composé humain

Poursuivant l'analyse psychologique de l'homme, l'observation interne découvre un nouveau fait non moins certain que cet antagonisme : c'est que les deux substances qui constituent l'homme ne vivent pas séparément. Elles sont au contraire si intimement unies que de leur *union substantielle* résulte une véritable *unité personnelle*, un être unique, dont les deux substances, l'Esprit et l'Ame zoologique deviennent deux *puissances*, dans lequel chacune d'elles conserve sa tendance, sa virtualité, son activité propre et, par conséquent, sa nature particulière, chacune d'elles continuant à être soumise à sa loi propre.

Il résulte de cette unité que la prédominance de l'une des deux puissances entraîne l'affaiblissement de l'autre ; la vie du composé humain, la vie de l'homme va d'un côté à l'autre, fortifiant la puissance où elle se concentre et atténuant celle d'où elle se retire. Lorsque la puissance spirituelle de l'homme l'emporte, la vie animale s'affaiblit et ses appétits perdent de leur intensité. Lorsque la puissance animale est prépondérante, la vie spirituelle défaille et, avec elle, l'Intelligence et la Volonté qui sont les facultés propres de l'Esprit. L'Intelligence s'obnubile et s'obscurcit ; la Volonté s'affaiblit à tel point que *l'homme fait ce qu'il ne veut pas, et veut ce qu'il ne fait pas.*

Cette double nature, résultat de l'union substantielle de deux êtres régis par deux lois différentes, fait démontré par l'analyse anthropologique, attesté par l'observation interne, est un autre de ces points fondamentaux de la Réalité qu'il s'agit d'expliquer, et qui doit servir de prémisse à tout raisonnement métaphysique.

CHAPITRE IV

GRAVITÉ DU PROBLÈME ÉTHIQUE

Témoignages de Schopenhauer et de Spencer. — Prédétermination de la fin de la vie humaine. — Termes du problème.

§ 25. — Témoignages de Schopenhauer et de Spencer

La gravité du problème éthique est reconnue par les philosophes les plus célèbres de toutes les écoles.

Schopenhauer, en finissant d'exposer sa philosophie, déclare que sa théorie de la morale est la clef qui « ferme le développement total de la pensée unique qu'il se proposait d'exposer ».

Spencer toujours soucieux de prévenir ses lecteurs qu'ils ne s'effrayent pas de la nouveauté de ses révélations, leur dit clairement, sans prendre aucune précaution pour leur éviter une surprise, que la question morale est la clef de toute sa philosophie. Sa campagne philosophique, commencée en 1842, n'eut pas d'autre objet, d'après lui, que de rechercher les principes du Bien et du Mal et de déterminer les règles de la conduite humaine ; l'édifice de sa célèbre synthèse se réduit au piédestal ou base scientifique de sa Morale. Et telle en était à ses yeux l'importance que, dans la préface de *Data of Ethics* (1879) il déclare que, se voyant déjà vieux et malade, il renverse l'ordre de ses principes et publie sa Morale avant de terminer sa Sociologie, dans la crainte de laisser sans couronnement son système de philosophie synthétique.

Le *que devons-nous faire* de Kant est pour le vrai philosophe le point capital de toute recherche métaphysique.

§ 26. — Prédétermination de la fin de la vie humaine

Quand on parle de morale on se tire généralement d'affaire en disant que l'homme doit *agir bien*, que le Bien doit être la règle de tous les actes humains, et on suppose, comme Darwin, que *tout le monde sait ce que c'est que le Bien*.

Ceux qui veulent passer pour philosophes font montre de savoir, en ajoutant que le Bien consiste dans l'accomplissement des fins de la vie humaine ; et cela leur suffit pour donner comme établis les fondements de la morale et du Devoir et pour connues les règles de la conduite humaine.

Mais s'il suffit au charlatanisme philosophique de parler de fins *in abstracto*, la Métaphysique demande qu'on précise ces fins et qu'on les définisse *in concreto*. Et pour cela, il est nécessaire d'étudier les tendances naturelles de l'homme, dans lesquelles se révèle son essence propre. Faire abstraction de cette analyse, c'est faire un thème de somnambulisme éthique, mais non une étude de métaphysique. Parler de *Morale indépendante* est une absurdité, car toute morale suppose la connaissance préalable de la *Fin* qu'il s'agit d'atteindre ; et de là dépend la bonté des actes.

§ 27. — Termes du problème

Le problème moral est grave ; il est, de plus, très complexe. Trois questions se posent, auxquelles la Métaphysique doit répondre :

1º L'analyse anthropologique met en évidence l'antagonisme qui existe entre les deux vies de l'homme : l'une zoologique, l'autre ultrazoologique ; l'une qui consiste dans *l'expansion*, l'autre dans la *négation* plus ou moins complète de ses appétits animaux.

L'altruisme est inconnu dans l'ordre zoologique, et le Devoir l'impose à l'humanité. La loi de sexualité établit une attraction très puissante entre les corps de différents sexes, parmi les corps inorganiques comme parmi les organismes. Et cette loi suprême du monde inférieur est la première à subir dans l'humanité une grave limitation : ce que l'on admire dans l'orchidée devient dans l'humanité une pierre de scandale. La Zoologie légitime sans réserve la prépondérance de l'individu, et l'ultrazoologie impose son abnégation. La Zoologie consacre tous les appétits, et le Devoir oblige l'homme à les réprimer. Luxure, Concupiscence et Colère sont des impulsions naturelles et légitimes dans les espèces inférieures, et la Loi morale les condamne chez l'homme. Pourquoi ce qui, dans les espèces inférieures, est naturel et légitime devient-il odieux et méprisable dans l'humanité ?

2º Comment se fait-il que deux substances opposées, comme l'Ame zoologique et l'Esprit, arrivent à se fondre si bien que de leur fusion résulte *un être unique*, dont l'unité est pleinement attestée par l'observation interne ?

3º Enfin, dans ce rude combat de la vie, l'Esprit se trouve-t-il abandonné à ses propres forces ? Ne peut-il espérer aucun secours qui le relève dans ses défaillances ¦et qui le fortifie dans la lutte ? Vivra-t-il ainsi toujours réduit à l'esclavage ? Ne peut-il nourrir un espoir raisonnable dans une *Rédemption* ?

Le problème n'admet ni subterfuge ni escamotage. Sa gravité exige des réponses précises. Pour que l'homme puisse triompher de sa nature animale, et mourir à la vie zoologique en sacrifiant ses appétits sur l'autel du Devoir, il faut que l'Intelligence trouve une réponse catégorique ; dont l'evidence prête à la puissance spirituelle la force nécessaire pour sortir victorieuse du combat.

Kant extravague quand il nous conseille de nous désintéresser, au point de vue spéculatif, d'une question si vitale. Il n'est pas possible de tirer le voile qui cache à l'homme un horizon si grandiose, puis de nous montrer le râtelier en nous disant : Mange, et ne pense plus à cela. Ce sera là peut-être du Kantisme : mais c'est absurde, et de plus impossible.

ÉTUDE VI

Le problème du Bonheur

CHAPITRE I
MALHEURS DE L'HUMANITÉ

Nécessité de l'analyse de la vie humaine. — Félicités paradisiaques de l'époque tertiaire. — Cataclysmes de l'époque quaternaire : l'Humanité. — Traditions primitives. — Maux que l'humanité subit de la part de la Nature.—Désastres de la lutte zoologique.— Infériorité zoologique de l'homme. — Aggravation des maux humains. — Avenir de l'humanité, d'après la Biologie. — L'Avenir, d'après la Géologie. — Illusions et désillusions du Progrès.

§ 1. — Nécessité de l'analyse de la vie humaine

Le Positivisme métaphysique, quand il étudie la vie humaine, doit partir du principe fondamental de tout positivisme, c'est à savoir l'étude de la Réalité, la connaissance de *la vie humaine telle qu'elle est.*

Mais, dans la description de la vie humaine, nous nous trouvons en présence de deux doctrines très différentes : l'une l'optimisme qui ne voit que des motifs de se réjouir et de se féliciter, l'autre, le pessimisme qui découvre les misères de la vie.

Le XVIIIe siècle fut l'âge d'or de la littérature optimiste. Seul, le tremblement de terre de Lisbonne se permit de jeter une note discordante dans ce concert d'églogues et d'idylles.

Hartley, médecin fameux, assurait que tous les hommes aujourd'hui et toujours ont été, sont et seront infiniment heureux.

Adam Smith, le grand économiste, disait que « jus-« que dans la condition la plus humble, les hommes peu-« vent jouir de tous les plaisirs dont ils jouissent dans « les situations les plus élevées »: le mendiant couvert de haillons qui, pour toute nourriture, n'a qu'un morceau de pain est, d'après lui, aussi heureux qu'un lord opulent.

Abraham Tucker allait plus loin ; après calcul mathématique de la félicité humaine, il disait que « la « somme totale des souffrances équivaut à une minute « de peine pour vingt-deux ans de vie ».

Telles étaient les félicités humaines, au dire de ces optimistes, qu'un comte palatin, nommé Brocker, dut, pour les énumérer, écrire un ouvrage en neuf tomes intitulé *Plaisirs terrestres*.

L'optimisme est une diathèse comme une autre. On naît optimiste comme on naît arthritique, herpétique ou tuberculeux ; et celui qui naît optimiste doit tout voir en rose.

Pope, d'après Johnson son biographe, était d'une constitution si frêle qu'il se comparait lui-même à une araignée ; bossu par devant et par derrière, il lui fallait un corset pour se tenir droit ; il n'avait pas de chaleur naturelle, ne pouvait s'habiller ni se déshabiller seul, ni se coucher, ni se lever. Et il n'était pas seulement rachitique, il était encore asthmatique et hydropique, et il vivait, si l'on peut appeler cela vivre, tourmenté par de violents accès de rhumatismes et des maux de tête affreux : et cependant, pensant zoologiquement, il voyait tout en rose.

Bien différente des riantes perspectives de l'optimisme est la psychologie profonde des grands penseurs du Christianisme. C'est avec une éloquence admirable que décrivent les misères de la vie un Saint Augustin dans la *Cité de Dieu* ou un Louis de Grenade dans le *Livre d'Oraison et de Méditation* et dans le *Guide des pêcheurs*.

Pour décider, entre des doctrines si opposées, où se trouve la vérité, il faut procéder à une analyse anthropologique qui mette en évidence les faits qui serviront de base à notre raisonnement.

Avant même de procéder à cette analyse nécessaire, nous pouvons déjà logiquement inférer de l'étude cosmologique que les antagonismes que nous y avons découverts ne peuvent que rendre précaire et hasardeuse la vie de l'homme. Toute vie individuelle doit être contrariée par l'antagonisme constant des Ames avec l'Energie. On sait que Bichat définit scientifiquement la vie « l'ensemble des conditions qui résistent à la mort», car « tel est le mode d'existence des corps vivants que tout ce qui les entoure tend à les détruire » Chaque minute de vie est un effort qui use et affaiblit.

Et aux obstacles provenant de l'antagonisme biologique se joignent, dans l'ordre zoologique, ceux de la lutte pour la vie.

Ce jugement défavorable, que nous pouvons porter d'ores et déjà, se trouve pleinement confirmé par l'analyse anthropologique. L'homme, considéré au point de vue zoologique, loin de représenter un progrès dans l'évolution des espèces inférieures, est destiné à vivre dans des conditions plus défavorables, par suite des circonstances externes et internes au milieu desquelles se déroule la vie humaine. De plus, à ces obstacles plus nombreux et à l'infériorité de son organisme s'ajoutent de nouvelles causes de malheur purement humain dont l'animal n'a pas à souffrir.

L'analyse présente un grave inconvénient. La somme des maux est si grande que la main la plus habile (et à plus forte raison une main malhabile et inexpérimentée) ne peut tracer un tableau fidèle de l'infortune humaine ; et ce que l'ébauche présente d'incomplet et d'imparfait peut faire croire que les maux sont moindres qu'ils ne le sont réellement.

Il convient cependant de signaler, quoiqu'imparfaitement, les principales causes de l'infortune humaine, en recherchant ce que fut le passé, ce qu'est le présent et ce que sera l'avenir de l'Humanité et aussi quels sont les remèdes imaginés par l'optimisme pour conjurer ses maux.

§ 2. — BONHEURS PARADISIAQUES DE L'ÉPOQUE TERTIAIRE

Les auteurs de traités de paléontologie ne trouvent pas d'expression pour célébrer le climat de la terre à l'époque tertiaire et la félicité des êtres qui y vivaient. L'ouvrage de Saporta, intitulé *Le monde des plantes avant la création de l'homme* abonde en couleurs pour cadres paradisiaques, et, sur ce point, se trouvent d'accord tous les naturalistes qui ont étudié la faune et la flore de ces temps reculés.

La température commençait à s'abaisser par suite du refroidissement naturel du globe et au règne exclusif des gymnospermes dont le bois atteste l'uniformité du climat précédent, commençaient à succéder les arbres à feuilles caduques, mais circonscrits aux sommets de chaînes de montagnes. Au début de l'époque tertiaire, toute la partie de la France qui avait émergé du fond des mers se trouvait couverte de palmeraies ; les cocotiers et autres espèces analogues abondaient dans les Iles Britanniques, et le climat du Groenland, du Spitzberg et de l'Alaska était semblable à celui qui règne aujourd'hui en Louisiane et en Californie. Dans la période oligocène, au temps des lacs immenses formés par le retrait de la mer nummulitique, le palmier prospérait au delà du 35º degré ; le camphrier au delà du 55º ; et l'analogie des fleurs recueillies dans l'Eubée (38º) et dans la Baltique (54º) atteste l'uniformité de cette température délicieuse, propre aujourd'hui aux végétaux africains et austro-indiens.

A la fin de l'époque tertiaire, les hivers étaient encore si doux que l'activité végétale ne cessait pas complètement ; le camphrier fleurissait au mois de mars sur les bords du lac de Constance, comme aujourd'hui dans l'île de Madère.

Durant la période pliocène, alors que le régime fluvial actuel avait succédé à celui des grands lacs ou mers intérieures, les palmeraies avaient déjà reculé de dix degrés en latitude, l'atmosphère commençait à se rafraîchir et la flore à s'appauvrir, mais la température était encore excessivement douce.

Des enchantements de ce printemps éternel jouirent des troupeaux innombrables de pachydermes et de ruminants. Ils vinrent au monde, vêtus et chaussés, pour paître dans de vastes prairies de graminées d'une fertilité si prodigieuse qu'il leur fallut non pas un mais deux estomacs pour digérer une nourriture si abondante : hippopotames qui se baignaient dans le calme courant des fleuves et folâtraient joyeusement dans les immenses prairies qui les bordaient ; proboscidiens doués d'un organe spécial pour paître le plus commodément possible, sans avoir même à baisser la tête.

Telle fut l'époque heureuse où grâce à des conditions exceptionnellement favorables, les organismes végétaux et animaux prirent un développement gigantesque.

§ 3. — Cataclysmes de l'époque quaternaire : l'Humanité.

Ces horizons si riants s'obscurcirent, et à cet âge paradisiaque en succéda un autre, la période quaternaire, qui coïncide avec l'apparition de l'Humanité. Ce fut une époque de cataclysmes effrayants et de froids intenses qui firent périr ou éloignèrent d'Europe le plus grand nombre des espèces de l'époque tertiaire. Celles qui n'émigrèrent pas furent détruites par la rigueur du nouveau climat.

La contraction de la planète, due à son refroidissement, rida l'écorce terrestre, et ainsi se formèrent les hautes chaînes des Alpes, des Andes, de l'Himalaya dont les cimes devinrent de puissants condensateurs des vapeurs aqueuses qui entouraient la terre d'une épaisse atmosphère. Ce phénomène donna lieu à des pluies abondantes dont les torrents impétueux sillonnèrent la terre dans tous les sens. De vastes régions furent couvertes par les eaux ; il se forma des mers méditerranéennes, telles que les grandes mers du Sahara et du Gobi qui aujourd'hui sont d'arides déserts. Si abondantes furent les pluies que le Nil fut, à cette époque, de vingt-sept mètres plus profond qu'aujourd'hui ; le niveau du Rhône monta à 50 mètres, celui du Rhin à 60 et celui de la Somme à 100 mètres de plus qu'aujourd'hui.

Les études publiées sur les bassins hydrographiques du Rhône et du Rhin présentent des faits du plus grand intérêt pour la connaissance de ces inondations effrayantes d'eau fangeuse, appelées par les géologues déluges gris (loess) et rouge. Les couches de boue déposées dans les vallées par ces torrents débordés ont, dans le Nord de la France, plus de 200 mètres d'épaisseur ; dans quelques parties du bassin du Rhin, (à Kaisersthul) 250, et dans les bassins de l'Oder et de la Vistule, jusqu'à 400 mètres ; c'est aussi l'épaisseur de la couche de terre jaune du Hoang Ho, en Chine, provenant de la même cause.

Et pour que la désolation fût plus grande, cette époque de grand déluge coïncida avec des froids intenses qui couvrirent d'immenses glaciers les chaînes de montagnes déjà formées. Ces masses incalculables de neige accumulées dans les glaciers descendirent en torrents qui franchirent les divisions hydrographiques et portèrent la dévastation à des distances immenses. Le glacier du Rhône, étudié par Falsan et Chantre, descendit du pic de Schneestock (à 3350 mètres d'altitude) jusqu'aux portes de Lyon, et les glaciers jurassiques, d'après Fabre, eurent une épaisseur verticale de 1200 à 1600 mètres. Ce que furent ces torrents de neige, nous pouvons le conjecturer par les proportions colossales des blocs erratiques, transportés à des distances de 200 et 300 kilomètres. Le *Pflugslein* de Zurich a 20 mètres de haut, la *Pierre à bot* de Neufchâtel mesure $15 \times 5 \times 13$; celle de Mazmettes, près de Monthey, $20 \times 10 \times 9$.

A cette révolution de la face de la terre, autrefois si calme et si riante, aujourd'hui si tourmentée et si effrayante, correspond une nouvelle transformation de la faune. Elle s'enrichit d'espèces nouvelles d'animaux carnassiers aux instincts féroces qui succèdent aux paisibles herbivores de l'époque tertiaire.

Et cependant, malgré leur férocité, malgré leur robuste constitution, ces espèces nouvelles se virent obligées de se réfugier dans les cavernes pour échapper aux inclémences et aux convulsions de la Nature en fureur. Entraînés par les torrents, on voit aujourd'hui leurs ossements, aussi polis que des galets, et les fossiles des fauves se rencontrent par milliers mêlés dans les cavernes à ceux des inoffensifs herbivores dévorés par eux. De la caverne de Gailenreuth on a extrait plus de mille squelettes dont huit cents de l'espèce la plus grande, de l'*Ursus Speleus*, et les autres de loups, hyènes et lions. Dans celle de Kirkdale on a découvert des restes de plus de trois cents hyènes ; et on peut en dire autant d'un grand nombre de cavernes explorées au XIXe siècle.

C'est par ces réjouissances que, à l'époque quaternaire, la Nature célébra l'avènement de celui qu'on appelle le Roi de la Création et dont les optimistes exaltent le bonheur. Tel fut le scenario, et tels les comparses qui chantèrent à son intronisation.

§ 4. — Traditions primitives

Le souvenir de ces épouvantables catastrophes s'est conservé dans les traditions primitives de l'Humanité qui sont complètement d'accord avec les découvertes de la science moderne.

Dans l'Asie occidentale s'est conservé impérissable le souvenir d'un déluge épouvantable ; l'histoire de l'antique empire d'Egypte parle de même de grands tremblements de terre et de cataclysmes, et parmi les peuples de la Méditerranée a survécu la tradition de la submersion, dans l'Océan, de l'Atlantide, reste, au début de l'époque quarternaire, d'un grand continent qui unissait autrefois les Antilles à l'Europe méridionale.

L'institution des sacrifices sanglants est intimement liée aux cataclysmes de cette époque. Les peuples, affolés par l'immensité de leur malheur et ne parvenant pas à s'expliquer la série de catastrophes dont ils étaient affligés en arrivèrent à penser, par une fausse interprétation d'une tradition très ancienne, que l'Etre suprême, qui les châtiait ainsi, pourrait être apaisé par des holocaustes sanglants, dans lesquels on lui offrait des victimes humaines pour calmer sa colère.

§ 5. — Maux que l'homme subit de la part de la nature

Dans les temps présents, les conditions externes de la vie humaine sont certainement moins défavorables qu'à cette époque de cataclysmes affreux. Mais, bien qu'elles soient meilleures, les conditions météorologiques suffisent pour infliger à l'humanité un continuel supplice. Que l'homme vive sous toutes les latitudes, s'accommodant à une échelle thermométrique de cent degrés, qu'est-ce que cela signifie, sinon qu'il se voit obligé d'endurer toute une série de souffrances, depuis les chaleurs horribles de la zone torride jusqu'aux froids rigoureux des régions septentrionales? Qui pourrait apprécier la somme de douleurs que cette diversité de climats procure au genre humain ? Sans sortir de la zone tempérée, le seul changement de stations et les accidents topographiques de quelles inclémences ne sont-ils pas cause? Et combien nombreuses sont les maladies, filles de ces inclémences, dont les souffrances viennent aggraver l'infortune humaine ?

§ 6. — Désastres de la lutte zoologique

Aux maux infligés par une Nature cruelle s'ajoutent ceux que les hommes subissent de la part des animaux. Dans les déserts, ils sont exposés à mourir sous la dent des bêtes sauvages ou empoisonnés par les piqûres d'insectes ou de reptiles. Les statistiques publiées dans l'Inde anglaise, seul pays qui fournisse des renseignements, d'ailleurs incomplets, peuvent nous servir d'exemple. Dans une seule année, les serpents ont causé la mort de 20.000 ou 30.000 personnes ; les tigres, de 1.000 environ, les loups de 300 ou 400, les léopards de même ; et 1500 à 2000 personnes ont été victimes des ours, hyènes, chacals ou crocodiles.

Dans les grandes cités, l'homme est à l'abri des bêtes sauvages ; mais les avantages de la vie urbaine sont rachetés par des dangers tout aussi redoutables que les fauves. Il reste encore pour donner la mort à l'homme les organismes vivants de l'atmosphère décrits par Miquel (1). Incalculables, en effet, sont les germes de maladies et de mort charriés par l'air que respirent les habitants des grandes villes comme Paris. Leur nombre

---

(1) M. P. Miquel : *Les Organismes vivants de l'Atmosphère*.

augmente à mesure qu'on avance vers le centre de la cité, et ils sont le plus nombreux dans les couches inférieures de l'atmosphère, celles précisément qui sont respirées par la population. L'atmosphère, à l'intérieur de Paris, contient un nombre de bactéries neuf ou dix fois plus grand qu'au voisinage des fortifications, et, dans les habitations du IVe arrondissement il y en a dix-huit fois plus que dans la coupole du Panthéon. Un seul gramme de la poussière soulevée et dispersée par l'air contient 750.000 bactéries à l'Observatoire de Montsouris et 2.000.000 à la rue Monge.

Pour fabuleux que soient ces chiffres, ils ne sont rien si on les compare à ceux des bactéries contenues dans les liquides qui arrosent les champs fertiles de Gennevilliers dont les gourmets savourent les produits dans les grands restaurants à la mode. On a calculé qu'il y a, par litre, jusqu'à quatre-vingt millions de germes pathogènes dans les égoûts de Clichy transformés ensuite en légumes et en fruits.

A ce nombre incalculable de microbes, l'organisme humain offre deux surfaces admirables pour les recevoir et les cultiver : la muqueuse respiratoire et celle du tube digestif. Bactéries dans l'air, bactéries dans les rues et les places, bactéries dans l'intérieur des habitations, bactéries partout, qui emportent avec elles des germes de maladies mortelles, maladies parasitaires, pulmonaires et digestives, érysipèles, diphtéries, septicémies, scarlatines, catarrhes pharyngiens, fièvres exanthémateuses, putrides, intermittentes, rémittentes, fièvre jaune, choléra, coqueluche, dysenteries, infections puerpérales, véroles, etc., le nombre des maladies décrites par Miquel a de quoi épouvanter. Et toutes sont dues aux microbes qui s'attaquent aux habitants des grandes villes ; et plus la population augmente, plus grands aussi deviennent les désastres occasionnés par les microbes.

L'homme n'a pas seulement à subir des dommages de la part de la Nature et de la part des animaux ; il en reçoit aussi de ses semblables, soit dans les grandes dévastations des guerres, soit, en temps de paix, de la part des criminels dont nous ne connaissons qu'un petit nombre d'attentats, publiés par les statistiques officielles. La phrase de Schopenhauer : *Ce monde est un enfer où chacun est le démon de son prochain*, énonce malheureusement une vérité aussi amère que certaine.

§ 7. — Infériorité zoologique de l'homme

Plus défavorable encore que les conditions extérieures de la vie humaine est la faiblesse de notre organisme. Sans parler du contraste que présente notre petitesse avec la taille gigantesque des espèces de l'époque tertiaire, si nous nous bornons à comparer l'homme avec les animaux existant aujourd'hui, le parallèle ne saurait être plus humiliant.

Commençons par la force musculaire ; elle est si faible chez l'homme qu'il peut à peine lever son propre poids tandis que la courtilière soulève un poids 375 fois plus grand que le sien. L'homme ne saute pas à 2 mètres de hauteur, et la puce fait des bonds hauts de 200 fois sa longueur. L'homme ne peut parcourir sans fatigue une vingtaine de kilomètres, et il y a des oiseaux qui en parcourent 100 à l'heure ; les mouettes font des promenades de plus de 500 kilomètres. Pour toute défense l'homme n'a que deux faibles mains, et il y a des animaux doués d'appareils merveilleux :

une abeille a, dans ses pattes, des brosses, des pinces, des scies, des râteaux et des ciseaux.

L'homme n'a que cinq sens, et des naturalistes comptent dans les espèces inférieures jusqu'à cinquante sens qui leur permettent de percevoir des sons, des couleurs, des sensations que l'homme ne peut même imaginer. Beaunis parle de sens spéciaux : magnétiques, météorologiques, de sens d'orientation et autres qui expliquent la merveilleuse connaissance de phénomènes naturels imperceptibles à l'homme. L'homme se tient pour satisfait d'avoir deux yeux, et les fourmis en ont 50 et les mouches 8.000 et les papillons 25.000. Lubbock prouve qu'il y a des animaux qui perçoivent jusqu'aux rayons ultra-violets invisibles à l'homme. Ce sont là des merveilles rapportées par les *savants*, des merveilles qui rentrent au nombre des faits observés que la Science nous impose (1).

Mêmes prodiges pour le sens de l'odorat. On dit de la sauterelle qu'elle a des millions de cavités olfactives; et, soit dit entre parenthèses, ce qu'il y a de plus étrange, c'est qu'il y a des animaux qui n'entendent que ce qui leur convient : c'est le cas des abeilles.

De cette merveilleuse structure des organes sensoriels résulte la prodigieuse perspicacité des perceptions.

L'odorat paraît être le sens par excellence des animaux. Nul n'ignore l'extraordinaire perfection de l'odorat des chiens. De celui des insectes Dumeril et Girard rapportent des faits étonnants. Moquin Tandon en cite même des mollusques. Pour ce qui est des oiseaux de proie, Humboldt et Franklin croient à la vérité de la vieille tradition qui rapporte qu'après la fa-

---

(1) Cf. H. Fabre. *Souvenirs entomologiques.*

meuse bataille de Pharsale, des vautours attirés par l'odeur des cadavres arrivèrent sur les champs de bataille de régions éloignées d'Asie et d'Afrique. Dans les déserts d'Afrique, d'après Franklin, quand meurt dans une caravane un chameau ou un cheval, une demi-heure après on commence à apercevoir aux limites de l'horizon des points noirs presque imperceptibles : ce sont des vautours qui viennent de pays lointains, guidés par leur odorat. Humboldt a observé des faits analogues dans les Cordillères des Andes.

L'ouïe des animaux présente d'aussi grandes merveilles. Les antennes, organes à la fois du toucher et de l'odorat, d'après Girard, sont aussi de merveilleux organes de l'ouïe, rapidement impressionnés par les vibrations les plus ténues de l'air ambiant,

Avec un organisme si notablement inférieur à celui des espèces animales, l'homme naît nu et désarmé, condamné à la triste nécessité de manger son pain à la sueur de son front.

Sans parler de cette fameuse ère tertiaire où, pour digérer leur abondante pâture, les ruminants eurent besoin de deux estomacs, toujours l'animal trouve dans la nature sa nourriture toute prête ; seul, l'homme doit se procurer la sienne au prix d'efforts si pénibles qu'un seul estomac lui suffit pour être malheureux. Et telle est son infortune que non seulement il doit travailler pour vivre, mais il voit le fruit de son travail se perdre par une foule de causes; et rarement son travail est justement récompensé. Le plus souvent le fruit qu'il en retire est en raison inverse de ses efforts. Les besognes les plus pénibles, les plans les plus habilement conçus et réalisés avec plus de persévérance finissent trop souvent par un désastre; tandis que l'incapacité et la paresse sont récompensés avec prodigalité. Ici nous voyons une famille affamée, un foyer désolé après un travail assidu et énergique ; et là, la crapule et le faste dû au hasard le plus insensé et le plus aveugle. Là, l'opulence sœur de l'oisiveté ; ici, le spectre de la misère étouffant entre ses bras le travailleur malchanceux. Mystères effrayants de la vie humaine ! Triste commentaire des hymnes que la fainéantise entonne en l'honneur du travail !

Le corps humain, si faible, si mal armé pour satisfaire ses besoins n'est riche qu'en maladies qui à tout instant compromettent sa fragile existence. Ce labyrinthe si merveilleusement ordonné d'articulations, muscles, tissus, ligaments, tendons, glandes, ganglions et nerfs de tous genres est une cause perpétuelle de souffrances. Chaque organe a sa douleur propre, et quand un organe souffre, tous font cause commune avec lui ; quand une partie du corps est en train de se refaire, une autre se dérange ; et ainsi nos maux ne s'achèvent jamais, et la vie humaine, quand elle ne périt pas, devient un vrai miracle.

§ 8. — Aggravation des maux humains

Les infortunes propres à l'homme, considéré au point de vue zoologique, sont aggravées par d'autres infortunes dont l'animal est exempt. Et, en effet, son organisme étant plus faible, ses appétits sont exaltés par une imagination plus vive, et la multiplication des images se traduit par une multiplication de désirs douloureux. Dans l'animal, les désirs ne sont produits que par des besoins réels ; dans l'homme, ils sont provoqués par des images qui multiplient ses besoins ; ces désirs, non satisfaits, sont de nouvelles causes d'infortune ; et à l'impossibilité matérielle de les satisfaire s'ajoute, pour accroître son malheur, la nécessité de sacrifier les plus violents au Devoir propre à l'homme.

D'autre part, en même temps qu'il souffre de ses peines, les seules que l'animal ressente, l'homme souffre de celles de ses proches, des personnes qui lui sont chères et qui font partie de son être. Et c'est là une source empoisonnée de douleurs qui augmentent son infortune. Les âmes sensibles protestent contre les horreurs de la vivisection : la mort d'une personne aimée est-elle autre chose pour l'homme ?

De plus, l'homme a le triste privilège d'aggraver ses peines présentes par les futures, et, en particulier, par la perspective de la mort dont aucun animal ne se préoccupe. Quand il s'agit de condamner un criminel à mort, la sensiblerie éclate en lugubres lamentations et décrit d'une façon pathétique les derniers moments du coupable attendant la mort dans sa cellule. Et la vie du vieillard qui voit approcher son heure, et qui, comme le condamné, compte les instants qui lui restent à vivre est-elle autre chose ? La philanthropie s'efforce d'adoucir les derniers moments du criminel, tandis que dans la plupart des cas, les horreurs de l'agonie sont pour l'homme plus terribles que la mort elle-même.

§ 9. — Avenir de l'Humanité d'après la biologie

Les optimistes, non contents des bonheurs présents, jouissent d'avance en pensant à la félicité qui attend l'Humanité dans les siècles futurs. Elle sera telle que, d'après Spencer, les hommes en arriveront à ne plus se rendre compte des nécessités organiques auxquelles ils sont aujourd'hui si malheureusement soumis ; leur satisfaction étant prodigieusement facilitée, *ils ne songeront qu'à chanter des romances, des cavatines, des mélodies très douces et des chœurs merveilleux.* Ainsi parle sérieusement un auteur de grand renom, oracle de cette école de félicité croissant en progression géométrique.

A ces prophéties paradisiaques, nous pouvons opposer les inductions basées sur les données que nous fournit la science.

Ce que la Science promet à l'homme dans un avenir plus ou moins lointain, ce n'est pas cette félicité de rêve, mais un organisme plus faible encore, en vertu de la loi scientifiquement démontrée de *la dégénérescence progressive des espèces*.

Dans l'histoire relativement courte de l'Humanité, les antécédents ne manquent pas pour confirmer l'application à l'espèce humaine de cette loi biologique. On connaît les antiques traditions sur la taille gigantesque des hommes primitifs ; et sans remonter aussi loin, les inscriptions cunéiformes de l'Asie Mineure et les sculptures découvertes font mention de chasses aux lions et aux tigres où les hommes de cette époque, d'une musculature herculéenne, défiaient la férocité des bêtes sauvages. Une sculpture, trouvée dans les ruines du palais de Sargon et actuellement conservée au musée du Louvre, représente un roi d'Assyrie maîtrisant un lion avec un seul bras, comme pourrait le faire d'un lapin un sportman du XIXe siècle. A une époque plus rapprochée, au IXe siècle avant J. C., les chroniqueurs des rois d'Assyrie racontent que *les lions se mouraient de peur en présence d'Assur-Nazir-Pal.*

Les hommes alors allaient à la chasse au lion sans plus d'émotion que nos Nemrods aujourd'hui au tir aux pigeons.

A cette loi biologique de dégénérescence croissante s'ajoute enfin l'influence nocive qu'exercent les causes pathogéniques qui se multiplient et qui, d'après les médecins, doivent empoisonner la vie future : diathèses héréditaires qui occasionneront une décrépitude croissante dans des générations de plus en plus débiles, diathèses scrofuleuses, herpétiques, rhumatismales, arthritiques, syphilitiques, neurasthéniques, accumulées par l'hérédité dans le genre humain, comme s'accumulent dans le grand égoût collecteur toutes les immondices des cités ! Riant avenir !

§ 10. — L'Avenir d'après la géologie

Les données de la Géologie ne sont pas plus réjouissantes que celles de la Biologie. Des études faites par James Croll dans son ouvrage *Climate and Time* il résulte que l'excentricité de l'écliptique exerce sur la température de notre planète une influence telle que la chaleur reçue du soleil par la terre varie dans la proportion de 19 à 26. Des différentes distances du périhélie et de l'aphélie et de la position différente par rapport au soleil où se trouvent alternativement les deux hémisphères, il résulte pour chacun d'eux un cycle de 21.000 ans, durant lequel leur climat respectif subit des changements de température comparables à ceux des quatre saisons de l'année solaire. C'est pourquoi le grand hiver d'un hémisphère coïncide avec le grand été de l'autre.

Actuellement notre hémisphère boréal en est à son

grand été auquel doit succéder le grand hiver. Cela seul suffirait à refroidir le fougueux enthousiasme de ceux qui se forgent pour l'avenir des rêves enchanteurs. La perspective d'une nouvelle période glaciale, de froids très intenses, durant laquelle la majorité des hommes habitant l'hémisphère septentrional souffrira un abaissement de température tel que leur pays sera, à ce point de vue, semblable aux pays situés 15 ou 20 degrés plus au Nord, cette perspective n'a rien de réjouissant.

Chose curieuse, cette prédiction de la science moderne, basée sur les études astronomiques les plus récentes, vient confirmer une des plus vieilles traditions de l'humanité. Une tradition du Mazdéisme rapporte que la vie terrestre du genre humain, après une période de 12.000 ans, finira par un hiver terrible, *l'hiver Malkosh* ; une autre tradition de la mythologie scandinave des Eddas parle d'un épouvantable *hiver Fimbulwinter* semblable au Malkosh des Perses. Et suivant ces deux traditions, cet hiver sera suivi de grands cataclysmes et d'inondations qui couvriront la surface de la terre.

Par ailleurs, ce fait n'est pas le seul que la Géologie nous fournisse pour juger de l'avenir de l'Humanité. Un second fait, non moins important, est la contraction des planètes par suite de leur refroidissement continuel. L'écorce terrestre, sur laquelle nous habitons, se ridera, et ses rides formeront de nouvelles chaînes de montagnes, comme elles formèrent autrefois les Alpes, les Andes et l'Himalaya. Il y a déjà des siècles que l'écorce terrestre résiste à la contraction, et il est possible qu'elle y résiste quelque temps encore. Mais cette résistance prendra fin et, un jour ou l'autre, de nouvelles contractions altèreront profondément la face de la terre. Il est facile de s'imaginer ce qui se passera alors. Si aujourd'hui le plus imperceptible phénomène sismique jette l'effroi dans les peuples, que sera-ce lorsque se produiront ces cataclysmes effrayants ? quelle ne sera pas la terreur du monde au moment où ces contractions auront lieu ? et quel sera alors le sort de tous les monuments, de toutes les merveilles dont le progrès se propose de couvrir toute la terre ?

C'est là un phénomène naturel ; il se pourrait cependant qu'il n'eût pas lieu. Les astres tournent avec une merveilleuse régularité, suivant leurs orbites sans se rencontrer ; cependant, il arrive parfois que deux astres s'entrechoquent et se brisent en morceaux. Il y a des précédents dans l'histoire de notre système solaire et l'on compte entre Mars et Jupiter plus de 200 petites planètes qui doivent leur origine à ce phénomène.

En dehors de ce cas, qui n'a d'ailleurs rien de réjouissant, la vie de l'homme sera inévitablement troublée par les contractions futures de l'écorce terrestre. De vastes régions, peuplées de millions d'habitants, seront subitement ensevelies au fond des mers, comme autrefois l'Atlantide, et les eaux de mers immenses monteront plus haut que l'orgueil des peuples engloutis. Voilà ce que nous promet la vraie Science, au lieu des rêves d'un optimisme insensé.

§ 11. — Illusions et désillusions du progrès

Les optimistes invoquent, comme panacée infaillible des maux de l'humanité, les grands progrès de la coopération sociale et de la science. Dans sa philosophie de l'*Inconscient*, Hartmann a supérieurement traité la question quand il parle des illusions de l'avenir. Son langage est celui de la saine raison, opposée aux frivolités de l'optimisme.

Prenons, entre beaucoup d'autres, deux cas qui mettent en relief ce que nous pouvons espérer du progrès pour guérir nos maladies et garantir nos personnes et nos biens.

En théorie, les progrès de la médecine sont merveilleux. Tous les jours quelque nouvelle découverte vient nous remplir de joie; les savants ne cessent de se congratuler et, s'il fallait les en croire, personne ne mourrait plus que par caprice. En pratique, le témoignage des malades est bien différent des apologies des savants. Si un malade, forcé par la violence du mal, consulte divers savants, il s'aperçoit avec épouvante que, sauf les euphémismes d'usage et les respects dus à la profession, chaque docteur est persuadé que son collègue a fait erreur. Dangers dans la pathologie qui ne trouve pas le diagnostic ; dangers dans la thérapeutique qui ne découvre pas le remède ; dangers dans la pharmacie dont les erreurs sont aussi funestes que certaines ; dangers dans l'industrie qui se trompe souvent dans la préparation des médicaments ; erreurs dans la théorie et désillusions dans la pratique, il y a là de quoi décourager les docteurs les plus éminents et leur faire franchir les frontières du scepticisme. La chirurgie, il est vrai, réussit des opérations merveilleuses qui couvrent de gloire l'opérateur et augmentent sa fortune en même temps que sa renommée ; mais, dans ces opérations, quel plaisir le patient trouve-t-il qui puisse être comparé à la gloire et au profit du chirurgien ?

Aux défaillances de la médecine, chargée de guérir nos maladies, s'ajoutent les désillusions de l'administration de la justice chargée de nous protéger contre les attentats de nos semblables. La critique de ses imperfections a été faite de main de maître par Garofalo, Ferri et autres champions de l'Ecole italienne. Leurs censures sont des vérités aussi amères que justifiées; rien de plus fondé ni de plus éloquent. Mais lorsque le cœur tressaille d'espérance en croyant entrevoir l'aurore d'un jour nouveau, nous nous heurtons à une nouvelle désillusion. Quel triste épilogue d'une critique si brillante ! Les criminels sont des malades, et il faut en confier la guérison à ces nouveaux docteurs, avec les honoraires proportionnés à l'importance de leur profession. Ce qui paraissait une noble entreprise de régénération sociale n'est que de la réclame pour une nouvelle industrie. Le bistouri mis en main pour une vaillante opération chirurgicale s'est changé en une cuiller !

Ce qu'il y a de positif dans les progrès de la civilisation moderne, c'est l'aggravation des misères humaines par la multiplication des désirs qui ne peuvent être satisfaits, par la soif insatiable de jouissances que les progrès de l'industrie provoquent dans toutes les classes sociales ; et les infortunes humaines croissent en proportion de ces désirs et de ces jouissances.

La satisfaction d'un appétit ne signifie pas autre chose que la disparition d'une peine. Les désirs satisfaits deviennent des phénomènes inconscients dont l'homme ne se rend pas compte ; ceux qui occupent son attention, ceux qui le tourmentent ce sont les désirs qu'il ne peut satisfaire et. qui, pour autant, exaspèrent sa douleur. Pour juger de la félicité des peuples, plus que de la somme des désirs satisfaits il faut tenir compte de celle des désirs et des aspirations non satisfaits ; un seul désir irréalisable suffit à rendre l'homme malheureux. Multiplier ses désirs c'est accroître ses souffrances.

C'est là une chose si évidente que les optimistes les plus joyeux se trouvent d'accord sur ce point avec ceux que l'on appelle pessimistes. Hartmann, après avoir exposé les tourments de l'homme civilisé que l'homme sauvage ne connaît pas, ajoute avec raison que « les peuples les plus rapprochés de l'état naturel sont plus heureux que les hommes des classes instruites et riches des peuples civilisés » et que « les progrès de l'intelligence rendent les hommes plus malheureux » et Sully finit par dire comme Hartmann.

Pour bien comprendre combien le développement de l'industrialisme est loin de procurer le bonheur de peuples, il serait bon de comparer la vie des mendiants d'Espagne dans les siècles passés avec celle des ouvriers des grandes fabriques du XIXe siècle. Que l'on compare les descriptions que font Gonzalez de Cellorigo dans son *Mémorial* de 1600 et Cristobal Perez de Herrera, du bien-être des mendiants espagnols, avec les recherches sur la condition de la classe ouvrière en Angleterre et en France dans la première moitié du XIXe siècle, dont Ch. Perin expose les résultats dans son ouvrage *Sur la Richesse* et Villeneuve Bargemont dans son *Histoire de l'Economie politique*.

Et cette même exaspération des appétits fomentés par la civilisation moderne causera, dans un avenir peut-être rapproché, des désastres redoutables.

La Sociologie moderne, entre autres découvertes, assimile l'organisme social à l'organisme humain.

Elle montre comment chaque colonie de cellules remplit sa mission particulière : les unes préparant les aliments, d'autres les distribuant, et d'autres les digérant. Mais, enthousiasmés par la nouveauté de leur découverte, les sociologues négligent le détail le plus important. Dans l'organisme humain chaque colonie de cellules remplit fatalement sa fonction particulière : les unes préparent les aliments et d'autres se les assimilent ; les unes sont destinées à servir et d'autres à être servies ; il y en a même dont la mission se réduit à recueillir et à expulser les excréments de toutes. Mais toutes, qu'elles servent ou qu'elles soient servies, demeurent à leur poste sans donner signe quelconque de mécontentement. Dans l'humanité, durant de longs siècles, il en a été de même ; mais le Progrès rendra manifeste, avant longtemps, la différence essentielle des deux organismes comparés, différence dont les sociologues n'ont pas tenu compte. Si dans l'organisme humain certaines colonies de cellules sont destinées à être palais et d'autres arrière-train, et si aucune ne songe à changer de destination, dans l'organisme social le jour approche où ce changement sera résolument tenté ; et l'on verra alors ce que la félicité humaine peut espérer du Progrès. La fumée de l'encens brûlé aujourd'hui sur ses autels empêche de voir le danger qui se prépare ; mais le combustible s'entasse et un accident imprévu, une étincelle échappée de l'encensoir même, allumera des incendies dont la lueur sinistre éclairera des scènes de misère dont nous nous obstinons aujourd'hui à éloigner nos regards.

CHAPITRE II

PHILOSOPHIE DE L'OPTIMISME

Lubbock et Sully. — Plaisirs naturels du Brutalisme. — Plaisirs naturels de la Sensualité. — Plaisirs artificiels. — Conversion des supplices en plaisirs. — Extermination des malheureux.

§ 12. — Lubbock et Sully.

Dans l'impossibilité d'obtenir la félicité humaine de la coopération sociale, il reste à savoir si l'homme isolé peut atteindre le bonheur par sa propre initiative.

C'est la tâche qu'ont entreprise spécialement deux écrivains anglais célèbres dans le dernier tiers du XIXe siècle.

Le premier est T. R. H. Sir John Lubbock B. M. P. F. R. S. D. C. L. Ll. D. : nous l'appellerons simplement Lubbock en supprimant les quatorze ou quinze majuscules qui auréolent son nom comme d'un nimbe de gloire.

Dans son ouvrage *The Pleasures of Life*, il réunit tout ce qu'ont pu imaginer, pour rendre la vie agréable et joyeuse, la multitude d'auteurs qu'il a lus, de préférence anglais et poètes : anecdotes gracieuses, rien de *shoking*, tendre idylle que la jeune fille la plus sentimentale peut lire sans danger. Le succès en a été fabuleux ; en 1899 l'ouvrage en est à son cent-vingt-huitième mille (London, Macmillan). Traductions dans toutes les langues. C'est le guide le plus sûr et le plus réputé de l'optimiste..

Le second est James Sully, auteur d'un ouvrage de caractère différent, intitulé *Pessimism*, traduit aussi en plusieurs langues et écrit avec la prétention de « traiter exclusivement de sujets qui n'ont jamais été « étudiés jusqu'à ce jour ». L'œuvre de Sully, de caractère philosophique, a pour objet spécial de réfuter la thèse pessimiste de Schopenhauer et de Hartmann ; elle est, d'après Max Nordau, le dernier mot de la sagesse humaine, livre excellent et *véritablement définitif*.

Sully accepte tout d'abord dans son entier la pharmacopée optimiste ; il l'enrichit même de recettes nouvelles et étranges. Mais il avoue que, malgré tout les biens imaginables, il y a dans la vie humaine un fond d'amertume incompatible avec l'optimisme. Aussi propose-t-il de substituer le nom de *Méliorisme* qui signifie la meilleure vie possible ; ce n'est plus l'idylle de Lubbock.

Après avoir lu Sully et Lubbock, nous pouvons nous vanter de savoir tout ce que la race anglo-saxonne, maîtresse dans l'art de bien vivre, a trouvé pour rendre la vie agréable. La lecture de ces œuvres nous dispense de lire les neuf tomes de Brocker.

La somme des félicités anglo-saxonnes peut se diviser en deux séries de plaisirs : plaisirs naturels du Brutalisme et de la Sensualité et plaisirs artificiels.

§ 13. — Plaisirs naturels du Brutalisme

Ce sont les plaisirs préférés de Lubbock.

Rappelant Guillaume le Roux, il dit avec fierté que « les anglais aiment le cerf comme leur propre père » et, avant tout, il est pour les décharges musculaires. Dans un paragraphe supprimé depuis dans les éditions anglaises, mais qui se trouve dans la traduction française publiée par Alcan, il avoue que l'amour des fonctions corporelles et surtout des plaisirs esthétiques est le signe caractéristique du peuple anglais, dont il suit l'exemple.

« La meilleure manière de contribuer au bonheur des autres, dit-il, est de nous rendre heureux nous-mêmes » et il se trouve ainsi parfaitement d'accord avec Sully pour qui l'amour-propre est une source inépuisable de plaisirs. « Rien de plus assuré dit-il, rien de plus imperturbable que l'amour-propre, source éternelle de sensations délicieuses, indépendante des circonstances extérieures. »

Pour se rendre soi-même heureux et contribuer ainsi au bonheur de l'humanité, il faut d'abord se bien nourrir, bien mâcher les aliments pour les mieux digérer ; et, fort de l'autorité de Gladstone, il conseille de « mâcher 25 fois chaque morceau de viande ». Lubbock déplore que l'homme ne possède pas le cou d'un cygne ou d'une cigogne pour prolonger la jouissance ineffable de la déglutition ; thèse qu'il appuie aussi de l'autorité d'Apicius. Une alimentation succulente est indispensable pour assurer le rythme des vibrations musculaires et des courants nerveux ; et pour mieux digérer encore, il faut manger en compagnie d'amis qui nous entretiennent de joyeuses histoires pendant le repas.

Après avoir mangé beaucoup et lentement, faire la sieste, puis, le reste suivant le temps. S'il fait beau, imiter les enfants dans leurs jeux : courir et sauter joyeusement dans de verdoyantes prairies, jouer au cricket, au golf, au foot-ball, car il n'y a pas de plaisirs comparables à ceux de l'activité motrice. Sur ce point, Sully vient résolument à la rescousse, il met au-dessus de tout les décharges de l'énergie musculaire qui causent une joie, un bonheur incomparable. Si le temps n'est pas favorable, Lubbock préfère jouir des plaisirs du foyer domestique, et il dit que sur ce point il se sépare de Sénèque pour qui « dormir sous la voûte du ciel, avec pour lit le globe terrestre et pour spectacle les merveilles du firmament » était le comble de la félicité. Pour lui, d'accord avec Heine, il conseille de s'asseoir auprès d'un foyer où brûle un feu joyeux, de contempler les flammes tremblantes, d'écouter la musique sans pareille du tic-tac de la pendule de la cuisine (d'accord en cela avec Emerson), d'entendre siffler le vent, et bien abrité, confortablement installé soi-même de regarder tomber les flocons de neige sur les malheureux passants.

§ 14. — Plaisirs naturels de la sensualité

Pour ce qui est de la Sensualité, Lubbock et Sully ont un véritable rival en Ruskin, passionné de l'Esthétique, dont il prétend faire toute une religion.

Nos auteurs se plaisent à l'envi à décrire les jouissances que l'homme peut trouver dans les sens de l'odorat, de l'ouïe et de la vue.

L'odorat, disent-ils, nous procure des plaisirs exquis: aspirer l'arome des fleurs, les senteurs des champs et surtout *l'odeur du foin* que Lubbock recommande de préférence à tout autre parfum.

Après l'odorat, l'ouïe, dans laquelle l'homme trouvera un flux incessant de sons suggestifs qui peuvent devenir une source inépuisable de félicité : plaisir aussi délicieux que peu coûteux. Ce sont les harmonies de l'air que French nous recommande, les lamentations du vent, le murmure des feuilles, les trilles des rossignols, les roucoulements amoureux des tourterelles, le bêlement des brebis, les chants mélodieux des cigales et des grillons; et surtout le croassement des corneilles que Lubbock *ne peut se rappeler sans que les larmes lui viennent aux yeux par suite de la douceur incomparable des émotions qu'il produit en lui.*

A qui veut être heureux il suffit de recourir à la Musique : qu'il fasse appel à toute espèce d'instruments, à percussion, à cordes, à vent. La musique, d'après Lubbock, exerce un véritable pouvoir sur les forces inanimées de la Nature. Qui pourrait le nier ? *Who can deny it ?* Il recommande particulièrement la musique anglaise « qui, en général, est en ton mineur, comme presque toute la musique des sauvages ». Et si cela ne suffit pas, écoutons la musique des sphères célestes que Pythagore entendait ».

Après l'Acoustique, les charmes de la Perspective. D'après Sully, « le jeu des yeux avec leurs innombrables mouvements quotidiens suffit déjà à nous procurer une somme de plaisirs ». Et au plaisir de remuer les yeux s'ajoutent les jouissances de tout ce que nous pouvons voir. « L'Univers, dit Lubbock, appartient à « qui l'a vu ». Forêts et prairies, montagnes et plaines, îles et mers, lacs et rivières, déserts et cités, palais, cathédrales, forteresses appartiennent à qui les a vus. Il suffit de voyager pour prendre « possession de l'Univers ». Avec le seul sens de la vue l'homme peut dissiper ses peines et ses tristesses et passer des ténèbres du désespoir à la lumière de la vie. « *L'homme qui, au milieu de la nuit, voit apparaître la lune parmi les nuages, est comparable à un archange assistant à la création de la lumière du monde* ». Que peut-il désirer de plus l'homme qui « contemple la pâle et olympienne beauté de la lumière de la lune ? »

§ 15. — Plaisirs artificiels

Les philosophes de l'Optimisme voulant trouver la félicité dans les plaisirs artificiels s'inspirèrent d'un passage du Livre X de la *Morale à Nicomaque*, dans lequel Aristote traite d'une façon spéciale du plaisir et de la vraie félicité.

Résumant ses recherches dans le chapitre 6, Aristote dit que le bonheur est une chose *essentiellement active* ; et que les *activités humaines* doivent être considérées non pas comme des *moyens*, mais comme des *fins* recherchées pour elles-mêmes. Or, *ces actes propres de l'homme sont les actes vraiment vertueux*.

Si l'homme voit dans ses facultés des *moyens* de satisfaire ses besoins et ses appétits, l'infortune humaine vient de l'impuissance à atteindre la fin qu'il se propose. Mais s'il cherche son bonheur non dans la satisfaction de ses désirs mais dans le simple exercice de ses facultés, alors son infortune se changera en félicité.

Ce procédé aristotélicien n'est vraiment pas coûteux ; très facilement on peut être à la fois heureux et vertueux.

Mâcher pour se nourrir offre des difficultés insurmontables à celui qui n'a pas de quoi manger, ce qui arrive souvent. Mais mâcher pour le plaisir de mâcher, *l'activité pour l'activité elle-même*, cela est à la portée de tous. Avec un morceau de caoutchouc, n'importe qui a de quoi exercer son activité pendant quelque temps. Avec un chargement de cette gomme un Gouvernement peut rendre facilement tout un peuple heureux et vertueux, si l'on en croit Aristote.

C'est dans la création de ces plaisirs artificiels que se distingue Sully, le grand philosophe de l'Optimisme.

D'après lui, un voyage à New-York, en automne, suffit à démontrer que « le bonheur est un fait ; et ce « seul fait réfute complètement l'idée fondamentale du « pessimisme. » Mais il y a quelque chose de mieux encore, de plus grand qu'un voyage à New-York : c'est de changer le bonheur en une *fonction volitive*. Pour être heureux, infiniment heureux, il suffit de le vouloir énergiquement, « de concevoir le bonheur comme une « œuvre volontaire de notre propre esprit, et de mettre « notre bonheur dans une chose qui dépende de nous ».

Mais, pour cela, il faut commencer par annihiler toute infortune en la dépouillant de ses effets sur notre sensibilité. On y arrive de deux façons : « en nous met- « tant hors d'atteinte de toute impression désagréable « venue du dehors », ou, si ce n'est pas possible, en privant l'objet qui nous fait du mal de toute réalité subjective, c'est-à-dire en ne tenant aucun compte de tout ce qui arrive, en ne nous attristant pas comme les hommes faibles, mais *en serrant les poings*, comme les hommes de volonté énergique. Voilà ce que les Yankees ont appelé la cure mentale, *Mind cure*, le *Gospel of relaxation*, le *Don't worry movement*.

L'homme, délivré ainsi de toute douleur, de tout obstacle extérieur, peut se consacrer maintenant en toute liberté à la création de plaisirs artificiels.

Les premiers qui soient à notre portée sont ceux du Somnambulisme que Ruskin exalte, d'accord avec Sully. Il y a, d'après Ruskin, un moyen infaillible d'être heureux, un moyen qui dépend entièrement de nous. c'est « de nous faire un nid d'images agréables.
« Nul ne peut savoir, s'il ne l'a appris dès son enfance,
« quels palais enchantés, à l'épreuve de toute adver-
« sité, l'homme peut construire avec de belles images.
« Brillantes fantaisies, souvenirs agréables, histoires
« chevaleresques, trésors de pensées précieuses et cal-
« mes, que nul souci ne peut troubler, nulle peine
« attrister, demeures que jamais la pauvreté ne nous
« fera perdre..... où vivront nos âmes ».

Une fois installés dans ces splendides demeures imaginaires, « que peut nous importer que les rudes ou-
« ragans soufflent sur nous plus souvent que les zé-
« phyrs doux et rafraîchissants, dans ces régions péri-
« phériques qui limitent notre existence, puisque dans
« les régions plus intimes de notre propre création
« rayonne un feu central ?..... Si nous sommes capa-
« bles de nous former un monde de belles possessions
« et de joyeux évènements, peu nous importera que,
« dans le monde extérieur, hors de la portée de notre
« volonté, le mal l'emporte sur le bien » (Sully).

Sully ne veut pas se laisser dépasser par Ruskin pour la création de ces demeures enchanteresses. Le sage, dit-il, doit fuir les perspectives lugubres et froides et préférer les demeures chaudes et ensoleillées ; et là, diriger ses processus mentaux vers le monde de l'Imagination, se lancer à pleines voiles dans les régions infinies de la beauté et de la joie idéale. L'homme affamé peut imaginer des mets succulents et rêver de somptueux festins ; l'homme déguenillé peut se couvrir, en rêve, de fourrures, en prenant soin de choisir les plus rares et les plus précieuses. Si dans des déserts arides il souffre des tourments de la soif, il fera jaillir, des profondeurs créatrices de son âme, des sources d'eau fraîche et des bocages touffus à l'ombre desquels il puisse se reposer. Le mendiant qui, en pleine nuit d'hiver, se trouve sans abri, au seuil du palais d'un potentat, peut s'imaginer qu'il est à l'intérieur, prenant part à un festin ou à une orgie. Une volonté énergique lui suffit pour changer ses peines en plaisirs et son malheur en félicité.

Outre le Somnambulisme, Sully propose aux hommes une autre manière, positive et réelle, d'être heureux : *c'est de mettre le bonheur dans ce qui est à leur portée.* Dès lors, la fin que l'homme se propose deviendra « une source d'images agréables, il sera heureux en pensant à ces images, il jouira en se peignant à lui même la joie qu'il doit ensuite ressentir... et ce désir de la possession, qui est en lui-même une pensée agréable, peut se renouveler indéfiniment; car le fait d'avoir obtenu l'objet de notre désir subsiste toujours, bien que la possession se perde dans la suite ». Telle, dit-il, est la satisfaction produite par le sentiment du succès Le nombre des fins particulières par lesquelles l'homme peut arriver à se rendre heureux, *to enjoy o'self*, est incalculable : l'acte en apparence le plus insignifiant peut, d'après Sully, se changer en une source abondante d'images agréables et, par conséquent, de plaisirs.

Donnons-en un exemple. Un père de famille, pauvre et malade qui, outre les souffrances occasionnées par sa maladie, sent l'amertume de voir ses enfants affamés, sera malheureux s'il met son bonheur dans le recouvrement de la santé. Mais si, par un acte énergique de volonté, il réussit à se persuader que *son bonheur consiste dans un acte quelconque qu'il peut exécuter*, par exemple, attraper des mouches, s'il y en a chez lui, subitement cet homme sentira couler en lui des torrents de félicité. Dès lors, il jouira en pensant à la jouissance qu'il va éprouver, il jouira à chaque mouche qu'il attrapera, il jouira de les enfermer et de voir augmenter le nombre des prisonnières ; il jouira ensuite de les délivrer, en pensant d'abord à la peur que les insectes ont éprouvée à se voir emprisonner, puis à leur joie de recouvrer la liberté ; de plus, en outre de ses propres jouissances, il pourra faire partager son bonheur à ses enfants, puisqu'il ne peut plus leur fournir ni nourriture ni abri.

Et si quelqu'un, par exception, ne rencontre son bonheur ni dans les décharges musculaires, ni dans l'odeur du foin, ni dans le croassement des corneilles, ni dans la beauté olympienne de la lune, il lui reste, pour dissiper ses tristesses, une suprême ressource à laquelle les pessimistes n'avaient pas pris garde ; c'est d'éclater de rire. Lubbock et Sully déclarent l'un et l'autre que la suprême félicité est dans le Rire, prérogative spéciale de l'humanité. Rire *at any rate*, pour n'importe quoi, comme disait Dryden, cela suffit pour transformer les maux de la vie en allégresse, même dans les plus pénibles circonstances. Voilà le dernier mot de l'Optimisme, la doctrine de Sully, *véritablement définitive*, d'après Max Nordau.

Il n'y a qu'un point noir dans ce tableau si riant : c'est que, d'après Hallitz, le rire doit être spontané. Il faut rire lorsqu'on en éprouve l'envie.

§ 16. — Transformation des supplices en plaisirs

Si l'on en croit Sully, la lutte contre l'adversité devient une nouvelle source de félicité.

Gray dit que le pauvre a une richesse particulière, c'est de ne point posséder de richesses, ce qui lui procure la chance incomparable de travailler. Les anges eux-mêmes tressent des couronnes pour en ceindre le front des travailleurs. Voici, d'après Emerson, en quels termes la Nature parla à l'homme : « Travaille, travaille à toutes les heures du jour ; que l'on te paye ou que l'on ne te paye pas, ne pense qu'à travailler, et tu ne manqueras pas d'obtenir ta récompense ; travaille pour rude que soit ton travail.... *peu importe que tu succombes... la récompense de ton travail sera la conscience d'avoir bien travaillé.* ». *Work indeed, and hard work too... is in itself a rich source of happiness.* Travaillons donc, car le travail, quelque pénible qu'il soit, est en lui-même une source abondante de félicité.

Ce bonheur de travailler entraîne avec lui une autre jouissance ineffable que les riches ne peuvent apprécier : c'est le délice du repos après la fatigue du travail, non pas le repos du bœuf qui rumine sa pâture, mais le glorieux repos du chameau qui tombe haletant, épuisé par le poids de sa charge, sur un lit de granit. Ce sont les termes mêmes de Ruskin.

Et si, ni dans le travail ni dans le repos, l'homme ne trouve son bonheur, il le trouvera à coup sûr, sans exception, dans *sa mort* même. C'est là la nouvelle thèse dont Figuier (1) enrichit la philosophie de l'Optimisme. La mort, dit-il, n'inspire que *des pensées de tendresse*, des pensées consolantes à un haut degré. « Dans la tranquille physionomie des morts il n'est pas « possible de découvrir le moindre indice qu'ils se sou- « viennent de leur misérable existence ». De plus, *au moment de mourir ils jouissent des sensations les plus voluptueuses du plaisir*. Aucun plaisir n'est comparable à celui de l'agonie ; rien de plus doux que le râle. Figuier le prouve en accumulant les témoignages de chimistes, physiciens, naturalistes, poètes, historiens, biographes, comédiens, soubrettes, capitaines, docteurs, nourrices et cochers. On ne saurait exiger plus d'autorités. Barthez, médecin et chancelier de l'Université de Montpellier, confirme que l'homme en mourant éprouve un certain plaisir ; d'après Baumé, ce serait même un plaisir délicieux. Enfin, à l'appui de sa thèse, Figuier cite le cas d'un anglais qui, sur le point de se noyer, ressentait la plus ineffable des voluptés, et qui ne pardonna jamais à celui qui lui avait sauvé la vie.

§ 17. — Extermination des malheureux

La sollicitude empressée des optimistes à asseoir sur de solides bases la félicité humaine va encore plus loin, trouve mieux encore que les panacées dont nous avons parlé jusqu'à présent. Si celles-ci ne suffisent pas, le dernier moyen infaillible d'extirper le germe des infortunes, c'est d'exterminer les malheureux. Le remède est radical.

---

(1) Figuier. *Le lendemain de la mort*. Ch. 22.

Autrefois on n'avait que des éloges pour l'aumône qui généreusement secourait les nécessités du prochain, pour les institutions de bienfaisance où les pauvres et les malades étaient assistés avec amour. Aujourd'hui, la sagesse moderne condamne tout cela. Les faibles, les malades, les malheureux quels qu'ils soient, il faut non pas les défendre ni les secourir, mais les exterminer pour qu'il ne reste pas trace de leur malheur dans leurs descendants.

La félicité publique demande qu'on supprime les malades, sauf évidemment les malades riches qu'il faut conserver afin que les *savants*, par amour de la science, puissent consacrer leurs veilles à l'étude de leur maladie.

Et supprimer aussi les *tristes* ; car, pour Sully et pour Henle, la tristesse est la marque des tempéraments débiles qui ne peuvent pas serrer les poings.

CHAPITRE III

RÉSUMÉ DE L'ANALYSE

Universalité de l'infortune humaine. — Le *Tædium vitæ* des privilégiés. — Suicide ou contentement. — L'énigme du mal.

§ 18. — Universalité de l'infortune humaine

Les cris de joie de l'Optimisme sont étouffés par les cris de douleur que le malheur arrache, siècle après siècle, à l'Humanité. Les Perses attribuaient l'infortune humaine à 99.999 maladies et supplices engendrés par Añgra Mainyu. Même en Grèce, dans le peuple le plus joyeux de la terre, ce fut le thème favori des grands tragiques. Et cette vérité est si manifeste que les plus grands talents, s'inspirant des doctrines les plus opposées, chrétiens ou athées, tous ceux qui sont de bonne foi, s'accordent à la reconnaître.

Ce fut l'enseignement des Pères de l'Eglise. Saint Augustin l'exposa, avec une éloquence qui n'a pas été dépassée, dans la *Cité de Dieu* et dans de nombreux passages de ses œuvres. Et Saint Bernard, confirmant les jugements des Pères, ajoute que « n'était la se-
« mence d'espérance que nous avons en cette vie d'une
« autre vie meilleure, ce monde lui paraîtrait bien près
« d'être un enfer ».

Les plus grands philosophes athées du XIXᵉ siècle, Schopenhauer et Hartmann parlent comme les Pères quand ils décrivent *le carnaval insensé de la vie humaine*.

Schopenhauer insiste avec raison sur la prépondérance naturelle de la douleur, inséparable de toute vie organique, et sur « la nature négative de toute satis-
« faction de la volonté et, par conséquent, de tout plai-
« sir, de tout bonheur, en opposition avec la nature po-
« sitive de la douleur ». « La douleur, dit-il, apparaît et
« augmente avec la sensibilité jusqu'à ce que celle-ci
« s'élève à l'Intelligence ; puis, suivant les progrès de
« l'Intelligence, les désirs dévorants et les souffrances
« s'accentuent chaque fois davantage et en arrivent,
« dans l'Humanité, à une telle intensité que la vie n'offre
« plus que des scènes de tragédie et de comédie ». Appréciant dans leur ensemble les misères de l'humanité, il dit dans un autre passage « qu'un monde pire n'est
« plus possible, ne pourrait subsister ». Et cette infortune de la vie humaine explique, d'après Schopenhauer, le mystère naturel dont l'homme cache l'acte de la génération. Les hommes se cachent, dit-il, comme s'ils commettaient un crime, le crime d'engendrer un malheureux de plus.

Si évidente est la misère humaine que Sully lui-même finit par se rendre, et par avouer que ni l'odeur du foin, ni le croassement des corneilles ne peut rendre l'homme heureux. La conclusion de son œuvre constate comment échouent les plans les mieux combinés de la vie, et reconnaît que le bonheur est le *luxe d'une minorité privilégiée.* « Pour le moins, dit-il,
« il faut accorder qu'il y a un nombre effrayant de mal-

heureux », et il ajoute que « sa conclusion n'est nullement optimiste. »

Constatant les monstrueuses inégalités des conditions actuelles des peuples européens qui marchent à la tête de la civilisation Sully ne peut s'empêcher de s'érier : « Quelle consolation l'homme peut-il trouver « dans le spectacle d'une pléthore de prospérité maté- « rielle limitée à une poignée d'hommes... qui ne sert « qu'à mettre plus fortement en relief le Néant qui com- « mande ? Comment l'augmentation du nombre des « familles ayant des laquais à livrée ou de celui des bu- « veurs de champagne pourrait-elle satisfaire les hom- « mes qui peinent et travaillent en vue d'un noble « idéal de la vie ? »

§ 19. — LE TÆDIUM VITÆ DES PRIVILÉGIÉS

Non seulement le nombre des malheureux est effrayant, mais le luxe d'une minorité privilégiée est une supposition erronée de Sully.

Bien que *dans le plan du sage n'entre pas le bonheur des autres*, cette minorité privilégiée n'est pas heureuse, elle non plus. L'ennui, inséparable de la vie zoologique de l'homme, est le trait qui la caractérise. Le contentement n'est pas la condition ordinaire de l'homme le plus heureux, car jamais la vie réelle ne correspond à la vie idéale, il y a toujours un désaccord entre l'imagination et le résultat obtenu, désaccord qui se révèle dans la mystérieuse tendance à la tristesse que l'homme éprouve dans les circonstances les plus favorables de la vie. Nos résultats les plus heureux ne nous satisfont pas, parce qu'au moment même où nous les atteignons nous découvrons des régions plus vastes, des horizons nouveaux d'une vie plus large. Chaque jouissance est une désillusion de l'espoir passé. Le bonheur n'est pas dans la sensation du plaisir, l'appétit n'étant jamais satisfait. L'homme, qui fait des plaisirs sensuels le facteur principal du bonheur, pourra difficilement se soustraire aux tourments de l'appétit jamais satisfait. Tels sont les aveux éloquents qu'arrache à Sully l'évidence de l'infortune humaine, après avoir épuisé son talent à trouver des consolations imaginaires.

Et non seulement les plaisirs sensuels ne sont pas une cause de bonheur, mais encore ils énervent l'homme et l'épuisent. Sully recherche avec soin quels sont les plaisirs dont l'homme peut jouir quelque temps sans en être sensiblement fatigué, et il ne découvre que *le bruit de la mer* et *l'odeur*, déjà mentionnée, *du foin*. Les souffrances altèrent notre organisme moins que les plaisirs ; et nous pouvons mieux les supporter. Dans les douleurs les plus violentes l'énervement est moindre que dans les plaisirs intenses. L'organisme humain n'est pas fait pour jouir, c'est ce qui ressort des observations scientifiques de grands physiologistes, comme Fechner et Grant Allen (1). Le corps humain est fait pour la douleur plutôt que pour le plaisir. Le plaisir prolongé se transforme en douleur. Voilà l'épilogue de l'œuvre de Sully.

Il put compléter sa thèse par l'exemple d'un de ses plus célèbres compatriotes, Byron. Jeune, riche, audacieux, il se lança dans le tourbillon de la vie, assoiffé de jouissances, à la recherche d'aventures romanes-

---

(1) Fechner. *Vorschule Æsthetik.* TOME II, page 243. — Grant Allen. *Physiological Æsthetic.* Pages 25 et 26.

ques et de voluptés charnelles. Il parcourut la France, l'Italie, l'Espagne, la Grèce ; partout il trouva des courtisanes pour lui tenir compagnie dans ses orgies les plus dégradantes. Mais ni dans le Brutalisme le plus abject, ni dans l'Esthétique la plus raffinée il ne trouva jamais le bonheur après lequel il courait.

L'histoire de l'Espagne enregistre un autre exemple non moins éloquent ; c'est la vie d'Abderrahman III. Il avait un puissant Empire, des palais d'une richesse fantastique, des sérails remplis de belles femmes, il appartenait à une religion qui ne mettait aucun frein à ses désirs. Quel mortel pourrait être heureux si lui ne le fut pas ? Or, dans des conditions si exceptionnelles, il n'eut, durant sa longue et glorieuse vie, que quatorze jours heureux. Voilà le désolant aveu que l'on trouve, d'après Ahmed Almakari, dans ses manuscrits.

Combien ils se trompent ceux qui cherchent dans les obstacles que chaque homme rencontre sur sa route l'explication de son infortune. Insensés ! L'optimisme est l'illusion des affamés, et le Pessimisme, la désillusion des repus. Nul mieux que celui qui a expérimenté la tromperie, le mensonge des plaisirs ne peut dire avec Leopardi : *Amara e noia la vita, altro mai nulla : e fango è il mondo.*

§ 20. — SUICIDE OU CONTENTEMENT

En supposant l'infortune humaine arrivée à son comble, la logique demanderait, *dans l'ordre zoologique,* que l'homme mît un terme à ses souffrances quand la vie n'est plus supportable ; et cela, d'après ses propres lumières, sans se plier aux conseils d'un pédan quelconque, car en pareil cas l'intéressé seul peut être juge. Mettre un terme à ses maux ne peut être considéré comme un acte de lâcheté. Quand on a une dent gâtée, quel est le lâche ? celui qui la fait extraire ou celui qui supporte la douleur ?

En dépit de l'évidence, les philosophes, reculant devant l'idée du suicide, prétendent que l'homme doit se conformer à son sort, car s'il ne peut être heureux il peut *vivre content*. Et ainsi, nous entrons d'emblée dans l'ordre ultrazoologique, car seule l'Intelligence peut rechercher quel contentement existe qui l'emporte sur les misères humaines. Contentement signifie joie, satisfaction ; et il ne peut y avoir de satisfaction ni de joie sans une cause qui la motive. C'est un grossier sophisme que de représenter le contentement comme une cause de bonheur. Le contentement n'est pas une cause, mais un effet. Il doit être fondé sur quelque chose, et ce quelque chose ne peut être que la possession d'un bonheur présent ou l'espérance d'un bonheur futur, car le désir d'être heureux est, comme le reconnaît Kant, *le grand problème que nous impose notre nature*. Etre content parce qu'on est content, sans raison aucune, ce serait le rire stupide que Lubbock et Sully nous conseillent pour conjurer nos maux.

Eh bien, donc, si dans cette vie l'homme est malheureux, y aura-t-il une autre vie où il puisse être heureux ? Que peut savoir l'homme de ce bonheur futur ? N'y a-t-il pas un phare qui illumine les ténèbres actuelles et lui montre sa route ? Quelles solutions l'Intelligence humaine trouve-t-elle pour ce terrible problème que nous pose notre nature ?

§ 21. — L'Enigme du mal

L'analyse anthropologique, sous ses deux aspects, propose à l'homme la redoutable énigme du Mal qui rappelle la fameuse énigme de Thèbes que proposait aux passants, sous peine de mort, le monstre envoyé par Junon. Cette énigme se présente sous deux aspects : le Mal en tant que malice et le Mal en tant que malheur.

Le Mal inspire à Lamartine, dans sa septième méditation *Le Désespoir*, une disjonctive terrible.

> Quel crime avons-nous fait pour mériter de naître ?
> Sommes-nous, ô hasard, l'œuvre de tes caprices ?
> Ou plutôt, Dieu cruel, fallait-il nos supplices
> Pour ta félicité ?

Les deux alternatives sont également fausses. L'existence d'un Ordonnateur suprême se prouve, avec une certitude absolue, par les lois qui régissent l'Univers ; et, d'autre part, son existence étant supposée, il est absurde de penser qu'il puisse jouir du malheur des hommes.

Deux facteurs composent le problème qui constitue l'énigme du Mal : l'existence de Dieu et l'existence du Mal.

Escamoter l'un des deux facteurs n'est pas résoudre le problème, mais bien commettre une fraude. Il faut les concilier. Une solution qui ne les concilie pas est une fausse solution.

DEUXIÈME PARTIE

LA SYNTHÈSE ET SES SOLUTIONS

ÉTUDE VII

La Cause première

Induction d'une Cause unique. — Témoignage de Kant. — Témoignage de Spencer. — Incognoscibilité de l'essence de l'Être Suprême. — Recherche de ses desseins manifestes. — Conditions de la Cause Première. — Épopée intellectuelle. — Itinéraire de l'intelligence. — Tableau synoptique de la métaphysique.

§ 1. — INDUCTION D'UNE CAUSE UNIQUE

L'analyse scientifique de l'Univers montre comment une multitude de phénomènes, divers en apparence, se réduisent à une seule cause, à une essence latente qui se manifeste, suivant sa propre loi, de mille manières.

Mais cette réduction des phénomènes à une même cause et à une même loi a des limites. Si l'on poursuit l'analyse, on ne tarde pas à comprendre l'impossibilité absolue de réduire tous les phénomènes perçus par l'observation à une seule cause. L'étude cosmologique démontre l'existence simultanée de substances et de lois de tous points irréductibles : substances qui non seulement sont différentes, mais qui, pour que la différence soit plus manifeste, sont en antagonisme patent. Chaque étape de la science enregistre un antagonisme particulier. La Physique, l'antagonisme entre l'Énergie et la Gravitation ; la Biologie, l'antagonisme entre l'Ame cosmique et les Ames individuelles; la Zoologie, l'antagonisme des Ames individuelles entre elles ; et enfin l'Anthropologie enregistre le quatrième antagonisme et le plus terrible, entre l'Esprit et l'Ame zoologique.

En présence de cette pluralité de substances et de lois, l'Intelligence reconnaît la nécessité de remonter à une cause unique et suprême qui explique l'existence de toutes les causes secondes, comme chacune de ces dernières en particulier explique les phénomènes de sa série respective. Cette cause unique, la Science ne peut la trouver. De la Cosmologie il faut remonter à une Cosmogonie qui nous dise quelle est la Cause de toutes les causes et qui nous explique l'enchaînement et la finalité de l'ensemble, comme la Science nous explique la finalité et l'enchaînement de chacune de ses parties.

Sans cet enchaînement suprême l'Univers serait un véritable chaos, et l'idée du chaos est incompatible avec la préordination merveilleuse de chacune des substances qui constituent l'Univers. L'Intelligence doit s'élever, par dessus tous les êtres finis, jusqu'à la connaissance d'un Etre infini, et par dessus tous les êtres relatifs et contingents, jusqu'à l'idée d'un Etre absolu, *Ens realissimum*, dont l'existence s'impose avec une entière évidence à la vision intellectuelle, de même que les phénomènes s'imposent à la vision organique.

§ 2. — Témoignage de Kant

L'évidence de cette Cause première s'impose, elle triomphe de toutes les arguties de la sophistique.

Kant, le pontife du scepticisme moderne, reconnaît catégoriquement son existence, comme une *Réalité* dont la connaissance est *apodictique*, dans la *Critique de la Raison pure*. « Le premier pas que nous faisons en dehors du monde sensible nous oblige à commencer nos nouvelles connaissances par l'investigation d'un Etre absolument nécessaire.... qui serve de fondement à la détermination universelle de tout ce qui existe ».— Tel est, dit-il, le chemin naturel que prend la raison humaine vers la connaissance d'un Etre premier, immobile, de l'absolument nécessaire,—Etre absolument nécessaire.

« On voit, ajoute-t-il, quand nous réfléchissons sur
« l'usage transcendental de l'Entendement, que cette
« idée *d'une Force première* non seulement devient un
« problème pour un usage hypothétique, mais qu'elle
« a une *réalité objective* qui est *postulée*, et c'est un *prin-*
« *cipe apodictique* rationnellement établi. En effet, sans
« avoir cherché le concert des différentes forces, et
« même sans avoir réussi dans cette tentative, nous
« supposons immédiatement qu'il peut être trouvé, non
« seulement dans le cas exposé à cause de l'unité des
« substances, mais aussi là où se rencontrent plu-
« sieurs substances ».

§ 3. — Témoignage de Spencer

En termes non moins explicites Spencer reconnaît l'existence d'une Cause Première comme *élément positif et indestructible de notre pensée*.

Il n'y a pas d'alternative logique, dit-il, entre le fait d'accepter notre Intelligence *in its entirety* et celui de répudier jusqu'au plus infime Entendement que nous possédons à la ressemblance des animaux.

La connaissance scientifique, la connaissance positive ne peut jamais nous satisfaire, jamais remplir tout le champ de notre pensée. Après chaque découverte se pose de nouveau la question : *What lyes beyond* ?

Nous nous voyons forcés d'aboutir à une conclusion inévitable ; les faits nous obligent à rechercher une cause, une.*Cause première* qui s'impose à nous comme *Infinie et Absolue*.

L'Intelligence *in its entirety* se voit obligée d'avouer que la notion de cet Être absolu et Infini, Cause Première de la vie universelle, s'impose d'une façon irrécusable. Dire que nous ne pouvons la connaître c'est affirmer son existence. Et ce seul fait prouve que l'Absolu est présent à notre esprit comme une *véritable réalité*. Et ce que nous disons de la notion de l'Absolu peut s'appliquer aussi bien au concept de Cause. Nous nous voyons obligés de penser la cause comme positive (1).

§ 4. — INCOGNOSCIBILITÉ DE L'ESSENCE INTIME DE L'ÊTRE SUPRÊME

Après avoir si catégoriquement reconnu son existence, Spencer révèle à ses lecteurs, comme une nouveauté, que malgré l'évidence de l'existence de cette Cause Première de l'Univers, *son essence est inconnaissable* parce qu'elle est une réalité dont la nature est absolument insondable.

Son existence, dit-il, est un fait réel, positif, indiscutable ; mais sa connaissance *directe* ne peut nous

---

(1) Spencer. *First Principles* § 26.

être donnée. *We must be for ever without answer to this transcendental question*, parce qu'il nous est absolument impossible de *nous représenter*, c'est-à-dire d'imaginer zoologiquement la Cause Première. Et cette impossibilité de connaître zoologiquement l'essence de l'Etre Suprême est la base du fameux *Agnosticisme* de nos savants modernes.

Aussi impénétrable que son essence est tout ce qui se rapporte directement à sa vie intime. Schopenhauer pouvait avec raison affirmer l'impossibilité de pénétrer le *Warum*, le *pourquoi* de ses actes, la raison qu'il eut de créer l'Univers.

§ 5. — INVESTIGATION DE SES DESSEINS MANIFESTES

Jusqu'ici l'Agnosticisme est fondé. Mais c'est une erreur que de prétendre, comme Schopenhauer, que l'Intelligence humaine est bornée à la connaissance du *Was*, c'est-à-dire à l'étude cosmologique de l'Univers.

Nous pouvons connaître non seulement le *Was*, mais encore, jusqu'à un certain point, le *Woher* et le *Wohin* de l'Univers, c'est-à-dire *d'où il vient* et *où il va*, qui pour Schopenhauer sont impénétrables, eux aussi. La Science moderne nous permet d'en savoir quelque chose, puisqu'elle nous enseigne que la vie cosmologique procède de la diffusion subite de la Matière pondérable vivifiée par l'Energie et que nous allons vers une concentration nouvelle qui sera la mort de l'Univers.

D'autre part, si dans sa vie intime, l'Etre Suprême est impénétrable, l'Intelligence peut cependant le connaître d'une certaine façon en tant qu'il s'extériorise, qu'il se manifeste par ses actes ; et les lois de l'Univers étudiées par la Science ne sont pas autre chose que les manifestations de la Cause Première. Si le *Warum* est inconnaissable, nous pouvons rechercher le *Wozu, le pour*, le but des lois cosmiques. Nous pouvons rechercher quels sont ses desseins, manifestés par les lois établies ; et cette recherche constitue la fin la plus haute de la métaphysique.

§ 6. — Conditions de la cause première

Dans la recherche des desseins de l'Etre Suprême il faut suivre la même méthode que suit l'analyse de l'Univers dans la connaissance des substances qui la constituent. Comme la nature et la finalité des substances qui échappent aux sens se concluent des faits positifs dans lesquels leur causalité se manifeste, ainsi les desseins de la Cause Suprême doivent se conclure de l'ensemble des faits enregistrés par l'analyse.

Nous devons raisonner non sur ce que peut faire une Cause Première, mais sur ce qu'elle a fait ; non sur des desseins possibles mais sur des desseins *manifestes*. Raisonner sur une Cause Première abstraite, comme les ontologistes quand ils parlent de *l'Etre*, c'est tomber en plein charlatanisme philosophant.

Ce qu'il faut c'est rechercher quelle est la Cause Première non pas d'un monde indéterminé et imaginaire, mais de ce monde que nous habitons et de cette vie que nous vivons, tels qu'ils résultent des faits certains démontrés par l'observation externe et par l'observation interne ; car c'est précisément par cela que le Positivisme métaphysique se distingue du Somnambulisme philosophant. Il ne s'agit pas d'inventer une Cause Première imaginaire, puis de fausser les faits et l'histoire, comme Hegel, pour les accommoder à une thèse arbitraire ; mais il faut accommoder la Cause aux faits, de sorte que par elle soit pleinement éclairée l'histoire de l'Univers et de l'Homme.

Et pour que l'Univers et l'Homme soient expliqués d'une façon satisfaisante, il faut trouver une Cause Première qui clairement, nettement, résolve les trois grands problèmes posés par l'analyse scientifique.

§ 7. — Epopée intellectuelle

Cette induction de la Cause Première et de ses desseins est une entreprise de l'Intelligence qui, si les rhéteurs ne monopolisaient leurs vocables, pourrait être comparée à une véritable épopée. Elle réunit en effet les conditions que Blair exige du poème épique : *entreprise illustre, difficile et mémorable.* Sujet vraiment plus intéressant que les aventures de Télémaque, les amours de Didon ou les sauvageries des Nibelungen et que toutes ces fantasmagories du Somnambulisme littéraire que l'Humanité, toujours dans l'enfance, lit siècle après siècle avec le même ravissement que les enfants écoutant des contes de nourrices.

Dans cette épopée intellectuelle, la position des trois problèmes formerait comme la proposition du poème ; la partie relative à l'Intelligence serait la biographie du protagoniste ou héros principal, et les solutions des problèmes seraient ses exploits, ses travaux.

A ce poème intellectuel tous les peuples, d'après Hegel, prennent part les uns après les autres. A chacun d'eux correspond un chant ou une strophe. D'abord l'Orient, puis la Grèce, ensuite Rome. Chinois, Egyptiens, Perses, Grecs et Romains il n'y a pas de nation qui n'apporte sa pierre au fantastique édifice dressé par Hegel pour en faire le piédestal de sa gloire. Dressé sur le sommet il se présente à l'adoration des simples comme le couronnement de l'œuvre gigantesque de l'Humanité. Et les croyants n'ont pas fait défaut, tel Nourrisson qui prenant au sérieux l'autothéose de Hegel a écrit de ce point de vue *l'Histoire de la pensée humaine*.

§ 8. — Itinéraire de l'intelligence

Le but de cette épopée est de trouver une Cosmogonie dans laquelle apparaisse clairement la genèse de tous les phénomènes de la vie universelle reliés à leur Cause Première et de former ainsi la synthèse suprême de la Métaphysique.

Quand on étudie les différentes Cosmogonies qu'a inspirées un tel projet, on remarque entre elles un enchaînement étroit ; toutes sont en effet des étapes ou journées d'un itinéraire que l'Intelligence suit jusqu'à ce qu'elle arrive au terme de son entreprise.

Chaque cosmogonie constitue un système qui comprend différentes écoles, lesquelles ne diffèrent que par la façon dont elles entendent le principe fondamental.

Lorsqu'après avoir épuisé toutes les interprétations possibles, l'Intelligence comprend que la Cosmogonie imaginée ne peut résoudre les problèmes d'une façon satisfaisante, elle en imagine une autre plus parfaite ; de nouvelles écoles se forment qui cherchent à vérifier sa doctrine. Et ainsi de suite jusqu'à ce qu'on découvre la Cosmogonie dans laquelle tous les problèmes sont parfaitement résolus.

Au pied de la montagne l'*Atomisme* qui, commençant par nier l'Intelligence suprême, finit par la reconnaître implicitement dans une loi cosmique et dans la finalité des mouvements atomiques. Puis, le *Naturalisme* qui ébauche la Cause Première en fondant les Atomes dans une masse vivifiée par un principe actif. Puis l'*Emanatisme* qui s'efforce de la perfectionner sans sortir de l'Univers, et commence la solution du problème éthique en distinguant le rationnel de l'irrationnel. Et enfin, le *Créationisme* qui trouve dans un Etre Suprême, totalement séparé du monde, la seule synthèse possible de la pluralité et de l'antagonisme des éléments qui la constituent et la solution unique des trois grands problèmes posés par l'analyse.

La pensée culminante de cette tétralogie, la pensée qui est comme le phare qui éclaire l'Intelligence dans sa longue pérégrination est l'idée suprême de DIEU ; idée qui successivment se concrétise et se perfectionne à mesure que s'approfondit la connaissance de la Cause Première.

Les écoles en lesquelles se subdivisent les cosmogonies sont comme des jalons qui marquent l'itinéraire suivi par l'Intelligence pour arriver à la véritable connaissance de Dieu, clef de toute la Métaphysique.

§ 9. — Tableau synoptique de la métaphysique

Cet itinéraire, contrairement à l'opinion de Hegel, a été parcouru dès les temps les plus reculés par des philosophes de tous les peuples. Dans les colonies grecques de l'Asie Mineure apparaissent déjà tous les systèmes et les principales écoles que l'on retrouve ensuite dans le cours des siècles.

L'histoire vulgaire de la philosophie met en relief cette renaissance des mêmes doctrines depuis vingt-quatre ou vingt-cinq siècles ; et l'étude de la préhistoire de la Métaphysique, c'est-à-dire de la philosophie antérieure à Thalès, nous permet de remonter jusqu'à cinquante siècles.

La doctrine dépend de l'effort personnel des philosophes et de la perspicacité de leur intelligence particulière. Il y a vingt, trente et quarante siècles que les moins illustres étaient arrêtés par les mêmes obstacles auxquels ils se heurtent aujourd'hui.

En étudiant l'ensemble on peut former un tableau synoptique de la pensée humaine, dans lequel tous les systèmes et toutes les écoles sont représentés par les philosophes qui en ont le mieux exposé les doctrines, sans qu'on soit obligé pour cela de s'arrêter à leurs enseignements particuliers ; car, s'il y en a qui développent clairement leur thèse, pour d'autres, il faut faire ce que font, d'après Schopenhauer, les artistes à l'égard de la Nature. Plutôt que de reproduire aveuglément leur doctrine, il faut exposer clairement ce qu'ils ne font que balbutier, puis leur dire : *Voilà ce que tu voulais exprimer.*

TABLEAU SYNOPTIQUE DE LA MÉTAPHYSIQUE
Itinéraire de l'Intelligence

SYSTÈMES

ATOMISME
- 1re École : Le Hasard : Lucrèce.
- 2e École : La Loi : Spencer.
- 3e École : Les Atomes vivants : Dühring.

NATURALISME
- 1re École : Athéisme : Schopenhauër.
- Déification de la Matière
  - 2e École : Déification totale : Panthéisme : Xénophane, Spinoza.
  - Déification partielle
    - 3e École : Déification de l'Humanité : Anthropolâtrie : Hégel.
    - Déification de la partie éthérée
      - 4e École : Astrolâtrie.
      - 5e École : ...

ÉMANATISME
- L'Immatériel
  - 1re École : Monisme de l'Immatériel : Pythagore, Socrate, Platon.
  - Dualisme de l'Im-matériel et matériel divisé en
    - 2e École : la Nature en harmonie avec l'Esprit : Proclus.
    - 3e École : la Nature, dégradation de l'Esprit : Plotin.
    - 4e École : la Nature, champ de bataille de deux Dieux ennemis : Manichéisme.
- La Matière

CRÉATIONISME
- Créateur
- Création
  - Esprits destinés à une vie éternelle,
  - et
  - Nature : creuset des Esprits.

ÉTUDE VIII

Premier système : L'Atomisme

CHAPITRE I

LES ÉCOLES

La thèse de l'Atomisme. — Histoire et Ecoles de l'Atomisme. — *Première école :* le Hasard : Lucrèce. — *Deuxième école :* la Loi : Spencer. — *Troisième école* ; les Atomes vivants : Dühring.

§ 1. — LA THÈSE DE L'ATOMISME

La doctrine cosmogonique de l'Atomisme est l'explication de la vie universelle de façon qu'elle puisse être *représentée*, c'est-à-dire conçue d'une façon animale, *imaginée* zoologiquement.

Les principes fondamentaux de ce premier système sont les Atomes et le Mécanisme.

L'Univers est formé d'Atomes qui se meuvent dans le vide et la vie cosmogonique est le résultat de mouvements purement mécaniques, comme ceux que l'homme perçoit par les sens. Tous les phénomènes de la vie sont produits par des combinaisons mécaniques des Atomes.

Les individus ne sont pas autre chose que des quantités de matière, des portions de la Matière cosmique, la Matière cosmique elle-même déterminée par la quantité. Les atomes s'agrègent et se désagrègent, ils se groupent et se dispersent, et leurs groupements passagers forment les individuations apparentes. Les phénomènes de ces aggrégats accidentels constituent la biologie atomiste.

L'Atomisme est devenu le contraire précisément de ce que Taine se proposait quand il en énumérait les excellences. Il disait que l'Atomisme a pour objet de « fermer aux personnes chauves et tristes tout endroit où elles pourraient loger leurs rêves » ; et c'est le contraire qui a eu lieu. L'Atomisme est devenu le rêve favori du Somnambulisme philosophant, par sa conformité avec le précepte Kantien de ne rien rêver qui ne puisse être conçu zoologiquement.

§ 2. — Histoire et écoles de l'Atomisme

Au VIe siècle avant Jésus-Christ, l'Atomisme fut enseigné, dans les colonies grecques de l'Asie Mineure, par Leucippe, en concurrence avec le Naturalisme de Xénophane, et au Ve par Démocrite dont ses admirateurs disaient qu'il composa soixante-douze ouvrages: l'un d'eux surtout intitulé *Diakosmos* était au-dessus de tout éloge. Démocrite disait que, à lui seul, il savait sur toutes choses plus que tous les savants du monde réunis ; même en géométrie il avait confondu les géomètres de l'Egypte. Sa suffisance, jointe à un rire stupide, fit croire à ses concitoyens qu'il avait perdu la raison, et, le prenant en pitié, ils le confièrent aux soins d'Hippocrate.

Sa doctrine fut enseignée dans la suite en Grèce par Epicure et à Rome, au 1er siècle avant J.-C., par Lucrèce dans son fameux poème *De Natura Rerum* qui devint le livre sacré des *Epicuri de grege porci* élevés par Mécène et Auguste.

Au Moyen-Age elle fut professée, d'après Prandt, par Nicolas Autrecourt.

Au XVIIIe siècle, les automates de Droz et le joueur de flûte de Vaucanson contribuèrent grandement à répandre en France le Mécanisme. Cette philosophie fut propagée par La Mettrie, auteur de l'*Homme-machine* et Robinet, auteur du *Livre de la Nature*. C'est à cette époque aussi que Kant travaille à exhumer Démocrite en expliquant mécaniquement la Cosmogonie, s'appuyant pour cela *sur la foi d'une simple conjecture* (1).

Au XIXe siècle, ce fut la doctrine préférée de Taine et des savants « éthérés » disciples de Secchi et de Clerk-Maxwell. Ce fut le siècle d'or de l'Atomisme qui n'a jamais eu plus de prosélytes.

Dans la Cosmogonie atomiste apparaissent trois écoles distinctes. On y voit la Métaphysique faire son apparition, puis progresser et enfin l'emporter sur la doctrine zoologique, sans sortir de l'Atomisme. Les philosophes qui représentent le mieux ces trois nuances de l'Atomisme sont Lucrèce, Spencer et Dühring. Tous les trois acceptent les deux principes fondamentaux du système, Atomes et Mécanisme ; mais ils diffèrent par la manière d'expliquer les mouvements mécaniques des Atomes.

---

(1) *Allgemeine Naturgeschichte und Theorie des Himmels*. 1755.

§ 3. — Première école : le hasard : Lucrèce

La vie universelle, selon Lucrèce, résulte de la forme différente des Atomes et de l'inclinaison de leurs mouvements dans des directions opposées, ce qui provoque des chocs et des tourbillons. Ces chocs se multipliant éternellement en tous sens, les Atomes se groupèrent de mille manières différentes; et après avoir essayé toutes les combinaisons possibles, ils finirent par s'arranger au hasard, en groupements déterminés par leur forme différente. Les uns étaient en effet pointus, d'autres tordus en forme de crochets et d'autres pleins d'aspérités à leur surface ; ils s'accrochèrent donc les uns aux autres. En même temps ils se séparèrent par suite de leur poids différent : les plus lourds formèrent la terre, et les plus légers, suivant leur densité respective, formèrent des masses liquides, aériennes et éthérées.

Les astres, d'après Lucrèce, sont ainsi formés par des atomes éthérés « qui ne sont ni plus petits ni plus grands qu'ils ne nous paraissent ».

La théorie du Soleil de Lucrèce mérite d'être exposée. Le groupe d'Atomes éthérés qui forment le Soleil arrivent chaque jour à l'Occident épuisés par la longueur du chemin et par les torrents d'air qui les ont secoués : ils finissent par s'éteindre, et voilà pourquoi la terre est plongée dans les ténèbres. Mais au matin suivant « une autre quantité d'Atomes ignés se réunit à l'Orient, et un autre Soleil se forme, différent de celui de la veille ».

La formation des animaux n'est pas moins curieuse. Le groupement fortuit des atomes produisit d'abord des êtres étranges, corps sans pieds, têtes sans yeux, yeux sans têtes, mains sans bras, êtres androgynes, monstres dont « quelques-unes seulement purent survivre grâce à la force, à l'habileté ou à l'agilité qu'ils eurent en naissant ». Les survivants furent alimentés par des jets d'une matière lactée qui jaillit par hasard des fentes de la terre et qui par hasard pénétrait dans la bouche de ceux qui la tenaient ouverte. Les animaux moins favorisés par le Hasard servirent de proie aux autres jusqu'à extinction complète de leurs espèces.

Cette doctrine du hasard fut d'abord soutenue par Kant. La vie universelle procède, d'après lui, de la formation fortuite de certains groupements d'Atomes dans une certaine partie de l'Univers et aussi de prépondérances fortuites de densité et d'attraction. L'*Histoire naturelle et théorie du Ciel* où il parle ainsi est justement considérée par Wolf et Faye comme *un véritable attentat aux lois de la mécanique*.

Cependant, au XIXe siècle, Flammarion a ressuscité cette théorie. Effrayé par la lugubre perspective de la mort universelle, résultat inévitable de la Loi cosmique, il se décide à remplacer l'idée de Loi par celle du Hasard de Lucrèce. Soutenu par des philosophes de l'envergure de J. Stuart Mill qui affirme gravement qu'il « ne doit pas y avoir la moindre difficulté à s'imaginer le Hasard, sans une loi déterminée quelconque », il assure à ses lecteurs, foi d'astronome, que loin qu'elle obéisse à une loi immuable, la vie cosmique provient d'une série de chocs et de catastrophes fortuites qui font et défont les astres en un nombre infini de combinaisons.

La Biologie correspondant à cette école au XIXe

siècle est celle de Darwin, ébauchée dix-huit siècles auparavant par Lucrèce.

Lange exalte Darwin précisément à cause de sa pensée fondamentale du Hasard ; il y admire « une « conception de l'Univers physique qui peut satisfaire « à la fois le cœur et l'esprit ».

§ 4. — Seconde école : la loi : Spencer

Dans la seconde école de l'Atomisme, représentée par Spencer, commence franchement la connaisssance intellectuelle. A la pure zoologie succède la Métaphysique. Spencer y entre de plain-pied ; car l'Intelligence, *in its entirety*, reconnaît l'existence d'une Cause Première et la préordination de la vie universelle par une Loi. Cette loi n'est autre que la Loi de l'Energie, découverte par la physique moderne et enseignée en Angleterre par Grove, de qui Spencer l'apprit.

Les principes fondamentaux de sa Cosmogonie sont au nombre de deux.

Le premier affirme que la génération de la vie cosmique provient, suivant Spencer, *d'une impulsion primordiale* communiquée aux Atomes par un agent externe, *external agency*. Cette impulsion nous devons nous l'imaginer zoologiquement comme un coup, une décharge musculaire, *action of muscles*, d'un sujet existant en dehors de l'Univers. Ce serait quelque chose comme un coup de poing donné du dehors et qui aurait mis en mouvement la matière discontinue qui se trouvait dans un état instable ; un plagiat de la *chiquenaude* de Descartes. Que la matière se soit mise en mouvement par sa propre vertu, cela paraît absurde à Spencer. *Potential existence passing into actual existence by some inherent necessity involves two absurdities*. Il ne conçoit pas le mouvement mécanique sans l'action d'une impulsion extérieure — *on striking* — d'un Etre séparé de la Matière cosmique, d'un Etre dont il n'a qu'une conscience vague. Et dans le mécanisme, dit-il, c'est la seule hypothèse possible.

Le second principe, c'est l'indestructibilité ou *persistance* du mouvement imprimé par la force extérieure et son *équivalence* constante dans toutes ses transformations. Dans le système de Spencer il n'y a pas de place pour la naissance d'une force nouvelle, d'un mouvement nouveau ; il n'y a que de simples transmissions ou transformations de la Force du mouvement primordial, lequel reste toujours équivalent. L'équivalence est la quintessence de son système.

Ces suppositions étant données, Spencer place, dans son analyse de l'Univers, une triade suprême formée par les Atomes, le Mouvement et la Force qui l'a produit.

L'*Evolution* consiste dans la condensation des Atomes qui, en s'intégrant, passent de l'*homogène* à l'*hétérogène*, termes nouveaux pour exprimer le passage de l'unité à la variété, connus depuis si longtemps comme condensation et dilatation de la Matière.

Ce passage de l'homogène à l'hétérogène qui résulte de la *multiplication* des effets (qui se *différencient* suivant que le mouvement ou plutôt la Force se *distribue* et se *redistribue*) ne se produit pas au hasard, comme dans la première Ecole, mais d'une manière ordonnée — *orderly heterogeneity* — en vertu de la Loi qui régit la vie cosmique.

Les Atomes doués d'un moindre mouvement forment les corps *cristalloïdes* qui constituent la nature inorganique ; et ceux qui sont doués d'un mouvement plus grand forment les colloïdes qui deviennent des organismes à cause de leur plus grande plasticité.

Dans la vie cosmique comme dans la vie individuelle, dans les corps cristalloïdes comme dans les colloïdes, la Force la plus grande, dans toute collision, l'emporte toujours sur la force moindre. Toujours le mouvement le moins fort cède le pas au mouvement plus énergique, et c'est là ce qui détermine la *direction du mouvement*. La force suit toujours la *ligne de moindre résistance*.

Enfin, *l'intégration* et la *désintégration* des Atomes s'adapte à une loi suprême appelée *rythme du mouvement*. C'est une idée suggérée à Tyndall par le mouvement du pendule et que Spencer a empruntée à Tyndall. En vertu de ce rythme, la matière cosmique discontinue s'intègre et se désintègre en périodes incalculables, comme on disait il y a plus de quarante siècles que la matière continue se condensait et se dilatait.

Tels sont les principes fondamentaux de la seconde Ecole de l'Atomisme. La plus grande nouveauté est l'introduction de termes nouveaux, tels qu'*intégration* et *désintégration*, *homogène* et *hétérogène*, *évolution* et *dissolution*. Le succès en a été si grand qu'il suffit à beaucoup de les répéter pour se croire philosophes profonds et originaux.

§ 5. — Troisième Ecole :
Les atomes vivants : Dühring

A la troisième Ecole appartient Ueberweg, si du moins l'on en croit Dilthey ; (1) il affirme en effet que

---

(1) *Zum Andenken an Friedrich Ueberweg*

Ueberweg croyait à « un double processus physique et mécanique, résultant d'états internes des Atomes ». Quand même cela serait certain, le véritable représentant de cette Ecole est Dühring, connu par ses remarquables ouvrages de physique, de mécanique et de philosophie, publiés de 1875 à 1880.

Sans prendre la précaution de Spencer qui prévient ses lecteurs de ne pas s'effrayer de la nouveauté de son enseignement, Dühring annonce qu'il se propose d'inaugurer une ère nouvelle dans l'histoire de la philosophie : *chose que nul avant lui n'a réussie — ergelangt es darzulegen.*

Il va plus loin que Spencer dans l'ordre intellectuel. En plus de l'idée d'une Loi régulatrice des mouvements atomiques, il admet un élément téléologique et il explique la cosmogonie dans un sens plus métaphysique que Spencer avec sa Force brute.

Il soutient précisément ce qui paraît absurde à Spencer : le mouvement spontané des Atomes par une *internal necessity*.

Sans sortir du Mécanisme, il change la cause du mouvement. Les atomes se meuvent mécaniquement non par une impulsion externe, non par une *external agency*, mais par leur propre vitalité.

Sans sortir des mouvements mécaniques, il remplace les Atomes inertes par des *Atomes vivants*, et il explique le mécanisme universel *in sinne eines lebendigue Verständniss der Natursystematik*, système de la Nature basé sur le concept de vitalité de la matière discontinue.

Le mécanisme universel devient ainsi un véritable *panlogisme*, une *Weltschematik* procédant d'une logique interne, d'une virtualité cosmogonique finaliste.

Ce pas en avant dans la métaphysique permet à Dühring de combattre l'absurde équivalence des forces de Spencer et d'admettre, en même temps que la naissance de mouvements nouveaux provenant de la virtualité immanente des Atomes, la finalité biogénique et la formation de types organiques, en opposition avec le Hasard de Darwin qu'il repousse.

CHAPITRE II

CRITIQUE DE L'ATOMISME

Solution du problème cosmogonique. — Transition au Naturalisme. — Solution du problème éthique. — Solution du problème du bonheur.

§ 6. — Solution du problème cosmogonique

La première Ecole ne mérite pas les honneurs d'une réfutation sérieuse. Attribuer la cosmogonie au Hasard équivaut à supposer que si l'on met dans un sac toutes les lettres d'un poème et qu'on les jette ensuite au hasard, le poème en sortira tout fait, ou encore qu'en agitant la quantité de poussière métallique nécessaire pour fabriquer une montre, cette poussière pourra se grouper et former les roues, et celles-ci s'accoupler de telle sorte que, par hasard, la montre en sortirait toute faite. Ce ne peut être là qu'un rêve extravagant, comme celui de Lange, et non pas l'hypothèse d'un être raisonnable.

La discussion ne peut commencer que là où commence le travail intellectuel de Spencer, avec l'idée d'une Loi cosmique.

Sa doctrine ne manque pas d'originalité. Il demande que, les yeux fermés, quelque absurde qu'elle semble, on admette la base sur laquelle repose tout entier le grandiose édifice de sa synthèse : *a common basis on which the widest generalization stand*. Pour cela il réclame toute la crédulité, toute la *trustworthiness* de ses lecteurs. Il veut que son principe fondamental soit accepté *sans preuves* ; c'est la prétention aussi, on se le rappelle, des « éthérés ». Et s'il ne fournit pas de preuves, c'est qu'il n'en a pas besoin : « lorsque la « Cause inconnue produit dans le savant une croyance, « elle n'a pas besoin d'autre titre pour qu'il la prêche et « la répande »; il suffit qu'il parle à la manière d'un prophète du Très Haut. Spencer se présente comme véritablement illuminé par la Cause inconnue ; il vient raconter des mystères profonds, des choses *utterly inexcrutable, absolute mystery*, en ayant toujours bien soin de mettre ses lecteurs en garde contre l'effroi que pourront lui causer ses révélations.

La synthèse, si mystérieusement inspirée à Spencer par la Cause inconnue, a le défaut capital de ne tenir aucun compte des trois facteurs du problème cosmogonique posé par l'analyse de l'Univers : *Intelligence, Unité et Eternité*.

Spencer commence par supposer qu'il existe une Loi cosmique : mais *what byes beyond* ? Qui est le législateur ? Comment, quand et pourquoi cette Loi a-t-elle été portée ? Spencer ne le dit pas. La Cause inconnue, semble-t-il, ne lui a rien révélé sur ce point. Taine, plus hardi, dit que *la Loi se formule à elle-même* au plus haut de l'éther, au sommet suprême de l'Univers, à la façon d'un coup de tonnerre. L'Intelligence humaine peut-elle se contenter de pareils subterfuges ?

L'Atomisme n'explique pas davantage l'Unité, et il se trouve en contradiction avec toutes les données de la Science moderne.

Dans l'ordre physique, il ne résout pas le grand antagonisme qui existe entre l'Energie et la Gravitation. Spencer lui-même avoue ingénument que le rythme du mouvement, couronnement de sa synthèse, procède d'un antagonisme entre deux forces, toutes deux indestructibles ; et que cet antagonisme, cette notion d'une chose qui s'oppose à elle-même est une notion véritablement absurde ; mais que, si absurde qu'elle soit, nous sommes obligés de l'admettre — *we are compelled to entertain* — comme un fait établi. De plus, la théorie mécaniste de l'Atomisme sur l'équivalence des mouvements est démentie par la procréation et la naissance de nouvelles forces et de mouvements nouveaux, engendrés par l'union de corps inorganiques de sexe différent.

En Biologie, l'absurdité de la Cosmogonie atomiste devient plus manifeste encore, parce que les faits sont plus notoires, établis par la simple observation vulgaire. L'individuation biologique est absolument inexplicable, même si l'on accepte la virtualité finaliste des atomes de Dühring. La Biologie démontre l'existence d'Ames particulières qui sont de nouvelles substances, différentes de l'Energie et en antagonisme avec elle, génératrices d'organismes qui démentent et contredisent absolument la doctrine mécaniste de l'Atomisme.

Les données de la Biologie sur l'Unité, la Solidarité, la Sensation et la Conscience n'ont pas d'explication possible, et les plus grands maîtres de l'Atomisme l'avouent franchement. Du Bois-Reymond, dans son fameux discours de Leipzig, déclarait que la sensibilité organique ouvrait *un abîme infranchissable*. Spencer reconnaît également son impuissance à expliquer le processus interne *inner process* de la vie, l'adaptation, la transmission héréditaire, les faits les plus évidents de la Biologie, au sujet desquels *we are still in the dark* qui sont *still unknown, unexplained*, complètement ignorés. Et Dühring de son côté déclare que cela est *das ewige unerklärliche*, que cela reste l'éternellement inexplicable. Nul ne parvient à expliquer *cette nouvelle cause interne qui domine l'aveugle mouvement mécanique* (Lange).

Telle est l'absurdité de l'Atomisme qu'il déclare inexplicable *la personnalité humaine* elle-même ; elle ne trouve pas de place dans l'Atomisme qui n'admet que des groupements d'atomes. Et ces philosophes, qui nient le fait le mieux démontré qui puisse être, parlent à tout instant de la personne même qu'ils nient. Lange, dans son *Histoire du Matérialisme*, parle sans cesse de l'essence intime de l'homme, de l'individu, de l'âme et de ses facultés et fonctions, du sujet pensant, de son libre arbitre, de l'Esprit, de l'esprit de l'homme, de l'instinct poétique créateur de notre esprit, des profondeurs de l'esprit, de la liberté de l'esprit, de la voix intérieure de l'homme, des facultés constitutives de l'essence humaine. Il arrive aux négateurs de la personnalité ce qui arrive aux sceptiques zoologiques : toutes les paroles et toutes les actions de ces sophistes démentent leur thèse absurde et mettent à nu la tromperie de leur enseignement insensé.

Enfin, il en est de l'Eternité comme de l'Intelligence et de l'Unité. En dehors des sectaires du Hasard, tous les atomistes reconnaissent l'absurdité du temps infini. Spencer et Dühring, d'accord avec Kant, admettent qu'il ne peut y avoir un nombre infini, que le temps infini est aussi inconcevable que l'espace infini. La vie cosmique a eu un commencement ; ce fut, d'après Spencer, le jour où l'Univers reçut l'impulsion de l'agent externe ; pour Dühring, elle commença tout d'un coup (*hat es einmal zu entwickeln angefangen — einmal plötzlich angefangen*).

Et de même qu'elle a commencé elle doit finir. La science moderne professée par Spencer et par Dühring nous force à croire que le mouvement doit avoir, de par les lois physiques, une fin inévitable. Qu'y avait-il avant la naissance de l'Univers et qu'y aura-t-il après sa mort ? L'Atomisme est impuissant à répondre. Il ne connaît que l'Univers visible, et dans cet univers l'Eternité n'a pas de place.

§ 7. — TRANSITION AU NATURALISME

La théorie atomiste apparaît si opposée à toutes les données de la Science que Lange, qui l'exalte comme la seule conception capable de satisfaire le cœur et l'esprit, est obligé de reconnaître qu'elle ne peut être professée qu'à titre de Somnambulisme.

Ceux que le Somnambulisme ne peut satisfaire, devant l'impossibilité d'expliquer mécaniquement la vie cosmique et individuelle, ce qui est le principe fondamental du système atomiste, sont obligés de reconnaître la nécessité de sortir du mécanisme.

Taine sent naître en lui la notion de Nature ; il comprend la nécessité de substituer à l'abîme de hasard et d'ignorance *l'instinct aveugle d'une Nature artiste et créatrice*.

Dühring parle aussi de la Nature en termes bien différents de ceux de l'Atomisme ; et il lui attribue une hypostase incompatible avec sa théorie.

Lange s'avoue vaincu devant les observations biologiques de Fechner et de Wigaud ; il demande seulement que pour expliquer une téléologie évidente on ne fasse pas appel à une substance *immatérielle*. Pourvu qu'il ne sorte pas de la Matière, il transige avec le Naturalisme et il va jusqu'à célébrer Fichte, Schelling et Hegel.Lange et Dühring acceptent tout, à condition qu'on ne parle pas de spectres (gespenst) immatériels.

§ 8. — SOLUTION DU PROBLÈME ÉTHIQUE

La morale de l'Atomisme est la vie strictement zoologique. L'Atomisme est précisément la Cosmogonie inventée pour proscrire toute pensée capable de troubler les plaisirs sensuels. Combattre toute idée ultrazoologique, toute Religion, toute doctrine qui puisse servir de frein aux appétits organiques, voilà sa préoccupation constante .

Lorsque reparut en France, au XVIIIe siècle, le système atomiste, ses prosélytes furent eux aussi, des exemples de dépravation, divisés seulement, comme les Grecs, sur la manière de satisfaire leurs appétits. La jouissance immédiate d'Aristippe fut enseignée par La Mettrie dans *l'Art de jouir*, *la Volupté*, *Discours sur le bonheur*. Sa devise était : « Si la Nature t'a fait pourceau, roule-toi dans la fange comme les pourceaux ». L'enseignement d'Epicure fut celui de d'Holbach dans son *Système de la Nature*, où il recommande de préférer la jouissance durable au plaisir immédiat, en s'accommodant à une prudente hygiène zoologique.

Les grands maîtres modernes de l'Atomisme exaltent à l'envi la vie animale *dans toute son intensité*. Lange s'enthousiasme pour La Mettrie comme pour d'Holbach. Ueberweg (1) ne demandait rien moins que de « mitrailler avec volupté les chrétiens durant « trente ans si c'était nécessaire », pour les punir de leur opposition à la vie zoologique, et Strauss dans *L'ancienne et la nouvelle foi* fait preuve de la même haine implacable contre l'ascétisme chrétien.

Data of Ethics de Spencer est un traité cynique de morale zoologique. « L'immoralité consiste à ne pas remplir une fonction organique. La bonté ou la malice des actes dépend des plaisirs ou des peines qu'ils produisent. Le plaisir immédiat doit être préféré. — Les actes humains ne sont complètement bons que lorsqu'ils sont complètement agréables. — L'ascétisme est une idée diabolique. — Aucun organe ne doit demeurer inactif, parce que le plaisir sensuel accroît la vitalité. — La morale du Devoir est absurde, parce qu'elle sacrifie la vie organique. — L'homme idéal est celui qui exerce le mieux toutes ses fonctions physiologiques.... »

En même temps qu'il célèbre avec tant de cynisme la vie zoologique dans toute son intensité, maudissant le culte démoniaque de l'abnégation et de l'ascétisme, il proclame *la suprématie permanente de l'Egoïsme sur l'Altruisme*. L'homme ne doit contribuer au bien-être de ses semblables qu'en *lui donnant le spectacle de ses propres plaisirs et de ses propres joies*, et en faisant ainsi rayonner son propre bonheur. L'*Altruisme*, dit-il, *est absolument incompatible avec la structure organique actuelle de l'homme*. Pour que l'homme arrive à jouir du plaisir des autres, il faut qu'il change sa structure organique actuelle, et le jour où cette transfor-

---

(1) Lettre du 29 décembre 1862.

mation s'opérera, l'Altruisme consistera tout simplement à se saluer réciproquement avec effusion, en se disant les uns aux autres : « Je suis heureux de savoir que tu es heureux de savoir que je suis heureux ».

Enfin Dühring, dans son ouvrage *Der Werth des Lebens* présente, comme l'idéal de la vie humaine, la vie de la brasserie et du lupanar, la vie zoologique en ce qu'elle a de plus abject. Son livre est une apothéose telle du Brutalisme qu'il condamne les romantiques qui, dans le Somnambulisme littéraire, prétendent s'élever au-dessus de la boue de la vie réelle, et il condamne la glorification de l'art *Kunst Verhimmelung*, parce que l'art doit être circonscrit au service des fonctions vitales.

Cependant la vie zoologique offre un tableau si répugnant que même les mécanistes les plus passionnés ne peuvent s'empêcher de protester contre un tel avilissement. Lange reconnaît la nécessité d'inaugurer *une vie nouvelle* et de chercher « un idéal qui appa-
« raisse comme un étranger venu d'un autre monde et
« qui, exigeant l'impossible, fasse sortir la réalité de son
« état naturel ». Il veut que nous trouvions la véritable patrie de notre Esprit et que, appuyés sur les dispositions fondamentales de l'âme humaine et sur les impulsions religieuses du cœur, nous sacrifiions le Moi au bien général. Ce qu'il n'explique pas, c'est comment l'homme doit s'appuyer sur les dispositions fondamentales de son Esprit, puisque pour lui, *croire à l'existence réelle de l'Ame et des Esprits c'est se précipiter dans la mer sans rivages des erreurs métaphysiques.*
Il n'explique pas davantage comment l'homme doit essayer de réformer sa vie, puisque le libre arbitre n'existe pas et que *nous ne pouvons même l'imaginer comme possible*.

§ 9. — Solution du problème du bonheur.

L'Atomisme n'a pas à s'occuper du problème des misères et des souffrances de l'homme, puisque l'homme n'existe pas. Les hommes ne sont que des groupements fugitifs d'atomes qui se meuvent mécaniquement. Dans ce système, rien qui ressemble aux souffrances d'une personne quelconque : gémissements, lamentations, cris de rage, hurlements de douleur, ne sont que des sons d'un orgue qui sonne faux ; les larmes et le sang sont comme l'huile qui lubréfie l'engrenage d'une machine. Et puisque les hommes n'existent pas, pourquoi se préoccuper de leurs misères ?

Oubliant ce fait fondamental de l'Atomisme, Lange parle ensuite comme si l'homme existait, et il avoue qu'il connaît « le côté sombre qui l'accompagne à travers toute son existence... les mille contrariétés de la vie, la froide cruauté de la nature, les souffrances et imperfections de tous les êtres ; et la somme de ces observations opposée à l'idéal de l'Optimisme, est comme un acte d'accusation écrasant pour l'Univers... La conception optimiste de l'Univers est ruinée.... Tout le lyrisme optimiste fondé sur ce que les discordances des détails disparaissent dans l'harmonie du grand Tout et sur la contemplation compréhensive et divine de l'ensemble du monde, est victorieusement détruit par le pessimisme : *la réalité est sombre et terrifiante.* »

Mais Lange ne sepréoccupe pas des misères humaines; il a une panacée pour guérir les maux. C'est *l'instinct poétique de l'Humanité*, la faculté précieuse de tirer des profondeurs de l'âme créatrice toutes sortes de bonheurs. Dans la vie nouvelle que Lange veut inaugurer, il ne doit pas y avoir place pour la tristesse. Sa sollicitude n'oublie personne ; pour tous il a un trésor de consolations et de plaisirs. Les caractères gais auront des temples dédiés à Bacchus et à Mylitta, comme à Babylone ; et, adossées à ces temples du plaisir, il y aura, pour les cœurs affligés, des chapelles gothiques avec des orgues et des carillons où ils pourront donner libre cours à leurs larmes, *entendre les battements de leur cœur* et jouir des sublimes émotions esthétiques de l'art chrétien ; *ils ressentiront les frissons du sublime*, en entendant l'orgue jouer les messes de Palestrina. Que peut-on demander davantage ?

Tout cela est provisoire, et durera autant que notre structure organique actuelle. Le jour où, en vertu de la synthèse de Spencer, cette structure sera complètement transformée, toutes les infortunes disparaîtront et l'humanité vivra dans un bonheur parfait. Hommes et femmes passeront leur temps à chanter des cantilènes et des romances pour se dire les uns aux autres leur félicité ; jeunes et vieux chanteront comme des rossignols, en sorte que les cités sembleront des bocages peuplés d'oiseaux qui salueront l'aurore de trilles et de roulades d'une douceur incomparable et qui continueront à chanter tout le jour jusqu'au moment du coucher. L'expression des émotions se perfectionnera à tel point que les physionomies exprimeront la félicité dont tous débordent et tous jouiront mutuellement à la voir manifestée sur les visages et dans les mélodies et les danses de joie auxquelles tous se livreront. Pas un acte de la vie nouvelle qui n'entraîne avec lui un plaisir : *les débiteurs eux-mêmes, jouiront de payer leurs dettes, et les créanciers, plus que d'être payés, jouiront de voir la joie qu'auront les débiteurs à payer* (sic).

Dans ce programme de félicité future que Spencer réserve à la future humanité, tous les détails sont prévus : les blanchisseuses ne se serviront plus de drogues qui brûlent le linge ; dans les trains, les voyageurs ne disperseront pas leurs bagages pour faire croire que les places sont occupées ; les cuisinières soigneront leurs sauces afin que leurs maîtres ne soient pas malades ; les maçons boucheront parfaitement les lézardes ; et tout le reste à l'avenant.

C'est dans ces termes exprès que parle Spencer. Pour le croire, il faut lire, et non pas une fois seulement, certains chapitres de sa fameuse *Ethique*, de l'œuvre qu'il se hâta de publier comme le couronnement de sa Synthèse, avant que celle-ci ne fût terminée. Il craignait en effet que s'il venait à mourir, l'Humanité ne fût privée de la partie la plus sublime de la Révélation que lui fit un jour la Cause Inconnue.

Un seul nuage obscurcit l'horizon riant de cette future Cocagne que Spencer nous prédit : c'est de penser aux centaines de siècles qui doivent encore s'écouler pour que s'opère la transformation de la structure organique actuelle, car ces transformations ne se font que lentement, et aussi, la perspective de voir, après une si grande félicité, en vertu du rythme du mouvement, l'Humanité retourner à l'état sauvage et au cannibalisme.

ÉTUDE IX

Second système : Le Naturalisme

CHAPITRE I

IDÉES FONDAMENTALES

La Nature. — Monisme absolu. — Évolution ascendante de la Matière. — Le Supérieur est dans l'Inférieur et vice-versa. — Unité de Forme. — Idée matérialiste de l'Esprit. — Idée matérialiste de Dieu. — Dieu, cause finale. — Dieu dans le temps. — Dieu subordonné au Destin.

§ 1. — La Nature

L'Atomisme est impuissant à trouver un principe quelconque d'*Unité* ni dans l'Univers, ni en particulier dans les organismes où cette unité apparaît avec plus d'évidence. Aussi les philosophes sont-ils obligés de passer de la notion de la Matière discontinue à celle de Matière continue ; et de fondre toute la Matière cosmique en une seule masse vivifiée par une activité immanente en elle, dont la puissance engendre toute la vie universelle et particulière.

En même temps que l'Unité, ils prétendent voir l'*Intelligence* ordonnatrice du monde dans la finalité préétablie par une Loi cosmique suprême édictée par le *Destin*.

La Matière cosmique devenue ainsi une hypostase reçoit le nom de *Nature*. Et ce nouveau système cosmogonique s'appelle *Naturalisme* ou *Hylozoïsme* (de ὕλη, matière, et ζῶον animal), système qui, par analogie, compare à un immense animal la Matière cosmique vivifiée.

§ 2. — Monisme absolu

Le Monisme est la quintessence du Naturalisme, d'après lequel il n'y a dans l'Univers qu'une substance unique : c'est la matière cosmique transformée par sa propre vertu, comme le Protée de l'antique Mythologie.

Ses transformations reçoivent différents noms : les uns les appellent *modes*, d'autres *formes*, d'autres *qualités*, d'autres *actes*, d'autres *phénomènes*. Chaque philosophe a son terme préféré, et sur ce changement de nom prétend former une école nouvelle.

Toute vie, cosmique ou particulière, se réduit à une pure fantasmagorie, à des apparences trompeuses, à des changements et transformations éphémères, sous lesquelles se manifeste l'Etre unique, la matière étendue à trois dimensions, unique substratum latent, de la puissance intrinsèque duquel tout procède.

Les Individuations, comme dans le premier système, ne sont que de la Matière caractérisée par la quantité ; ce sont des quantités de matière qui apparaissent sous forme d'organismes. Les *formes substantielles* ne sont que des modes ou formes d'un caractère plus ou moins stable. L'homme est simplement une mode ou forme éphémère que revêt la Matière en passant de la puissance à l'acte par sa propre vertu.

§ 3. — Evolution ascendante de la matière

La Matière cosmique, vivifiée et mue par sa propre puissance, se transforme successivement en une série de modes ou formes de perfection croissante.

Dans son état inférieur, elle se manifeste comme matière inorganique qui, successivement, tend à se convertir en végétal, de végétal en animal, et d'animal en homme. Une Matière unique gravite dans la pierre, croît dans la plante, sent dans l'animal et pense dans l'homme. A chaque étape de cette évolution elle apparaît avec des caractères ou attributs nouveaux qui ne sont que de nouvelles formes revêtues par sa potentialité immanente en passant de la puissance à l'acte. Chaque fonction correspond à un mode ou forme particulière sous laquelle elle se manifeste. Dans ses dernières étapes, la Matière aime sous la forme de cœur(1) et pense sous la forme de cerveau. Telle est l'évolution matérialiste, le *Fieri* latin, le *Devenir* français et le *Werden* allemand.

Le terme de cette évolution ascendante est l'Intelligence. Dans cet état, la Matière arrive à se connaître elle-même et atteint la quiétude et le contentement qui constituent sa suprême félicité. L'état intellectuel est

---

(1) Dans le Matérialisme, il est, pour ainsi dire, classique d'attribuer la fonction de l'*amour* à la matière organisée sous forme de cœur. Mais il y a des matérialistes qui vont jusqu'à attribuer à cet organe la *connaissance*, et même la *timidité* ! Et la timidité serait en proportion du volume du cœur. Ainsi le tigre doit être un animal plus timide que le rat, parce qu'il a un cœur plus grand !...

le souverain bien auquel il soit donné à la Matière cosmique d'atteindre.

§ 4. — Le supérieur est dans l'inférieur et vice-versa

Le résultat de cette évolution de la Matière est une échelle de transformations de plus en plus parfaites. Au plus bas degré existent déjà en puissance toutes les perfections des degrés supérieurs. Il se peut que quelques-uns seulement de ces attributs soient réalisés ou en acte ; mais tous s'y trouvent en puissance ; car dans toute quantité de matière, la virtualité est *in potentia ad species consequentes*. La matière à l'état de pierre peut se changer en végétal, de végétal en animal et d'animal en homme : c'est le dernier degré de son évolution. *Ultimus igitur generationis gradus est anima humana, et in hanc materia sicut in ultimam formam.*

Réciproquement, dans ses étapes supérieures il faut voir tous les degrés inférieurs par lesquels elle a passé. Le végétal est la matière inorganique elle-même perfectionnée ; dans l'animal se trouvent toutes les fonctions végétales perfectionnées, et dans l'homme toutes les fonctions animales, végétales et inorganiques.

L'acte de la procréation, dans la Cosmogonie naturaliste, ne suppose pas la coopération de deux êtres ; c'est l'acte d'un seul être et d'une seule virtualité.

§ 5. — Unité de forme

Il n'y a pas davantage pluralité de formes ou de

modes. Il n'y a qu'une série de degrés de perfection croissante, chacun d'eux contenant en lui-même tous les degrés inférieurs, parce qu'il n'y a qu'une seule potentialité susceptible d'un développement plus ou moins grand.

L'unité de forme, voilà le principe essentiel du Naturalisme. Il est absurde de supposer que la Matière puisse simultanément apparaître sous différentes formes ou modes. Chaque forme nouvelle est la forme inférieure perfectionnée.

§ 6. — Idée matérialiste de l'esprit

Le Naturalisme peut être *idéaliste*, mais non *spiritualiste*. Il peut être idéaliste puisqu'il attribue à la Matière la faculté de penser. L'Intelligence, comme nous l'avons dit, est la dernière étape de son évolution et la Matière étant douée d'Intelligence, on peut lui attribuer toutes les fonctions du vrai et du faux Idéalisme.

Mais confondre l'Idéalisme avec le Spiritualisme serait une grossière erreur, sinon une supercherie manifeste. L'Humanité entend par *Esprit* une substance essentiellement différente de la Matière, et, dans le Naturalisme, il n'y a pas de transsubstantiation possible, parce qu'il n'y a qu'une seule substance, la matière cosmique.

Malgré la grossièreté de l'erreur, de tous temps les philosophes naturalistes ont cherché à falsifier le Spiritualisme ; et toujours ils ont trouvé des lecteurs assez simples pour admettre cette substitution.

Au XIXe siècle, Hégel la mit à la mode en Allemagne dans ce qu'il intitule *Philosophie de l'Esprit*, et

Vacherot en France, dans son *Nouveau Spiritualisme*, célébré comme tel par Janet (1) ; et ceux-là mêmes, qui la réfutent, l'admettent, sans se rendre compte de la supercherie.

§ 7. — Idée matérialiste de Dieu

Le Naturalisme falsifie la notion de l'Esprit en le réduisant à un degré supérieur de la Matière. Il falsifie de même le nom de Dieu, en l'identifiant avec la Nature qui est la Matière elle-même, dans la potentialité de laquelle il prétend voir la Cause Première de l'Univers.

La déification de la Matière est l'œuvre capitale du Naturalisme. Ses écoles ne diffèrent que par l'idée qu'elles se font de Dieu. La première école, limitrophe de l'Atomisme, est encore athée, comme lui. La divinisation commence avec la seconde école ; elle va successivement en se restreignant à la partie de la Matière dont la virtualité ou potentialité se trouve le plus développée et dont l'état, par conséquent, est le plus parfait.

La seconde école divinise comme Cause Première la potentialité de la Matière en général.

La troisième ne divinise que cette partie de la Matière dont la puissance est arrivée, dans l'homme, à l'état intellectuel.

La quatrième et la cinquième restreignent encore davantage le nom de Dieu, et ne le donnent qu'à la Matière astrale à laquelle ils attribuent la perfection

---

(1) Des débris de la droite hégélienne, dit Janet, s'est formée une cole spiritualiste d'un caractère très prononcé.

suprême. Dans l'homme, bien que doué d'intelligence, la Matière a encore une partie de son activité en puissance, une partie qui ne s'est pas encore développée. C'est dans l'Ether seulement, divinisé par les deux dernières écoles, que toute la virtualité de la Matière est complètement réalisée ; là, toute sa puissance a passé à l'acte. Et voilà pourquoi ils disent que *Dieu est acte pur* et que tout est en Dieu à un degré éminent.

§ 8. — Dieu, cause finale

De ce que l'on donne le nom de Dieu au degré supérieur, à la dernière étape de l'évolution de la Matière cosmique, découlent logiquement trois conséquences.

La première, c'est que Dieu est la *Cause finale* de l'univers. La vie divine est en effet la fin vers laquelle tend la potentialité de la Matière à tous ses degrés inférieurs, puisque c'est l'état où se trouve pleinement réalisée sa virtualité immanente. Non seulement l'Esprit, mais toutes les choses, le végétal, l'animal, tous les êtres inférieurs s'efforcent de ressembler à Dieu. *Res omnes, quælibet res mola, omnia intendunt assimilari Deo. Res omnes propter divinam similitudinem consequendam sicut propter ultimum finem*, etc.

La seconde, c'est que tout, minéraux, végétaux, animaux, participe à l'être de Dieu. *Res omnes sunt quædam imagines primi agentis, scilicet Dei*. Tout agent agit *in virtute divina*, parce que, comme Dieu, toutes les choses sont de la Matière cosmique vivifiée par sa potentialité ; il n'y a de différence que dans les degrés de développement de cette potentialité unique. Dieu est la Beauté suprême, Dieu est la Bonté suprême, Dieu est ce que nos yeux voient, en état de souveraine perfection.

Et, troisième conséquence, comme Dieu n'est pas différent du monde, il est possible de le connaître par analogie ; car la vie divine n'est pas la vie d'un Etre Suprême extracosmique, mais la vie même de la Matière à un degré éminent. L'analogie ne doit pas être limitée à l'Esprit, mais elle doit s'étendre à toutes choses, puisque tout, à un degré plus ou moins imparfait, participe à l'Etre de Dieu et à la vie divine.

§ 9. — Dieu dans le temps

Dieu, identifié à la Matière cosmique, vit comme elle dans le Temps. Le temps est un attribut essentiel de la Matière, et par conséquent la vie de Dieu n'est pas simultanée mais *successive*.

Le Dieu du Naturalisme pourra se rappeler tout le passé et connaître en même temps tout le présent ; il pourra étendre sa connaissance à des espaces incommensurables ; mais pour merveilleuse que soit son Intelligence, sa connaissance directe ne pourra pas s'étendre au-delà du présent; de l'avenir Dieu ne pourra avoir que ce qu'on appelle la *prescience*. Il pourra connaître avec certitude les choses futures, mais les voir en elles-mêmes, directement, il ne le pourra pas tant qu'elles n'arriveront pas. Sa vie est, encore une fois, successive, dans le Temps, comme celle de toute la Matière cosmique.

§ 10. — Dieu subordonné au destin

Enfin, Dieu étant la matière cosmique elle-même, vit comme elle subordonné à la loi suprême édictée par le Destin. Que Dieu soit la totalité ou qu'il soit une partie seulement, Dieu n'est pas l'auteur de la Loi mais son exécuteur, son sujet.

Les choses que Dieu fait ne sont pas bonnes parce qu'Il les fait, mais il les fait parce qu'elles sont bonnes. La bonté ou la malice ne dépend pas de la volonté de Dieu, mais de la conformité des actes à la Loi supérieure à Dieu, établie par le Destin.

CHAPITRE II

LES ÉCOLES

Première école : Naturalisme athée. — *Deuxième école :* Panthéisme. — *Tro·s·ème école :* Anthropolâtrie.— *Quatrième école :* Astrolâtrie sans Providence.— Supercheries aristotéliciennes. — *Cinquième école :* Astrolâtrie et Providentialisme.

§ 1. — Première école : Naturalisme athée

La notion de la Nature fut la base de l'école Eléate, fondée à Elée, colonie phocéenne de la Grande Grèce, par Xénophane (né vers 640 av. J.-C.) dont les disciples les plus fameux furent Parménide, Zénon et Mélissos.

Leurs théories sont exposées dans le poème de Xénophane, *La Nature*. La substance unique, l'être unique de l'Univers est la matière continue sous la forme d'une masse sphérique limitée et douée d'une Intellligence immanente.

Les êtres particuliers ne sont que des apparences trompeuses, *leere namen und sinnentrug*, comme dit Bæumker : feu, air, eau et terre sont de purs noms, pure fantasmagorie. Mais c'est une grave erreur que de confondre cette doctrine avec le Somnambulisme néo-Kantien. Ce sont deux systèmes essentiellement différents. Les Eléates ne nient point la Réalité extérieure ni la vérité de nos perceptions. Ce qu'ils nient c'est la différence essentielle des choses, la *pluralité de substances* ; d'après eux, c'est une Réalité unique, une substance unique qui produit tous les phénomènes.

Contrairement à l'école d'Ionie qui restreignait l'Intelligence aux degrés supérieurs de l'évolution de la Matière, l'école d'Elée soutenait que la virtualité intrinsèque de la matière était essentiellement intelligente : Etre et Pensée sont une même chose.

Parménide et Zénon, tous deux originaires d'Elée, se rendirent à Athènes vers le milieu du Ve siècle ; ils y enseignèrent le Naturalisme éléate qui se divisa dans la suite en deux écoles : l'une franchement athée, l'autre panthéiste.

La première doctrine, le *Pan* sans *Theos*, n'est pas autre que celle que Schopenhauer a enseignée, comme une découverte très originale, dans son ouvrage *Le monde comme Volonté et comme Imagination* ; qu'il appelle *La Thèbes aux cent Portes*.

L'être unique de Schopenhauer, comme celui de Parménide, est la Matière cosmique vivifiée par « une « force unique qui sommeille dans la plante, s'éveille « dans l'animal, et ne prend conscience que dans « l'homme». Il compare son évolution à une échelle musicale où le règne minéral serait la voix de basse, le règne végétal celle de ténor, et le règne humain celle de soprano. Cette identité fondamentale, Schopenhauer prétendait avoir été le premier à la mettre en lumière, en donnant à cette force inconnue et innomée son vrai nom de *Volonté*, nom de l'espèce la plus élevée appliqué au genre tout entier.

La Nature à sa dernière étape, au moment où apparaît l'Humanité, fait naufrage et se brise misérablement. Les grandes intuitions disparaissent, l'Intelligence, si prodigieuse dans les degrés inférieurs, s'obnubile dans l'homme et le *raisonnement* finit par être le *patrimoine* des sots.

Le véritable mérite de Schopenhauer fut d'avoir écrasé Hégel et les hégéliens ; il fit justice de leur pédanterie avec autant de raison que de sévérité. A la déification insensée de l'Homme il opposa un tableau grandiose de la petitesse et des misères humaines. Et à le lire on se demande ce qu'un talent aussi extraordinaire n'aurait pas pu accomplir s'il avait été éclairé d'un rayon de lumière surnaturelle.

Hartmann, disciple de Schopenhauer, partagea la doctrine éléate professée par Schopenhauer. C'est le même naturalisme athée qu'il expose dans son principal ouvrage. *l'Inconscient* (*Das Unbewusste*). Il combat l'anthropolâtrie hégélienne avec non moins de vigueur et de raison que Schopenhauer.

Il reproche à ce dernier d'avoir présenté la Volonté, qui est une faculté, comme la Cause Première et d'avoir négligé l'Etre primordial qui est le sujet où la faculté a ses racines. Nous sommes obligés, dit-il, d'admettre que derrière l'attribut du vouloir il y a un Etre qui est son fondement.

Le reproche est fondé sans doute, mais Hartmann encourt le même reproche. Si Schopenhauer remplace l'Etre primordial par un attribut, Hartmann lui substitue un participe quand il l'appelle *l'Inconscient*. On peut lui faire remarquer à lui aussi, que derrière les fonctions nous sommes obligés d'admettre l'Etre qui est leur fondement. Et cet Etre, dans les deux cas n'est autre chose que la Matière cosmique. La Volonté et l'Intelligence ne sont que deux fonctions du même

Etre primordial identifié par les deux philosophes avec la Nature.

Labau, dans son ouvrage *Die Schopenhauer-Literatur* (Leipzig 1880) et Plumacher dans *Der Kampf um's Unbewusle* (Leipzig 1890) établissent la bibliographie du Naturalisme athée qui en Allemagne, s'éleva sur les ruines de l'Hégélianisme.

A cette même école matérialiste et athée appartient Büchner. Dans son livre *Force et Matière* (1852) il assurait que sa doctrine *ferait époque dans l'histoire de l'humanité* ; et il ignorait encore la découverte de l'Energie enseignée quinze ans auparavant par son compatriote Mohr. Deux ans après, Vogt enseignait la même philosophie dans *La foi du charbonnier*.

En France, parmi les représentants les plus connus de cette école figurent Max Nordau, auteur de l'intéressant ouvrage intitulé *Dégénérescence*, Bergson et Le Bon.

Le Bergsonisme partage avec le Pragmatisme les enthousiasmes des masses « philosophantes » avides de dévorer le plat du jour.

S'étant consacré à découvrir le creuset où s'élabore la conscience humaine, Bergson publia le résultat de longues années de recherches dans l'*Essai sur les données immédiates de la Conscience* (1889). Longtemps après, il rendit compte de ses découvertes dans *Matière et Mémoire* (1896). Onze ans plus tard il publia sa fameuse *Evolution créatrice* (1907). Ses admirateurs attendent encore avec une impatience fébrile une *Ethique*, pour laquelle nous espérons qu'il n'aura pas besoin de longues années de méditation.

Le fruit de ces trente ans de découvertes a été, en fin de compte, une simple réédition du naturalisme athée de Schopenhauer. Le vulgaire intellectuel ne connaît de celui-ci que son pessimisme ; mais ceux qui ont feuilleté ses ouvrages savent que sa pensée capitale est l'idée d'une force immanente dans la Matière cosmique, d'une activité intrinsèque de l'Univers, qu'il appelle *Volonté*; potentialité latente qui est le principe fondamental de toutes les écoles du Naturalisme.

Proclamer que cette activité qui anime l'Univers est de *nature psychologique et non mécanique*, et remplacer le nom de *Volonté* que lui donne Schopenhauer par celui d'*Elan vital*, voilà, en résumé, le fruit du labeur titanique de Bergson, que la France philosophique admire et commente comme une nouveauté merveilleuse.

A l'origine du monde, un jour dont Bergson n'a pas trouvé la date dans son creuset (c'eût été une donnée intéressante), au sein de la Nature jusqu'alors en léthargie, « un courant a pris naissance », et l'Elan vital qui surgit subitement, on ne sait comment, créa la vie de l'Univers, comme l'homme crée sa propre vie et comme le poète, poussé par l'inspiration, crée son poème.

C'est la Cosmogonie même de Schopenhauer et de Hartmann. Bergson ne se sépare de ses prédécesseurs que pour substituer à leur sombre pessimisme une confiance telle dans l'efficacité de l'impulsion vitale qu'il en arrive à entrevoir le jour où, surmontant tous les obstacles, elle triomphera.. même de la mort ! Maigre triomphe, si elle ne parvient pas en même temps à changer ses tourments en félicité !

Si nous recherchons les quatre ou cinq pensées que les grands philosophes, d'après Schopenhauer, diluent en 500 pages de phraséologie pour chacune, nous voyons que Bergson emprunte à Schopenhauer non seulement sa *Volonté* qu'il baptise du nom d'*Elan vital*, mais encore sa propre théorie de la connaissance. Cette théorie est basée sur la distinction que Schopenhauer établit entre les merveilleuses *intuitions* de la Volonté qui va droit à ses fins avec une certitude prodigieuse et la faiblesse du *raisonnement* humain.

S'emparant de cette distinction Bergson enseigne que l'Intelligence ne sert qu'à l'étude des sciences nécessaires à l'homme pour les besoins de sa vie zoologique, mais que la connaissance ultrascientifique de l'impulsion vitale n'est pas à sa portée.

L'homme ne peut arriver à la connaissance métaphysique par les efforts de sa seule Intelligence. A ses grandes Intuitions doivent participer à la fois la sensibilité et l'esprit, l'organisme entier *avec toutes ses fonctions vitales*, la personne tout entière, toute la matière cosmique qui constitue l'homme, car c'est d'elle que naissent directement les intuitions.

Et cette reconcentration organique, indispensable à la vie spirituelle des philosophes, demande un effort si puissant, que Bergson dut consacrer trente ans d'un rude labeur à l'intuition de son *Evolution créatrice*.

Etudiant enfin les multiples manifestations de l'élan vital, Bergson se met en contradiction avec ce qu'il avait affirmé auparavant de sa nature psychologique et non mécanique ; il explique en effet la variété de ses effets dans un sens strictement mécaniste. La variété des organismes végétaux, animaux et humains est comparée aux différentes directions que prend le vent dans les carrefours, et la formation des atomes de matière pondérable est considérée à la manière de gouttelettes détachées du courant vital et contre l'inertie desquelles doivent ensuite lutter les parties vivantes.

La pluralité, comme dans toutes les écoles naturalistes, est une fausse apparence. Le Monisme absolu est au fond de la Cosmogonie de Bergson ; il se complait à proclamer que tous les êtres organiques, du plus humble au plus élevé, sont des manifestations d'une impulsion unique.

Avec Bergson, le représentant le plus connu du Naturalisme en France, est Gustave Le Bon, auteur de *L'Evolution de la Matière* et de *l'Evolution des Forces*.

Il ne se propose rien moins que de détruire *les dogmes fondamentaux qui servent de base à la science moderne*, et, comme Spencer, il prévient ses lecteurs *de ne pas se laisser effrayer par la hardiesse de ses conceptions*.

Hartmann déclarait que l'Inconscient était le substratum de la Matière ; Le Bon affirme que *la Matière est l'élément fondamental des choses, le substratum des mondes et des êtres qui vivent à leur surface*. C'est la thèse même du Naturalisme.

Toute sa hardiesse se réduit à exhumer *la potentialité de la Matière* telle qu'Aristote l'expliquait il y a vingt-trois siècles en se servant des mêmes termes. Comme Aristote disait que la Matière par sa propre puissance *s'immatérialise*, de même Le Bon déclare qu'elle se *dématérialise*; et c'est, dit-il, ce qui explique la vie universelle. C'est de l'Aristote au pied de la lettre.

D'après la science moderne, l'Energie est une substance immatérielle différente des Atomes qu'elle compénètre en leur infusant la vie cosmique. Pour Le Bon, l'Energie, qu'il appelle *énergie intra-atomique*, est une potentialité ou vertu des Atomes eux-mêmes. L'âme cosmique est un attribut de la Matière.

L'unique originalité de Le Bon est sa conception d'une complète évaporisation, pour ainsi dire, de la Matière ; elle mourra un jour par suite de sa dématérialisation, « transformée en d'autres forces, avant de « retourner à ce que nous appelons le néant ».
C'est la science à l'envers, destinée à un succès de librairie.

§ 12. — Seconde école : le Panthéisme

Orvieto, dans son étude sur la *Filosofia di Senofane*, distingue deux périodes dans la vie de ce philosophe. Dans la première, il se borna à combattre le culte populaire et à étudier les phénomènes de la Nature et leurs lois, en les opposant à la Religion nationale. Dans la seconde il déguisa son athéisme sous une phraséologie captieuse qui lui permit de conserver par fraude le nom de Dieu. C'est alors que Xénophane « réunit l'Univers en Dieu, et conçut le Cosmos comme un être divin, unique et incorruptible, incréé et éternel, de forme sphérique ». Etre éternel qui vit, sent et pense. Sa philosophie, dit Baeumker, c'est la Nature « hypostasiée à la manière de Dieu qui, par la force de « sa pensée, engendre et meut tout, pense tout, voit « tout et entend tout ».

Le panthéisme éléate de Xénophane fut enseigné au XVIIe siècle par Spinoza, juif hollandais qui consacra à l'étude de la philosophie les loisirs que lui laissait sa double profession d'espion et de cristallier. Sa doctrine, apprise d'un médecin Van den Eude, qui fut pendu en France pour ses crimes, et exposée dans son *Tractatus Theologico Politicus* (1670) et dans son *Ethique* (1677) est purement le panthéisme éléate.

Dieu est la Matière pensante ; la Matière est l'Etre primordial dont les deux attributs sont *l'étendue* et la *pensée*. Ces attributs se manifestent dans le monde par de nombreux *modes* différents ; tous les corps organiques et inorganiques, sont des *modes de l'étendue*, et toutes les fonctions organiques, images, appétits et idées sont des *modes de la pensée*. L'Etre primordial, appelé *Dieu, apparaît partout par son essence, sa présence et sa puissance*, au fond de toutes choses.

Le Panthéisme, ressuscité par Spinoza, fut enseigné par Cuffeler, Stosch et Toland. Celui-ci après avoir essayé de le réfuter dans ses *Lettres à Serena* finit par le professer dans le *Pantheistikon*. Il le proposa comme une doctrine ésotérique aux initiés des sociétés secrètes constituées sur le plan de son *Clidophorus*.

Tandis que l'Atomisme avait en France une certaine vogue, c'est la doctrine de Spinoza qui, en Allemagne, au XVIIe siècle, fut la doctrine favorite du dilletantisme philosophique des célébrités littéraires. Gœthe fut spinosiste; la doctrine mécaniste de d'Holbach lui paraissait « la quintessence d'une sénilité stupide et même répugnante ». Spinosiste aussi Lessing pour qui « il n'y avait pas d'autre philosophie possible que celle de Spinoza ». Spinosiste encore Schiller qui voyait dans la Nature un Dieu divinisé à l'infini. Spinosiste enfin Schelling, durant la première partie de son enseignement, Schelling dont *l'Absolu* ne fut pas autre chose que la Matière cosmique vivifiée.

§ 13. — TROISIÈME ÉCOLE : ANTHROPOLATRIE

La troisième école est née de la répugnance à diviniser la Nature tout entière. « Diviniser tout c'est tout

« justifier, tout consacrer. Horrible nécessité! Du moins
« l'Athéisme laisse le droit de se moquer du laid et du
« ridicule, de maudire le mal et le crime. Entre ne voir
« Dieu nulle part et le voir partout, mon choix ne serait
« pas douteux; condamné à cette alternative, je préfé-
« rerais l'athéisme». Diviniser ainsi le Mal sous toutes
ses formes, c'est se moquer du sens commun et du sens
moral, dit justement Vacherot dans *La Métaphysique
et la Science.*

Tel est donc le mobile qui pousse la troisième école
du Matérialisme à restreindre la déification à l'humanité, considérée comme l'étape supérieure de la Nature. *Je suis Dieu, mais mon chien ne l'est pas*, disait Hégel, condensant toute sa philosophie dans une phrase.

Hégel fut le fondateur de cette école qui eut une
grande vogue durant le premier tiers du XIXe
siècle, jusqu'au jour où elle fut exécutée par Schopenhauer. Il commença par être le disciple de Schelling
dont il enseigna le panthéisme dans son *Rêve de bac-
chantes* et ses *Vers à Eleusis*. Puis il rompit avec Schelling et suggestionné par l'apothéose du Moi que Fichte
fit dans la *Fonction du Sage* (1806) et dans le *Destin de
l'homme*, il songea, contrairement à Schelling, à cir-
conscrire la déification à l'Humanité. Il voulut réduire
le rôle de la Nature à servir de piédestal aux philosophes, et, en particulier à Lui, Hégel, *Cèdre du Liban* et
Laurier de la Sagesse.

Sa Cosmogonie distingue trois périodes auxquelles
il consacre respectivement la *Logique*, la *Philosophie
de la Nature* et la *Philosophie de l'Esprit*.

La première période est appelée par lui *l'Idée*, parce
qu'elle est une période mentale de la Matière cosmique douée alors d'intelligence.

Dans la seconde, l'Idée se nie elle-même ; la Matière se condense, comme disaient plus clairement les Stoïciens, et, en se condensant, elle perd son Intelligence. C'est la période de la Nature inconsciente.

Dans la troisième, l'Intelligence perdue réapparaît dans la personne des philosophes et principalement dans la personne de Hégel.

La célébrité de Hegel fut due surtout à la grotesque exagération du « cultisme » philosophique de Kant. Depuis les plus ridicules métaphores (il appelait les étoiles des *éruptions cutanées de la voûte céleste*) jusqu'à la plus abracadabrante phraséologie, rien n'y manque. Persuadé que « le philosophe peut tout se « permettre pourvu qu'il parle au public un langage « qu'il ne comprenne pas », il prend toutes les libertés. C'est surtout contre la grammaire que ses fureurs allèrent jusqu'à la haine la plus acharnée ; il abusa de prépositions, exagéra les défauts de la syntaxe allemande, en sorte que ses disciples purent croire que pour être philosophe il suffisait de maltraiter la langue.

Les disciples les plus connus de Hégel furent, en Allemagne Feuerbach, pour qui la Théologie et l'Anthropologie étaient des termes synonymes ; en Italie, Vera ; et en France, Vacherot et l'impayable Comte qui fit de l'Anthropolâtrie un art bouffon.

Auguste Comte fut d'abord athée, puis panthéiste, puis positiviste, jusqu'au jour où l'idée lui vint, vraiment *positive*, d'utiliser l'Anthropolâtrie de Hégel (qu'il avait connu par l'intermédiaire d'Eichtal) pour s'ériger en Souverain Pontife de la religion nouvelle et se donner le luxe de la grande vie aux dépens de ses catéchumènes. Et cela, précisément au moment où, en Allemagne, croulait avec fracas l'édifice de l'hégélianisme (1).

La doctrine de Comte était plus large que celle de Hégel. Celui-ci ne voulait pas que son chien fût Dieu : pour Comte, le culte de l'Humanité ne devait pas exclure absolument celui de quelques fidèles alliés au règne animal, comme les bœufs, les chevaux et les chiens, « avec un degré d'importance proportionné à la « dignité de l'espèce et *à la bonne conduite de l'individu* ».

Calendrier, liturgie, sacrements, jusqu'aux plus petits détails de la religion nouvelle, tout fut codifié par une grotesque parodie du Catholicisme. Pour couronner son entreprise, Comte s'érigea asssitôt en grand-prêtre de l'Humanité et se fit octroyer une rente de 60.000 francs qu'il jugeait indispensable pour vivre dignement. Pour grande prêtresse il choisit une certaine Clotilde, inscrite dès l'âge de dix-sept ans dans les registres de la police d'hygiène, concubine ensuite d'un ancien forçat et lorsque celui-ci fut de nouveau condamné à la détention perpétuelle, consacrée par Comte suivant les rites de la nouvelle religion.

Clotilde morte en 1846, le fauteuil rouge où elle avait coutume de s'asseoir (recouvert d'une housse verte qu'on n'enlevait que dans les grandes solennités) devint un tabernacle, devant lequel les catéchumènes devaient faire oraison trois fois par jour, une fois à genoux et deux fois debout.

Le grand-prêtre se proposait de convertir tous les monothéistes dans l'espace de sept ans, les polythéistes en treize ans et les fétichistes au bout de treize autres années ; en trente-trois années il se promettait

---

(1) *Traité de sociologie instituant la religion de l'humanité*, 1851-1854.

de convertir toute l'Humanité : il n'en eut pas le temps. Sa vie fut courte et aventureuse. Les infidélités de Clotilde furent pour lui une source de déboires, surtout la première fugue, l'année qui suivit leur entrée en ménage ; dans la suite, il les supporta avec plus de philosophie. Mais les chagrins qui lui vinrent de la part de ses disciples furent plus grands et d'un autre genre. Dirigés par Littré, ils commencèrent par lui diminuer les appointements, et finirent par lui déclarer qu'il pouvait bien gagner sa vie honorablement en donnant des leçons de mathématiques, sans être à la charge de personne. Après une existence pénible et tourmentée il mourut à l'âge de 59 ans, précisément à l'époque où il étudiait le moyen de prolonger indéfiniment la vie humaine.

§ 14. — Quatrième école :
Astrolatrie sans providence

La doctrine de la quatrième école du Naturalisme fut tirée par Aristote d'une *Issa Upanishad* (1), qu'il tenait de Callisthène, comme tant d'autres traités de l'Hindoustan qu'il utilisa et copia.

L'originalité de cette école se borne à supposer que la Matière est éternellement divisée en deux parties : l'une sublunaire dont la potentialité n'est que partiellement développée, l'autre céleste dont la puissance est complètement réalisée et qui est devenue Entéléchie ou Acte Pur.

D'après la doctrine catégoriquement exposée dans sa *Métaphysique* et dans ses traités *Sur la génération*

---

(1) Cf. Etude XIII. *Préhistoire de la métaphysique* § 43.

et la corruption des choses et de l'Ame, ces deux parties ont une nature identique ; elles ne diffèrent que par le degré différent d'évolution où se trouve en chacune d'elles la Matière cosmique, car la Matière est nécessairement la substance unique (1). *La nature des corps du monde sublunaire est la même que celle des corps du monde céleste* (2). Tous les corps du monde sublunaire participent de l'éternel et du divin, parce qu'ils sont produits par la même puissance de la Matière cosmique qui, dans le monde céleste, a passé à l'état d'Acte Pur (3).

Dans le monde sublunaire, la puissance de la Matière produit successivement les âmes végétales, les âmes sensitives et les âmes raisonnables, et son évolution s'achève dans l'Homme. Dans l'homme le degré d'intelligence dépend de la dureté et de la douceur des chairs. Plus la chair est molle et plus l'Intelligence se développe ; plus la chair est dure et moins l'Intelligence se développe (4). Comme le bonheur consiste dans la connaissance intellectuelle, seule arrive à la posséder cette minime partie de la Matière sublunaire qui constitue l'espèce humaine.

L'espèce est la seule chose qui ne périsse pas, la seule qui subsiste (5). Les hommes sont comme des bulles qui se forment à la surface d'une mare, puis disparaissent ; leur existence est éphémère. « L'homme, dit textuellement *la Morale à Nicomaque*, ne jouit que quel-

---

(1) *Métaphysique*. Livre VIII, § 3. *Génération et Corruption*. Livre I, CH. IV § 6.
(2) *Génération et Corruption*. Livre II, CH. 9, § 2.
(3) *De Anima*. Livre II, CH. 4, § 2.
(4) *De Anima*. Livre II, CH. 9, § 2.
(5) *De Anima*. Livre II, CH. 4, § 2.

que temps de ce bonheur fugitif, pendant quelques courts instants seulement ». Et la doctrine de la *Morale à Nicomaque* est identique à celle de la *Grande Morale*. Le *temps complet pour l'homme est celle vie*. Aristote repousse, comme une sottise aussi manifeste qu'absurde, la doctrine de Solon sur les récompenses d'une vie future. L'homme ne va pas dans le monde céleste ; personne n'y entre, personne n'en sort ; ce monde est immuable.

Dans la partie céleste la Matière cosmique est immobile, car ce qui produit le mouvement dans le monde sublunaire c'est l'impulsion potentielle qui tend à développer sa virtualité. Comme dans la partie céleste toute sa puissance a passé à l'Acte Pur, il s'ensuit que son activité cesse et reste immobile. Le mouvement continue seulement dans la minime partie de Matière céleste qui constitue les astres, et cela parce que les corps sphériques sont incapables de repos.

Dans cet état d'immobilité immuable, la partie céleste jouit de la félicité suprême qui ne se trouve que dans l'Intelligence ; celle-ci est le terme de l'évolution réalisée par le développement complet de la puissance.

La forme visible que revêt dans ce cas la Matière cosmique est celle de feu éthéré ou feu céleste ; la nature en est complètement identique à celle du feu qui se voit dans le monde sublunaire.

Ce feu éthéré et ces astres qui constituent la partie céleste sont, d'après Aristote, les seuls Dieux, l'unique Divinité qui existe ; « tout le reste n'est qu'un récit « fabuleux imaginé pour tromper le peuple et pour le « service des lois et des intérêts communs » (1).

---

(1) *Métaphysique*. Livre XII, § 8.

Cette partie de Matière cosmique, qui se trouve éternellement en Acte Pur et à l'état d'intelligence et de bonheur, n'a pas la moindre connaissance de ce qui se passe dans la partie sublunaire condamnée par le Destin au supplice de Tantale. Et si elle ne connaît pas les misères et les amertumes du monde sublunaire, c'est que son bonheur absolu pourrait en être troublé. Dans le livre XII de la Métaphysique, Aristote consacre un chapitre spécial à cette négation radicale de la Providence.

§ 15. — Supercheries aristotéliciennes

Aristote ne se contenta pas de codifier la gymnastique et la chorégraphie dialectiques, substituées à la recherche directe de la vérité, il fut aussi un maître consommé en supercheries métaphysiques. Entre autres faussetés (comparables à sa falsification de l'Intelligence, des Idées et de Dieu) qui méritent bien, par l'esprit de fraude qui les a dictées, le nom de supercheries, on peut en citer quatre spécialement : celle de *l'Immatériel*, celle des *Composés*, celle des *Formes substantielles* et celle de *l'Éternité*.

1° Aristote part de ce principe, fondement de toute sa doctrine, que la Matière cosmique est la substance unique de l'Univers, l'unique *substratum* de la partie céleste et de la partie sublunaire, et quand il en parle, c'est comme de la Réalité suprême. Mais en même temps — et c'est en cela précisément que consiste la supercherie — dans ce substratum, dans cette Matière cosmique il établit *une distinction purement mentale* entre la puissance latente d'où proviennent ses actes et ses manifestations ou opérations successi-

ves.La partie latente qui n'est pas encore devenue *acte*,
la virtualité ou puissance qui ne s'est pas encore manifestée, il l'appelle *matière* et *étendue* ; et la virtualité
ou puissance qui s'est déjà développée, c'est pour lui
l'*immatériel* (1). Immatérielles sont les formes que la
puissance engendre en se développant. Pour lui, une
chose est d'autant plus immatérielle que la virtualité
intrinsèque de la Matière cosmique est plus développée
et qu'il reste moins de puissance à l'état latent.

C'est dans ce sens qu'il dit des astres et, en général,
du monde céleste qu'ils sont immatériels et qu'ils
n'ont pas d'étendue ; non que leur substance soit différente de la Matière, mais parce que dans la Matière
cosmique qui les constitue il ne reste plus aucune potentialité latente, parce que toute leur virtualité intrinsèque est maintenant en Acte.

Telle est la supercherie qui permet à Aristote de
tromper les simples et de leur parler de choses immatérielles et spirituelles, absolument incompatibles avec
sa doctrine radicalement matérialiste.

2º La seconde fraude est dans sa théorie des *composés de matière et de forme*, opposée à celle des μίξεις
de Platon.

Dans sa *Métaphysique*, de même que dans son traité
Sur la Génération et la Corruption, il établit d'une manière on ne peut plus catégorique l'identité essentielle de la matière et de la forme. *La matière et la forme*
dit-il, *sont une seule et même chose... séparables seulement par la pensée* (2) Séparer l'être de sa forme est

---

(1) Par essence immatérielle il entend la forme pure. *Métaphysique* Livre VII, § 7.
(2) *Métaphysique*. Livre VIII, § 1.

une absurdité ; il ne cesse de le répéter. Les formes sont dans la matière comme une puissance immatérielle (1).

Il s'ensuit donc que les prétendus *composés* d'Aristote ne sont pas l'union de deux substances, mais une seule substance, *une seule et même chose*, une essence unique. On peut trouver des fraudes dans l'aristotélisme, mais non des *composés*, parce qu'il ne peut y avoir de composés là où il n'y a pas deux substances ; or, il n'en admet qu'une, la Matière cosmique à ses divers degrés d'évolution. En particulier, pour l'homme, dont le composé serait le plus intéressant, penser qu'il puisse y avoir en lui quelque chose d'extrinsèque, quelque chose qui diffère de la Matière sublunaire, comme le prétendait Platon, est pour Aristote *la pensée la plus déraisonnable de toutes*.

3° Une autre falsification analogue se découvre dans la théorie des *formes substantielles* d'Aristote. Il applique ce nom à ces mêmes formes ou modes dont le degré de permanence ou de stabilité les fait apparaître aux yeux du vulgaire ignorant comme des substances différentes.

4° Enfin le problème de *l'Eternité* est, pour Aristote, l'occasion d'une nouvelle fraude. Il le résout en falsifiant l'idée du Temps. Le Temps est la durée, *l'existence successive* des choses qui ont un hier, un aujourd'hui et un demain, *que ce soit en repos ou en mouvement*. Et Aristote appelle Temps le mouvement. De sorte que, d'après lui, où il n'y a pas de mouvement il

---

(1) *Métaphysique*. Livre VIII, § 6. — *Génération et Corruption*. Livre I, ch. v, § 18. « La matière et la forme sont une seule et même chose ; seulement l'une est un être en puissance et l'autre un être en acte.

n'y a pas de Temps, et s'il n'y a pas de Temps il y a d'Eternité. Il y a du Temps dans la partie sublunaire parce que la Matière y est en mouvement ; mais il n'y en a pas dans la partie céleste parce qu'elle ne se meut pas.

L'audace du sophiste n'est dépassée que par la niaiserie des péripatéticiens, qui le répètent sans se rendre compte d'une fraude si grossière.

La division du monde en sublunaire et en céleste permet à Aristote de soutenir non pas une, mais deux absurdités : falsification de l'Éternité dans le monde céleste, et Temps infini dans le monde sublunaire.

§ 16. — CINQUIÈME ÉCOLE :
ASTROLATRIE AVEC PROVIDENCE

La cinquième école prit naissance dans les colonies grecques de l'Asie Mineure sous le nom d'École d'Ionie; puis elle s'établit en Grèce où elle prit le nom de Stoïcisme, du portique ou *Stoa* où se réunissaient les disciples.

Son premier maître, d'après l'histoire vulgaire de la Philosophie fut Héraclite, surnommé σκοτεινός l'obscur. Il enseigne sa doctrine à Éphèse vers la fin du VIe siècle et au commencement du Ve avant J.-C., et la consigna dans un traité sur la Nature (Περί Φύσεως) qu'il déposa dans le temple de Diane.

De l'Asie Mineure ses disciples passèrent en Grèce et ce fut, dit-on, Archelaus qui le premier professa sa doctrine. A la fin du IVe siècle et au commencement du IIIe Cratès publia le Περί Φύσεως d'Héraclite. Il eut pour disciple Zénon, et celui-ci Cléanthe surnommé l'âne, d'abord athlète, puis porteur d'eau ; il se vantait de si bien connaître les caractères des gens, qu'il devinait la conduite d'un homme à sa seule façon d'éternuer. Il eut pour disciple et pour rival Chrysippe, coureur de cirque, à qui l'on n'attribue pas moins de 700 ouvrages. Beaucoup de ces livres, si l'on en croit Diogène de Laerce, ne pouvaient se lire sans qu'on se remplît la bouche d'immondices. Il vécut jusqu'à un âge très avancé; et mourut dans un accès d'ivresse en riant aux éclats.

Vers le milieu du IIe siècle avant J.-C., la philosophie grecque fut introduite à Rome par une ambassade athénienne composée de Diogène, Carnéade et Critolaos. Le premier, originaire de Babylone, se fixa à Rome où il ouvrit une école de Stoïcisme. Panétius, son meilleur disciple, forma à son tour Posidonius; puis figurèrent les trois grands stoïciens romains, célèbres dans l'histoire : Sénèque et Epictète au Ier siècle de l'ère chrétienne, et Marc-Aurèle au IIe.

Le Stoïcisme fut l'école prépondérante du Naturalisme à Rome. L'absurde notion de la divinité aristotélicienne et sa grotesque dialectique n'y furent pas bien accueillies. La plupart des écoles philosophiques eurent à Rome leurs représentants; mais, parmi les écoles matérialistes, seules l'école atomiste de Lucrèce, préférée des libertins, et l'école stoïcienne purent rivaliser avec l'Emanatisme.

A la division aristotélicienne du monde en sublunaire et céleste, le Stoïcisme oppose l'uniformité de la Matière cosmique qui, soumise à la loi suprême du Destin, se dilate et se condense alternativement, en périodes de siècles incalculables. Les modes ou formes, sous lesquelles la Matière cosmique se manifeste et que les Stoïciens appellent *qualités*, dépendent toutes du *Ionos*, c'est-à-dire de la tension ou intensité relative de sa puissance intrinsèque, de la virtualité même qui sert de base à toutes les écoles naturalistes.

A son état igné, correspondant au plus haut degré de tension ou *Ionos*, la Matière est douée d'Intelligence et même, d'après Chrysippe, de libre arbitre. A l'état aérien, elle ne possède que les qualités propres à la vie organique. Puis, à mesure qu'elle se condense, elle perd successivement ces fonctions qui finissent par se borner aux qualités de la matière inorganique.

Les individuations sont formées par des particules ignées ou aériennes qui, l'emportant sur des quantités de matière de degré inférieur, les groupent autour d'elles (1).

Les hommes sont constitués par des *pneumes*, particules ignées douées d'intelligence et de libre arbitre. C'est le pneume, âme de l'homme, qui fait la cohésion et l'unité de toute la matière qui le constitue, et quand le pneume se refroidit et meurt, la Matière qu'il domine se désagrège et se disperse. Le pneume humain réside dans le cœur entouré d'une enveloppe gazeuse, où les fonctions animales ont leur racine. Et voilà d'où vient la croyance tenace qui attribue au cœur des facultés et des fonctions qui ne peuvent trouver de fondement que dans une diathèse naturaliste invétérée.

La Divinité n'est que la partie de Matière qui se trouve à son degré maximum de tension, à l'état igné dont le degré suprême est l'Ether. Bæumker, dans son remarquable ouvrage *Die Malerie*, démontre clairement (2) que seule, cette portion de Matière était

---

(1) Comme dit Bæumker, elle sont *Zuzammenhaltende Kraft für die Einzelding.*
(2) *Die Psychologie der Stoa.*

déifiée, considérée comme Theos ou Zeus, et non la portion inférieure appelée Ὕλη, comme le prétend Stein qui confond l'école stoïcienne avec l'école éléate.

Cette notion stoïcienne de Dieu est la plus élevée que le matérialisme puisse former. Bien qu'ils soient illogiques, et qu'ils lui attribuent des facultés incompatibles avec la suprématie du Destin, les Stoïciens cherchent à le rehausser en repoussant la notion répugnante du Dieu d'Aristote. Le Dieu du Stoïcisme connaît ce qui se passe dans le reste de la Matière dont la potentialité est moins développée, dont le *tonos* est moindre, et ils font en sa faveur tout ce qu'ils peuvent Ils exaltent la *Pronoia* ou *Providence* du Feu Artiste, tantôt concentré dans un noyau comme l'entend Cléanthe dans son célèbre *Hymne au Soleil*, tantôt répandu dans tout l'empyrée, dans les suprêmes régions situées au delà du ciel des astres fixes.

Τὸ ἡγεμονικόν, noyau divin considéré comme Dieu suprême, dieux inférieurs, démons, génies, hommes, animaux, végétaux et minéraux forment l'échelle descendante de la Matière, produite par son refroidissement, sa condensation graduelle.

Les hommes meurent du refroidissement du *pneume*, de la partie ignée qui les constitue ; et de même que les hommes, mourront les dieux, et mourra τὸ ἡγεμονικόν ; la seule différence c'est que leur vie sera incomparablement plus longue que celle de l'homme, d'autant plus longue que plus intense sera l'incandescence ou *tonos* qui se vivifie.

CHAPITRE III

CRITIQUE DU NATURALISME

Solution du problème cosmogonique. — Solution du problème éthique. — Solution du problème du bonheur.

§ 17. — SOLUTION DU PROBLÈME COSMOGONIQUE

Les deux principes fondamentaux du Naturalisme : l'*Unité de substance* et la *potentialité immanente* sont absolument démentis par l'analyse scientifique de l'Univers.

Loin de trouver dans l'Univers l'Unité que prétend y voir le Naturalisme, l'analyse scientifique démontre l'existence non pas d'une seule substance, mais de cinq : l'Ether, les Atomes, l'Ame cosmique ou Energie, les Ames individuelles et les Esprits. Sur ces cinq substances, deux seulement sont de la Matière, l'une continue, l'autre discontinue, les trois autres sont vraiment immatérielles. Et non seulement ces cinq substances sont différentes, mais elles sont antagonistes ; et leur antagonisme, parfaitement prouvé, montre jusqu'à l'évidence que dans l'Univers il n'y a pas d'Unité. Le monisme est donc une erreur, un véritable attentat à la Science; car rien de plus absurde que de supposer un Etre unique dont la vie consiste à se dévorer les entrailles. Les antagonismes, les contraires, sont incompatibles avec le Monisme.

La prétendue *immanence* de son activité est tout aussi fausse. Dans le monde il n'y a pas d'autre principe immanent que la Gravitation qui engendre la mort universelle ; toutes les autres activités de l'Univers procèdent de substances *transcendantes*, de substances immatérielles qui circulent à travers la Matière, qui la compénètrent et exercent leur activité sur elle et sur la Gravitation. L'Énergie, Ame cosmique, circule à travers tout l'Univers; et autour des Ames individuelles circule la Matière pondérable.

Le Naturalisme, impuissant à expliquer l'Unité, ne peut pas expliquer davantage *l'Intelligence*, auteur des lois qui le régissent.

La *finalité*, que le Naturalisme oppose avec raison aux absurdités du Hasard, loin de résoudre le problème se borne à le poser. Expliquer la Cosmogonie par la finalité ou le caractère intentionnel de tous les actes de la vie cosmique et individuelle, revient à expliquer la formation d'une machine par la description de ses rouages et de ses engrenages, et par la combinaison des mouvements de toutes les parties qui la composent. Le Naturalisme explique comment la machine fonctionne, et le problème consiste à vérifier qui l'a faite et comment il l'a faite.

Les lois qui préordonnent merveilleusement la finalité des cinq substances qui constituent l'Univers, attestent la préexistence d'un Législateur suprême dont le Naturalisme ne rend nullement compte.

S'obstinant à le chercher dans l'Univers, il ne le trouve nulle part. Le Dieu du Naturalisme, qu'il soit le tout du monde ou seulement une partie, loin d'être l'au-

teur des lois, en est le sujet, et il ne peut faire les choses autrement qu'il ne les fait. « Les choses pro-
« duites par Dieu n'ont pas pu être faites d'une autre
« manière ni dans un autre ordre ». (1) Dans le système naturaliste, la Cause Première n'est pas ce qu'on appelle Dieu, mais c'est le Destin, supérieur à Dieu et véritable législateur de l'Univers.

De plus, la déification d'une partie quelconque du monde n'est plus possible aujourd'hui, comme elle l'était il y a vingt ou trente siècles à cause de l'ignorance complète de la Physique. Les propositions par lesquelles Hégel (2), au commencement du XIXe siècle, voulait, au grand scandale des savants, accorder l'Intelligence et la Divinité à l'Ether et aux Astres, propositions reproduites plus tard par Fechner (3), ne sont aujourd'hui que de folles absurdités que l'on ne peut prendre au sérieux.

Des cinq écoles du Naturalisme quatre sont mortes, à jamais ensevelies sous un complet discrédit. Seul le Naturalisme athée de Schopenhauer et de Hartmann a pu survivre, et son aveuglement est tel qu'il en vient à attribuer la merveilleuse finalité de l'Univers à une Intelligence *inconsciente*, ce qui est le plus grand des contresens. L'acte primordial de tout être doué de la faculté de connaître est de se connaître lui-même, comme l'acte primordial de toute sensibilité est de se sentir elle-même. La conscience est inséparable de toute Intelligence et de tout Entendement. Parler

---

(1) Spinoza. *Ethique*. Ie Partie. Proposition 33.
(2) Dans sa *Natur Philosophie* (§ 269). Hégel disait en plein xixe siècle : Die Bewegung der Himmels Körper ist... die freie Bewegung : sie gehen wie die Alten sagten *als selige* götter einher.
(3) Fechner. *Einige Ideen zur Schöpfungs... der Organismen*.

d'intelligence inconsciente c'est parler de lumière obscure.

La solution du problème de *l'Eternité* donne lieu, de la part du Naturalisme, à de nouvelles extravagances. La seule solution que, dans le cours de longs siècles, il ait trouvé, c'est celle du repos d'Aristote ou celle du Temps infini. Ceux qui, comme Hartmann, pour ne pas tomber dans l'absurdité du Temps infini, ont prétendu expliquer le commencement du temps, n'ont pas trouvé un moyen raisonnable de se tirer d'affaire.

Seul, Hégel, persuadé que le philosophe peut se permettre les plus grandes énormités, pourvu qu'il parle au public un langage inintelligible, osa affronter le grand problème. Au lieu de supposer qu'avant le Temps, la Matière dormait dans un rêve immobile, il dit que l'être primordial naquit par sa propre vertu du sein du *Néant*. La chose se fit en un clin d'œil. D'abord le Néant, un pur Néant, mais un Néant qui contenait en lui-même l'Etre ; car l'évolution, le *Werden* consiste en ce que le Néant ne persiste pas à être le Néant, mais en ce qu'il se convertisse, *übergehe*, en son autre chose, l'Etre. Un Etre qui n'existait pas se créa lui-même avant d'exister. Telle est la clef de la Cosmogonie de Hégel.

Spencer commence sa Cosmogonie par un coup donné à l'Univers par un être extra-cosmique. Hégel, au lieu de donner le coup à l'Univers, l'applique sur la tête du lecteur afin de l'étourdir, et quand le lecteur recouvre ses sens, la farce est jouée, la difficulté est résolue.

§ 18. — Solution du problème éthique

Logiquement, la morale du Naturalisme ne peut être que la vie zoologique.

Spinoza, dans son *Ethique*, la formule de la manière la plus explicite et la plus logique. *Du moment, dit-il, que le corps humain est composé de différents organes, il faut que le corps jouisse tout entier, tous les organes exerçant les fonctions propres à leur nature respective. On a le droit de faire tout ce que l'on peut. Plus intense est la vie, plus grande est la vertu. Le sage doit jouir de tous les plaisirs de la vie.*

Voilà la morale du Naturalisme. Elle est et ne peut être que la consécration de *la vie animale dans toute son intensité.* Les actes que le premier système considère simplement comme des actes mécaniques, le Naturalisme les consacre par la sanction de la finalité intentionnelle de la Nature.

En bonne logique, le philosophe naturaliste ne peut conseiller qu'une chose, c'est de suivre les conseils d'Epicure, comme le fait Aristote dans sa *Morale à Nicomaque* : user des plaisirs organiques avec prudence pour ne pas ruiner la santé et pour prolonger les jouissances. Le Naturalisme qui consacre la vie zoologique ne peut en exiger que le perfectionnement, non la négation. Il faut être prudent, non pour renoncer aux plaisirs, mais pour les augmenter en donnant à l'activité vitale une intensité plus énergique.

Malgré l'évidence de cette logique, les Stoïciens eurent un jour la prétention étrange, que seuls les simples purent prendre au sérieux, de conseiller des austérités et des vertus. Par leur propre conduite ils se chargèrent d'ailleurs de montrer le ridicule de leur préceptes de l'*Absline* et de l'*Ataraxie*. Ce que fut leur conduite, on peut le lire dans Cicéron et Plutarque qui se chargèrent de dénoncer leur fourberie et leur dépravation. Leur fameuse morale fut un masque de corruption et de libertinage. Epictète lui-même, scandalisé par le contraste de leur théories et de leurs pratiques, s'écriait : « Je vous assure que je suis fort désireux « de voir un Stoïcien; si vous ne pouvez m'en montrer « un déjà formé, montrez-m'en au moins un en voie « de formation. Ne refusez pas ce bonheur à un homme « déjà vieux qui n'en a encore jamais vu ».

Ce qui ne se comprend pas, c'est l'étonnement manifesté par Epictète. C'était en effet une maxime professée par tous les Stoïciens *qu'il n'y a rien de vil dans la demeure de Jupiter* ; et Epictète n'avait-il pas enseigné lui-même que « la Nature exige que nous recherchions « les objets que nos propres instincts nous désignent « comme les plus appropriés à notre nature particu- « lière ? » Peut-on sanctionner d'une manière plus explicite tous les appétits et tous les plaisirs bestiaux ?

Celui qui voudrait un exemple éloquent de la conduite de ceux qui soutenaient que *tout est indifférent au sage* n'a qu'à considérer Sénèque, le grand stoïcien qui éleva Néron dans les doctrines du Stoïcisme. Pour lui, aucun crime, aucune dépravation qui ne pût se justifier, pourvu qu'elle fût commise *non ira sed ratione*; car la préméditation, loin d'être une circonstance aggravante, était au contraire une circonstance atténuante pour tous les vices. Mélange d'adulation et de bassesse, aucune action honteuse à laquelle il ne se prêtât à prix d'argent. Deux fois il fit l'apothéose de Claudius, il flatta Polybe et Agrippine et célébra les orgies de

Caton. Chargé de l'éducation de Néron, il se fit le complice des crimes de son élève, lui suggéra la pensée d'assassiner Agrippine, son ancienne protectrice, et applaudit au parricide. Sa bassesse finit par provoquer l'indignation d'un peuple dont la conscience était blasée par toutes sortes d'opprobres, et son infamie dégoûta enfin Néron lui-même, son ouvrage. Condamné à mort, il voulut une mort dramatique, mais il manqua de courage. Il vécut comme un reptile et mourut comme un lâche. Tel fut *Seneca noster*.

Rien de plus naturel que la vie zoologique au sein du Naturalisme. Cependant il n'y manque pas d'âmes nobles qui, dégoûtées de ses hontes et passant par dessus la logique, protestent contre l'abjection zoologique. Tel fut le louable projet qui poussa Max Nordau à la condamner dans son ouvrage *Dégénérescence*. Ne trouvant pas d'autre moyen de condamner le vice, il eut l'idée d'utiliser la distinction des deux grands systèmes de l'organisme humain, le système du grand sympathique et le système cérébro-spinal, pour leur attribuer des tendances et des fonctions non seulement diverses, mais antagonistes. Au grand sympathique correspondent les instincts bestiaux procédant de l'Inconscient, et au système cérébro-spinal, une vie consciente de volonté et d'Intelligence dont la mission est de combattre et de dominer les appétits et les passions qui, *comme une horde de sauvages surgissent de l'Inconscient*.

Pour nobles que soient les desseins de Max Nordau, ses conseils ne peuvent pas être plus heureux que *l'abstine* et *l'alaraxie* des Stoïciens. Pour lutter contre ce qu'il appelle justement la horde de sauvages, il faut qu'il se trouve une autre substance en antagonisme avec la bête, et soumise à une loi différente : cela n'est pas possible dans le Naturalisme. Le systéme cérébro-spinal doit fonctionner d'accord avec le grand sympathique et se borner à trouver les moyens de mieux satisfaire les appétits de la horde. Le Naturalisme ne peut pas tenir un autre langage que Schopenhauer : Si par morale on entend la répression d'un acte zoologique quelconque, alors *la Morale consiste à n'en pas avoir*. Voilà la seule conclusion logique.

« Tout désir doit être pleinement satisfait — Aucun ne doit être condamné, frustré, ni réprimé. — Il n'est pas possible qu'une impulsion, un désir de la Nature puisse être inutile ou vain ». Ainsi s'exprimait, en termes parfaitement adéquats à la morale du Naturalisme, un philosophe célèbre de la seconde moitié du siècle dernier et qui, en s'exprimant ainsi, ne se rendait pas compte de sa pensée. Il croyait faire de la philosophie *chrétienne* !

§ 19. — SOLUTION DU PROBLÈME DU BONHEUR

La première école du Naturalisme, l'école athée, résout ce problème comme les mécanistes, en supprimant l'un des deux facteurs, l'Intelligence de la Cause Première. L'Intelligence, dit-elle, est un *produit tertiaire*. La Cosmogonie est un acte irrationnel, et par conséquent rien d'étonnant que la vie de l'humanité ne soit que douleurs et souffrances. Loin de le nier les maîtres de cette école tracent les tableaux les plus éloquents des misères humaines.

A partir de la seconde école, lorsque les philosophes commencent à exalter, jusqu'à la déifier, la Cause Première, se pose pour le Naturalisme le problème qu'il ne peut résoudre, par suite de l'impossibilité où il est de concilier les deux facteurs. Dans cet embarras, il finit lui aussi par supprimer l'un des deux, et ne pouvant plus supprimer l'Intelligence, il supprime le Mal.

D'après les naturalistes, les ignorants seuls sont malheureux ; les sages sont parfaitement heureux : même dans le taureau de Phalaris le sage ne le cède en rien pour le bonheur à Zeus lui-même.

Réduits à défendre coûte que coûte l'Optimisme, il n'y a pas de subtilité qu'ils n'imaginent pour nier le Mal. Aux malheureux ils offrent non pas une, mais quatre théories du bonheur : celle des privations, celle de la solidarité, celle des contrastes et celle du Devoir.

Avant tout, le philosophe doit penser que le Mal n'est rien de positif, qu'il n'est qu'une *privation*, une pure négation, et que, par conséquent, il n'existe pas. La faim, c'est la privation de nourriture; la soif privation de boisson ; la nudité privation de vêtements, la cécité privation de la vue ; la maladie privation de la santé, et ainsi de suite. S'il songe à cela, que peut importer à l'homme qu'il ait faim ou soif, qu'il soit nu, aveugle ou malade ? Ce ne sont que de simples privations !

Si cela ne lui suffit pas pour être heureux, voici la théorie de la *Solidarité*. Il peut jouir philosophiquement des plaisirs que goûtent les gens heureux : ils ne forment avec lui qu'une seule essence, sous des modes ou formes différentes en apparence. Le déshérité, identifié avec le riche, peut vivre de sa vie, se couvrir de ses fourrures, sentir la chaleur de ses calorifères et prendre part à ses festins. Pour cela il lui suffit de penser que ceux qui savourent et digèrent en ce moment même des mets succulents ne sont que d'autres formes ou modes de sa propre essence. Ces palais qui savourent, philosophiquement considérés, ne sont-ils pas par aventure réellement le sien propre ? Eh bien, il lui reste, comme dit Fortlage, les zéphyrs de la Nature qui « souffle en nous la communion avec les mille « créatures qui naissent chaque printemps et qui se lan- « cent joyeusement dans la vie »; il peut voler avec bonheur dans les airs avec les oiseaux et avec eux faire des roulades dans les bocages, et paître et folâtrer avec les herbivores dans de fertiles prairies. Voilà ce qui s'appelle, suivant Spinoza, « sentir circuler dans ses « veines l'essence divine et connaître son intime union « avec l'Humanité et avec toute la Nature et, en la con- « templant, savourer non pas des mets grossiers, comme « le vulgaire, mais *la suave ambroisie de la béatitude su-* « *prême* ».

Si ces deux sources de bonheur n'apaisent pas encore sa soif de félicité, l'homme a encore la théorie des *contrastes*. Les misères des malheureux sont des ombres et des dissonances qui, en définitive, contribuent à rehausser la splendeur de l'ensemble. Il faut faire attention non aux tourments et au désespoir de chaque homme en particulier, mais aux effets généraux qui sont propres à la Nature. « Les imperfections particu- « lières, disait Chrysippe, loin de s'opposer à la beauté de « l'ensemble, en sont des conditions, même nécessaires. » Et Leibnitz, copiant Chrysippe, disait aussi dans la *Théodicée* : « Les ombres font ressortir les couleurs, et « les dissonances placées à propos donnent du relief à « l'harmonie». Sans les misères de l'esclavage antique on n'aurait pas bâti bien des monuments admirables. L'atmosphère pestilentielle des grandes usines et la condition misérable des ouvriers sont comme le fond obscur sur lequel se détachent les demeures splendides des grands industriels. De même sur les hécatombes et les ravages des guerres se détachent les figures glorieuses des généraux vainqueurs. Sans les horreurs des maladies, il n'y aurait pas de médecins dont la renommée est l'honneur de l'Humanité.

Et si ni la théorie des privations, ni la solidarité, ni les contrastes ne parviennent à rendre heureux quelque philosophe, il lui reste encore le quatrième bonheur, celui du Devoir.

Cette théorie de la jouissance du Devoir et de la vertu, à laquelle le Stoïcisme fait appel en dernier ressort, est la plus insoutenable de toutes : *Devoir* signifie répression d'une impulsion zoologique, sacrifice d'un appétit ; et considéré de ce point de vue, loin d'être une jouissance, il devient une nouvelle cause de souffrances, une aggravation de la misérable condition de l'homme. Par ailleurs, pour que dans le devoir et dans la vertu qui en est la conséquence, l'homme puisse trouver son bonheur, il faut justifier le Devoir. Il faut dire pourquoi l'homme doit réprimer les impulsions zoologiques et sacrifier les appétits, et, de plus, il faut offrir à l'homme, comme compensation de son sacrifice et récompense de sa vertu, une félicité positive et personnelle. La notion de vertu, dit très justement Kant, est inséparable de la notion de félicité personnelle ; se sacrifier pour se sacrifier, sans récompense ultérieure, ce serait non pas de la vertu, mais bêtise.

Le Naturalisme ni ne justifie le Devoir ni n'offre à la vertu une récompense personnelle. D'abord, il est la négation radicale de tout Devoir et la consécration absolue de tous les appétits. Ensuite, en compensation des souffrances et des misères de la vie présente, quelle félicité peut offrir une philosophie qui nie toute vie future où l'homme puisse trouver le bonheur auquel il aspire ?

Dans sa misérable existence, l'homme n'a même pas la consolation d'invoquer Dieu, car même dans ses étapes supérieures, le Naturalisme n'admet pas un Dieu quelconque qui puisse nous aider. Le Dieu d'Aristote ne sait rien — et il ne lui importe pas de savoir — ce qui se passe dans le monde sublunaire. Quant au Dieu précaire des Stoïciens, il est assez occupé à songer que, soumis au Destin comme l'homme, comme lui il est condamné à mourir lentement à mesure que sa Matière se refroidit.

Le Naturalisme n'offre pas à l'homme d'autre remède contre ses infortunes que le suicide, lorsque la vie lui sera devenue insupportable. De cette façon, la quantité de matière qui le constitue prendra une autre forme moins malheureuse.

Et en aboutissant à cette conclusion unique, il est curieux de voir à quels « distinguo » et à quels subterfuges les philosophes naturalistes ont recours pour déguiser leur lâcheté. Les stoïciens qui admettaient le droit au suicide, le limitaient de fait, en obligeant le malheureux à demander au pédant de l'école s'il se trouvait dans un des cas où le suicide était permis. Schopenhauer n'admet que le suicide par inanition. Hartmann, lui, conseille à l'Humanité d'attendre que, s'étant mise tout entière d'accord, elle puisse exécuter un suicide *cosmique* qui mette d'un coup terme à ses maux en brisant la planète en morceaux.

ETUDE X^e

Troisième système : Émanatisme

CHAPITRE I

IDÉES FONDAMENTALES

L'Immanence et la Transcendance. — Le Foyer et ses émanations.
— Evolution descendante de la Cause Première : Le Dieu de
l'Emanatisme : Panenthéisme, — Anthropologie émanatiste.
Théurgie et Magie. — Enseignement esotérique : Gnosticisme.

§ 1. — L'Immanence et la Transcendance

Dans le Naturalisme, la Cause Première est la puissance de la matière, sa virtualité intrinsèque et immanente, de laquelle procède toute vie universelle et particulière.

Dans l'Emanatisme, au contraire, la Cause Première n'est pas la puissance de la Matière, mais une autre substance, *immatérielle*, essentiellement différente qui, venant du dehors, s'introduit dans la Matière et la compénètre, qui circule et se communique d'une partie à l'autre.

L'impénétrabilité, que les prétendus savants veulent ériger en principe absolu, est une qualité exclusive des Atomes, d'une seule des cinq substances qui constituent l'Univers. Un Atome ne peut pénétrer dans un autre Atome; mais les Atomes pénètrent dans l'Ether au sein duquel ils vivent; et, à leur tour, ils sont compénétrés par les substances immatérielles. L'impénétrabilité et la gravitation sont des attributs exclusifs de la Matière pondérable, et il est absurde de les attribuer à des substances différentes régies par d'autres lois.

Les substances immatérielles, en compénétrant les Atomes, les maîtrisent et les dressent à accomplir les fins propres des substances immatérielles qui leur imposent leur loi. Dans tout matérialisme, naturaliste comme atomiste, la Matière est la substance unique, dans l'Emanatisme au contraire la Matière est réduite au rôle d'instrument d'une autre substance prédominante, l'*Immatériel*.

La transcendance des substances immatérielles explique ce qu'on a faussement appelé action à distance : l'erreur vient de ce qu'on ne voit dans ces essences que leurs effets. L'Immatériel n'agit pas à distance, mais bien en union intime avec la Matière ; et si ces effets apparaissent à distance, c'est qu'il compénètre simultanément des quantités de matière éloignées les unes des autres.

Dans le Naturalisme, les soi-disant *composés* de matière et de forme, sont, comme le dit Aristote, *une seule et même chose*. Au contraire, l'Emanatisme prétend que tous les corps sont des $μίξεις$, résultats de l'union de deux substances, la Matière et l'Immatériel.

§ 2. — Le foyer et ses émanations

La Cause Première, telle que la conçoit l'Emanatisme, cause efficiente de toute vie, est un noyau ou foyer lumineux situé au centre de l'Univers ; de ce foyer émanent tous les éléments immatériels, comme des effluves comparables aux irradiations de la lumière solaire.

Les émanations du foyer immatériel se répandent dans tout l'Univers qu'elles vivifient, et par leur union avec la matière elles forment des μίξεις, puis elles retournent au foyer dont elles procèdent. Elles sortent du foyer et rentrent au foyer, et ces émanations et réabsorptions, cette πρόοδος et cette ἐπιστροφή de l'Immatériel sont le fondement et la substance du système émanatiste tout entier.

§ 3. — Evolution descendante de la cause première

Dans le Naturalisme, la Cause Première, c'est-à-dire la puissance immanente dans la Matière cosmique, sortant pour ainsi dire du néant, tend à *s'immatérialiser*, comme le dit Aristote, à se développer et à se perfectionner ; jusqu'à ce qu'elle atteigne l'état divin des dernières écoles. L'imparfait aspire à la perfection.

Dans l'Emanatisme, la Cause Première, foyer ou noyau de l'élément immatériel et actif, se trouve dans la plénitude de la perfection ; et son évolution est l'antithèse de celle du Naturalisme. Ce n'est plus l'évolution ascendante d'une puissance qui naît et se développe, mais l'évolution descendante d'une puissance qui diminue et s'affaiblit. C'est un Etre qui se dégrade au lieu d'un Etre qui se perfectionne.

Les émanations perdent de leur perfection à mesure qu'elles s'éloignent du foyer. C'est l'échelle du Naturalisme, mais en sens inverse. Ce n'est pas la pierre qui veut être végétal, le végétal qui veut être animal, l'animal qui veut être homme, l'homme qui veut être ange, l'ange qui veut être Dieu. Mais, au contraire, c'est Dieu qui devient ange, l'ange qui devient homme, l'homme qui devient animal, l'animal qui devient végétal, le végétal qui devient pierre.

§ 4. — LE DIEU DE L'EMANATISME
PANENTHÉISME

La notion émanatiste de Dieu est plus élevée que l'idée naturaliste. Ce n'est plus le Dieu absurde d'Aristote, qui ignore ce qui se passe dans le monde sublunaire, ni le Dieu du Stoïcisme condamné par le Destin à mourir lentement, à mesure que se condense et se refroidit la Matière qui le constitue ; mais c'est un Dieu immortel dont la Providence s'étend à tout ce qui se passe dans le monde.

Cependant, malgré sa supériorité, le Dieu de l'Emanatisme est dégradé par son identification avec l'Univers visible. Il vit au sein de l'Univers, il en forme une partie et il vit dans le Temps. Il n'est pas, comme le Dieu des Stoïciens, condamné par le Destin à mourir, mais il vit subordonné au Destin, comme le Dieu du Naturalisme.

La vie cosmique, d'après l'Emanatisme, c'est le *Panenthéisme* ; tout agent est divin. le monde est plein de Dieux : πάντα πλήρη θεῶν. Dieu est partout par son essence, par sa présence et par sa puissance ; il donne son propre être à toutes les choses.

L'Univers visible est le reflet du Dieu, dont l'essence se réfléchit dans la Matière, comme la lumière du soleil se réfléchit dans le monde qu'il éclaire. Contempler le monde c'est contempler Dieu, parce que la vie du monde est la vie même de Dieu. Dieu est, à un degré éminent, tout ce qui existe dans le monde : Beauté Suprême et Suprême Bonté, Etre connaissable par analogie, comme le Dieu naturaliste.

Les effluves de son essence engendrant la vie universelle, *Dieu voit tout en lui-même*, parce que c'est en lui-même que se passe tout ce qui se passe dans ses émanations. Et de même que Dieu voit tout en lui-même, ainsi *l'homme peut tout voir en Dieu*.

La parole de la Bible *Eritis sicut Dii* trouve dans l'Emanatisme sa réalisation complète. Dans le Naturalisme, l'homme participe à l'être de Dieu, en tant que, comme lui, il est matière cosmique vivifiée par la même puissance ; mais sa déification ne va pas au-delà d'une aspiration à ressembler à Dieu. Dans l'Emanatisme, la déification de l'homme est complète; non seulement il aspire à être Dieu, mais il est réellement Dieu en lui-même, et Dieu parle en lui. *In nobis loquitur Deus*. L'Intelligence humaine, émanation du foyer lumineux, devient elle-même lumière, une lumière qu'éclaire le monde.

§ 5. — Anthropologie émanatiste

La thèse du Naturalisme, qui explique l'Unité par la continuité de la matière, se trouve en opposition avec les découvertes de la science moderne. En Biologie, comme en Physique, la Science démontre en effet la composition des corps par la réunion de particules séparées, Atomes dans l'ordre physique et cellules dans l'ordre biologique.

L'existence d'une substance immatérielle prédominante sauve la difficulté à laquelle le Matérialisme se heurte sans pouvoir la résoudre. En Biologie, une âme immatérielle explique l'unité et la solidarité des organismes en tant qu'elle compénètre et domine toutes les cellules. Et en Anthropologie, outre qu'elle explique l'existence et le fonctionnement de l'organisme humain, elle rend possible pour l'homme la vie future.

La vie future est incompatible avec la Cosmogonie naturaliste. Elle l'est même dans le stoïcisme, l'école naturaliste la plus avancée, parce que l'homme meurt lorsque se refroidit la particule ignée qui l'engendre.

Pour le Naturalisme tout entier, l'homme n'est que la quantité de Matière qui constitue son organisme et qui demeure dans le cadavre. Dans l'Emanatisme, au contraire, l'existence d'une substance immatérielle rend possible non seulement une vie future, mais encore une vie antérieure ; car une de ses théories principales c'est la transmigration des âmes humaines. L'âme humaine a préexisté avant d'apparaître dans l'homme, et quand l'homme meurt elle va vers de nouvelles existences et de nouvelles vies. S'appuyant sur cette doctrine, les émanatistes rapportent de plaisantes réminiscences. Empédocle se rappelait avoir été avant d'être homme, jeune fille, arbre, oiseau et poisson. Et voilà pourquoi aussi Socrate, et après lui Platon, disaient que *savoir c'est se souvenir.*

§ 6. — Théurgie et magie

Sous le nom de Religion, l'humanité a toujours compris non seulement le lien qui l'unit à la Cause Première, objet propre de la métaphysique, mais encore l'adoration et le culte rendus à cette Cause Première divinisée. Ainsi conçue, on peut dire que la Religion ne peut commencer que dans la dernière école du Naturalisme, avec le Stoïcisme. Il serait en effet absurde d'adorer le Dieu aristotélicien qui ignore le monde sublunaire ; l'aristotélisme ne peut dépasser l'Astrolâtrie.

L'Emanatisme entre de plain-pied dans l'ordre religieux ; il peut supplanter les religions positives et les parodier en gardant les apparences, puisqu'il reconnaît dans le foyer immatériel l'existence d'un Etre suprême à qui il peut rendre un culte.

Mais la Religion émanatiste est la *Théurgie*. Elle consiste, pour le philosophe émanatiste, à se rendre compte de sa nature divine, à se convaincre qu'il est partie intégrante de Dieu et à s'unir à lui mentalement dans la contemplation poussée jusqu'à l'extase ; et, dans cette extase, à se fondre, à se dissoudre dans l'essence divine, en attendant le moment de sa réabsorption définitive.

De la Théurgie découle naturellement la *Magie*. Le philosophe émanatiste qui se sent Dieu — en Théos — doit logiquement prétendre exercer sur l'Univers le pouvoir qui revient de droit à sa nature divine, et, dans ce but, invoquer le concours et la coopération des autres émanations et même du foyer dont il procède.

Le grand maître de toutes les cérémonies de la Magie émanatiste, chargé d'enseigner l'art d'exercer ce pouvoir divin, fut le fameux Jamblique, contemporain de Constantin. Aucun détail ne lui échappe : évocations, conjurations, prodiges, apparitions, rêves, prophéties, pratiques spirites, il a tout réglé. On raracontait de ses adeptes qu'ils volaient comme des oiseaux, qu'ils entendaient des concerts mystérieux, que leur taille parfois croissait démésurément ; que dans leurs extases ils s'élevaient jusqu'à dix coudées au-dessus du sol et restaient longtemps suspendus dans les airs ; et que tel était leur pouvoir sur la Nature qu'ils pouvaient à volonté déchaîner les vents ou produire de grands tremblements de terre ou des pluies torrentielles.

Si stupéfiants étaient les récits des pratiques magiques de Jamblique, auxquelles l'empereur Julien prenait part, que Porphyre, indigné d'une si grossière supercherie, voulut y mettre un terme par sa *Lettre à Annobon*, disciple de Jamblique. Celui-ci répondit par le *Traité des Mystères* où il défendait les conséquences logiques de la doctrine émanatiste et l'exercice de la puissance divine attribuée à l'homme. Il n'est pas possible de dire à l'homme qu'il est partie intégrante de la divinité et de lui supprimer en même temps l'exercice des pouvoirs propres à la nature divine.

Les œuvres de Jamblique seront toujours la source où iront puiser leur inspiration les illuminés et les spirites de tous les temps.

§ 7. — Enseignement ésotérique : Gnosticisme

Sauf quelques tentatives du Stoïcisme pour détourner dans un sens naturaliste la religion romaine, le Matérialisme, en règle générale, s'est toujours présenté en opposition ouverte avec les religions positives.

Au contraire, un trait caractéristique de l'Emanatisme, c'est qu'il n'a pas attaqué de front les religions populaires, mais qu'il leur a témoigné un respect apparent. Sa tactique a été de tolérer la religion populaire pour le vulgaire ignorant et de réserver l'enseignement émanatiste pour les philosophes, élus de préférence dans les classes aristocratiques. A ceux-ci il révèle la doctrine comme une *gnose*, comme un enseignement ésotérique digne d'être connu de ceux-là seulement qu'il initie graduellement à ses mystères, par des cérémonies plus ou moins grotesques. Et de peur que le secret ne suffît pas à leur assurer l'impunité, les philosophes émanatistes eurent toujours soin de déguiser leur doctrine sous le masque de vocables sybillins dont le sens ne pût être compris des profanes, ou de se servir de termes (comme les *Idées* platoniciennes) que les simples pourraient entendre dans un sens différent de leur véritable signification.

Ce n'est qu'aux époques de dissolution sociale ou d'impunité certaine, lorsqu'ils ne couraient aucun risque d'être punis par la loi comme Socrate, que l'Emanatisme a été enseigné publiquement, comme une philosophie à la portée de tous.

CHAPITRE II

LES ÉCOLES

Divisions au sein de l'Emanatisme. — *Première école :* Pythagore' Socrate et Platon. — *Seconde école :* Proclus. — *Troisième école :* Plotin. — *Quatrième école :* le Manichéisme.

§ 8. — Divisions au sein de l'émanatisme

La plupart des initiés ne connaissent que les notions fondamentales de l'Emanatisme. Il leur suffit de savoir qu'ils sont des effluves de la divinité qui doit les absorber de nouveau, et qu'ils n'ont rien à craindre d'un Dieu qui ne récompense ni ne punit dans une vie future.

Mais les philosophes que ne satisfait pas cette solution pratique et qui veulent approfondir la doctrine, ne tardent pas à se partager en écoles, dès qu'ils cherchent à expliquer le dualisme qui naît de la séparation de l'Immatériel d'avec la Matière.

Les divergences apparaissent d'abord dans l'ordre cosmogonique, quand on veut définir cette Matière qui restreint ainsi et limite la vie spirituelle. Puis, nouvelles divergences dans l'ordre anthropologique, quand il s'agit de résoudre le problème éthique en distinguant le rationnel de l'irrationnel, et surtout le problème de la félicité où l'on est obligé d'aborder le redoutable problème du Mal qui, dans le système émanatiste, retombe sur l'essence divine elle-même.

Toutes les solutions auxquelles l'Emanatisme se prête, furent étudiées et exposées par Pythagore et ses disciples,en Italie et en Grèce, durant la période qui inaugure l'histoire vulgaire de la Philosophie ; puis, étudiées avec plus de soin par les célèbres écoles d'Alexandrie, de Pergame et d'Athènes, jusqu'au jour où ces écoles furent fermées par les Empereurs d'Orient.

§ 9. — Première école :
Pythagore, Socrate et Platon

Le premier maître de l'Emanatisme, qui figure dans l'histoire vulgaire de la Philosophie, fut Pythagore, de race touranienne, né à Samos. Il l'étudia dans l'Hindoustan et alla ensuite s'établir à Crotone, en Italie (VIe siècle avant J. C.) Là il recruta, dans la classe aristocratique, des disciples dont l'impiété et le libertinage soulevèrent l'indignation du peuple ; ils furent expulsés le jour où fut connu la perversité de la doctine qu'on leur enseignait en secret.

Pythagore eut pour disciple Aresas ; celui-ci, à son tour, Philolaüs et Euritès en Italie ; et à Athènes Socrate qui ne fut célèbre que pour avoir été le principal propagandiste de l'Emanatisme en Grèce. Les données les plus certaines sur sa vie ne justifient pas sa renommée. D'après Timon, il fut un *imposteur pédant*, usurier, bigame d'après Jérome de Rhodes et d'autres auteurs, dégradé par d'immondes passions, mignon durant sa jeunesse du physicien Archélaüs (d'après Aristophane) ; puis à son tour brutalement amoureux d'Alcibiade. Celui-ci d'ailleurs n'avait pour lui qu'un profond mépris ; il le comparait au *satyre Marsyas* et censurait son impudence éhontée. Le *trésor* de ses sentences recueilli par Diogène de Laerce est une somme de vulgarités.

Une des accusations les plus graves dont on le chargea fut de corrompre la jeunesse. Il tenait son école dans les allées du Céramique fréquentées par de fameuses hétaïres dans l'intimité desquelles il vivait. Et il payait leurs faveurs en leur procurant des jeunes gens dont on lui avait confié l'éducation et en leur enseignant à tirer le meilleur parti de leurs charmes.

La légende fantastique de sa vie est une des grandes tromperies de l'histoire.

L'apothéose de Socrate, faite par ses disciples et complices, est simplement la glorification de sa campagne contre la religion nationale. Elle ne fut pas franche et ouverte, mais comme celle de Pythagore en Italie, perfide et sournoise : c'est la marque particulière de l'enseignement émanatiste. Il feignait de respecter le culte public, il y prenait même part lors que l'occasion s'en présentait ; mais dans l'intimité il le discréditait et propageait la doctrine ésotérique Cette doctrine en partie lui venait des souvenirs de se existences antérieures ; et en partie lui était commu niquée par un *démon* familier, comme il le faisait croir aux simples qui l'écoutaient.

C'est dans Aristophane que nous connaîtrons la vi véritable de Socrate ; c'est dans les *Nuées* que nou trouverons le fidèle portrait de ce corrupteur de jeunesse qui vécut et mourut à Athènes, comme u comédien.

Philolaüs, Euritès et Socrate eurent pour discip le *divin* Platon, ainsi nommé pour son style ampou et dont Timon disait qu'il était « un charlatan rival « des cigales dont les chants résonnaient dans les allées « d'Académos ». Sa doctrine, comme celle de Socrate, n'eut rien d'original. Aristote disant qu'elle était à peu près la même, τὰ μὲν πολλά, que celle de Pythagore, Asclepios put lui répondre qu'elle n'était pas semblable, mais absolument identique, οὐ τὰ πολλά ἀλλὰ τὰ πάντα. Et, de fait, Platon ne fit que répéter ce qu'il avait appris dans trois livres de Philolaüs qu'il avait payé cent mines par l'intermédiaire de Dion de Sicile. Toute son originalité se réduisit à changer le nom des émanations. Au lieu de les numéroter comme Pythagore et de les distinguer par leur *nombre* correspondant, il préféra les appeler *Idées* ; se servant ainsi d'un mot qui pouvait se prêter à des équivoques et à des confusions qui durent encore.

La base de la cosmogonie pythagoricienne est une triade formée du Père, de la Mère et du Fils : l'Immatériel, la Matière et l'Univers engendré par l'Immatériel dans le sein de la Matière.

L'Immatériel, le Père, c'est τὸ (-)εἶον, le grand architecte de l'Univers, concentré dans le foyer lumineux et appelé *l'Etre*.

La Matière c'est τὸ ἄλλο, l'espace appelé le Non-Etre (1).

Les principes fondamentaux de cette première école sont au nombre de deux.

Le premier, le monisme de l'Immatériel, semblable au monisme de la puissance naturaliste de la Ma-

---

(1) Bœumker. *Die Materie*. Page 177. Die Platonische Materie ist die leere Raum, die blosse Ausdehnung.

tière. L'Immatériel parcourt toutes les étapes de la vie universelle, en évolution descendante, se dégradant successivement et ne se différenciant que par son mélange, μῖξις, plus ou moins grand avec la Matière. Dans sa dégradation, le Dieu de Pythagore devient successivement ange, homme, animal, végétal et pierre.

Le second, c'est la passivité de la Matière. Son nom de *Non-Etre* ne signifie pas autre chose que la passivité absolue. La Matière de Platon est l'antithèse de celle des Eléates ; c'est l' Ἄπειρον, l'argile inerte entre les mains du sculpteur qui la modèle. Dans la Cosmogonie pythagoricienne, la Matière n'exerce pas d'autre influence que celle qui provient de la figure géométrique que l'Immatériel lui donne. Suivant qu'elle est dodécaèdre, tétraèdre, icosaèdre ou hexaèdre, elle apparaît comme éther, feu, air, eau ou terre, et produit des effets distincts purement mécaniques.

§ 10. — Seconde école : Proclus

Présenter la matière comme une pure négation, comme un *Non-Etre*, c'était moins une explication qu'un tour de prestidigitation contre lequel la saine raison ne pouvait pas ne pas protester, en se plaçant au-dessus des sophismes de l'Ecole. Faire passer pour Non-Etre une réalité contre laquelle vient se briser la Divinité, une réalité puissante qui la diminue, l'affaiblit et la dégrade, c'était une supercherie manifeste. La bonne foi demandait non de la nier mais de l'expliquer, en rendant compte de son origine et de sa finalité. Et quand ce problème fondamental se pose pour les disciples immédiats de Platon, deux nouvelles écoles se forment.

La seconde école émanatiste fut professée de bonne heure en Egypte. Les *Livres Herméliques* parlent d'un Etre primordial qui se bifurque en Esprit et en Matière, Οὐσιότης et Ὑλότης.

En Grèce elle fut professée par ceux que l'on a appelés les précurseurs du néoplatonisme, au nombre desquels sont Speusippe, disciple immédiat de Platon, A. Polyhistor, Eudore, Nicomaque et surtout Moderatus.

La chaire principale de cette école était à Athènes ; elle fut occupée par le grand Plutarque qui eut pour disciples sa fille Asclépigène et Syrianos d'Alexandrie, maîtres de Proclus. Marinos, successeur et historien de Proclus dit que la plus grande partie des œuvres de Proclus sont une simple rédaction des cours de Syrianos. L'exposé le plus clair de la doctrine de cette école est celle qu'en a faite Salluste, comme Alcinoüs le fit pour le Platonisme .

La triade de cette école, différente de la triade pythagoricienne, est composée du Grand-Père, du Père et de la Mère.

L'unité primordiale, *Unum*, est un véritable chaos au sein duquel sont confondus l'Esprit et la Matière. Ceux-ci, en sortant du chaos, constituent le *Paradigma* et la *Dyada*.

Le Paradigma ou Αὐτόζωον est l'Etre de Platon, le foyer divin de tout Emanatisme, d'où procède tout l'Immatériel.

Ce Paradigma — et c'est la thèse capitale qui sépare cette école de celle de Pythagore — se bifurque en deux parties : l'une appelée *Demiurgos*, partie proprement spirituelle qui comprend tous les Dieux, Architecte, Ordonnateur et Providence ; l'autre, immatérielle aussi mais non spirituelle, *Ame du monde* qui unie à la Dyade, à la Matière, engendre la Nature et, dans la Nature, les organismes dans lesquels s'incarnent les Esprits, émanés du *Demiourgos*.

L'émanation et la réabsorption, πρόοδος et ἐπιστροφή, ne s'étendent pas, dans cette école., à toute la partie immatérielle, mais seulement à la partie spirituelle. Seule, la partie spirituelle est résorbée ; l'autre, procédant de l'Ame du monde, reste éternellement emprisonnée dans la Dyade. L'homme ne perd jamais sa nature spirituelle ; il ne devient ni animal, ni végétal comme dans l'école pythagoricienne.

Cette distinction, au sein de l'Immatériel, de l'*Esprit* et de la *Nature* est la doctrine qui constitue le néo-platonisme.

Dans la suite, lorsqu'il s'agit de déterminer la finalité de la Nature engendrée par l'Ame du monde, les deux écoles néo-platoniciennes ne sont pas d'accord.

Dans cette seconde école représentée par Proclus et qui logiquement fait suite immédiate à l'école pythagoricienne, la Nature est une demeure construite pour le plaisir et l'amusement des Esprits émanés du Démiurge ; *la vie spirituelle étant en effet incomplète*, les Esprits, pour la compléter, ont besoin de s'incarner et de *jouir* au sein des organismes. A cet effet, le Démiurge éclaire sa sœur, l'Ame du monde, afin que dans la Nature, elle prépare une résidence agréable pour ses émanations. Le résultat de cette Cosmogonie est *l'harmonie* parfaite qui règne entre la vie spirituelle et la vie zoologique (1).

Cette solution, pour les libertins, est meilleure que

---

(1) Bæumker. *Die Materie*. pages 418-426.

celle de Lucrèce. Plutôt que de n'avoir pas de Dieu, il vaut mieux en avoir un qui leur rende la vie agréable et prépare avec soin leurs joies terrestres.

§ 11. — Troisième école : Plotin

Speusippe avait introduit à Athènes l'enseignement de la seconde école. Un autre disciple de Platon, Xénocrate enseigna en secret la doctrine de la troisième école à quatre disciples qui s'engagèrent par serment à ne pas la divulguer. Comme il fallait s'y attendre, le serment fut violé et l'enseignement ne tarda pas à devenir public.

Le principal représentant de cette école fut Plotin, homme à la figure hâve et de constitution si faible qu'il tétait encore à l'âge de huit ans, alors qu'il apprenait déjà la grammaire. Il ne fut pas plus connu par son enseignement que par sa saleté, car il ne voulut jamais se laver.

Porphyre fut chargé de compiler en six *Ennéades* cinquante-quatre traités de Plotin. Lui et Jamblique furent les deux grands maîtres qui, au III° siècle, enseignèrent ses doctrines à Rome et à Athènes.

La triade de Plotin ne peut pas être symbolisée par un triangle, comme celles des deux écoles précédentes. Elle est formée en effet par les trois degrés supérieurs d'une verticale. Le but que poursuit cette école est de réduire à l'unité la dualité manifeste que l'on trouve dans les deux écoles précédentes.

La Cosmogonie de Plotin est la dégradation d'un Etre primordial, d'un Etre suprême qui s'éteint graduellement, comme la lumière à mesure qu'elle s'éloigne de son foyer.

Au sommet, au lieu du chaos de Proclus, Plotin place un Etre suprême spirituel dans toute la plénitude de sa grandeur et dont le repos absolu se confond avec l'Eternité : τό ἕν ἁπλοῦν.

Au degré immédiatement inférieur, c'est le Νοῦς de nature purement spirituelle aussi, ὁ νοῶν πρῶτος comparable au Demiourge de Proclus, et qui se divise en une multitude d'esprits. Cette multiplicité, Plotin l'impose à Porphyre qui refusait de l'admettre. Le Νοῦς n'est pas autre chose que le τό(-) εἶον de Jamblique. Les νέοι δημιουργοί sont la cour céleste, l'ensemble des dieux qui en émanent, τό χωριστόν, ὄντα οὐσίαι.

Le troisième degré est la ψυχή ὑπερκόσμος, l'Ame du monde, qui a fait la Nature, la cause efficiente du monde visible, de laquelle émanent toutes les âmes organiques, ψυχή ἐν μέρει.

Ici se termine la triade de cette troisième école constituée par les trois degrés supérieurs.

Au-dessous de la ψυχή se continue la dégradation de l'Etre primordial, dont la limite inférieure est la Matière. La vie de l'Etre Suprême, dans cette école, est comparable à l'extinction graduelle de la lumière. L'Etre Suprême est le foyer lumineux, la Matière constitue les ténèbres, l'espace où n'arrive pas le moindre rayon de lumière.

La doctrine principale de cette école est la fin qu'elle assigne à la Nature. Celle-ci est formée non pour perfectionner la vie incomplète des Esprits, mais pour être une véritable prison où les Esprits descendent pour purger des fautes commises dans une vie antérieure, leur rébellion contre la loi suprême du Destin.

Cette chute des Esprits du *Nous* à la Nature est

l'objet du mythe antique de Er l'Arménien dont Platon parle dans le *Timée*.

Les Esprits qui dans le ciel se révoltent contre la loi du Destin, supérieur à leur divinité, sont condamnés à subir, au sein de la Nature, incarnés dans les organismes, le châtiment qu'ils ont mérité. D'après le mythe plus haut cité, ils tombent du ciel parce que le péché leur coupe les ailes, et pour pouvoir y remonter, il faut que les ailes leur poussent de nouveau; ce qui ne se produit que dans l'extase.

La description de cette chute fut l'objet des fantaisies des fameux gnostiques Valentin et Basilidés. Valentin appelle Πλήρωμα la cour céleste du Νοῦς et les Esprits *Eons*. D'après lui, il y avait des Eons mâles et des Eons femelles qui vécurent heureux jusqu'au jour où un Eon femelle, appelé Sophia, souleva un grand scandale dans le Plérome, et la paix disparut à tout jamais ; alors commencèrent les révoltes et, avec elles, la chute des Esprits.

Basilidès, renchérissant sur Valentin, multiplia d'une façon extraordinaire le nombre des Eons et donna toute espèce de détails sur leurs préexistences, émanations, métempsycoses et réabsorptions.

§ 12. — QUATRIÈME ÉCOLE : LE MANICHÉISME

La doctrine de la quatrième école fut enseignée, au IIe siècle de l'ère chrétienne, en Egypte, en Syrie et à Rome par Saturninus, Marcion, Scythianus et Térébintus, mais le principal philosophe de cette école fut Manès qui lui donna son nom.

Il serait oiseux de parler de la biographie de Manès et de discuter sur l'authenticité des *Acta disputa-*

tionis Archelai cum Manele, rédigés en syriaque. Il suffit de savoir que Manès prêcha sa doctrine en Perse sous le règne de Sapor ; et que, à cause de son impiété, il fut condamné à être écorché vif en 277. Parmi ses disciples, on cite Akuas, Adimante, Terebintus, Faustus, Félix, Fortunatus, Secundinus, etc. Ils propagèrent sa doctrine qui fut professée du IIIe au VIe siècle par les Priscillianites, et, au moyen-âge, par les Albigeois, la plus puissante de toutes les sectes du Manichéisme.

Les principes de cette quatrième et dernière école de l'Emanatisme sont exposés dans les traités de Saint Augustin : *De Agone christiano, Cum Felice, De moribus, De Fundamento, De Natura Boni, Contra Faustum* et d'autres encore.

Pour Manès, comme pour Pythagore, Dieu réside au centre de l'Univers sous forme de Lumière dont les rayons vont jusqu'aux confins de l'Univers et dont l'intensité diminue graduellement à mesure que ses rayons s'éloignent du centre. Ses émanations immédiates sont les astres ; ils forment autour du foyer comme une garde d'honneur, dont Pythagore entendait la musique céleste.

Loin, bien loin du noyau, aux confins de l'Univers se trouve la Nature, *Hylès*, où les rayons de la Lumière divine parviennent extrêmement affaiblis.

Au-delà de la Nature, là où ne parvient pas la lumière, régnant sur cinq régions de ténèbres, est un autre Dieu, *Rex Tenebrarum*, ennemi du Dieu de Lumière et qui depuis longtemps brûlait de lui déclarer la guerre. Le Dieu de Lumière, qui s'en doutait, voulut devancer et lui livrer bataille. Et en effet, il lança contre lui ses effluves, et ses émanations rencontrèrent les émanations du Dieu des ténèbres dans la Nature, changée ainsi en champ de bataille. Dans chaque homme un Esprit émané du Dieu de Lumière lutte contre l'Ame d'un organisme engendré par le Dieu des Ténèbres.

La partie divine, captive du Dieu des Ténèbres, n'est pas limitée aux Esprits incarnés dans l'Humanité ; d'accord avec la doctrine pythagoricienne, le Manichéisme affirme que les émanations du Dieu de Lumière arrivent jusqu'au règne végétal. Et voilà sur quoi se fonde le régime alimentaire des Manichéens. Les Esprits humains doivent lutter contre les Ames de leurs organismes ; mais de plus, ils doivent précisément se nourrir de végétaux pour racheter ainsi les émanations divines qui s'y trouvent emprisonnées. Ils doivent s'interdire la nourriture animale, parce que les corps organiques sont engendrés par le Dieu des Ténèbres et que se les assimiler serait rendre l'ennemi plus fort et fomenter ses appétits diaboliques.

Beausobre, dans son énorme ouvrage sur les Manichéens (1) ressuscite l'argumentation de Faustus ; et il s'efforce en vain de nier la croyance manichéenne en deux Dieux, et de démontrer que Hylès ne fut jamais divinisée. L'érudition dont il fait montre est inutile, car personne n'a supposé que le manichéisme adore la Nature comme un Dieu. Hylès n'est que le champ de bataille où se rencontrent les émanations des deux Dieux. Mais de ce que Hylès n'a pas été divinisée, on aurait tort de nier la coexistence de deux Dieux enne-

---

(1) *Histoire critique de Manès et du Manichéisme.* 2 vol. Amsterdam, 1734 et 1739.

mis, principe fondamental du Manichéisme et que, de bonne foi on ne saurait lui contester.

La doctrine manichéenne est la conséquence logique et forcée de l'Emanatisme. Les créatures peuvent souffrir du fait d'autres créatures, d'autres êtres non divinisés ; mais des émanations divines, qui sont l'essence même de Dieu, ne peuvent souffrir que du fait d'un autre Dieu. La doctrine est absurde, soit, mais elle est une conséquence logique.

CHAPITRE III

HISTOIRE DE L'ÉMANATISME

Moyen-Age. — Temps modernes. Allemagne : Krause, Schelling et Lotze. — France ; Le cycle cousinien. — Angleterre et Russie. — Franc-maçonnerie et Spiritisme.

§ 13. — MOYEN-AGE

Aux écoles d'Alexandrie, de Pergame et d'Athènes succéda, dans l'enseignement de l'Emanatisme, l'école d'Edesse, fondée par les Nestoriens, qui fut le foyer d'où la doctrine se répandit en Syrie.

De la Syrie, les émanatistes passèrent en Perse ; et ils en furent chassés par Sapor.

Ils se refugièrent alors à Bagdad ; là, deux émanatistes perses, l'un de Farabi et l'autre de Bokhara, *Al. Farabi* et *Ybn-Sina* ou *Avicenne*, fondèrent la secte des *Purilains* musulmans, ou frères de la Pureté (*Die Laule Brüder*). Leur doctrine a été l'objet des savantes études de Dieterici.

Chassés de Bagdad, ils vinrent s'établir en Espagne dans le Califat de Cordoue et y prospérèrent jusqu'à leur expulsion par les Almohades. A cette période appartiennent les maîtres les plus fameux de l'Emanatisme au Moyen-Age : parmi les arabes, Ibn-Badja (Avempace), Tofail et Averroës le plus célèbre de tous, et parmi les juifs, Salomon Gebirol (Avicebron) et Maimonides.

De Cordoue les émanatistes passèrent à Tolède qui ne tarda pas à devenir un véritable foyer d'infection dont les miasmes se répandirent à travers l'Europe. Avant cette funeste infection, on n'avait de détails sur l'Emanatisme que par le *Timée* de Calcidius, par Lucius Apuleius, par les *Livres Aréopagitiques*, et puis par les écrits de Scott Erigène et d'Abélard : petites sources comparées à l'inondation qui les suivit des traductions de Tolède.

Durant le Moyen-Age, l'Emanatisme se propagea dans toute l'Europe et fit beaucoup de prosélytes. Leurs sectes furent plus ou moins célèbres. Citons les Amalriciens, les sectateurs d'Ottlieb, les Vaudois, les puissants Albigeois, les *libres-penseurs* du Rhin qui passèrent en Bohême, les Turlupins de France et de Savoie, les *Intellectuels* de Belgique ; et surtout les Templiers, dont l'apostasie fit scandale, qui furent initiés aux mystères émanatistes vers le milieu du XIIIe siècle.

§ 14. — Temps modernes

Au XVIe siècle, on retrouve les mêmes sectes émanatistes dans différents pays d'Europe, sous les noms *d'illuminés* et de *libertins spirituels*.

Et pendant que les sectes se propageaient, l'Emanatisme était publiquement enseigné par Georges Germisthio, le cardinal Bessarion, Marsilius Ficinus et Jean Reuchlin qui dédiait ses œuvres au pape, en lui promettant de ressusciter en Allemagne la Kabbale chaldéenne et le pythagorisme. Giordano Bruno se déclarait disciple de l'école de Pythagore : *la scuola pythagorica e nostra*. Cornélius Agrippa, Paracelse et Cardan ressuscitaient les jongleries et les supercheries de Jamblique : et la célèbre Université de Padoue enseignait l'Averrhoïsme, tandis que l'aristotélisme était enseigné à celle de Bologne.

Au XVII° siècle, Boehme (1) fut le grand maître du néo-platonisme. C'est de lui que se sont inspirés les émanatistes des siècles suivants.

Au XVIII° siècle, Swedenberg publia ses ouvrages émanatistes *De cullu et amore Dei* et *Arcana caelestia*. Comme lui travaillèrent à la diffusion de cette doctrine Martinez Pascual, juif portugais, et son disciple Saint Martin.

§ 15. — Allemagne : Krause, Schelling et Lotze

Au XIX° siècle, ce fut le néo-platonisme qui remplaça l'hégélianisme triomphant du premier tiers du siècle, avant que le naturalisme athée de Schopenhauer remportât à son tour un bruyant triomphe.

Ses maîtres les plus célèbres furent Krause, Schelling dans sa seconde période, et Lotze.

Krause enseigna à Gœttingue (1824-1832) la doctrine de Proclus sur *l'harmonie* de l'Esprit et de la Nature. Il l'avait apprise dans les œuvres de Bœhme et la seule nouveauté qu'il y introduisit fut de donner à *l'Unum* le nom allemand de *Urwesen*.

Peu de temps après, Schelling qui avait d'abord enseigné le Panthéisme, ayant succédé en 1841 à Hégel,

---

(1) *Philosophia revelata*. Amsterdam, 1682.

enseigna dans son *Abfall* et son *Entfernung*, la doctrine de Plotin, la chute de l'Absolu.

Non moins célèbre fut Lotze qui occupa une chaire à Gœttingue en même temps que Schelling succédait à Hégel. Il continua l'enseignement de Krause, avec cependant une variante portant sur le concept de Nature : c'est le point sur lequel les écoles émanatistes sont en désaccord. Il conserve l'*Unum* de Proclus, le *Urwesen* de Krause, sous le nom de *Raison générale du monde* ; il y distingue, comme tous les néoplatoniciens, l'Esprit et la Nature. Pour ce qui est de l'Esprit, c'est, sans changement, le *Nous* ou *Paradigma* ; mais la Nature elle agit d'après Lotze d'une façon différente, elle agit mécaniquement. Voilà sa seule originalité. La Nature, réagissant mécaniquement sur l'Esprit, lui arrache des fragments, comme le briquet tire les étincelles du silex. Ces fragments spirituels se logent dans les organismes construits à cet effet par la Nature. Les mouvements mécaniques de la Nature réagissent nécessairement sur l'Univers spirituel et détachent sur des points et à des moments déterminés, des Ames qui ont conscience de leurs formations organiques et qui en jouissent. Les Ames humaines ainsi détachées, qui viennent jouir, au sein de la Nature de leurs corps respectifs, préexistent dans la substance inépuisable de l'Absolu spirituel.

Ce principe, d'après lequel les fragments spirituels viennent *jouir* dans des organismes préparés par la Nature, suffit à classer Lotze dans la seconde école. Ce qui le distingue, c'est que, dans sa théorie, ces fragments ne sortent pas, pour compléter leur vie, comme dans Proclus, d'un processus mental, mais ils sont détachés par la réaction mécanique de la Nature.

ÉMANATISME

§ 16. — France : Le cycle cousinien

La France suivit la mode allemande. Cousin, d'abord Hégélien, devint émanatiste, comme aussi les philosophes qu'on appela *spiritualistes* : Leroux, Janet, Saisset, Ravaisson et autres, que séduisait l'idée d'être des émanations divines et non de simples mortels comme le vulgaire. Les concours organisés par l'Académie des Sciences morales et politiques sur les *Idées platoniciennes* et sur la *Philosophie d'Alexandrie* et qui donnèrent lieu à la publication des œuvres de Fouillée, de Barthélémy Saint-Hilaire, de Jules Simon et de Vacherot attirèrent l'attention publique sur l'Emanatisme et contribuèrent à augmenter le nombre de ses prosélytes.

C'est aussi une exposition du néoplatonisme de Proclus, généralement préféré, que Lamennais fit dans *l'Essai d'une Philosophie*. Après son apostasie, il opta pour la bifurcation de l'*Unum*, bien qu'il avouât franchement ne pas comprendre comment elle fût possible.

L'Emanatisme, en France, offre cette particularité de ne pas se borner aux théories abstraites des philosophes allemands ; il se complaît plutôt dans le récit détaillé de la pérégrination des Esprits à travers l'Univers visible. Reynaud dans *Terre et Ciel* (1854), Flammarion dans *La pluralité des mondes habités* (1862) et Figuier dans *Le lendemain de la mort ou la vie future selon la science* (1872) donnent à l'envi les détails les plus intéressants. Reynaud raconte les aventures des Esprits lorsqu'ils se rencontrent sur le grand boulevard de l'Univers, à savoir la voie lactée, où ils se promènent en tous sens, les uns montant, les autres descendant. Flammarion et Figuier s'attachent plutôt à décrire les hôtelleries que les astres offrent aux Esprits. Jupiter sent la jonquille, Neptune le tabac ; dans Uranus on trouve des fleurs bleues d'un usage pharmaceutique ; dans certaines planètes les pèlerins tètent jusqu'à l'âge de 490 ans et se marient à 3950 ; les uns ont des voix si puissantes qu'ils se font entendre d'une planète à l'autre ; il y en a d'autres dont le corps est si élastique, d'après Litrow, qu'ils sautent comme des puces à des distances prodigieuses. Dans d'autres planètes, au contraire, les corps diminuent graduellement et finissent par se réduire à deux ailes qui, prenant naissance au cou, leur permettent de voler comme des oiseaux.... Et le public a si bien pris goût à ces détails qu'en peu de temps il a épuisé des éditions de centaines de milliers d'exemplaires.

Baraduc, dans *L'âme humaine* (1896) a publié jusqu'à soixante-dix simili-photographies des Esprits !

§ 17. — ANGLETERRE ET RUSSIE

En Angleterre, les émanatistes les plus connus ont été les grands physiciens B. Stewart et Tait, auteurs des *The Unseen Universe*. — Les Théosophies et les sciences occultes que Mad. Blavatsky (*Isis Unveiled*), Lady Caithness (*Théosophie universelle* et *Théosophie occulte*) Sinnet, (*The occult World*), et autres adeptes, font remonter à des *Mahatmas* très anciens, ne sont en fin de compte que des doctrines émanatistes absurdement confondues avec le Bouddhisme.

En Russie, l'Emanatisme a été le *Nouvel Evangile*, la pédantesque *révélation* annoncée au monde par Tolstoï.

§ 18. — FRANC-MAÇONNERIE ET SPIRITISME

L'Emanatisme ne s'est pas borné à l'enseignement public, il est en outre l'objet d'un enseignement *ésotérique* et d'un culte particulier rendu aux Esprits.

Il est la doctrine ésotérique de la puissante société secrète appelée Franc-maçonnerie, qui prit naissance en Angleterre vers le commencement du XVIIIe siècle, et qui se répandit ensuite dans le monde entier. Comme le fait remarquer Weishaupt, il n'est pas possible de comprendre le sens caché de ses symboles et de ses rites si l'on n'étudie auparavant le gnosticisme pythagoricien (1).

C'est aussi de l'Emanatisme que s'inspire, comme la Franc-maçonnerie, le *Spiritisme*, ressuscité dans les Etats-Unis en 1852, et enseigné par Allan Kardec dans le *Livre des Esprits* et le *Livre des Médiums*. On dit que parmi ses adeptes ont figuré des savants tels que Tyndall, Fechner, Zollner, Wallace et le fameux chimiste Crookes défenseur acharné de l'existence réelle des *apparitions*. Il fut, à l'âge de 74 ans, troublé par le spectre d'une belle jeune fille de 17 ans, qui, pour prouver son objectivité, se laissait serrer entre ses bras ; chose qu'il faisait toujours, dit-il, avec la correction que demandait son grand âge.

Gabriel Delanne, dans *le Spiritisme devant la Science* trouve dans *la matière radiante* étudiée par Crookes, l'explication scientifique de tous les contes spirites sur les fantômes, les périsprits et les apparitions.

---

(1) Findel. *Histoire de la Franc-Maçonnerie.*

CHAPITRE IV

CRITIQUE DE L'EMANATISME

Solution du problème cosmogonique. — Solution du problème éthique. — Solution du problème du bonheur.

§ 19. — Solution du problème cosmogonique

Le dualisme qui naît de la séparation de l'Immatériel et de la Nature est l'écueil où vient se briser et mourir l'Emanatisme, impuissant à trouver dans l'Univers *l'Unité* que l'intelligence impose comme condition de vie ou de mort à tout système philosophique. Le *Dialogue de Parménide* nous apprend que ce fut, aux fêtes des Panathénées, le point principal de la grande controverse entre Parménide et Zénon, défenseurs de l'unité éléate, et les émanatistes représentés par Socrate et d'autres philosophes.

Le problème de l'Unité, que le Naturalisme prétend résoudre par la continuité de la Matière, ne trouve aucune solution possible dans l'Emanatisme.

La première école cherche inutilement à escamoter la Matière ; car ce qu'elle appelle *Non Etre* est une manifeste supercherie. La Matière pourrait n'avoir aucune activité, aucune causalité propre, elle pourrait être inerte et passive comme la cire, comme l'argile entre les mains du sculpteur ; elle n'en serait pas moins une Réalité véritable qui décompose les rayons du Dieu de Lumière qui se réfléchissent en elle. L'Espace seul suffit pour que, d'après les pythagoriciens eux mêmes, la Lumière s'y décompose et perde son éclat.

Toujours à la recherche de l'Unité, la seconde école tombe dans la plus grande des absurdités ; car, réunir l'Immatériel et la Matière dans *l'Unum*, dans un Etre où tout est confus, sens dessus dessous, c'est chercher dans le Chaos la Cause Première de l'Univers. Aristote et les naturalistes en général objectaient avec raison à Speusippe qu'à la tête de l'Univers il plaçait une imperfection absolue.

La troisième école a recours à une transsubstantiation de l'Immatériel, absurdité qu'Aristote condamnait justement dans sa critique des idées platoniciennes. L'inétendu ne peut *engendrer* l'étendu et de l'Immatériel ne peut procéder la Matière.

La quatrième école pousse le dualisme jusqu'à la folie. L'antagonisme qui se manifeste dans l'Univers conduit logiquement les manichéens à supposer la guerre entre deux Dieux : c'est la plus énorme des absurdités qu'enregistre l'histoire de la Philosophie.

Toutes les tentatives des émanatistes pour trouver l'Unité sont donc infructueuses. L'Emanatisme après le Naturalisme, échoue sur cet écueil de l'Unité, parce qu'il s'obstine à vouloir la trouver dans l'Univers ; et dans l'Univers il n'y a que pluralité et antagonisme de substances et de lois.

Il est également impuissant à expliquer l'*Intelligence* de la Cause Première d'où procèdent les lois qui régissent l'Univers. Pour expliquer les lois, il faut rechercher et vérifier quel est le législateur, l'auteur qui les établit et le Dieu de l'Emanatisme n'est pas le législateur, auteur de la Loi, il n'en est que l'exécuteur. Il ne lui est pas donné d'établir ou de modifier les lois ; il fait le beau parce que c'est beau, le bien parce que c'est bien ; mais les choses sont bonnes et belles conformément à une Loi qui lui est supérieure. S'il est la Beauté Suprême et la Suprême Bonté, c'est précisément par sa conformité avec la Loi qui préordonne la Beauté et la Bonté. C'est un Dieu qui ne fait que ce qui, d'après la Loi cosmique, a raison d'être. L'Etre Suprême, le véritable législateur, la véritable Cause Première, d'après l'Emanatisme, n'est pas le Dieu de Lumière dont il cherche à exalter l'existence, mais *le Destin*, une Cause aveugle, un Etre privé d'intelligence. Pas plus le Chaos de Proclus que l'Etre divin, dont la seconde et la troisième écoles font l'origine de l'Univers, ne sont la Cause Première ; et ne peuvent expliquer l'existence de l'Univers dont ils sont partie intégrante et aux lois duquel ils sont soumis.

Enfin, l'Emanatisme n'explique pas davantage, *l'Eternité*. Sa solution est la même que celle d'Aristote qui sûrement la lui emprunta. S'obstinant à la chercher dans l'Univers, il n'y trouve que l'immobilité, qu'il attribue à la partie supérieure de l'Immatériel, et le temps infini dans la partie inférieure en mouvement : ce sont les extravagances du Naturalisme, auxquelles aboutit Proclus, quand il défend l'Eternité du monde contre le Christianisme.

§ 20. — Solution du problème éthique

La morale de l'Emanatisme ne peut être autre que celle du Naturalisme, parce que, ni dans l'un ni dans l'autre, il n'y a de raison pour nier la vie zoologique ;

ni pour fonder le *Devoir* de réprimer aucun de ses appétits naturels.

Dans l'espèce, les théories émanatistes sur les peines et les récompenses de la vie future ne riment à rien et quant aux contes pythagoriciens, que les bons iront séjourner dans les astres et que les méchants s'incarneront de nouveau dans des corps animaux ou même végétaux, ils ne signifient pas davantage ; ce sont des contes inventés pour les ignorants. Les philosophes, les initiés de la doctrine ésotérique savent parfaitement que, selon l'Emanatisme, on ne peut considérer comme *mauvais*, comme digne de châtiment aucun appétit de la vie animale. Logiquement l'homme ne peut être obligé à sacrifier des impulsions naturelles de son organisme, car l'Emanatisme, loin de les condamner, les reconnaît et les justifie ; les satisfaire ne peut constituer un acte méritant un châtiment dans une autre vie.

L'immortalité émanatiste ne s'oppose pas à la jouissance de la vie zoologique *dans toute son intensité*. Suivant les trois premières écoles, les organismes, dont le fonctionnement constitue la vie zoologique, ont la même origine que les Esprits, et leurs tendances et désirs naturels sont aussi divins, leurs actes aussi légitimes que peuvent l'être ceux des Esprits. Les Ames organiques sont engendrées par l'Ame du monde, et l'Ame du monde fait partie de la triade suprême.

La seconde école principalement s'attache à démontrer que la vie animale est le *complément* de la vie spirituelle, que les Esprits sont des *substances incomplètes* qui, pour arriver à la perfection, ont besoin de s'incarner et de jouir au sein des organismes engendrés à cet effet par la Nature illuminée par le Démiourge. Ses partisans ont de tout temps proclamé la légitimité absolue de la vie zoologique. Les Krausistes qui au XIXᵉ siècle ressuscitèrent ces doctrines, prirent un soin particulier à défendre *l'harmonie* des deux vies intellectuelle et animale ; et à inculquer *le saint respect que l'homme doit avoir pour tous les modes et états que la transcendance divine peut produire dans ses organismes* (1).

Quant à la troisième école, sa doctrine de la chute des Esprits ne s'oppose pas davantage à la vie animale. D'après Plotin, il faut aimer le corps et non le haïr ; car, d'accord en cela avec les Stoïciens, il ne trouvait rien de vil dans la maison de Jupiter. Tant que l'Esprit, procédant du *Noûs*, lui demeure mentalement uni, la partie organique peut se livrer sans crainte à ses fonctions propres : c'est l'*harmonie* de Proclus, Jamblique, en particulier, fit l'apologie la plus ardente de Vénus, de Priape et du Phallus ; il démontrait que l'amour libre ne peut souiller le Noûs. La dépravation des émanatistes romains scandalisa Atticus et Julien, comme celle des Stoïciens scandalisa Epicure.

Telle est la substance de la doctrine ésotérique des illuminés de tous les temps, celle qu'on leur enseignait dans le secret de leurs conciliabules. Harmoniser les extases, les ardeurs, les embrasements de la vie unitive en Dieu avec les déchaînements des passions ; défaillir, à la fois et par un accord philosophique, d'amour divin et d'amour sexuel ; union des corps préparatoire à l'union des Esprits ; oraison de quiétude d'abord ; puis les plaisirs de la luxure goûtés par

---

(1) *Idéal de l'Humanité pour la vie*. Note de Sanz del Rio. P. 273.

charité fraternelle et amour de Dieu. Voilà la grande fourberie des mystères et des initiations ; voilà l'histoire des Priscillianistes ; voilà l'histoire des Amalriciens à qui David de Dinant enseignait « qu'il ne pou-
« vait pas y avoir de péché, parce que c'était Dieu lui-
« même qui agissait dans l'homme » ; voilà la vie d'infamie et de libertinage des Templiers, dès qu'ils furent initiés aux mystères de l'Emanatisme ; celle des bégards et des béguins pour qui « l'initié peut accorder au
« corps tout ce qu'il demande, la fornication étant un
« acte divin » ; celle des *frères du libre esprit* du Brabant ; celle des *libertins spirituels*, celle des Albigeois, celle des picards, celle des *intellectuels* de Bruxelles, celle des *turlupins*, et, enfin, celle des loges androgynes de la Franc-maçonnerie ; dont les réunions se tenaient au palais d'Orléans, dans les années qui précédèrent la Révolution Française, et dont faisaient partie la princesse de Lamballe et les duchesses de Bourbon et de Chartres. Voilà *La mystique* des *Illuminés*.

Enfin, dans la quatrième école, l'irresponsabilité des Esprits est absolue. Le Manichéisme attribuait toutes les passions humaines aux âmes créés par le Dieu des Ténèbres ; aussi les Esprits étaient-ils exempts de toute faute, quelle que fût la dépravation humaine. On n'opposait au libertinage d'autre obstacle que d'user de certaines précautions afin d'empêcher la génération.

§ 21. — Solution du problème du bonheur

Les philosophes athées sont à l'aise pour reconnaître la réalité de l'infortune humaine ; Schopenhauer et Hartmann la décrivent avec éloquence. Mais ceux qui divinisent la Cause Première, impuissants à concilier les misères de l'humanité avec sa nature divine, se voient dans la nécessité de nier le Mal, d'entonner les hymnes de l'Optimisme et de faire chorus avec les Naturalistes.

Il n'y a pas de panthéiste plus enthousiaste que Proclus à exalter les charmes de la nature engendrée par Dieu pour compléter son existence. La chute des Esprits elle-même n'empêche pas Plotin et les siens de célébrer, comme Proclus, les merveilles et les splendeurs de l'Univers. L'Optimisme est la solution logique de toute vie cosmique divinisée.

Mais au-dessus des sophismes des philosophes il y a l'évidence de la réalité ; et, devant elle, Proclus, logiquement optimiste, ne peut que reculer. Il avoue enfin que la Nature engendrée par Dieu pour le compléter et le réjouir, se trouve funestement troublée par *Polemos*, par la guerre et par les misères qui ont mis tous ses plans en déroute. Plotin, avec plus de raison que Proclus, se lamente sur les misères et les infortunes dont souffrent les Esprits privés de leurs ailes, et il frise même le Manichéisme quand il parle de δαίμονες κακοεργοί. Et enfin le Manichéisme pousse aussi loin que possible les souffrances des émanations divines condamnées à lutter contre les émanations du Dieu des ténèbres pour défendre le *Splendilenens*.

En présence de l'immensité du Mal, les Emanatistes ont recours à la contemplation et aux ravissements de l'extase. Pour être aussi heureux que les Stoïciens dans le taureau de Phalaris, il leur suffit de songer que le foyer, d'où procèdent Τὸ (-)ειόν, le *Paradigma*, le *Nous*, le Dieu de Lumière, ne souffre absolument pas, qu'il est complètement heureux, de s'identifier avec lui, de se faire ἔνθεοι !

Les remèdes que l'Optimisme naturaliste invente pour conjurer les misères de l'homme sont une mauvaise plaisanterie ; ceux de l'Emanatisme sont plus encore, ils sont un cruel sarcasme. Dire au malheureux qui a faim et soif, qui est malade et souffre toutes les horreurs de la pauvreté et de l'infortune, que pour conjurer ses maux il lui suffit de *se mettre en extase* ! Eh ! quelles pensées pourra-t-il trouver dans son extase pour remédier à son malheur et pour l'inonder de bonheur ? Quel est ce Dieu avec qui il s'identifie ? Un Dieu misérable, assujetti à un Destin qui condamne à souffrir son essence même.

A chaque étape de l'itinéraire, la solution du problème du Mal se trouve en présence d'une absurdité toujours plus grande.

Dans le premier système, le mal est produit mécaniquement sans intention de nuire.

Dans le second le Mal est intentionnel.

Dans le troisième, c'est Dieu lui-même qui se fait du mal à lui-même, soumis qu'il est à la loi suprême du Destin. Quel bonheur l'homme peut-il trouver dans la méditation d'une pareille Cosmogonie ?

L'histoire nous raconte quels furent la tristesse et le désespoir des mystiques alexandrins, en dépit de leurs efforts de concentration et d'$\dot{\alpha}\pi\lambda\omega\sigma\iota\varsigma$. Et vraiment, il ne pouvait sortir de leurs extases qu'une désastreuse désillusion. Dans *l'enthéisme*, l'homme pourra trouver la sanction de ses passions ; mais jamais son bonheur. A quoi lui sert d'être Dieu, s'il est malheureux ?

ETUDE XIᵉ

Quatrième système : Le Créationisme

CHAPITRE I

MÉTAPHYSIQUE CHRÉTIENNE

Condamnation du Traditionalisme. — Condamnation du Rationalisme ; Révélation, Foi et Théologie. — La vue et le télescope. — Siècle d'or de la Métaphysique chrétienne : Saint Augustin.

§ 1. — Condamnation du traditionalisme

A la vue des innombrables erreurs dans lesquelles sont tombés les philosophes, certains écrivains célèbres du XIXᵉ siècle, excellents chrétiens, perdirent la foi en l'Intelligence humaine. Ils crurent devoir maudire la Métaphysique et refuser à l'Intelligence humaine tout pouvoir d'arriver à la connaissance de Dieu, de l'origine de l'Univers et de la destinée de l'homme : ils étaient persuadés de bonne foi que *la Raison et l'Absurde s'aiment d'un amour invincible.*

Au lieu de se livrer à des investigations philosophiques qui aboutissent à de pareilles extravagances, ils conseillaient à l'homme de sacrifier son Intelligence aussi bien que ses appétits et de ne rechercher la vérité, la seule possible à atteindre, que dans l'enseignement chrétien traditionnellement conservé par l'Eglise. Cet enseignement devait être aveuglément admis et professé, en laissant de côté toute recherche métaphysique.

C'est de Bonald qui entreprit la campagne et il fut suivi par Bautain, professeur de philosophie à Strasbourg, Bonetty, rédacteur des *Annales de philosophie chrétienne*, Ubaghs et autres professeurs illustres de l'Université de Louvain, et en Espagne par l'éminent penseur Donoso Cortès.

Leurs doctrines furent combattues, entre autres par Chastel (*De la valeur de la raison humaine*), Lupus (*Le Traditionalisme et le Rationalisme*) et Liberatore (*Della conoscenza intelletuale*). Tout en déplorant les extravagances des philosophes, ils soutinrent avec raison que la prostitution de la Philosophie par ceux qui, se vantant d'être amis de la sagesse, défendaient les pires erreurs, n'était pas un motif suffisant pour condamner l'exercice de l'Intelligence, lorsqu'on la dirige correctement vers la recherche de la vérité.

La doctrine *traditionaliste* est contraire à l'enseignement de l'Eglise. Celle-ci admet non seulement l'analyse scientifique recommandée par Léon XIII, mais aussi la synthèse suprême qui, basée sur l'analyse, s'élève jusqu'à la connaissance de Dieu, Cause Première de l'Univers.

Le Traditionalisme fut condamné par Pie IX dans les lettres apostoliques *Gravissimas* et *Tuas libenter* adressées à l'archevêque de Munich et datées du 11 décembre 1862 et du 22 décembre 1863.

Dans sa première lettre, le souverain Pontife re-

connaît qu'il y a une philosophie saine et vraie, une philosophie *très belle* dont les maîtres méritent les plus grands éloges. « La vraie et saine philosophie, dit-
« il, a un rôle très noble à jouer, puis qu'il appartient à
« la philosophie de rechercher avec soin la vérité ; de
« cultiver avec sollicitude et d'illustrer la Raison hu-
« maine qui, si elle a été obscurcie par la faute du pre-
« mier homme, n'a nullement été détruite ; de perce-
« voir, comprendre et apprendre ce qui, pour cette mê-
« me Raison, est objet de sa connaissance et un grand
« nombre de vérités ; de *démontrer* un grand nombre de
« vérités que la foi propose aussi à notre croyance, com-
« me *l'existence de Dieu, sa nature et ses attributs* ; de
« faire cette démonstration *avec des arguments tirés de*
« *ses propres principes* ; de justifier ces vérités, de les
« défendre et, ainsi, de préparer la voie à une adhésion
« plus étroite à la foi en ces dogmes, et même à ceux qui
« sont plus cachés, et que seule la foi peut percevoir, de
« sorte qu'ils soient dans une certaine mesure compris
« par la Raison. Voilà ce que doit faire et à quoi doit
« s'occuper *la sévère et très belle science de la véritable*
« *Philosophie* », de laquelle on dit : « qu'elle prépare la
« voie qui mène à la connaissance des dogmes les
« plus cachés, objet spécial de la foi, en les rendant jus-
« qu'à un certain point intelligibles ».

Et non seulement le Pape reconnaît la légitimité de la recherche métaphysique touchant la Cause Première de l'Univers, mais il reconnaît aussi à l'Intelligence une juste liberté, semblable à celle qu'a la Science de se servir de ses principes et de sa méthode propre. La liberté philosophique « serait tolérable et peut-être
« admissible s'il ne s'agissait que du droit que possède
« la philosophie, comme les autres sciences, de se servir

« de ses principes, de sa méthode et des conclusions aux-
« quelles elle aboutit... de sorte qu'elle n'admît rien
« qui lui fût étranger ou qu'elle n'eût acquis par elle-
« même et suivant les conditions qui lui sont propres ».

Plus tard, le Concile du Vatican reproduit fidèlement la doctrine définie par le Pape, lorsqu'il déclare que « la raison naturelle de l'homme peut arriver à con- « naître avec certitude Dieu, principe et fin de toutes « choses, en induisant sa connaissance des choses « créées ». *Deum, rerum omnium principium et finem, naturali humanae rationis lumine e rebus creatis certo cognosci posse.*

Conclure de la connaissance scientifique de l'Univers à l'existence de Dieu, et connaître non seulement son *existence*, mais aussi sa *nature* et ses *attributs* voilà la Métaphysique dans sa plénitude. La notion de la Cause Première est en effet la clef et le fondement logique de toutes les Idées. Celles-ci sont si intimement liées avec elle que tout l'enseignement de chaque système et de chaque école se résume à déterminer cette idée d'une façon concrète.

§ 2. — Condamnation du rationalisme :
Révélation, Foi et Théologie

Reconnaître que l'Intelligence humaine peut arriver à la connaissance de la Cause Première n'est pas, tant s'en faut, reconnaître son infaillibilité.

Les traditionalistes qui niaient l'Intelligence furent condamnés par le Pape ; mais ils furent également condamnés ceux qui affirmaient sa compétence absolue et exclusive. Le libertinage de l'Intelligence humaine, sous le nom de *Rationalisme*, fut soutenu au XIXe

siècle, par réaction contre le Traditionalisme, par Hermès, professeur de théologie à Munster et à Bonn Ses erreurs, dénoncées par Windischmann, furent condamnées en 1835, 1836 et 1847. Reproduites ensuite par Froschammer, professeur à Munich, elles furent de nouveau condamnées dans les Lettres Apostoliques déjà citées *Gravissimas* et *Tuas libenter*.

Froschammer, exagérant le pouvoir de l'Intelligence humaine, prétendait que non seulement elle peut arriver à la connaisssance de Dieu, fin dernière de la Métaphysique, mais « qu'elle pouvait par ses « seules forces naturelles et en vertu de ses propres « principes s'élever à une véritable science de tous les « dogmes, même les plus mystérieux ». *Posse ex suis naturalibus viribus et principiis ad veram de omnibus etiam recondilioribus dogmatibus scientiam pervenire.*

La thèse d'Hermès et de Froschammer n'est pas moins fausse que celle du Traditionalisme. Au dessus de la connaissance intellectuelle, en effet, il y en a une autre plus sublime, que l'Intelligence, à elle seule, ne peut atteindre ; c'est la connaissance des choses qui concernent le commerce surnaturel de l'homme avec Dieu. *Ea quae supernaturalem hominis elevationem ac supernaturale ejus cum Deo commercium respiciunt.*

Ces mystères cachés, inaccessibles à la connaissance naturelle de l'intelligence humaine ne peuvent être connus que par la Révélation divine que Dieu a daigné nous communiquer par le Fils et le Saint-Esprit.

La garde et l'interprétation de ce texte sacré sont réservés au magistère suprême de l'Eglise ; la croyance en ce texte sacré est l'objet particulier de la Foi, et son enseignement est la matière de la Théologie.

§ 3. — La vue et le télescope

Entre la connaissance intellectuelle et la Révélation existe la plus parfaite conformité. « Bien que la Foi
« soit au dessus de la Raison, aucune contradiction
« véritable, aucune désunion en peut exister entre
« elles ; car toutes deux émanent d'une source im-
« muable et éternelle de vérité, à savoir Dieu très
« grand et très bon ; toutes deux s'entr'aident de telle
« sorte que la droite Raison démontre les vérités de la
« Foi, les favorise et les défend, et la Foi délivre la
« Raison de toutes ses erreurs, l'éclaire, la confirme, et
« la perfectionne » (1).

Penser qu'entre l'Intelligence et la Révélation il puisse y avoir divergence, c'est supposer qu'il peut y en avoir entre la vue naturelle de l'homme et l'instrument optique qui en augmente la portée d'une façon prodigieuse.

La similitude entre l'œil et le télescope nous fait comprendre la conformité de leurs opérations respectives et nous explique en même temps les erreurs dans lesquelles sont tombés les traditionalistes et les rationalistes. Le Traditionalisme, acceptant la Foi et niant l'Intelligence, prétend faire du télescope un instrument à l'usage des aveugles ; et le Rationalisme, n'admettant que la seule connaissance intellectuelle repousse la merveilleuse augmentation de puissance de le vue naturelle que produit le télescope.

---

(1) Pie IX. Encyclique *Qui Pluribus*.

§4.— Siècle d'or de la métaphysique chrétienne : Saint Augustin

La Métaphysique chrétienne, eut au cours des II° et III° siècles, de grands maîtres qui défendirent la véritable doctrine contre les écoles de *Philosophie*, pendant que les martyrs versaient leur sang en témoignage de leur foi. A Rome, à Alexandrie, à Athènes, en Syrie, dans tous les grands centres de la culture antique, l'Eglise, durant les premiers siècles, défendit le Créationisme contre les *philosophes*, et partout elle triompha glorieusement de ses adversaires. Ce sont les temps héroïques de l'Eglise pour la doctrine et pour la foi.

Mais c'est après la paix de Constantin que fleurirent les plus grands génies de l'Eglise, qui exposèrent la doctrine créationiste dans toute sa pureté et dans toute sa sublimité.

Le IV° siècle fut le siècle d'or de la métaphysique créationiste, le siècle qui vit naître les quatre Pères particulièrement célébrés par Léon XIII, dans son encyclique du 4 août 1879, comme les *Grands Docteurs de l'Eglise*.

En Orient, Saint Grégoire de Nazianze, *cujus tanta est in doctrina christiana auctoritas ut nullus unquam ejus dictis calumniam inferre praesumpserit*, et Saint Jérôme à qui l'on peut appliquer ces éloges qu'il faisait lui-même de Saint Grégoire.

En Occident, Saint Ambroise, et au dessus de tous, le génie incomparable de Saint Augustin. La profonde théologie de ses quinze livres *De Trinitate*, la réfutation magistrale de toutes les erreurs aristotéliciennes, stoïciennes, platoniciennes et néo-platoniciennes dans la *Cité de Dieu* ; la réfutation particulière du Naturalisme dans ses *Lettres à Julien* et du Manichéisme dans le *Contra-Faustum*, ses admirables traités *De Anima et ejus origine, De Immortalitate, De Quantitate Animae, De Libero Arbitrio, De Doctrina christiana, De Agone Christiano, De Natura et Gratia*, ses 260 *Lettres*, ses 394 *Sermons*, toutes ses œuvres sont des modèles achevés de la plus merveilleuse intuition mentale, que nul n'a jamais dépassée. Il n'y a pas de question importante qu'il n'ait illuminée de l'éclat de son génie prodigieux. Et, dans ses *Rétractations*, il examine et met au point, avec la plus scrupuleuse précision, toutes les assertions qui pourraient prêter à équivoque et être mal interprétées. Les œuvres de Saint Augustin sont le trésor le plus riche du Créationisme chrétien.

CHAPITRE II

LA CAUSE PREMIÈRE
SELON LE CRÉATIONISME

La création ex-nihilo. — Solution du Problème cosmogonique. — Le Dieu Créateur. — Triple personnalité du Créateur.

§ 5. — LA CRÉATION EX NIHILO

Le scepticisme de Kant repose sur un sophisme dont la fausseté est manifeste.

Dans la *Critique de la Raison Pratique*, Kant reconnaît l'existence de l'Intelligence humaine ; il reconnaît catégoriquement sa faculté de former des jugements apodictiques et d'arriver à une entière certitude, en se basant sur les données fournies par l'observation interne.

Si dans la *Critique de la Raison pure* il repousse la preuve ontologique et nie la connaissance métaphysique, c'est qu'il est aveuglé par un sophisme sur lequel repose toute son argumentation et tout le Somnambulisme moderne. S'il nie la compétence de l'Intelligence humaine, c'est tout simplement parce qu'il s'obstine à chercher la Cause Première *dans l'Univers* et qu'il ne l'y trouve pas; pas plus que ne l'y trouve aucun des trois systèmes cosmogoniques qui ont accaparé le nom de *Philosophie* et auxquels se borne l'érudition métaphysique de Kant.

On voit clairement dans la *Critique du jugement*, que Kant ne connaît que quatre écoles de philosophie : le Hasard, le Panthéisme, le Stoïcisme et le Platonisme ; et aucune d'elles n'arrive à comprendre qu'il puisse y avoir quelque chose en dehors de l'Univers. Enfermées dans un cercle de fer, elles cherchent en vain la Cause Première tantôt dans la totalité du monde, tantôt dans la partie du monde où sa vie cosmique atteint le maximum d'intensité, jamais en dehors de l'Univers.

Egalement aveuglé Kant dans sa *Critique de la Raison pure*, établit comme fondement de toute sa doctrine, qu'en dehors du monde il ne peut y avoir qu'un Temps vide et un Espace vide (première antinomie) et que s'il pouvait exister en dehors du monde un Etre nécessaire, sa causalité aurait lieu dans le Temps (quatrième antinomie).

En dehors de l'Espace et du Temps il ne conçoit rien; et comme l'Espace et le Temps sont les deux attributs essentiels de la Matière Cosmique, il s'ensuit qu'en dehors de celle-ci il n'admet ni Etre ni Cause quelconque. Telle est la clef de toute sa Métaphysique future.

L'aveuglement est le même chez tous ses disciples. Spencer, dont le bagage philosophique se borne aux œuvres de Mansel et de Hamilton, n'a pas connaissance, lui non plus, que personne ait jamais pensé « qu'il y ait rien en dehors de l'Univers ».

Ainsi enfermé dans l'Univers, le Kantisme a raison de démolir tous les systèmes de philosophie connus de lui, parce qu'aucun ne trouve dans le Monde ni l'Unité, ni l'Intelligence, ni l'Eternité qui sont des attributs essentiels de la Cause Première. Mais de ce que les philosophes ne rencontrent pas cette Cause dans le Temps et dans l'Espace, on ne peut logiquement conclure que l'Intelligence humaine ne puisse la découvrir. Une pareille induction serait un sophisme non moins audacieux qu'absurde.

Kant reconnaît catégoriquement, dans la *Critique de la Raison pure*, l'existence d'un Etre absolu qui sert de fondement au déterminisme universel de tout ce qui existe, d'un Etre primitif, roc immobile de l'absolument nécessaire, dont la réalité objective est postulée comme un principe apodictique. Et Spencer, comme Kant, reconnaît cette existence comme un *élément positif et indestructible de notre pensée*.

Une fois admise l'existence incontestable de l'Etre absolu, Cause Première de l'Univers, si on ne le découvre pas dans l'Univers, la logique, la Raison demande que l'on en conclue, non pas qu'elle est inconnaissable, mais qu'elle est en dehors de l'Univers ; elle demande que l'on cherche cette Cause Première dans un Etre extracosmique, extérieur et supérieur au monde, dans un *Infini de Toute Puissance*. Et l'existence de cet Etre Infini est la thèse fondamentale du quatrième système cosmogonique, basé sur la création ex nihilo.

Création ex nihilo ne signifie pas que le monde par lui-même sorte du néant. La paternité de cette hypothèse absurde revient à un philosophe naturaliste, à Hégel ; jamais aucun créationiste n'est tombé dans une pareille erreur. Dire que Dieu crée le monde de rien *non dicit aliud nisi quia de se ipsum non fecit* : le monde n'est pas une émanation de Dieu; Dieu ne l'a pas engendré de sa propre essence, mais un Infini de Toute

Puissance l'a formé en dehors de lui, absolument distinct et différent de lui-même.

La création ex nihilo signifie une *solution absolue de continuité* qui n'existe pas dans les trois autres systèmes. La distinction néo-platonicienne est une supercherie manifeste, car Esprit et Nature sont parties intégrantes d'un seul tout, d'un Etre unique dont les émanations sont une continuation de son essence même.

Pour que Dieu soit différent du monde, autre que le monde, il faut cette solution de continuité indiquée par le terme *création ex nihilo*. Ce qui émane de Dieu, ce que Dieu engendre est partie intégrante de son propre Etre, comme les extrémités d'un organisme sont partie intégrante de cet organisme.

§ 6. — Solution du problème cosmogonique

Le problème cosmogonique, qu'aucun des trois systèmes philosophiques précédents ne peut résoudre, trouve dans le Créationsime sa solution évidente :

L'*Unité* dans l'Etre extracosmique, comme cause unique de la pluralité des substances et des lois de l'Univers.

L'*Intelligence*, parce que la cause des lois cosmiques n'est pas un Destin aveugle, mais un Etre doué d'une Intelligence suprême, qui établit les lois comme il les veut. Comme il créa cet Univers dans lequel les astronomes comptent cent millions de soleils, il aurait pu créer — et qui sait s'il ne l' a pas fait — cent autres millions d'Univers, et ce monde que nous habitons il aurait pu le créer de cent autres millions de manières. Etudier l'Univers, c'est étudier sa volonté souverainement libre et nullement assujettie aux archétypes de la Philosophie préétablis par le Destin. Tout ce qui existe, existe parce qu'il plaît ainsi à Dieu. Les archétypes, ce sont ses propres pensées.

Enfin, dans le divin créateur nous trouvons la seule *Eternité* possible : l'existence simultanée d'un Etre Absolu et Infini antérieur et postérieur à l'Univers.

§ 7. — Le Dieu créateur

A la différence du Dieu intra cosmique des philosophes, le Créateur est un Etre absolument distinct de l'Univers visible. Un abîme les sépare. Rien de ce que nous voyons dans l'Univers ne lui est applicable ni d'une manière éminente ni d'une manière quelconque.

La vie du monde est une vie successive, et sa succession constitue le Temps, divisé en passé, présent et futur. La vie du Dieu Créateur est une existence simultanée et indivisible, et c'est ce qui constitue l'Eternité *Æternitas est vitae tota simul et perfecta possessio. Differt æternitas a tempore quod ea est tota simul, tempus vero successivum est.*

Rien de plus contraire à l'idée du Dieu Créateur que de l'imaginer dans le Temps. De Dieu on ne peut pas dire qu'il prévoit, qu'il devine les évènements du monde ; mais il faut dire qu'il les voit simultanément au moment même où ils se produisent, parce que son existence, simultanée et indivisible, coïncide avec toute la durée du Temps, comme elle coexiste avec toute l'étendue de l'Espace. On ne peut pas dire de lui qu'il fait d'abord une chose, puis une autre ; ce serait lui attribuer une existence successive comme celle du monde.

Nul n'a exposé cette sublime doctrine du Créationisme avec une précision plus admirable que Saint Augustin dans la *Cité de Dieu* et dans le traité *De Trinitate*. Dieu, dit-il dans la *Cité de Dieu*, fait tout *una eademque sempiterna et immutabili voluntate* (1). La création tout entière, telle qu'elle est, il la voulut simultanément (2). Dieu ne change jamais de dessein. Il ne fait pas aujourd'hui une chose et demain une autre (3).

Et dans le *De Trinitate* : *Quod de Deo ex tempore dicitur relative dicitur* (4). *In Deo nihil ex tempore inchoatur* (5).

Et non seulement la vie du Créateur diffère par sa simultanéité de la vie du monde, mais entre l'une et l'autre essence il y a la diversité la plus absolue.

Entre la vie du Dieu intra cosmique et celle du reste de l'Univers, il y a une intime et logique analogie. Le Dieu du Naturalisme est la vraie cause finale de l'Univers, puisqu'il est le terme de l'évolution cosmique où sa puissance se réalise complètement. Le Dieu de l'Emanatisme est partout par son essence et sa présence, il voit tout en lui-même ; tout agent est divin ; car tout est l'œuvre de ses émanations répandues dans le monde. Dans les deux systèmes, se trouvent en Dieu à un degré éminent les perfections incomplètes des degrés inférieurs.

Rien de tout cela, au contraire, ne peut, à proprement parler, être dit dans le Créationisme. Il n'y a d'autres causes finales que celles que Dieu a préétablies pour chaque substance en particulier et pour le monde

---

(1) Liv. XII, ch. 17.
(2) Liv. XI, ch. 4.
(3) Liv. XXII, ch. 2.
(4) Liv. V, ch. 16.
(5) Liv. XV, ch. 26.

en général. Dieu ne voit pas le monde en lui-même, comme le veulent les panenthéistes, mais en dehors de lui, tel qu'il l'a créé. Les créatures ne peuvent aspirer qu'à accomplir la volonté de Dieu, jamais à vivre sa vie divine ni à lui ressembler.

Dans le Naturalisme et dans l'Emanatisme, même en restreignant le nom de Dieu à la partie supérieure du monde, on peut logiquement appeler *divins* les êtres inférieurs, puisque réellement ils participent à son essence et à sa vie. Dans le Créationisme, Dieu seul est divin ; appliquer cette dénomination aux créatures est un blasphème et un sacrilège.

Enfin, dans le Créationisme, on ne peut pas voir une analogie même la plus lointaine, entre la vie de Dieu et la vie zoologique de l'homme. L'essence du Créateur est un mystère impénétrable. *Nul n'a vu Dieu si ce n'est son Fils.* D'après Saint Bonaventure, même aux hiérarchies célestes les plus élevées il n'est pas donné d'arriver à la vision directe du Créateur. Saint Augustin, en particulier, condamne l'anthropomorphisme à différentes reprises (1). *Respuenda omnis corporalis cogitatio ut Deus capiatur*, dit-il dans une éloquente page du *De Trinitate. Essentia Dei nunquam per se apparuit. — Nullo modo potest ipsa per semetipsam esse visibilis* (2).

Le même enseignement se retrouve dans Saint Ambroise, Saint Jérôme, Saint Grégoire et dans tous les Pères de l'Eglise.

---

(1) *De Trinitate.* Liv. VIII, ch. 2 et *De Genesi contra Manichaeos* Liv. I, ch. 22. De même *De vera Religione*, ch. 50, dans les *Lettres à Julien* et dans la *Lettre à Fortunatus* où il censure particulièrement les Evêques anthropomorphistes.

(2) *De Trinitate.* Liv. III, ch. 11.

§ 8. — Triple personnalité du Créateur

De ce que le Créateur est un Etre Suprême, absolument séparé et distinct du Monde, l'Intelligence induit la vie de trois personnes divines qui, dans leurs relations réciproques, n'ont pas la moindre analogie avec les triades du néo-platonisme.

Celles-ci sont trois étapes supérieures de la vie même du monde ; et les trois vies du Créateur auxquelles correspondent les trois personnes de la Trinité, sont des vies exclusives du Créateur, en tant qu'il est considéré comme existant en dehors de la création ou la pénétrant, sous forme visible ou sous forme invisible.

La vie du *Père*, (*abstrusior profunditas*) est celle que Saint Augustin (*De Trinitate*), d'accord avec Saint Hilaire, identifie d'une façon particulière avec l'Eternité ; c'est la vie extra-cosmique, simultanée et immuable du Dieu caché et impénétrable.

La vie du *Fils* est la vie de Dieu pénétrant dans l'Univers et s'incarnant dans la personne de Jésus-Christ, du Dieu qui, sous une forme corporelle, apparaît à l'Humanité. *Missus dicitur in quantum apparuit foris creatura corporalis qui intus in natura spiritali oculis mortalium semper occultus est.* Cette incarnation a eu lieu *propter exemplum — ad exemplum justitiae et patientiæ. — ad humilitatis exemplum — ad humanam naturam docendam*, pour enseigner aux hommes le chemin de la vertu et le moyen de mériter la vie éternelle.

Enfin, la vie de l'*Esprit-Saint* n'est pas une incarnation mais une *procession* de Dieu même qui, sous forme spirituelle, invisible aux yeux mortels, opère dans l'Univers, accordant à l'homme l'aide nécessaire pour mériter la vie éternelle.

CHAPITRE III

COSMOGONIE CRÉATIONISTE

Double création du Ciel et de la Terre. — Finalité respective des deux créations.

§ 9 — Double création du ciel et de la terre

La distinction entre l'*Esprit* et la *Nature*, qui n'a pas de solution satisfaisante dans l'Emanatisme, se trouve parfaitement expliquée dans le Créationisme.

L'Esprit et la Nature sont *deux créations* différentes, soumises à des lois diverses et que le Créationisme chrétien désigne sous les noms de *Ciel* et *Terre*. Le *Ciel* est tout différent des firmaments ou régions supérieures de l'Univers visible, vulgairement appelés *cieux*. Cette dénomination de *Ciel* s'applique aux Esprits doués d'Intelligence et de Volonté, à la ressemblance de Dieu. Et sous le nom de *Terre* on désigne la Nature qui vit en tant que Temps et Espace, être fini destiné à mourir de par sa propre loi, lorsqu'il aura accompli la mission qui lui a été assignée.

Telle est la version de la Genèse, reproduite dans le *Notre Père* et dans le Symbole des Apôtres, celle de Saint Paul (1), la doctrine enseignée par les quatre

---

(1) Epître aux Colossiens I, 16.

Pères de l'Eglise Saint Grégoire de Nazianze, Saint Jérôme, Saint Ambroise et Saint Augustin, et, avec eux, par Saint Basile, Saint Hilaire de Poitiers, Saint Jean Damascène, Saint Grégoire le Grand et autres Docteurs que Rohrbacher cite dans son *Histoire de l'Eglise.*

C'est enfin la version du quatrième concile de Latran qui définit que « le Créateur de toutes les choses « visibles et invisibles, spirituelles et corporelles, par sa « vertu toute puissante, créa en même temps du néant « L'UNE ET L'AUTRE CRÉATION, la spirituelle et la corpo- « relle, à savoir, celle des Anges et celle du monde.» ; déclaration reproduite dans la troisième session du Concile du Vatican, dans les constitutions dogmatiques *Dei Filius* et *De Fide catholica.*

§ 10. — FINALITÉ RESPECTIVE DES DEUX CRÉATIONS

Les Esprits créés à la ressemblance de Dieu, sont prédestinés à une vie éternelle ; mais cette vie définitive est précédée d'une autre vie dans le Temps et dans l'Espace, dans la *Nature*, demeure préalable où ils doivent mériter le bonheur que Dieu leur offre. La Nature est le *creuset* des Esprits.

Ces deux vies, la vie temporelle et la vie éternelle, sont comparables à la protase et à l'apodose des rhétoriciens ; c'est seulement dans la vie éternelle que la fin de la création peut être pleinement connue.

La dimension et la population de l'Univers sont questions tout à fait secondaires. Qu'il y ait mille millions d'astres plus ou moins semblables à la planète que nous habitons, cela prouve seulement que le Créateur est mille millions de fois plus puissant que ne se l'imaginent les partisans de la chétive doctrine géocentrique d'Aristote. Des écrivains comme Tongiorgi, Pioger et Haller n'hésitent pas à croire que d'autres planètes que la nôtre sont habitées par des êtres qui adorent peut-être le Créateur avec plus de ferveur que les hommes (1).

Quelles donc que soient la dimension et la population de l'Univers, la finalité de la terre est la *sélection des bienheureux* qui doivent trouver leur bonheur dans une vie éternelle pour avoir, dans la mesure de leurs forces, correspondu et coopéré à l'appel du Créateur.

Lorsque sa mission aura été remplie, la *Terre* que nous habitons aujourd'hui, disparaîtra. Dix-huit siècles avant que les savants modernes aient conclu, d'après les lois physiques, à la mort de l'Univers, les apôtres du christianisme la prédirent. Saint Paul l'annonce explicitement, et Saint Jean dans l'Apocalypse la décrit dans toute sa sublime grandeur, lorsqu'il parle de l'Ange qui jurera un jour par celui qui vit dans les siècles des siècles, par le Créateur du Ciel et de la Terre, que le mystère de Dieu annoncé par les prophètes sera consommé, qu'il n'y aura plus de Temps, que les cieux et la terre mourront et qu'on ne retrouvera plus la place qu'ils ont occupée.

---

(1) Pioger, *Le dogme chrétien et la pluralité des mondes habités* : Tongiorgi. *Cosmologia*, § 253. On croit rêver quand on voit le charlatanisme pousser l'audace jusqu'à soutenir que les antiques religions moururent en l'an 1610, lorsque pour la première fois le télescope, récemment découvert, fut tourné vers la lune par Galilée », comme le dit Figuier dans *Le lendemain de la mort*, ch. 21.

CHAPITRE IV

ANTHROPOLOGIE CRÉATIONISTE

Condamnation du Monisme naturaliste et du Dualisme émanatiste. — Analyse anthropologique d'après le Créationisme Chrétien. — Origine distincte des Esprits et des Corps. — Pluralité de substances et de lois dans l'ordre anthropologique. — Le quatrième antagonisme dans le système créationiste. — Unité du composé humain. — L'Esprit, forme substantielle du corps humain. — Question secondaire.

Le Créationisme chrétien, en définissant sa doctrine anthropologique, condamne également la doctrine moniste du Naturalisme et la doctrine dualiste de l'Emanatisme.

L'Anthropologie moniste est l'objet des réprobations énergiques des Pères de l'Eglise qui considèrent avec raison comme un véritable monisme le prétendu composé de *matière et de forme*, lesquelles d'après Aristote, sont *une seule et même chose*.

Saint Grégoire de Nazianze en particulier, éleva sa puissante voix pour condamner le monisme enseigné dans les *Mortales sermones de Anima* d'Aristote. Saint Ambroise le condamna également dans ses écrits *De Noe et Arca* (§ 92) et dans le *Psaume CXVIII*. Il en est de même de Saint Augustin. Dans ses *Retractaliones*, il se repent expressément d'avoir supposé (dans un livre sur l'*Immortalité de l'Ame*) que l'Esprit ou *l'âme créée à la ressemblance de l'essence divine communique au corps la forme qui constitue son être et son être tout entier* ; (Speciem corporis.. qua est, in quantumcumque est) ; proposition qu'il réprouve comme complètement téméraire. *Hoc totum prorsus temere dictum est* (1). Il croyait, lui, au contraire, qu'en outre de l'Esprit, il y a dans l'homme *une autre causalité* qui n'a pas été créée à la ressemblance de Dieu (2).

Avec la même énergie que les Pères de l'Eglise condamnèrent la psychologie aristotélicienne, l'Eglise condamna le dualisme émanatiste, d'après lequel il y a dans l'homme deux âmes et deux vies, l'une spirituelle et l'autre animale, ayant chacune une fin distincte, mais pouvant *s'harmoniser* toutes les deux, et chacune d'elles pouvant se développer indépendamment de l'autre. Le dualisme émanatiste, ressuscité au Moyen-Age par les Albigeois, fut défendu par Pierre Jean d'Olive, il fut condamné par le concile de Vienne dont la doctrine a été exposée par le Cardinal Zigliara dans son ouvrage *De mente Concilii Viennensis* et par le P. Martigné dans *La Scolastique et les Traditions Franciscaines*. L'Eglise condamne l'indépendance des deux vies spirituelles et animales, et définit qu'elles

---

(1) *Retractationes.* Liv. I, ch. 5.
(2) Bien que distincte de la doctrine des Pères, professée par la Sainte Eglise durant douze cents ans, la théorie anthropologique de l'*unité d'essence* peut être expliquée dans un sens parfaitement orthodoxe. Baltzer en ayant nié l'orthodoxie, Pie IX, dans un Bref du 20 avril 1860, déclare : *hanc sententiam quæ unum in homine ponit vitæ principium esse communissimam*, et même qu'elle est la vraie d'après *plerisque doctoribus*. Les aristotéliciens ont voulu voir là une déclaration dogmatique de l'unité d'essence, alors que le Pape déclare seulement que cette doctrine n'est pas hétérodoxe.

ne se trouvent pas en contact intime, comme le veulent les émanatistes, mais réellement fondues dans une seule personne, dont l'Esprit et l'Ame zoologique sont deux puissances (1).

§ 12. — Analyse anthropologique selon le créationisme chrétien

Avec une mauvaise foi qui n'a d'égale que leur ignorance, certains critiques ont censuré l'analyse anthropologique des Pères de l'Eglise qui parlent de la Trichotomie et de la Dichotomie humaine ; ils ont cru y trouver des contradictions qui n'existent pas.

Ce qu'on appelle *Tricholomie* est une analyse complète qui distingue l'Esprit, l'Ame organique et le Corps. Et par *Corps* on entend la *matière inorganique*, mot usité *ad significandas tres dimensiones secundum quod corpus ponitur specie quantitalis*. Et c'est en ce sens que Saint Paul dit que l'homme se compose d'Esprit, Ame et Corps. C'est aussi, littéralement, la doctrine de Saint Augustin dans sa Lettre *Ad Petrum Presbylerum* (2) *Et utrumque ad naturam hominis pertinet ut totus homo sit spiritus et anima et corpus*.

La *Dichotomie* est une analyse exclusivement psychologique, circonscrite à l'individuation ; elle ne distingue que l'Esprit et le Corps, mais alors le mot Corps signifie non plus la matière inorganique, mais l'organisme vivant, vivifié par un principe vital qui engendre *vitam quandam qua ipsum corpus animatur* (3) par

---

(1) Cf. *Le problème Ethique*, § 21. Unité du composé humain.
(2) *Ad Petrum Presbylerum. De Anima et ejus origine*. Liv. 11.
(3) *De libero Arbitrio*. Liv. II, ch. 7.

l'âme particulière *quæ agit in homine ad corporis quod ab ea movetur* (1).

Dans son admirable traité *De Trinitate* (Liv. II ch.1), Saint Augustin s'attache à expliquer la doctrine apostolique sur *les deux hommes, l'homme intérieur* et *l'homme extérieur*.

L'homme intérieur est constitué par une substance spirituelle, seule créée à l'image de Dieu, et *l'homme extérieur* consiste dans le corps que nous avons à la ressemblance des animaux, corps considéré non seulement comme une matière inorganique, mais comme matière douée d'une vie propre : *Adjuncta quadam vita sua qua compages corporis et omnes sensus vigent, quibus instructus est ad exteriora sentienda.*

Même doctrine sur les *deux hommes* dans la *Cité de Dieu. Cum duo ista conjuncta sunt vivit homo. — Cum est utrumque conjunctum simul habet hominis nomen.*

Dans tous ses traités, Saint Augustin a distingué avec soin dans l'homme les *deux substances* de nature différente qui, selon lui, doivent être appelées de deux noms différents. *Duo quaedam*, dit-il dans sa lettre *ad Petrum Presbyterum, esse Animam et Spiritum, secundum id quod scriptum est (Job 8) : Absoluisti a Spiritu Animam meam*. Et il ajoute que, si parfois on les appelle indistinctement tantôt Esprit et tantôt Ame, *proprie dicatur Spiritus non universa Anima sed aliquid ipsius*, c'est-à-dire la partie créée à l'image de Dieu, en réservant le nom d'AME à cette partie *quae agit in homine ad corporis quod ab ea movetur.*

De même que Saint Augustin, Saint Ambroise (*De Noe et Arca*, Liv. I, § 92) affirme la nécessité de dis-

---

(1) *De Anima et ejus origine*. Liv. IV.

tinguer l'Esprit et l'organisme vivifié. *Nos igitur hujusmodi teneamus divisionem ut separemus quod est rationabile animæ, cujus substantia divinus est Spiritus, sicut ait Scriptura : Quia insufflavit in faciem ejus spiritum vitæ. — Esse autem in ea nutrimentum* QUODDAM VITALE QUO HOC CORPUS ANIMATUR, *esse etiam delectabile.* Division fondamentale de deux substances diverses : *ista de Dei spiritu, illa de limo*, sur laquelle il revient dans le *Psaume CXVIII* et dans l'*Hexaméron* (1).

Et la doctrine de Saint Augustin et de Saint Ambroise est aussi celle de Saint Grégoire et Nazianze. Il se demande : *Quomodo mixta es crasso quæ spiritus es, et carni mens, et oneri levis?* (2) et comment l'Esprit s'unit au Corps *cum socio et adjutore — hostis est blandus et placidus, insidiosus amicus. — Carni homo sociatur ut domina coquo suo.* Toujours il fait ressortir la double nature du composé humain, formé de deux substances diverses.

En résumé, la divergence supposée entre la Trichotomie et la Dichotomie n'est qu'apparente. Le principal, ce sur quoi tous les Pères sont complètement d'accord, c'est de distinguer dans l'homme l'Esprit créé à la ressemblance de Dieu et le corps créé *ad speciem bestiarum*, en s'en tenant strictement à la doctrine des Saints Apôtres Pierre et Paul qui distinguent avec

---

(1) Dans sa 34ᵉ lettre à Horontianus, saint Ambroise parle du désir qu'a l'Esprit de sortir de son *étable* pour aller vers Dieu : « Una quæque anima videns se corporeo isto clausam *gurgustio*, quæ tamen terrenæ hujus habitationis consortio non degeneraverit, ingemiscit gravata corporis hujus *conjunctione*... peregrinari vult de corpore, et adesse ad Dominum. »

(2) Carmen XIV. *De Humana Natura.*

soin l'Esprit de *l'étable corporelle* dans laquelle il vit *emprisonné.*

Apôtres et Saints Pères, tous sont unanimes à professer une doctrine radicalement opposée aux idées fondamentales du Naturalisme (Etude IXe §§ 2, 3, 4 et 5) enseignées par les aristotéliciens. Ce sont deux doctrines diamétralement opposées : l'une, la *pluralité de substances* régies par des lois diverses ; et l'autre, *le monisme naturaliste,* la substance unique qui successivement, par sa propre vertu, se transforme en pierre, végétal, animal, homme, ange et Dieu ; monisme suivant lequel dans les étapes supérieures se trouve en acte tout l'inférieur, et dans les étapes inférieures se trouve en puissance tout le supérieur.

§ 13. — Origine distincte des esprits et des corps

Seule une ignorance absolue a pu voir avec méfiance ce qu'on appelle le traducianisme du grand Saint Augustin. Pour lui comme pour tous les Pères de l'Eglise, *tout ce qui existe est créé ex nihilo* ; mais comme, d'après le concile de Latran, il y *deux créations* et que l'homme participe des deux parce qu'il est composé d'Esprit et de Corps, les Pères ont travaillé avec une admirable précision à mettre en relief l'origine distincte de l'une et de l'autre substance et la manière distincte dont elles furent respectivement créées.

Les Esprits sont créés individuellement ; chacun est l'objet d'une création spéciale immédiate et directe

Au contraire, les Ames zoologiques sont produites par génération, comme se reproduisent, suivant l'observation scientifique, les substances immatérielles qui ne sont pas semblables à Dieu. La doctrine des Pères et, en particulier, de Saint Augustin, se trouve en complet accord avec les observations de la science. Dieu crée les substances immatérielles — *non spirituelles* — douées de la faculté d'en créer d'autres semblables. L'Énergie procrée une nouvelle Énergie qui se répand à travers l'Univers, et les Ames individuelles procréent de nouvelles âmes et engendrent de nouveaux organismes procédant d'une origine commune.

D'après cette loi biologique, tous les organismes humains procèdent par génération d'Adam, du premier homme. Ils ne sont pas individuellement créés comme Adam, ainsi que le supposait Théodore de Mopsueste, mais ils procèdent réellement de lui par *transmission héréditaire*, par véritable génération, avec toutes les conditions propres à *l'hérédité* que les savants étudient dans les espèces inférieures. Les Ames zoologiques transmettent leur propre nature aux organismes qu'elles engendrent ; chaque âme est la continuation des Ames des parents qui l'engendrent avec les mêmes attributs, facultés et tendances.

C'est dans ce sens que Saint Ambroise dit : *Fuit enim Adam et in illo fuimus omnes* ; tous nous avons existé en Adam, parce que l'humanité est la continuation de l'Ame d'Adam, reproduite dans les générations qui se sont succédé. Saint Cyprien expose la même doctrine. Saint Augustin y revient en maints passages de ses œuvres, principalement dans *Contra Duas Epistolas, De Anima* et dans sa *Seconde Lettre à Julien.*

§ 14. — Pluralité de substances et de lois dans l'ordre anthropologique.

Chacune des substances, que les Pères dans leur Trichotomie ou analyse complète distinguaient dans l'homme, conserve une fois unies sa nature propre et, par conséquent, sa loi propre. D'après le Cardinal Zigliara, *conservant in unione proprias naturas specificas*, et ces natures sont régies par des lois distinctes dont la diversité démontre la pluralité de substances (1).

L'Ame zoologique de l'homme, créée *ad speciem bestiarum*, exerce toutes les fonctions propres à la vie zoologique et à elle se rapporte tout ce qui concerne la formation de l'organisme, ses appareils de chauffage, de digestion, de circulation et de relation, ses appétits de brutalisme et de sensualisme, son déterminisme, la lutte pour la vie, et c'est d'elle que procèdent tous les mouvements et tous les actes concupiscibles et irascibles, propres à la vie zoologique.

Enfin à l'Esprit, seule partie créée à l'image et à la ressemblance de Dieu, se rapportent seulement les fonctions et actes d'Intelligence et de Volonté.

La Mémoire n'est pas une faculté essentielle de l'Esprit, créé pour une vie *éternelle*, c'est à dire *simultanée*. C'est une faculté propre à l'Ame zoologique créée pour vivre dans le Temps une vie successive. L'Esprit ne peut participer à la Mémoire que par son union substantielle avec l'Ame.

Contre cette doctrine, aussi claire que simple, le monisme aristotélicien soulève une bruyante contro-

---

(1) Cf. Etude 11e. *Le Positivisme métaphysique*, § 10.

verse, à l'occasion des ouvrages de Fredault *Anthropologie* (1863) et *Matière et Forme* (1876), écrits sur les conseils autorisés du P. Lehen, et conformes aux idées de Tongiorgi, Palmieri et Ramière (S. J.).

Le monisme aristotélicien, ennemi de toute pluralité de substances, affirmait que l'unité de formes l'obligeait logiquement à soutenir que, l'Esprit étant la forme unique de l'homme, de sa seule activité et comme fonctions propres, procédaient tous les actes humains, *les fonctions organiques y comprises.*

Des médecins éminents de la faculté de Montpellier furent étonnés d'entendre que *la totalité de la vie humaine* procède de l'activité d'un Esprit créé à l'image et à la ressemblance de Dieu, que tout absolument, gravitation, affinités chimiques, fonctions digestives et nerveuses, luxure, appétits irascibles et concupiscibles sont fonctions d'un Esprit qui, en même temps que ses attributs propres, réunit ceux des degrés inférieurs. Dans leur étonnement, ils demandaient aux monistes : Est-il possible que tous les actes organiques procèdent directement d'un Esprit créé *à la ressemblance de Dieu*, tous jusqu'aux hémorroïdes ? Et les monistes de répondre, inexorables : Oui, tous, jusqu'aux hémorroïdes. Aristote le voulait ainsi.

§ 15. — Le quatrième antagonisme dans le système créationiste

Du fait que chaque substance conserve sa propre nature et sa loi propre résulte le quatrième antagonisme observé dans l'homme par l'analyse scientifique et dont le Créationisme fait l'un des principes fondamentaux de son système.

C'est un fait capital et sur lequel ont insisté tout particulièrement les Apôtres et les Pères de l'Eglise, que l'antagonisme des deux lois qui régissent respectivement les fonctions propres de l'Esprit et celles de l'Ame zoologique et que l'on désigne sous les noms de *Loi de Dieu* et *Loi de la chair*.

Saint Pierre, dans sa première lettre, nous avertit expressément que l'Esprit, emprisonné dans le corps, est obligé de lutter contre les désirs de la chair.

Saint Paul expose cette doctrine, avec une surnaturelle clarté, dans ses *Epîtres aux Corinthiens, aux Romains et aux Galates* (1). L'Esprit et le Corps, dit-il, sont soumis à deux lois qui sont non seulement distinctes, mais antagonistes. *Caro concupiscit adversus Spiritum et Spiritus adversus carnem*, parce que l'homme suit, par son esprit la loi de Dieu, et par sa chair la loi du péché.

Les Pères insistent avec force sur cette doctrine apostolique et en particulier Saint Grégoire de Nazianze en Orient et Saint Augustin en Occident. Le premier paraphrase le texte de Saint Paul dans les Carmina IX, XIV, et XLV, Liv. II. *Aliud quid caro, aliud lex, aliud Deus. Carnis et mentis bellum intestinum*. Dans le XIV° principalement quand il parle de la nature humaine, il décrit la guerre à mort des ennemis qui luttent dans l'homme : *a bello nunquam desistenti pugnant inter se adversis frontibus*.

Le second en a fait un des objets préférés de la campagne qu'il mena toute sa vie. Depuis ses premiers écrits *De Continentia* (an 395) jusqu'à ses magistrales

---

(1) Saint Paul. *Epîtres aux Corinthiens* I. XV, 46, II. V, 4. — *Aux Romains*, VII, 25. — *Aux Galates*, V, 7.

Lettres à Julien, spécialement dans la seconde, Livre I, il se complaît à décrire la lutte des deux adversaires qui se trouvent dans l'homme. *Duo quæ nunc invicem adversantur in nobis.*

§ 16. — Unité du composé humain

L'anthropologie créationiste, en même temps qu'elle distingue dans son analyse psychologique, les fonctions de l'Esprit et celles de l'Ame zoologique, comme deux puissances distinctes, affirme l'unité du composé humain attesté par l'observation interne, et elle en donne une explication satisfaisante, ce que ne peut faire aucun des trois systèmes précédents.

L'unité personnelle de l'homme est un des principes capitaux du christianisme défendus par Saint Augustin. Il distingue clairement *l'homme intérieur* et *l'homme extérieur* (1), *Homo quid* ? demande-t-il. *Duo sint.* Mais il fait remarquer que les deux hommes forment une seule personne. *Tanquam duo sint homines simul et utrumque sit homo unus* (2.) *Demonstratum est ut ex duabus substantiis fieret una persona* (3) *Una persona est* ; *unus homo est. Totus homo una quædam res* (4).

Et la raison en est que *l'unité* peut se faire de deux modes différents, *uno modo pro essentia sive natura, alio modo pro supposito sive hypostasi.* Et l'unité de l'homme n'est pas une unité d'essence, mais une unité de personne, *pro hypostasi.*

Cette unité personnelle résulte de l'union substan-

---

(1) *De Trinitate*, Liv. XII. *De moribus Ecclesiæ.*
(2) *Cité de Dieu*. Liv. XIII.
(3) *De Trinitate.*
(4) *De Anima.*

tielle de l'Esprit et de l'Ame zoologique, chacun conservant sa nature spécifique, propre car, suivant le cardinal Zigliara, *unio substantialis in eo consistit ut ex ipsa habeatur una substantia ex duabus substantiis, unum in pluribus naturis* (1).

La notion de l'unité personnelle de l'homme fut toujours si claire dans l'Eglise que, lorsque le Concile de Latran voulut définir comment doit s'entendre l'union hypostatique de Jésus-Christ, il ne trouva pas d'exemple plus clair que l'unité du composé humain.

Ce fait, attesté par l'observation interne, de la fusion de deux substances antagonistes, d'où résulte *une personne unique*, est une des preuves les plus claires de la vérité du système créationiste ; c'est par ce système seul en effet qu'on peut l'expliquer. La puissance de Dieu qui crée les substances peut seule produire cette union substantielle, absolument inexplicable dans l'Emanatisme.

§ 17. — L'ESPRIT EST LA FORME SUBSTANTIELLE DU CORPS HUMAIN

Dans le jargon aristotélicien (2) on appelle forme substantielle *la cause intrinsèque de l'existence d'un être, la partie intégrante d'un être qui détermine son essence, et dont l'annihilation serait l'annihilation du tout.*

Cela admis, il est évident que l'Esprit est la *forme*

---

(1) La pluralité qui résulte de causes diverses n'existe pas quand deux agents, deux substances, sont combinées entre elles de telle sorte que l'une est l'instrument de l'autre. A l'appui de cette doctrine, San Severino (*Anthropologia*, § 440) cite les plus hautes autorités.

(2) *Métaphysique*. Liv. V, § 8.

substantielle du corps humain ; il est, en effet, la cause intrinsèque de son existence, *la partie intégrante dont l'annihilation entraîne l'annihilation du tout*. Supprimer l'Esprit, c'est la mort du corps.

D'accord avec Aristote, le cardinal Zigliara (1) entend aussi par forme susbtantielle *id per quod subjectum constituitur in aliqua determinata specie et distinguitur essentialiter a cæteris rebus*. C'est l'Esprit évidemment qui distingue l'homme *a caeteris rebus*.

Le Concile de Vienne, d'après Zigliara, laissa parmi les questions libres, c'est-à-dire parmi celles *quæ salva fide controvertuntur inter catholicos*, la question de savoir *utrum sit unica forma substantialis vel præter ipsam admittendæ sint aliæ*. Mais qu'il y ait ou non dans l'homme, en dehors de l'Esprit, d'autres formes ou principes actifs, il est hors de doute que l'Esprit est toujours la véritable forme substantielle ; puisqu'elle est la seule qui distingue l'homme *a cæteris rebus*, la seule qui puisse être considérée comme cause intrinsèque de son existence. La définition donnée par Aristote dans sa *Métaphysique* ne laisse place à aucun doute.

§ 18. — Question secondaire

Dans son ouvrage *La Création*, Haeckel exagérant le transformisme de Darwin, soutient, comme le dernier mot de la science moderne, que le corps humain est le terme d'un processus organique qui, commençant avec le protozoaire, s'est perfectionné successivement

---

(1) *De mente Concilii Viennensis*, § 35.

à travers les siècles sans nombre, et dont la dernière évolution est l'organisme humain.

Pour la Science, cette question peut être d'une importance capitale. Dans l'Eglise elle ne peut appartenir à la foi que comme question d'exégèse. Pour la Métaphysique elle est absolument indifférente. L'essentiel, c'est l'antagonisme qui existe entre les deux puissances spirituelle et zoologique. Cet antagonisme étant admis, il est indifférent que le corps humain ait été l'objet d'une création particulière ou qu'il procède *d'une autre création antérieure.*

L'idée de considérer le corps humain comme le terme d'une évolution ou processus organique a été favorablement accueillie par de grands écrivains chrétiens antérieurs à Haeckel. L'hypothèse des formations successives fut indiquée déjà par Saint Jean Chrysostome ; et parmi les auteurs inclinant vers la théorie évolutionniste on cite des écrivains éminents, comme le P. Suarez (S. J.) et le P. Arintero (O P.) (1). La P. Castelein (S. J.) affirme que loin de s'opposer au Créationisme, l'évolutionisme *rehausserait l'unité du monde et du plan divin.* Le P. Leroy (O.P.) est favorable, lui aussi, au transformisme (2) et Mivart dans sa *Genesis of Species* (1871) (3) n'hésite pas à soutenir que le corps humain peut venir d'une espèce inférieure.

Le cardinal Gonzalez, dans son magistral ouvrage *La Bible et la Science,* déclare « qu'une pareille théorie

---

(1) *L'Evolution et la vie chrétienne.*

(2) Leroy, *L'Evolution des espèces organiques.* 1887.

(3) Vingt deux après sa *Genesis of Species*, Mivart a publié dans la *Nineteenth Century* (Déc. 1892, Février et Avril 1893) divers articles intitulés *Happiness in Hell* qui ont été condamnés.

« ou manière d'expliquer et d'entendre l'origine et la
« formation du corps d'Adam ne peut être qualifiée de
« contraire à la Révélation. Cela semble ressortir du fait
« que l'Eglise n'a pas réprouvé jusqu'à ce jour ni dé-
« claré inadmissible sur le terrain chrétien l'opinion de
« Mivart ». Page 547. «Pour le moment (1891), nous n'a-
« vons pas le droit de condamner ou de repousser, com-
« me contraire à la foi chrétienne ni à la Révélation
« contenue dans la Bible, l'hypothèse de Mivart ».
Page 549.

Les monistes aristotéliciens et les pluralistes professent des opinions différentes au sujet de l'intervention du Créateur dans la vie cosmique.

Les premiers, obstinés à croire à l'évolution d'une espèce unique, prétendent que dans la série des perfections qui va de la pierre à Dieu, il y a des solutions de continuité qui rendent nécessaire l'intervention divine pour relier les étapes, considérées comme les anneaux d'une chaîne rompue en plusieurs endroits.

Au contraire, les défenseurs de la pluralité de substances déclarent, comme le P. Castelein, que c'est *rehausser le plan divin* que de voir dans l'évolution des diverses substances des séries grandioses que ne rompt aucune solution de continuité, étant donné par ailleurs que l'existence de la Cause Première est hors de discussion ; à cause de la nécessité de réunir toutes les séries dans une Cause unique extra cosmique.

CHAPITRE V

SOLUTION DU PROBLEME ÉTHIQUE

Sacrifice de la Bête humaine. — Nécessité de la grâce ou secours divin.

§ 19. — Sacrifice de la bête humaine

Le Créationisme offre la seule solution possible de la répression des actes zoologiques condamnés par l'Humanité, solution qui dans aucun des trois systèmes précédents ne trouve de fondement logique. Dans ces trois systèmes en effet la vie zoologique est pleinement justifiée. C'est en vain que le néo-platonisme s'efforce de distinguer le rationnel de l'irrationnel : ce sont, en lui, deux vies indépendantes qui se développent simultanément. Seul, le Manichéisme offre une solution ; mais son absurdité la rend inacceptable.

Le Créationisme au contraire explique le sacrifice de la vie zoologique sur l'autel de la vie spirituelle, de telle façon que le degré de perfection humaine correspond au degré de sacrifice de la vie animale. Le monde païen, esclave des passions et idolâtre de la sensualité demeura confondu quand il connut *la folie de la croix*. Devant le Devoir chrétien, Brutalisme et Sensualité doivent être également crucifiés ; l'Esthétique perd tous les privilèges du Naturalisme.

Saint Paul, expliquant aux Hébreux (1) la doctrine essentielle du christianisme, leur disait : Ce que Dieu vous demande, ce ne sont pas les holocaustes de vos temples, ce ne sont pas les cérémonies du culte extérieur, mais le sacrifice de vos passions ; ce que vous devez lui offrir, c'est l'holocauste de votre propre corps, en vous inspirant de la vie de Jésus-Christ (incarné *ad exemplum justitiæ — propter exemplum — ad humanam naturam docendam*) ce qu'il vous demande, c'est de crucifier votre chair.

Le sacrifice que Saint Paul réclame des Hébreux, à la place des holocaustes et des cérémonies, est le sacrifice de la *Bête humaine* que les grands maîtres du Créationisme désignent alternativement sous les noms de *Chair*, *Serpent* et *Péché*.

Sous le nom de *Chair*, les Apôtres et les Pères condamnent les actes de luxure, de concupiscence et de colère, en lesquels se résument les fonctions de la vie zoologique qui doit être sacrifiée, la vie du corps *quæ nobis et bestiis est communis*.

Dès les temps les plus reculés, dans les traditions orientales, l'organisme zoologique, la chair avec ses appétits est symbolisée par le *Serpent*, dont le dessein est de fasciner l'homme et de l'éloigner de la vie spirituelle. C'est cette dénomination que Saint Augustin emploie dans un grand nombre de passages de ses œuvres : *sensum que corporis magis pro Serpente intelligendum existimavi* (2).

Enfin, la vie zoologique constitue dans le langage

---

(1) *Epître aux Hébreux*. Chap. IX et X.
(2) *De Trinitate*. Liv. XII, ch. 13. — *De Genesi contra Manichæos*. Liv. II., ch. 14.

chrétien un *Péché* distinct de celui de la volonté. C'est de lui que parle Saint Augustin quand il dit : *Ex peccato omnis caro est — peccatum generationis intelligi voluit.* Ce *Péché* signifie *l'organisme rebelle transmis héréditairement par Adam* : *ex qua nascuntur obnoxii*, la loi zoologique propre aux organismes et contraire à la loi de l'Esprit. Et c'est dans ce sens que Saint Ambroise disait dans son commentaire du psaume XXXVIII : *Peccatum quippe est secundum carnem ambulare.*

Voilà pourquoi les Pères qui disaient avec Saint Ambroise que tous nous avons existé dans Adam, disaient aussi que tous les hommes ont péché en Adam ; parce qu'ils en ont reçu par héritage l'organisme dont la rébellion s'appelle *Péché*.

Les Appétits, si explicitement condamnés par les Apôtres et les Saints Pères, constituent les *tentations* contre lesquelles l'Esprit humain doit lutter et dont il doit triompher pour mériter la vie éternelle.

Quel que soit le nom dont il se sert, la thèse capitale du Créationisme chrétien est le sacrifice de la vie animale, surnaturellement symbolisée par le *Crucifiement* du corps humain. C'est la thèse opposée à celle du Naturalisme, d'après lequel la fin de l'homme n'est pas dans la négation, mais dans le perfectionnement de la vie zoologique considérée comme une étape de l'évolution d'une substance unique.

Entre le *perfectionnement* naturaliste et le *crucifiement* chrétien il n'y a pas de conciliation logiquement possible.

§ 20. — Nécessité de la grace ou secours divin

La donnée principale que nous fournit l'analyse anthropologique est le fait que les deux vies du composé humain se développent en sens inverse. L'une prévaut aux dépens de l'autre; et plus elle grandit et devient vigoureuse, plus l'autre diminue et s'affaiblit. Ce n'est pas là une théorie, c'est un fait, un facteur du problème qu'il s'agit de résoudre.

La conséquence de ce fait capital, démontré par l'observation interne et scientifique, c'est que la prépondérance de la vie zoologique, propre à l'organisme hérité d'Adam, entraîne avec elle un tel affaiblissement de la vie spirituelle que, sans le secours de Dieu, l'homme cède aux impulsions de ses appétits et, suivant l'expression de Saint Paul, « fait ce qu'il ne veut « pas et ne fait pas ce qu'il veut ». Son Esprit reste comme l'esclave de la Chair ; et dans son esclavage ses deux facultés s'affaiblissent à la fois : son Intelligence, devient aveugle et sa Volonté sans force. Et de cet esclavage il ne peut s'émanciper par ses propres forces, il faut que la Grâce le délivre du joug du Péché.

Le premier effet de la Grâce c'est de *rendre possible* le libre arbitre de l'Esprit, qui consiste en ce que l'homme puisse *vouloir* ce qui conduit à sa fin spirituelle. Car, telle est la puissance de la Chair que l'homme n'a même pas de volonté sans la Grâce.

On ne peut imaginer erreur plus grossière que celle de supposer, comme quelques-uns l'ont fait, que la Grâce puisse s'opposer au libre arbitre. Un instant de réflexion suffit pour s'en rendre compte. Le libre arbitre consiste précisément dans l'exercice de la Volonté de l'Esprit, affaiblie par la prédominance de la chair. La Grâce ne fait pas autre chose que de *racheter* l'Esprit de son esclavage et de fortifier ses deux facultés : elle illumine l'Intelligence pour lui faire connaître clairement quelle est sa fin ; et elle fortifie la volonté pour lui faire atteindre cette fin, en triomphant de ses appétits zoologiques.

Une seconde erreur aussi grossière que la première serait de supposer que Dieu donne sa grâce à l'homme en récompense de mérites antérieurs. Cette erreur est due à l'aveuglement *philosophique* qui imagine Dieu dans le Temps, et dont ne parviennent pas à se guérir certains auteurs créationistes. Pour le Dieu du Créationisme, *nihil ex tempore inchoatur*, parce que sa vie est simultanée. Dieu ne prévoit pas, il voit simultanément le passé, le présent et le futur, et par conséquent le don de sa grâce coïncide avec les actes humains que nous accomplissons par sa vertu. Le secours que Dieu accorde est *simultané* à la coopération de l'homme ; dans un moment indivisible, Dieu aide l'homme suivant ce que l'homme fait de son côté. « Dieu, dit Saint Paul, ne nous donne pas sa grâce à cause des œuvres justes que nous faisons, mais nous faisons ces œuvres en vertu de sa Grâce. »

CHAPITRE VI

SOLUTION DU PROBLEME DU BONHEUR

Finalité du Mal. — Vie future de l'Humanité. — La vie future dans le Temps. — La vie future dans l'Eternité. — Erreurs concernant la prédestination.

§ 21. — FINALITÉ DU MAL

Le Créationisme est le seul système qui puisse résoudre le problème en conciliant les deux facteurs : *Dieu* et le *Mal*.

Les trois autres systèmes n'y arrivent qu'en escamotant l'un des deux facteurs. Les athées suppriment Dieu, les autres suppriment le mal et se livrent à toutes les fantaisies d'un optimisme, inséparable de toute Cosmogonie qui confond Dieu avec le monde. Même les écrivains créationistes qui, empoisonnés par le virus *philosophique*, prétendent voir dans le monde des agents divins et des manifestations plus ou moins imparfaites d'une vie qui prétend à être divine, même ceux-là tombent dans les extravagances de l'Optimisme *philosophique*.

Reconnaissant à la fois et dans toute leur réalité, d'un côté l'intensité du Mal et de l'autre la grandeur de Dieu, seul le Créationisme peut résoudre le problème en tenant compte de l'un et de l'autre. Du moment que le Créateur se trouve complètement en dehors du monde, antagonismes et infortunes, luttes et misères, crimes et douleur, le Mal sous tous ses aspects lui est totalement étranger, ne l'atteint en aucun point de son essence.

Le Mal étant ainsi limité aux créatures, les malheurs de l'humanité apparaissent avec une double finalité.

La première, c'est le mépris de la vie zoologique, d'autant plus facile à immoler que plus grandes sont ses illusions, plus amères ses déceptions. *Voluptatis imbecillitas pertrudit nos ad sublimiora.*

La seconde, c'est la détermination du degré de félicité dont l'homme doit jouir dans une vie éternelle. Ce degré correspondra au degré de vertu qu'il aura atteint en supportant, avec résignation et soumission à la volonté divine, les infortunes de cette vie.

Les supplices du Mal, dont les principaux proviennent du quatrième antagonisme qui aggrave dans l'ordre anthropologique, les conditions désastreuses de toute vie organique, deviennent en définitive les conditions auxquelles l'homme doit pratiquer la vertu dont la récompense sera le bonheur.

Kant, dans l'excès de sa vanité et toujours en admiration de sa propre clairvoyance, se fait gloire d'avoir découvert cette corrélation de la vertu et du bonheur. Et cette découverte — que personne avant lui n'a pu faire, pas plus que beaucoup d'autres découvertes ! — doit être une des bases de la métaphysique future.

Son arrogance, comme son scepticisme, ne s'explique que par sa complète ignorance du système créationiste. Quatorze siècles avant lui, cette corrélation de la vertu et du bonheur fut magistralement exposée par tous les Pères de l'Eglise, et elle constitue depuis lors l'un des principaux enseignements de l'Eglise. Elle est défendue avec une éloquence sans pareille dans un grand nombre de passages des œuvres de Saint Augustin : dans son traité *De Trinitate*, dans la *Cité de Dieu*, dans ses *Lettres à Julien*, dans la *Vraie Religion*, dans le *Combat chrétien*.

§ 22. — VIE FUTURE DE L'HUMANITÉ

De la mort de l'Univers, prédite par les Apôtres et confirmée dix-huit siècles après, par les plus grands savants modernes, il s'ensuit que la vie future de l'humanité est divisée en deux grandes périodes auxquelles correspondent les deux résurrections dont parle Saint Jean dans l'Apocalypse.

Une première période, encore *dans le Temps*, au sein du présent Univers ; c'est la période des mille ans faussement interprétée au Moyen-Age.

Et la seconde période, dans *l'Eternité*, après la cessation du Temps, dans la nouvelle création du Ciel et de la Terre.

§ 23. — LA VIE FUTURE DANS LE TEMPS

Le Créationisme — et c'est là ce qui le caractérise et ce qui le distingue du néo-platonisme — établit, comme conditions de la vie future, la *forme corporelle* et la *responsabilité*.

La résurrection, non pas spirituelle mais *corporelle*, est la doctrine enseignée par les Apôtres. Saint Paul, dans sa première épître aux Corinthiens, ch. 15, déclare expressément que les justes, dépouillés de ce corps misérable et mortel, revêtiront un nouveau corps incorruptible et glorieux. C'est aussi la doctrine unanime des Pères de l'Eglise. Saint Augustin l'expose en particulier dans la *Cité de Dieu* (1) et dans ses *Sermons*. Ceux qui nièrent la résurrection corporelle en s'appuyant sur ce texte : « La chair ne possèdera pas le royaume de Dieu », ne comprirent pas que la chair dont il s'agit ici est prise dans le sens de vie zoologique, opposée à la vie spirituelle.

La *responsabilité* est la seconde condition de la vie future. La volonté de Dieu est que tous se sauvent ; Dieu ne veut pas que personne périsse ; il accorde sa grâce à tous sans exception. Mais tous doivent être jugés d'après leur vie : les croyants suivant la loi de Dieu, et les gentils suivant leur propre conscience (2).

L'Eglise condamne la doctrine janséniste et protestante qui prétend que toutes les actions des infidèles sont des péchés ; doctrine en opposition avec le texte de Saint Jacques qui dit que toutes les œuvres de l'homme ne proviennent pas de la concupiscence et, par conséquent, ne méritent pas condamnation. Saint Augustin dit, de son côté, qu'il peut y avoir parmi les païens qui ignorent la loi de Dieu des hommes dignes d'éloges parce qu'ils correspondent, dans la mesure de leur forces, à l'appel divin qui s'adresse à toute l'Humanité (3).

Ceux qui n'auront pas correspondu à cet appel et se seront obstinés à vivre d'une vie purement zoologique,

---

(1) *Cité de Dieu* I, 45.
(2) Saint Paul *Epîtres aux Romains* et *à Timothée*. — Saint Pierre *Epître I*. — Saint Mathieu.
(3) *De spiritu et littera*, chap. 27.

seront châtiés, les uns temporairement, les autres dans les siècles des siècles. Au contraire, ceux qui auront coopéré à la grâce divine obtiendront une félicité ineffable. C'est d'eux que Saint Jean dit : « Bienheureux et saints ceux qui ont pris part à la première résurrection ! La seconde mort n'a point de pouvoir sur eux : ils seront prêtres de Dieu et du Christ » (1).

§ 24. — La vie future dans l'Eternité

Un des principes sur lesquels les Apôtres reviennent le plus souvent dans les Evangiles et dans les Epîtres, c'est celui de la mort des pécheurs et de la vie éternelle des bienheureux.

Dans un grand nombre de passages, il est dit que la vie éternelle est la récompense offerte à ceux qui répondent à l'appel divin, et la mort le châtiment final des pécheurs. Saint Paul, dans son *Epître aux Romains*, dit et répète que les passions produisent la mort, que ceux qui vivent selon la chair mourront, que la mort est le châtiment du péché. Il n'y a pas, dans le Nouveau Testament, de proposition plus catégoriquement formulée (2).

Ces textes interprétés *littéralement* semblent signifier que la vie des pécheurs rebelles à l'appel divin, est limitée à la première création appelée *Terre*, qu'ils

---

(1) *Apocalypse*, ch. 20.
(2) Saint Paul. *Ad Romanos*, VI, 23; VII. 5, 10; VIII, 13. *Ad Corinthios* I, XV, 23, 49. *Ad Thessalonicenses*, IV, 13, 17. — Saint Luc : XIV, 24; XX, 6, 35. — Saint Jean : III, 6; V, 24, 29, 40; VI, 40, 52, 55, 59; VIII, 52; X, 28; XI, 25, 26; XII, 25; XIV, 19, VII, 2; XXI, 31.

seront un jour annihilés comme elle, et que seuls les élus vivront dans le *Ciel* une vie éternelle.

Cependant, l'Intelligence à elle seule ne peut pas résoudre une question aussi grave qui, par sa nature, appartient aux mystères cachés de la Révélation réservés au magistère suprême de l'Eglise. C'est donc à l'Eglise seule de définir comment doivent être interprétés ces textes qui sont du domaine exclusif de la Théologie et de la Foi.

Quant aux justes, le bonheur éternel est leur suprême consolation. Pour eux commencent le nouveau Ciel et la nouvelle Terre annoncés dans l'Apocalypse. Leur demeure, dit-il, sera la Jérusalem céleste où il n'y aura plus ni mort, ni deuil, ni gémissement, ni cri, ni douleur, car les premières choses auront disparu. Dans cette Jérusalem nouvelle, Dieu habitera avec ses créatures et elles seront son peuple et il n'y aura plus de nuit et la lumière du soleil sera inutile, car Dieu lui-même les éclairera.

§ 25. — Erreurs concernant la prédestination

L'acte suprême de la sélection des esprits dignes de la vie éternelle et bienheureuse a fourni matière à de grandes extravagances de la part de ceux qui, empoisonnés par le virus philosophique, s'obstinent à imaginer Dieu dans le Temps. Aussi se perdent-ils dans de lamentables divagations sur la *prédestination* et la *science moyenne*.

Tout comme ceux qui supposent que la Grâce est accordée en récompense de mérites antérieurs, ils ne comprennent pas la vie simultanée de Dieu, en qui *nihil ex tempore inchoatur*. Pour Dieu il n'y a pas de *futurible*, comme disent les docteurs de la science moyenne, parce qu'en lui tout est simultané. Simultanément il accorde son secours suivant la coopération de l'homme ; et simultanément il le sauve ou le condamne. Il ne voit pas les choses avant qu'elles n'arrivent, mais il les voit toutes simultanément au moment même où elles arrivent. Les siècles des siècles sont pour Dieu un acte simultané.

Toute l'erreur provient de ce que l'homme prétend *imaginer* les actes de Dieu ; il ne comprend pas que ces actes ne peuvent être imaginés, parce qu'ils ne peuvent être objet de la connaissance zoologique dont l'imagination fait partie.

CHAPITRE VII

DÉFAUT DE L'IDÉOGRAPHIE CRÉATIONISTE

La mauvaise foi des *philosophes* ennemis du Créationisme exploite les défauts de son idéographie ; mais ces défauts ne peuvent pas amoindrir la sublimité de sa doctrine.

L'enseignement des écoles philosophiques ne s'adresse qu'à un petit nombre d'adeptes en qui l'on suppose, avec plus ou moins de fondement, une certaine culture. Il est donc possible d'exposer la doctrine dans un langage relativement précis et correct. En pratique, il n'en va pas toujours ainsi ; on sait les exagérations et les défauts de ce langage. Mais il n'en reste pas moins possible de se servir d'un langage clair et précis.

Dans le Créationisme, la didactique ne peut pas toujours observer cette rigueur d'exposition. L'enseignement, ici, ne s'adresse pas en effet à un petit nombre d'intellectuels, mais à de grandes foules auxquelles il est impossible de parler une langue rigoureusement métaphysique. Les hommes rudes et ignorants ont besoin d'exemples triviaux, d'analyses vulgaires, de paraboles, d'allégories, de métaphores, de symboles et d'emblèmes qui se gravent dans l'imagination d'un vulgaire incapable de pénétrer dans les profondeurs de la Métaphysique.

L'idéographie devient ainsi le langage de ceux qui ne savent pas lire, et cette idéographie, dont le Créationisme ne peut se passer, n'est pas toujours rigoureusement exacte ; elle peut se tromper dans ses choix et commettre des erreurs qui, bien que déplorables, ne ternissent pas la pureté de sa doctrine.

Les plus grands philosophes de l'athéisme, avec une bonne foi qui les honore, ont été obligés d'en convenir.

Schopenhauer avoue que les Religions sont de grandes métaphysiques exposées sous une forme allégorique, « parce que c'est la seule manière adéquate de
« faire comprendre aux esprits vulgaires et aux intel-
« ligences incultes ce qui leur serait autrement incom-
« préhensible ». Les Religions, dit-il, renferment une vérité suprême « difficile à concevoir suivant ses vrais
« principes, car tout ce qui ne peut se penser que d'une
« manière abstraite est absolument inaccessible à la
« grande majorité des hommes. Aussi, pour mettre pra-
« tiquement à leur portée la grande vérité, a-t-il toujours
« été nécessaire d'employer un véhicule allégorique et,
« pour ainsi dire, un récipient sans lequel cette vérité se
« perdrait et s'évaporerait. Ce qui *sensu proprio* serait
« incompréhensible aux masses de tous les temps et de
« tous les pays, étant donné leurs sentiments vulgaires,
« leur intelligence limitée, et leur rudesse générale, doit
« leur être présenté *sensu allegorico*, afin qu'elles puis-
« sent s'en servir pratiquement pour leur conduite
« Les Religions sont donc les vases sacrés dans lesquels
« s'est conservée, sous une forme proportionnée à l'in-
« telligence du vulgaire et afin de la transmettre à tra-
« vers les siècles, la vérité connue et formulée depuis
« des milliers d'années, peut-être même dès l'origine de

« l'humanité ; vérité qui, en elle-même, restera toujours
« pour le vulgaire une doctrine ésotérique, un mys-
« tère ».

De la nécessité de recourir à cette idéographie plus
ou moins exacte et à ce langage allégorique vient l'emploi des images dont la signification, mal comprise par
le vulgaire, peut donner lieu à des pratiques idolâtriques, que les protestants *de mauvaise foi* prétendent
voir chez les peuples catholiques.

Il n'est pas possible de condamner plus catégoriquement l'idolâtrie ni d'expliquer la véritable signification des images mieux que ne l'a fait le Concile de
Trente dans sa 25ᵉ session. Il approuve le culte des images « NON QUOD CREDATUR INESSE ALIQUA IN IIS DIVINITAS VEL VIRTUS *propter quam sint colendæ ; vel
quod ab eis sit aliquid petendum ; vel quod fiducia in
imaginibus sit figenda, veluti olim fiebat a gentibus
quæ in idolis spem suam collocabant ; sed quoniam
honos, qui eis exhibetur, refertur ad prototypa quæ illæ
repræsentant* ».

Si, par suite d'une grossière ignorance, le vulgaire
tombe parfois dans des erreurs lamentables que l'Eglise est la première à déplorer et à censurer, ses extravagances ne peuvent, de bonne foi, être imputées au
Créationisme chrétien qui condamne l'idolâtrie en termes si explicites et qui définit la véritable interprétation à donner au culte des images. Il leur dénie expressément toute *divinité* ou toute *vertu* qui autorise les
chrétiens à leur adresser des prières, ou à mettre en
elles leur confiance comme le font les païens pour leurs
idoles.

ETUDE XIIe

Critique générale de la Métaphysique

CHAPITRE I

EXTRAVAGANCES DES PHILOSOPHES

Arrogance des philosophes. — Confusions de systèmes et d'écoles. — Le Métissage.

§ 1. — L'ARROGANCE DES PHILOSOPHES

La moderne philosophie n'est pas un panthéon de demi-dieux où il faille entrer tête nue pour brûler de l'encens sur leurs autels ; c'est plutôt un temple de fétiches dont il faut jeter à bas les piédestaux. Il faut se montrer d'autant plus sévère à juger les inductions métaphysiques des savants modernes qu'il s'agit de professionnels de l'erreur : ce n'est pas, en effet, faute de préparation métaphysique, mais c'est de propos délibéré et avec une préméditation philosophique, qu'ils se proposent de soutenir les plus grandes extravagances,

Le premier défaut des philosophes modernes est une vanité qui jure avec l'étymologie du mot Philosophie.

Ils ne se présentent plus comme les *amis*, mais comme les *oracles* de la sagesse. On dirait, à en juger par leur arrogance, que si quelques-uns transigent avec le dogme de la Trinité, c'est pour occuper une place dans la Suprême Triade. Si leur modestie ne leur permet pas de jouer le rôle du Père, ils s'attribuent du moins la mission du Saint-Esprit destiné à illuminer le monde des rayons de sa sagesse.

Les romanciers eux-mêmes, en mal de philosophie, comme Tolstoï, appellent leurs vulgaires élucubrations des Révélations. Quiconque se croit philosophe prétend à créer des doctrines originales, complètement nouvelles, et les lecteurs ont le devoir de tomber en admiration devant leur nouveauté. Contentons-nous de rappeler des exemples connus. Kant, pour avoir ressuscité le vieux scepticisme de Sextus Empiricus, se crut en droit d'être considéré comme le Copernic de la Métaphysique future. Büchner publia comme une *Révélation* sa *Force et Matière*. C'est une doctrine dont l'origine se perd dans la nuit des temps, mais professée par les ioniens et les stoïciens, que celle de la dilatation et de la condensation de la Matière. Et Spencer, sans autre modification que de substituer la matière discontinue à la matière continue, se croit obligé de mettre les lecteurs sur leurs gardes, afin qu'ils ne soient pas surpris par la nouveauté inouïe de ce qu'il va dire ; et la nouveauté consiste à appeler *intégration* la condensation de la matière, et désintégration, sa *dilatation*. Caro en France, exalte la nouveauté étrange de Reynaud. Janet célèbre celle de Vacherot. Krause a l'idée d'exhumer la philosophie de Proclus, et Tiberghien la glorifie comme le sommet et la cime de la *Génération des connaissances humaines* : et Sanz del Rio qui à ce moment étudiait la philosophie à Bruxelles, introduit ce système en Espagne comme l'originalité la plus prodigieuse et la plus brillante. Bergson paraphrase le Naturalisme athée de Schopenhauer, et la France célèbre et admire la nouveauté de sa doctrine, comparable à celle du Scepticisme des pragmatistes. Le Bon ressuscite la *potentialité* aristotélicienne de la matière ; et il la présente comme une Révélation nouvelle, et on s'arrache les exemplaires de son œuvre, comme s'il avait fait une découverte.

Avec les révélations des philosophes rivalisent les découvertes des fondateurs de l'Anthropolâtrie moderne, découvertes merveilleuses comme celles de Lombroso qui constate qu'en 1680 un certain Knud nia l'existence de Dieu et de l'enfer.

Pour la science moderne tout est révélations et découvertes ; tous, d'un commun accord, maîtres et disciples, auteurs, éditeurs et lecteurs déclarent à chaque livre qui se publie qu'il renferme un trésor de science et de sagesse. C'est ainsi que le paysan se figure qu'il n'y a d'autre horizon que celui qu'il voit de la tour de son village ; et s'il va à la ville voisine, il en revient suant, essoufflé, racontant à tous ses voisins qu'il vient de parcourir le monde. On ne voit aujourd'hui que phares de l'Humanité ; et ces prétendus phares ne sont que des lanternes fumeuses dont la lumière ne se distingue pas à cent pas de distance.

§ 2. — Confusions de systèmes et d'écoles

Avec la vanité, ce qui caractérise nos philosophes c'est la facilité avec laquelle ils confondent les écoles, les systèmes et les idées les plus fondamentales.

En France, particulièrement, nous trouvons un exemple typique de cette confusion dans l'article *Systèmes* du *Dictionnaire des Sciences philosophiques*, ou encore dans la classification de systèmes que donne Cousin dans son *Histoire de la philosophie*. S'appropriant la classification de Gérando (1), il énumère quatre systèmes : Sensualisme, Scepticisme, Rationalisme et Mysticisme. Pour lui, le Mysticisme est *le coup de désespoir de la raison humaine effrayée et découragée* ; les deux premiers systèmes étant par ailleurs la négation de l'Intelligence, il reste que tous les systèmes et écoles de philosophie sont confondus sous le nom de Rationalisme : tous les systèmes métaphysiques se réduisent à un seul ; entre les douze écoles de philosophie il n'y a pas de différence importante.

Même pour ceux qui poussent leurs investigations métaphysiques jusqu'au Créationisme, tout est plus ou moins la même chose. Pour Jules Simon, Fouillée, Chaignet, Vacherot et beaucoup d'autres, tout ce qui est métaphysique se ressemble. Concilier l'immanence avec la transcendance est la chose la plus facile du monde : Aristote est un platonicien dissident, parce que, d'après Vacherot, les *formes* de l'un ne sont que les *idées* de l'autre. Fouillée, dans la *Philosophie de Platon*, déclare qu'entre Platon et Aristote, *l'accord est presque complet*. Jules Simon de son côté dit que la divergence entre le Naturalisme d'Aristote et l'Emanatisme de Platon *n'a jamais roulé sur le fond des vérités métaphysiques*.

A Schleiermacher toutes les idées de Dieu sont indifférentes : Dieu d'Héraclite ou Créateur, peu lui im-

---

(1) *Histoire comparée des Systèmes de Philosophie.* 1803.

porte ; tout ce qui s'appelle Dieu se ressemble. Lange, après avoir consacré toute sa vie à étudier l'hitoire du Matérialisme, finit par ne savoir plus au juste ce que le Matérialisme signifie. Il emploie ce mot dans quatre acceptions différentes, et il s'étonne que Spinoza et Locke aient pu être considérés comme des matérialistes. Schweizer confond la philosophie de Hartmann avec le Gnosticisme.

Pour les philosophes du XIXᵉ siècle, la philosophie d'Elée est fille de la philosophie de Pythagore ; le Naturalisme est un monothéisme spiritualiste ; le pythagorisme n'est pas autre chose que le Stoïcisme ; la doctrine de Spinoza est la Kabbale ; pour les uns Schopenhauer est néo-platonicien, pour d'autres, bouddhiste. A Nourrisson, Spinoza lui paraît bouddhiste. Quand il s'agit de métaphysique tout est indifférent.

Les dénominations courantes sont à tel point brouillées qu'on ne peut plus savoir d'une façon précise ce qu'on entend par Matérialisme, Idéalisme, Monisme, Mysticisme, Déisme, Dualisme, Panthéisme, Rationalisme, Fidéisme. Chaque philosophe l'entend à sa manière et dénature les sens suivant son caprice.

La confusion est telle que, en France, l'Académie des sciences morales et politiques crut devoir convoquer, en 1864, un congrès de tous les philosophes du monde pour savoir si les Idées platoniciennes étaient de purs *concepts* ou si elles avaient quelque *réalité*.

§ 3. — LE MÉTISSAGE

Une conséquence de cette déplorable confusion de systèmes et d'idées est la croyance à la possibilité de concilier, dans un vaste syncrétisme, les doctrines les plus opposées.

Sous le nom de *Philosophie chrétienne*, toutes les écoles et tous les systèmes, sauf l'athéisme, ont été mis à contribution pour former par juxtaposition un grandiose syncrétisme, dans lequel trouvent place, à côté de la plus pure métaphysique chrétienne, toutes les notions fondamentales du Naturalisme et de l'Emanatisme.

Du *Naturalisme* aristotélicien, en particulier, on prend la doctrine fondamentale de la virtualité immanente de la Matière cosmique qui, en passant de la puissance à l'acte, engendre la vie universelle, y compris la vie divine. Rien d'extérieur qui vienne, du dehors, s'unir à la Matière ; tout est effet de sa propre potentialité. Mue par sa propre puissance, la Matière cosmique inorganique devient végétal, animal, raisonnable ; enfin Dieu, cause finale de l'évolution cosmique. Dans l'inférieur se trouve le supérieur et vice versa. Les individuations ne sont que des quantités de matière à des degrés différents d'évolution. L'âme raisonnable est une étape supérieure de la transformation de la Matière cosmique. L'Esprit, par rapport au corps, est exactement ce que la forme est à la matière et l'acte à la puissance. Tout désir doit être satisfait ; aucun ne doit être condamné ni réprimé, parce qu'il n'est pas logique qu'une impulsion naturelle puisse être inutile ou vaine. Dieu est Acte Pur, c'est-à-dire qu'en lui la potentialité de la Matière se trouve complètement développée, sans qu'il reste rien de latent ; et comme l'inférieur se trouve dans le supérieur, tout est en Dieu à un degré éminent.

De l'*Emanatisme*, on prend des notions tout aussi

explicites. La *transcendance*, catégoriquement niée dans la partie empruntée au *philosophe*, est affirmée dans la partie empruntée au *divin* Platon. On reconnaît l'existence de substances immatérielles distinctes de la potentialité de la matière ; on ajoute qu'étant immatérielles, elles sont *ipso facto* conscientes. L'Esprit, loin d'être ce qu'est la forme par rapport à la Matière et l'acte par rapport à la puissance, apparaît, dans la partie empruntée à l'Emanatisme est *une substance immatérielle mais incomplète*, ainsi qu'on l'enseigne dans l'école de Proclus. Dieu voit tout en lui même, Dieu parle en nous, son *essence* même est partout présente.

D'accord avec les deux systèmes naturaliste et émanatistes, Dieu, suivant ce syncrétisme, vit dans le Temps, soumis à la loi suprême du Destin. Il n'accomplit que les actes qui, d'après cette loi, ont raison d'être, le bien parce que c'est bien, le beau parce que c'est beau, le tout en se conformant strictement aux archétypes préformés par le Destin.

Et à côté de ces notions empruntées au Naturalisme et à l'Emanatisme, on expose tous les principes fondamentaux du plus pur et du plus parfait *Créationisme chrétien* : le Dieu Créateur qui par sa Toute Puissance crée l'Univers ex nihilo ; les Esprits créés directement à l'image et à la ressemblance de Dieu, comme des âmes supérieures aux âmes organiques et distinctes d'elles ; enfin, comme solution anthropologique, l'union hypostatique ou personnelle, enseignée par les Pères de l'Eglise.

Ce mélange de principes si opposés, on serait porté à le comparer à un *Guide* de la ville de Rome qui, voulant *perfectionner* le plan, prétendrait le corriger et l'agrandir en plaçant le Vésuve sur le Monte Pincio, le grand canal de Venise sur le Corso et la tour de Pise sur la place Saint Pierre. La monstruosité ne serait pas plus grande, car c'est confondre les trois cosmogonies naturaliste, émanatiste et créationiste, sans se rendre compte que ce sont là trois doctrines distinctes et dont les conséquences sont opposées. Entre le Créationisme et l'Anti-Créationisme il n'y a pas de conciliation possible.

CHAPITRE II

DE L'INVESTIGATION
DE LA VÉRITÉ MÉTAPHYSIQUE

Proscription de la chorégraphie aristotélicienne. — Base de toute discussion métaphysique. — Classification et critique des philosophes.

§ 4. — Proscription de la chorégraphie aristotélicienne

Dans toute discussion métaphysique ayant pour but de rechercher la vérité, la première règle doit être la proscription absolue de la chorégraphie et du funambulisme codifiés dans la *Logique* d'Aristote.

Dans les tournois dialectiques selon l'art d'Aristote, comme la fin que l'on poursuit n'est pas de rechercher la vérité, mais de vaincre l'adversaire, il importe de le surprendre en mettant habilement dans la majeure du syllogisme ce que l'on en doit tirer ensuite dans la conclusion.

Mais quand il s'agit de rechercher la vérité, ce procédé présente les plus graves défauts.

Le premier, c'est de donner une importance imméritée à Aristote dont on exagère de la manière la plus absurde la valeur métaphysique.

Au Moyen-Age, pour triompher du dualisme manichéen dans un tournoi dialectique, il suffisait de mettre le monisme dans le gobelet pour l'en tirer à la conclusion. Dans les temps modernes, pour réfuter le mécanisme il est logique encore d'alléguer la nécessité de reconnaître un principe métaphysique d'activité différent du mécanisme. Et comme le monisme et la virtualité sont deux principes aristotéliciens, cela suffit aux amateurs passionnés de tournois dialectiques pour faire d'Aristote une *espèce de Dieu*, comme disait Albert le Grand.

Au contraire, si metttant de côté cette frivole Eristique, nous nous attachons à l'itinéraire de l'Intelligence, si nous déterminons la place qu'occupe chaque philosophe et ce qui lui reste de chemin à faire pour arriver à la véritable connaissance de la Cause Première, l'Aristote déifié par les ergoteurs n'est qu'un philosophe relégué à la septième étape.

Quand on considère la *Philosophie* dans l'ensemble de ses doctrines, Aristote, loin d'en être le représentant, n'est que le maître d'une des douze écoles qui la constituent. Et si l'on songe que ce qu'on appelle *Philosophie*, la Philosophie tout entière, n'est qu'une longue suite d'essais infructueux de l'Intelligence humaine s'obstinant à chercher la Cause Première dans l'Univers, alors le *philosophe* par antonomase, l'illustre Aristote ne représente que la douzième partie d'un retentissant échec.

Si les tournois dialectiques attribuent à Aristote une importance qu'il ne mérite pas, ils ont, en outre, le défaut très grave de perdre le temps en des discussions non seulement stériles mais absurdes.

Les solennels débats tenus pour savoir si Aristote croyait ou ne croyait pas à l'immortalité de l'âme humaine sont un exemple mémorable de ce genre d'aveuglement. Jamais, plus que dans cette discussion, les ergoteurs ne se sont escrimés à trouver des phrases susceptibles d'un double sens, et où pût se déployer librement leur dextérité dans la gymnastique dialectique. Il faudrait des volumes entiers pour énumérer les *figures* auxquelles cette question a donné lieu.

Or, ce qui, dans la chorégraphie aristotélicienne, est d'une importance si exceptionnelle, ne mériterait même pas d'être pris en considération dans une Métaphysique rationnelle, basée sur la connaissance exacte de la doctrine propre à chaque système. A celui qui oserait en parler sérieusement il faudrait infliger le châtiment que Max Nordau réclamait contre Nietzsche, car il ferait preuve d'une ignorance complète des idées fondamentales du Naturalisme.

Même si on limite l'aristotélisme à l'éclaircissement de la vérité, le virus qui l'empoisonne fait de sa dialectique un art grotesque dont se passionnent ses *loquacissimi ventilatores*, sans comprendre la nécessité de hâter le pas.

Un itinéraire aussi long que celui de l'Intelligence ne peut être parcouru qu'au pas accéléré, en augmentant la vitesse dans les terrains plats, et ne ralentissant la marche que dans ces passages difficiles qui demandent un effort particulier pour être franchis.

Les passionnés de l'art d'Aristote, oubliant qu'il faut se hâter, sont comme ces gymnastes qui s'arrêtent à chaque village qu'ils rencontrent sur leur route, dressent leur tente sur la place publique et donnent une séance de voltige.

Leurs débats les plus solennels rappellent la danse des Basques appelée *aurrescu*. Les aristotéliciens prennent plaisir à la danser devant chaque proposition, qu'il y ait ou non nécessité. Nous n'en voulons pour exemple que l'*aurrescu* de 278 pages dansé devant l'*Idée du continu*. C'était la mode au Moyen-Age.

§ 5. — BASE DE TOUTE DISCUSSION MÉTAPHYSIQUE

Pour formuler un jugement critique sur les philosophes, il faut commencer par rechercher quelles sont sur l'Univers et sur l'homme, leurs idées fondamentales, concrétées dans une *Cosmogonie* où apparaisse clairement comment d'une Cause Première procèdent logiquement toutes les causes secondes ; et, de celles-ci, les faits vérifiés par l'Analyse scientifique.

En dehors d'une Cosmogonie claire et précise, tout est charlatanisme. Or, en fait de charlatanisme, mieux valent les rêves agréables du Somnambulisme littéraire que les rêves soporifiques du Somnambulisme « philosophant ».

Une fois connu le système cosmogonique de chaque philosophe, il faut examiner si son *Anthropologie* correspond exactement à sa Cosmogonie. Car c'est une étrange aberration, dans laquelle beaucoup d'auteurs tombent, que de penser, comme Vacherot, que « *la psychologie est une science indépendante qui n'a rien à demander à la métaphysique* ».

Les stoïciens ont donné un exemple mémorable de cette erreur, exemple suivi par tous ceux qui parlent d'une *Morale indépendante*, sans se rendre compte de l'impossibilité logique de parler *in abstracto* de la vertu et de la bonté des actes humains. Vertu et Bonté sont en effet des notions essentiellement relatives (1).

---

(1) Cf. Etude V. *Le problème éthique*, § 24.

Est bon ce qui s'adapte à une fin déterminée ; et pour savoir en quoi consiste la Bonté, il est absolument indispensable de déterminer quelle est la fin que l'on poursuit. Dans l'ordre anthropologique, quelle est la fin de la vie humaine ? Est-ce l'*expansion* et le perfectionnement de la vie zoologique, ou, au contraire, sa *répression* plus ou moins radicale ? Si elle n'aborde pas au préalable cette question, la Morale se perd dans un stérile charlatanisme. La fin de la vie humaine ne peut être connue que dans sa relation intime avec une Cosmogonie, en remontant à la connaissance de la Cause Première de toute vie, d'où dérive la détermination de toutes les fins particulières.

L'étude de ces rapports étroits entre l'Anthropologie et la Cosmologie, en plus de sa nécessité logique, présente une utilité particulière : c'est la possibilité de vérifier la vérité de la Cosmogonie par l'observation interne, vérification semblable à celle des calculs mathématiques. La plupart des hommes ne peuvent pas juger les vérifications des Cosmogonies, basées sur les observations scientifiques ; mais tous peuvent être juges de leur vérification par l'observation interne. Tout homme a le droit de repousser comme fausse une Cosmogonie de laquelle se déduit une Anthropologie absurde. L'absurdité anthropologique prouve l'absurdité cosmogonique. L'homme, dont la conscience repousse son identification avec les bêtes, a le droit de repousser comme fausse toute Cosmogonie qui le rabaisse à la condition zoologique.

§ 6. — Classification et critique des philosophes

Une fois connues la Cosmogonie et l'Anthropologie de chaque philosophe, il faut déterminer la place qu'il occupe dans l'itinéraire de l'Intelligence : cette classification présente de sérieux avantages.

Le premier, c'est de réduire à de justes proportions la grandeur tant vantée des philosophes. Mis à leur place, les colosses de la Philosophie se rapetissent, comme les cités les plus superbes se réduisent, dans une mappemonde, à des points imperceptibles.

Le second, c'est de pouvoir apprécier d'un seul coup d'œil leurs incohérences et leurs contradictions.

Dans le Somnambulisme, chaque auteur peut rêver ce qui lui plaît ; dans le Positivisme métaphysique, au contraire, le philosophe doit s'attacher rigoureusement à la Réalité. L'itinéraire mental, comme l'itinéraire géographique, est une route que toute intelligence peut parcourir. Il faut donc rectifier les inexactitudes et déterminer avec précision les étapes, comme on le fait pour les relations des voyageurs, lorsqu'ils ne décrivent pas fidèlement les pays qu'ils visitent.

D'autre part, l'itinéraire de l'Intelligence est comme une mappemonde intellectuelle, comparable à la mappemonde géographique où l'on peut, à première vue, apprécier la situation des conditions respectives de tous les continents et de toutes les régions hydrographiques. Comme chaque pays a son climat propre avec sa faune, sa flore et ses costumes, ainsi chaque système, chaque école a des doctrines propres qu'il ne faut pas confondre avec celles des autres. Chaque Cosmogonie a sa Physique propre, sa Biologie, sa Zoologie, son Anthropologie, sa Morale et son Droit, car du concept que l'on se fait de la Cause Première découle logiquement la solution de tous les problèmes de la vie cosmique et de la vie individuelle. Négliger cette connexion logique qui, au sein de chaque système, relie toutes les parties ; et confondre les doctrines exclusives d'un système avec celles d'un autre, c'est peindre les esquimaux faisant la sieste à l'ombre des palmiers, ou parler de pêche à la baleine dans le désert du Sahara.

Enfin, et c'est là le principal avantage, chaque philosophe étant situé à sa place respective, il est possible d'apprécier à première vue le chemin qu'il a parcouru et celui qui lui reste à parcourir, et si sa doctrine représente un progrès ou un recul dans l'itinéraire de l'Intelligence.

CHAPITRE III

LA PHILOSOPHIE ET LA RELIGION

Sens étymologique des mots *Philosophie* et *Religion*. — Sens usuel des deux mots. — Dégradation philosophique de Dieu. — Deux optimismes différents. — Concepts opposés de l'Intelligence humaine. — Jugements opposés sur la vie zoologique.

§ 7. — SENS ÉTYMOLOGIQUE DES MOTS PHILOSOPHIE ET RELIGION

Etymologiquement parlant, Religion et Philosophie ont une signification identique. *Philosophie* signifie amour de la sagesse ; et le mot *Religion*, dérivé de *religare*, désigne le lien qui rattache l'homme à la Cause Première, et c'est la connaissance de la Cause Première qui constitue la véritable sagesse. Dans ce sens, la Philosophie est une religion et la Religion une véritable Philosophie. Les philosophes les plus célèbres sont obligés de le reconnaître.

Spencer dans ses *First Principles* avoue que les Religions sont de véritables Cosmogonies, théories suprêmes touchant l'origine et la formation de l'Univers et dont l'homme ne peut pas se désintéresser. Religion pour lui est synonyme de Métaphysique, car son objet est d'exprimer la relation qui nous unit à la vie universelle. Et c'est là un fait éternel toujours présent qui constitue le fond de l'histoire de l'Humanité et qui représente *an unbiassed consideration*, une vérité manifeste qui s'impose (*forces up*) à tous ceux qui raisonnent de sang-froid. La Science, dit-il, est impuissante à rassasier l'esprit d'investigation. Après la dernière découverte, l'homme se demande ce qu'il y a ensuite, et les Religions positives sont autant de réponses à cette question. Quiconque raisonne logiquement doit harmoniser la Religion et la Science, en recherchant la vérité suprême dans laquelle toutes deux se rencontrent : *the two coalesce*.

Schopenhauer déclare de même que « les religions « satisfont pleinement la nécessité générale métaphy- « sique que l'homme éprouve irrésistiblement » et que la religion est « une métaphysique objective qui élève « l'homme au-dessus de lui-même et au-dessus de son « existence temporelle », en lui procurant « les consola- « tions nécessaires pour les dures souffrances de la vie ».

§ 8. — Sens usuel des deux mots

Bien qu'étymologiquement synonymes, dans le langage usuel *Philosophie* et *Religion* présentent deux sens opposés.

Sous le nom de Philosophie sont compris les trois premiers systèmes cosmogoniques qui, ou bien nient Dieu ou l'identifient avec l'Univers et avec l'homme, l'Athéisme ou le *eritis sicut Dii* du Pentateuque.

Quant au mot Religion, il désigne particulièrement le quatrième système cosmogonique, le système créationiste qui ouvrant un abîme entre l'Univers et son Créateur, considère l'homme comme un être fini absolument distinct de Dieu, obligé d'accomplir sa volonté souveraine et de rendre compte de ses actions.

La Philosophie prétend trouver la Cause Première dans l'Univers, et la Religion au contraire, affirme que cette Cause est en dehors de l'Univers. La Philosophie prétend trouver Dieu dans un faux Infini de totalité ou d'intensité de la vie cosmique. La Religion, au contraire, le met dans un Infini de Toute Puissance, dans un Etre Suprême absolument distinct du monde.

La Religion est *Créationisme* et la Philosophie, *Anti-Créationisme*.

Et de cette différence fondamentale découlent logiquement des idées opposées de Dieu, de l'Univers et de l'homme.

§ 9. — Dégradation philosophique de dieu

Il ne suffit pas de rehausser la notion de Dieu et d'exalter sa grandeur, comme le font les dernières écoles de philosophie. Le Dieu du Créationisme est absolument différent du Dieu des philosophes, et aucune des idées philosophiques de Dieu ne peut logiquement s'appliquer au Créateur.

La *Philosophie* dégrade l'idée sublime de Dieu de deux façons différentes : par sa subordination au Destin et par sa vie dans le Temps.

Le Dieu des philosophes est soumis au Destin et il doit conformer ses actes à ce que le Destin a réglé d'avance. Le Dieu du Créationisme est, au contraire, un Infini de Toute Puissance qui a créé l'Univers tel qu'il est, comme il aurait pu le créer de mille millions de manières différentes et avec des lois tout aussi différentes. Penser qu'en dehors du Créateur il puisse y avoir des Archétypes sur lesquels il doive modeler ses actes et qu'en dehors de sa volonté libre il puisse y avoir Bonté quelconque, c'est le confondre grossièrement avec le Dieu du Naturalisme et de l'Emanatisme. La Bonté est un attribut inséparable de la Finalité. En Philosophie, la finalité des êtres dépend du Destin, arbitre suprême de l'Univers. Dans le Créationisme c'est le Créateur qui, librement, assigne à chaque être sa fin propre et sa propre loi, et en déterminant leur finalité, il détermine librement ce qui est Bon, inséparable de la fin par lui fixée. Il n'y a donc de Bon que ce qui plaît au Créateur.

Une autre erreur tout aussi grossière consiste à imaginer Dieu vivant dans le Temps. Erreur très grave et de laquelle découlent des extravagances folles, au sujet de la prédestination et de la grâce. Le Temps n'est qu'un attribut de la Matière cosmique dont l'existence est successive. Faire vivre Dieu dans le Temps, avec un hier, un aujourd'hui et un demain, prévoyant les évènements à venir, ce qu'on appelle les *futuribles*, c'est lui attribuer une existence successive et, par conséquent, l'identifer avec la Matière cosmique.

Identifié avec l'Univers, le Dieu des philosophes n'est pas Cause Première, comme il l'est dans le Créationisme. Dans les trois systèmes cosmogoniques de la Philosophie, la véritable Cause Première est le *Destin*, car c'est lui qui établit les Lois cosmiques auxquelles est soumis ce qu'ils appellent Dieu.

§ 10. — Deux optimismes différents

La Philosophie, qui divinise la Cause Première identifiée avec la Nature, doit logiquement être optimiste.

En effet, la vie cosmique étant une vie divine, impossible d'y supposer adversités d'aucune sorte. Cette philosophie doit chanter les enchantements et les beautés de la Nature en qui vit son Dieu, et soutenir que ce monde est le *meilleur des mondes possibles*.

Au contraire, pour la Religion, basée sur le Créationisme, les horreurs de la vie sont la preuve la plus éloquente de l'absurdité de la philosophie optimiste et de la nécessité de penser le Créateur en dehors de l'Univers. Les interprètes exacts du Créationisme ne sont pas les amants passionnés de la Nature, mais les grands mystiques qui, loin de nier les misères humaines, en tirent une preuve que le bonheur n'est pas de ce monde.

La Philosophie et la Religion professent logiquement deux optimismes différents. La Philosophie le cherche dans ce Monde que nous habitons et dans la vie présente; la Religion, dans le Ciel et dans la vie éternelle.

§ 11. — Concepts opposés de l'Intelligence humaine

Pour les *philosophes*, l'Intelligence humaine est une véritable *lumière* qui éclaire le monde. L'œil a besoin de la lumière pour voir ; l'Intelligence n'en a pas besoin, car elle est sa propre lumière. *Oculus indiget exteriore lumine et non mens*. Et de ce que l'Intelligence humaine est une véritable lumière, il suit qu'on n'a pas le droit de placer un écran quelconque qui amortisse son éclat : le Rationalisme absolu en est la conséquence logique. Dieu lui-même parle dans l'homme. *In nobis loquitur Deus*.

Dans le Créationisme chrétien, l'idée qu'on se fait de

l'Intelligence est absolument différente. Le grand Saint Augustin l'expose avec sa maîtrise habituelle dans le Sermon 182. *Lumens ibi esse homo non potest. Lumen tibi esse non potes, non potes, non potes*, répète-t-il trois fois. *Illuminandi sumus, non lumen sumus.* L'Intelligence n'est pas la lumière, mais l'œil. Dans le Créationisme chrétien, il n'y a pas, métaphoriquement parlant, d'autre Soleil que Dieu, d'autre lumière que la lumière divine. L'Intelligence humaine a besoin de cette lumière pour voir, pour *intus legere*, pour pénétrer au sein de l'Univers, tout comme les yeux du visage ont besoin de la lumière physique pour percevoir les objets. Et comme l'Intelligence a besoin d'être éclairée, logiquement elle peut et elle doit être soumise à des conditions externes qui garantissent l'exercice correct de ses fonctions..

Ce sont deux concepts opposés.

§ 12. — JUGEMENTS OPPOSÉS DE LA VIE ZOOLOGIQUE

Non moins opposés que les concepts que se font de l'Intelligence humaine la Philosophie et la Religion, sont les jugements qu'elles portent sur la vie zoologique de l'homme.

Dans les trois systèmes cosmogoniques qui constituent la Philosophie, il n'y a aucune raison qui autorise à condamner la vie zoologique ; car la Cause Première étant intracosmique la vie universelle est sa propre vie.

Si, dans une dernière étape, la Philosophie parvient à distinguer ce qui est raisonnable et ce qui ne l'est pas, l'Esprit et la Nature, entre les vies respectives de l'un et de l'autre il ne peut y avoir antagonisme, il n'y a place que pour *l'harmonie*. Si l'école de Plotin va jusqu'à admettre le péché dans les émanations, leur faute ne peut consister dans la satisfaction d'appétits d'organismes engendrés par la Nature, puisque celle-ci, dans son essence est divine comme l'Esprit. Leur péché ne sera qu'un manque d'amour platonique pour le Foyer dont elles émanent.

Réprouver quoi que ce soit ce serait condamner un acte propre de la Cause Première qui, en tout ce qui existe, manifeste sa propre essence et sa propre activité. Pour la Philosophie, toute tendance, *toute impulsion naturelle doit être pleinement satisfaite*. Dans l'Univers, tout est perfection, et tout ce que l'on peut admettre c'est l'évolution vers une étape supérieure, vers un degré plus élevé de perfection. On peut perfectionner une manière d'être de la Cause Première, mais jamais la condamner.

Pour condamner la vie zoologique il faut admettre que la Cause Première est extracosmique et que tout ce que l'on condamne est en dehors d'elle.

Toute existence doit toujours se rapporter à une Cause Première ; mais la solution est complètement différente, suivant que cette Cause apparaît dans l'Univers par son essence, engendrant directement toute vie, ou qu'elle n'y apparaît que par sa toute Puissance créatrice.

Les substances qui constituent l'Univers, avec leurs fins particulières, étant créées en dehors de Dieu, on conçoit très bien que la fin d'un être puisse être le perfectionnement d'un autre ; et que la finalité dans le temps de la Nature consiste à être simplement le *creuset des Esprits* prédestinés à la vie éternelle. Les mérites de ces Esprits doivent précisément consister dans leur triomphe sur les antagonismes de la Nature.

Ces jugements opposés que la Philosophie et la Religion portent sur la vie zoologique caractérisent si bien leurs Cosmogonies que la condamnation de la vie zoologique est à elle seule l'expression la plus adéquate du Créationisme.

La précision avec laquelle cette Cosmogonie doit être formulée, pour éviter des erreurs, demande certainement que l'on emploie le terme de *création ex nihilo* pour signifier l'abîme qui sépare le Créateur de la créature. Mais pour classer avec certitude une cosmogonie comme créationiste, il n'est pas nécessaire qu'elle apparaisse formulée en ces termes ; il suffit que la conception de l'Univers suppose cette création. Toute Métaphysique qui considère l'homme, non comme une manifestation directe d'une Cause Première, mais comme une créature contingente, dont la vie doit être l'objet d'un jugement et d'une sentence, d'une récompense ou d'un châtiment, est une Métaphysique essentiellement créationiste, bien que la formule *création ex nihilo* n'y soit pas employée.

Les Cosmogonies sont des synthèses dans lesquelles toute vie est logiquement organisée de telle sorte que l'ensemble apparaisse préjugé dans chacune de ses parties. La condamnation d'actes humains ne peut logiquement trouver place que dans la Cosmogonie créationiste ; et le jugement et la sentence de l'homme suffisent pour en induire le Créationisme.

CHAPITRE IV

ANTAGONISME ENTRE LA PHILOSOPHIE ET LE CHRISTIANISME

Guerre des philosophes contre le Christianisme. — Guerre des Pères de l'Église contre la Philosophie. — Condamnation spéciale d'Aristote. — Condamnation spéciale de Platon et de l'Emanatisme. — Nouvelles condamnations au XIII° siècle.

§ 13. — Guerre des philosophes contre le Christianisme

L'histoire des grandes persécutions du Christianisme durant les premiers siècles est l'histoire de la guerre faite par les *philosophes* au Créationisme chrétien.

Ce ne fut pas la lutte entre la Religion chrétienne et la Religion populaire, mais entre le Christianisme et la Philosophie. La vieille religion du paganisme était morte, ses dogmes faussés ; son antique sens créationiste avait été supplanté par les versions du Naturalisme et de l'Emanatisme. La religion romaine n'avait plus de forces pour entreprendre ces grandes persécutions ; son panthéon était ouvert à tous les dieux et à tous les cultes ; pas de Dieu qui n'y trouvât un accueil bienveillant.

Les véritables auteurs de la guerre implacable déclarée au Christianisme furent les *philosophes* du Naturalisme et de l'Emanatisme, en particulier les stoïciens et les néoplatoniciens. Ce sont eux qui jurèrent d'exterminer les chrétiens et qui, par leurs dénonciations, provoquaient les persécutions. Haranguant les masses, publiant de violentes diatribes, propageant des calomnies infâmes, ils furent les vrais fauteurs de ces sanglantes tueries qui ne furent jamais plus féroces que lorsque les philosophes eux-mêmes, stoïciens comme Marc-Aurèle ou émanatistes comme Julien, occupaient le trône impérial.

Et dans cette haine implacable contre le Christianisme, les philosophes montraient qu'ils avaient une juste notion des choses et qu'ils comprenaient l'opposition absolue et irréconciliable qui existe entre la Philosophie et le créationisme. Il n'en est pas ainsi de ceux qui ne voient pas comment de la notion opposée que l'on se forme de la Cause Première découle l'opposition logique entre toutes les solutions de l'ordre métaphysique.

Les philosophes attaquèrent tout d'abord la Religion en s'appuyant sur leur théorie *des deux vérités* : l'une religieuse qu'ils feignaient de connaître et de respecter comme certaine dans les temples ; l'autre, philosophique, qu'ils enseignaient comme non moins certaine, sur leurs chaires.

Mais au Moyen-Âge, comme dans les temps modernes, ce n'est pas dans les chaires que les philosophes se risquèrent à soutenir cette guerre contre le christianisme, mais bien dans le mystère des sociétés secrètes. C'est là que la philosophie fut propagée, comme une doctrine *ésotérique*, parmi les nombreuses sectes d'Illuminés connues sous différents noms, et dont la plus répandue et la plus puissante est la Franc-Maçonnerie.

Enfin, dans le nouveau régime inauguré par la Révolution française, réapparaît la guerre implacable des premiers siècles du Christianisme. Les philosophes triomphants croient que l'heure est venue d'annoncer la mort du Créationisme. Jouffroy, dans ses *Nouveaux Mélanges* prit soin d'apprendre à la postérité les circonstances dans lesquelles sa mort fut notifiée à la France et au monde entier.

Ce fut par une froide nuit de décembre que se déchira pour Jouffroy le voile qui lui cachait sa propre incroyance. Depuis longtemps sa foi était chancelante ; mais il ne s'en rendit compte que lorsque le Gouvernement français ferma l'Ecole normale et le mit lui-même à la retraite. Alors, pendant une de ces veillées d'hiver qu'il passait, triste et transi, dans une chambre nue de la rue du Four, « à contempler à travers les « froids carreaux de la fenêtre, la lune à demi voilée « par les nuages, et à écouter le bruit de ses propres « pas », il se mit à fouiller les replis les plus intimes de sa conscience. Epouvanté par le vide immense dans lequel il allait flotter, il songea d'abord à écrire une tragédie en sept actes et en vers. Puis jugeant que cela ne répondait pas à la gravité des circonstances, il écrivit son fameux opuscule *Comment meurent les Dogmes* et il décréta d'un trait de plume la mort de toutes les Religions, comme le Gouvernement avait décrété sa mise à la retraite.

Depuis cette triste nuit, les philosophes français considérèrent la Religion comme morte ; et ils décidèrent d'élever sur ses ruines l'Emanatisme professé par le Cycle cousinien.

§ 14. — Guerre des Pères contre la Philosophie

Aux attaques haineuses des philosophes contre le christianisme, les Pères de l'Eglise répondirent en déclarant une guerre sans merci à la Philosophie. Les deux partis ennemis montraient qu'ils avaient une claire intuition de leurs doctrines respectives.

La guerre déclarée par tous les chrétiens aux écoles philosophiques est le reproche principal que les philosophes formulèrent contre l'Eglise naissante. Celse et Julien, leurs chefs les plus fameux, ne se possédaient pas de colère en voyant les chrétiens repousser absolument toute la philosophie gréco-romaine, condamnant aussi bien les aristotéliciens et les stoïciens que les pythagoriciens et les néoplatoniciens, fuyant leurs écoles et anathématisant leurs enseignements comme des œuvres du démon.

La glorieuse campagne menée par tous les docteurs du christianisme contre les écoles philosophiques a été l'objet d'une étude du P. Baltus (S. J.) dans l'ouvrage intitulé *Défense des Saints Pères* (1720). Bien qu'il ait pour objet apparent de repousser l'accusation de platonisme formulée contre les Saints Pères dans les *Lettres* de Le Clerc et dans *Le platonisme dévoilé*, écrit par un socinien, l'ouvrage de Baltus est un travail complet, d'une érudition abondante et choisie. On y trouve les textes originaux de tous les écrivains chrétiens, où est mise en relief l'opposition irréconciliable des Pères non seulement au platonisme en particulier, mais, en général, à toutes les écoles philosophiques.

Tous les Pères s'appuyèrent sur le texte de Saint

Paul qui ordonne de ne se point laisser tromper par les philosophes, parce que leur sagesse n'est que folie aux yeux de Dieu (1). Poursuivant l'œuvre des Apôtres, ils se consacrèrent principalement à la réfutation des doctrines erronées des philosophes. Les lamentations de Celse et de Julien étaient fondées ; ce fut une lutte à mort, telle qu'elle convenait aux grands héros du Christianisme.

Au IIe siècle, Saint Faustin réfuta victorieusement les philosophes. Tatien répondait à leurs plaintes en disant que s'il les attaquait, c'est qu'après avoir parcouru tous les centres de culture et étudié toutes leurs écoles, il avait acquis la conviction que tous les systèmes défendus par eux étaient faux. Et en outre il flagellait avec éloquence leur honteuse dépravation.

Hermias, dans son ouvrage *Adversus Philosophos*, réfuta Anaxagore, Anaximène, Arménide, Empédocle, Protagoras, Thalès, Anaximandre, Archélaus, Platon, Aristote, Phérécide, Leucippe et Démocrite.

Au IIIe siècle, Origène, Minutius Felix, Lactance, et Tertullien menèrent glorieusement la même campagne. Tertullien, après avoir étudié toutes les écoles de philosophie classifiées par Varron, proclame la nécessité de les combattre toutes comme des sources d'hérésie (*Hæreticorum patriarchæ Philosophi*) et fait ressortir de façon magistrale l'opposition de toutes leurs doctrines avec le Christianisme. *Quid ergo Athenis et Hyerosolymis* ! Qu'y a-t-il de commun, dit-il, entre le Christianisme et la philosophie grecque ?

Le IVe siècle fut l'époque des géants du Créationisme chrétien. La guerre se poursuivait implacable.

---

(1) *Ad Colossenses* II, 8. *Ad Corinthios* I, 3, 19.

En Orient la philosophie fut combattue par Saint Jérôme et par Saint Grégoire de Nazianze qui dans son *Oratio XXXII*ᵉ compare les écoles philosophiques aux *plaies d'Egypte*. En Occident, par Saint Ambroise qui dans le *Psaume CXVIIII*, compare les philosophes aux hirondelles, *à cause de leur vain charlatanisme et de leur frivole bavardage* ; et enfin par Saint Augustin qui proclamait aussi la nécessité de repousser tous les enseignements de la Philosophie (*Philosophos veteres non consulendum*) et résumait sa pensée dans l'apostrophe qu'il leur lance dans son sublime traité *De Trinitate* : *Ranæ taceant, cælum tonat*.

§ 15. — CONDAMNATION SPÉCIALE D'ARISTOTE

En condamnant, en général, toute la philosophie gréco-romaine, les Saints Pères condamnèrent en particulier la philosophie d'Aristote, comme l'une des plus nuisibles et des plus abominables.

L'aristotélisme fut expressément l'objet d'une double condamnation de leur part.

La première porte sur sa *Logique* censurée par Lactance parce que, loin de conduire à la connaissance de la vérité, elle ne sert qu'à former des charlatans. En même temps que Lactance, Saint Grégoire de Nazianze (Oratio XXXIIᵉ) condamnait *pravum Aristotelis artificium*. Saint Augustin en faisait autant dans sa *Première Lettre à Julien* ; il dédaignait les catégories et les embolismes de la Logique d'Aristote comme inapplicables à la connaissance des dogmes religieux.

Le second motif qui a amené la condamnation de l'aristotélisme, c'est la perversité intrinsèque de sa Cosmogonie et de son Anthropologie. Elles furent condamnées par Saint Justin comme les plus absurdes, parce qu'elles niaient la Providence divine et l'immortalité de l'âme.

Théodoret déclare l'aristotélisme *inférieur même au platonisme*, et Saint Grégoire anathématise en particulier les *Mortales Sermones de Anima*. Pour Saint Cyrille et Saint Augustin, Aristote est un *damné qui brûle dans les enfers* (1) et dont la doctrine doit être énergiquement combattue.

§ 16. — Condamnation spéciale de Platon et de l'Emanatisme

Les Saints Pères, profondément versés dans la Métaphysique, reconnaissaient que dans l'Itinéraire de l'Intelligence Aristote venait après Platon. Mais ils ne laissaient pas pour cela de condamner énergiquement la doctrine de Platon comme totalement erronée. Seule une ignorance plus crasse encore qu'audacieuse, et une mauvaise foi plus grande encore que l'ignorance, peut accuser les Saints Pères de platonisme. Tous au contraire ils ont repoussé avec force le platonisme et le néo-platonisme. Le livre III de l'œuvre de Baltus est tout entier consacré à l'énumération de la longue liste des adversaires de l'Emanatisme ; des philosophes émanatistes ils disent *qu'ils ont prostitué et déshonoré le nom de Dieu*.

Au IIe siècle, l'Emanatisme fut combattu par Saint Justin et Saint Irénée ; au IIIe, par Lactance et Tertullien ; au IVe, par Théodoret, Saint Jean Chrysostome et Eusèbe dans sa *Préparation Evangélique*. Et

---

(1) Discours sur le *Psaume* 140.

sur toutes les autres l'emporte la magistrale réfutation de Saint Augustin dans la *Cité de Dieu* et dans d'autres ouvrages. Dans ses *Rétractations* tout en admettant sa supériorité sur la doctrine d'Aristote, il condamne expressément à nouveau l'Emanatisme.

Les Pères ne se contentent pas de démontrer la fausseté de l'Emanatisme ; ils notent deux circonstances qui le rendent plus pervers.

La première, c'est le danger plus grand qu'il constitue pour les ignorants. La cosmogonie d'Aristote répugne par son absurdité, tandis que la cosmogonie émanatiste est insidieuse parce que, tout en admettant l'immortalité de l'âme, elle altère les notions de Dieu et de la Trinité, et voilà pourquoi elle a donné lieu à de nombreuses hérésies. *Superiores fere omnes hæreses a Platonicis inventæ excultæ sunt.*

La seconde, c'est que les platoniciens sont ceux qui ont le plus scandalisé par la dépravation de leurs mœurs et par leur impudence. A Rome comme dans l'Hindoustan l'immoralité des Emanatistes fut proverbiale ; dans leurs pratiques de magie et de théurgie l'immonde l'emportait sur le grotesque.

§ 17. — Nouvelles condamnations au XIIIe siècle

Durant douze cents ans, la réprobation énergique et absolue de Saint Paul et des Saints Pères écarta la chrétienté de l'étude de la philosophie grecque.

Au XIIIe siècle, la situation changea complètement. Des amants des tournois dialectiques, méprisant les censures de Saint Anselme et de Jean de Salisbury, en arrivèrent à faire d'Aristote, du *réprouvé qui brûle dans les enfers*, une *espèce de Dieu*, comme disait Albert le Grand.

Ce fut une époque de délire dont l'histoire a été magistralement exposée par le P. Martigné dans son ouvrage sur *La Scolastique et les traditions franciscaines* (1888).

Aristote devint *le philosophe*, par antonomase ; et s'il lui manquait quelque chose, le *divin* Platon était là pour le compléter ! L'homme ne pouvait rien savoir sans eux : *non perficitur homo*, disait-on, *nisi ex scientia duorum philosophorum*. Si les Saints Pères avaient réussi à savoir quelque chose, c'est qu'ils l'avaient appris du *philosophe* et du *divin*. Le délire fut inimaginable ; l'infection propagée par les traducteurs de Tolède prit de telles proportions que le Pape Jean XXI se vit obligé de s'adresser aux archevêques de Paris et de Cantorbéry pour leur ordonner de condamner immédiatement les doctrines philosophiques répandues dans les Universités de Paris et d'Oxford.

En exécution des ordres du Pape, l'archevêque de Paris fit procéder en 1276 à un sérieux examen de la philosophie enseignée dans l'Université, et principalement de la philosophie d'Aristote. Les enquêteurs dressèrent une liste de 219 propositions qui furent condamnées. Et cette même année 1276, l'archevêque de Cantorbéry, Robert Kilwardby (O. P.) condamna une autre liste, moins nombreuse, de propositions (1).

Ces condamnations n'ayant pas suffi à arrêter le mal, elles furent renouvelées plus tard tant en France qu'en Angleterre. Le nouvel archevêque de Cantor-

---

(1) Une des propositions les plus énergiquement condamnées fut celle qui affirmait *l'unité d'essence* dans l'homme. Elle était généralement considérée *non solum inopinabilem sed hæreticam et contra fidem catholicam*.

béry censura jusqu'à trente propositions philosophiques, en protestant énergiquement (1284) contre « *profanes vocum novitates quæ contra philosophicam veritatem sunt, in sanctorum injuria, citra viginti annos in altitudine Theologiæ introductæ, abjectu et vilipendio sanctorum assertionum evidenter* ». Deux ans après (1286) la condamnation fut une fois de plus prononcée dans un concile provincial de Londres.

Mais les condamnations les plus énergiques furent impuissantes à endiguer l'inondation philosophique, principalement aristotélicienne.

Cependant des penseurs éminents, comme le savant Durand (O. P.), firent entendre des protestations. Ils disaient que la vraie philosophie ne consiste pas à savoir l'opinion d'Aristote ou d'autres philosophes. *Non multum sit curandum quid senserit Aristoteles. Naturalis philosophia non est scire quid Aristoteles aut alii philosophi senserint*. Ils condamnaient tout docteur qui imposerait aveuglément à ses disciples, comparés aux *jumentis insipientibus*, la doctrine d'un philosophe grec quelconque, quelque célèbre et illustre qu'il fût.

Protestations aussi vigoureuses qu'inutiles. Le torrent débordé de la philosophie grecque rompit toutes les digues.

CHAPITRE V

INTOXICATION PHILOSOPHIQUE DU CRÉATIONISME

Clairvoyance des Saints Pères. — Infection naturaliste. — Genèse du protestantisme et du jansénisme. — Infection émanatiste. — Infection du Kantisme et du Pragmatisme : les Modernistes.

§ 18. — CLAIRVOYANCE DES SAINTS PÈRES

S'écartant de la voie tracée par Saint Paul et de l'exemple des Saints Pères toujours fidèles à la tradition apostolique, des penseurs éminents jugèrent possible d'*harmoniser* les doctrines opposées de la Philosophie et de la Religion ; et même d'*enrichir* la Métaphysique créationiste des trésors de la sagesse *du philosophe* et *du divin*, en laissant intacts, en tout état de cause, les grands dogmes du Créationisme : la création *ex nihilo*, l'immortalité de l'âme et les récompenses d'une vie future.

Les écueils qui se dressent partout dans cette voie dangereuse montrent combien grande fut la clairvoyance des Saints Pères et combien sage le conseil donné par Saint Augustin : *philosophos veteres non consulendum*. L'enchaînement étroit qui lie l'idée fondamentale de la Cause Première et la solution de tous les problèmes métaphysiques peut devenir pour le Créationisme la cause d'une intoxication qui engendre de lamentables erreurs.

Expurger complètement la Métaphysique créationiste des doctrines naturalistes et émanatistes qui s'y sont glissées serait un travail comparable à celui que la mythologie attribue à Hercule dans les écuries d'Augias ; travail considérable et d'une grande utilité, mais impossible à qui manque de l'autorité nécessaire à cet effet. Sans vouloir entreprendre une tâche aussi ardue, il est possible d'*indiquer* sommairement quelques unes des principales erreurs, comme des exemples des divagations dont l'*infection philosophique* peut être la cause.

§ 19. — INFECTION NATURALISTE

La première et la plus grave est la corruption de l'idée sublime du Créateur. En général toutes les écoles philosophiques l'imaginent subordonné au Destin et vivant dans le Temps. C'est une absurdité de laquelle découlent de funestes erreurs concernant la Prédestination et la Grâce, et dont il a été déjà parlé dans l'exposé du système créationiste (1). Cette aberration est commune à toutes les écoles de Philosophie.

La notion insensée de Dieu, basée sur sa connaissance par analogie, est particulière au Naturalisme ; elle donne naissance à l'Anthropomorphisme divin.

Les monistes supposent que ce n'est pas seulement l'Esprit qui a été créé *à l'image de Dieu*, mais l'homme tout entier, *l'organisme humain*, dont les perfections se retrouvent en Dieu à un degré éminent. Accepter cette

---

(1) Etude XI. Chap. VI. §. 25.

hypothèse c'est ouvrir la voie à tous les délires de l'anthropomorphisme. L'infection naturaliste en arrive à imaginer le Créateur revêtu d'une forme humaine. On supposait deux incarnations divines : l'une du Fils et l'autre de la Sainte Trinité : cette dernière étant nécessaire pour imaginer le Créateur sous la forme humaine. Il fabriquait, littéralement, ses créatures avec ses mains, comme le sculpteur fabrique une statue: extravagance qui mène à discuter de la façon la plus lamentable sur les détails du travail divin, sur le temps qu'il a fallu à Dieu pour exécuter son travail, sur la manière dont les Anges ont pu l'aider en lui apportant les matériaux nécessaires à la fabrication de l'homme, etc.

Un autre résultat de l'infection naturaliste c'est le relâchement de la morale, en opposition avec la morale austère du christianisme. La consécration plus ou moins explicite de la vie organique avec toutes ses fonctions naturelles y compris la luxure (que Julien exaltait sans la nommer, comme le fait remarquer Saint Augustin) (1), en opposition avec l'ascétisme, voilà la conséquence logique et le fruit naturel de toute anthropologie philosophique. Loin d'offrir son corps en holocauste à Dieu, comme l'ordonne saint Paul, et de tenir pour mauvais ses appétits, celui qui cherche dans la philosophie son inspiration et sa doctrine doit au contraire tenir pour assuré qu'*aucun désir naturel ne doit se voir frustré* et que *rien de ce qui est naturel ne doit être réprouvé* ; car la vie zoologique est aussi divine que pourrait l'être toute autre vie supérieure.

Telle était la morale du Pélagianisme, combattue

---

(1) *De Nuptiis.* Liv. II. Chap. 7.

par Saint Augustin dans ses admirables *Lettres à Julien* ; et telle est aussi celle du Mahométisme, du Confucianisme et de toute Religion basée sur la philosophie naturaliste.

Et, dans ces Religions, ce qui est dit de la vie présente s'applique aussi à la vie future. La félicité de leur paradis consiste dans le perfectionnement de la vie organique et dans les plaisirs esthétiques ; il en était ainsi de l'Olympe gréco-romain, engendré par l'inoculation du virus naturaliste dans la Religion primitive.

Enfin, dans l'ordre anthropologique, la philosophie naturaliste offre des difficultés insurmontables à l'explication de l'immortalité de l'homme, puisque, d'après Aristote, toutes les formes sont quelque chose de la Matière, de simples actes de sa potentialité. La nécessité de concilier l'immortalité avec la théorie aristotélicienne de la puissance et de l'acte oblige les admirateurs *du philosophe* à recourir à de tels subterfuges que l'esprit, à les lire, reste confondu : on ne demande rien moins que d'admettre dans la vie deux actes de prestidigitation divine !

A un moment donné, le fœtus engendré par les parents disparaît et est remplacé par un autre créé à cet effet : c'est celui qui naît. Personne donc n'est fils de son père ni de sa mère, ni ne descend d'Adam ; avec cette doctrine, impossible d'expliquer le péché originel basé précisément sur la descendance d'Adam et sur la transmission héréditaire de son péché.

Ensuite, au moment de la mort, a lieu un second tour de passe-passe. Le corps de l'homme va dans l'autre monde ; il est remplacé dans celui-ci par un autre qui lui ressemble si bien que les vivants continuent à croire que c'est le même. Les cadavres n'ont rien à voir avec les morts ; ce sont d'autres corps créés à cet effet pour les besoins du matérialisme aristotélicien.

Et ainsi sur l'autel de l'aristotélisme, sont immolés et offerts en holocauste le péché originel et le *sens commun*.

§ 20. — Genèse du protestantisme et du jansénisme

Quand ils parlent du Protestantisme, les auteurs s'en tiennent aux causes dites occasionnelles, qui l'ont produit, sans tenir compte de sa véritable filiation métaphysique.

Dans l'ordre métaphysique, le Protestantisme d'abord, puis le Jansénisme sont les fils naturels de l'aristotélisme intronisé en Europe au XIIIᵉ siècle, malgré les décrets du Pape Jean XXI.

Si l'on était resté fidèle à l'anthropologie chrétienne des Saints Pères, le Protestantisme n'eût pas eu de fondement possible.

L'homme étant composé de deux substances, l'une spirituelle et l'autre organique, quelle que soit la prépondérance de cette dernière, elle ne peut atteindre le degré qui constitue le Protestantisme. On pourrait supposer l'Intelligence plus ou moins obscurcie et la Volonté plus ou moins affaiblie ; mais cet affaiblissement ne deviendrait jamais l'annihilation complète de la puissance spirituelle, ainsi que l'enseignaient les fondateurs du Protestantisme (1).

---

(1) Möhler, dans sa *Défense de la Symbolique*, écrite pour répondre à Baur, publie les textes protestants où apparaît cet anéantissement

Dans des conditions plus ou moins défavorables, d'après l'anthropologie des Saints Pères, se poursuit toujours la lutte chrétienne entre deux puissances rivales, entre les deux ennemies qui, suivant l'expression de Saint Grégoire de Nazianze, combattent *adversis frontibus* ; mais il ne s'agit pas là de l'annihilation protestante. Au contraire, le monisme aristotélicien une fois accepté, on peut supposer que le péché originel fait reculer l'homme jusqu'à l'étape zoologique, que la puissance spirituelle est complètement anéantie et qu'avec elle disparaît le libre arbitre ; d'où il suit que l'homme ne peut plus *coopérer* à l'appel divin. L'homme étant dégradé à l'état animal, le combat chrétien n'est plus possible, car l'un des combattants a disparu. Il n'y a plus ni actes ni mérites humains. Dieu doit tout faire. L'horrible prédestination de Calvin vient logiquement remplacer le secours prêté par la Grâce à l'Esprit pour triompher dans la lutte.

Luther, en certaines occasions, alla jusqu'à soutenir que non seulement le péché originel a dépossédé l'homme de sa puissance spirituelle, image de Dieu, mais qu'il le dégrade au-dessous même du règne animal, jusqu'à l'étape inorganique. *Non plus quam lapis, truncus aut limus.* Et lorsque Stringel voulut atténuer les exagérations protestantes les vrais luthériens le condamnèrent comme pélagien.

Les extravagances du Protestantisme, atténuées

---

complet de la puissance spirituelle. *Hominem ad bonum vel cogitandum vel faciendum prorsus corruptum et mortuum esse : ita quidem ut in hominis natura...* NE SCINTILLULA QUIDEM SPIRITUALIUM VIRIUM *reliqua sit.* — *Ex sese et propriis naturalibus suis viribus in rebus spiritualibus* NIHIL *inchoare, operari aut* COOPERARI *potest : non plus quam lapis, truncus aut limus.* (Cap. I, art. I, sect. 2a.)

dans le Jansénisme, proviennent toujours de cette régression supposée de l'homme à l'état zoologique, régression basée sur le monisme aristotélicien et impossible selon l'anthropologie chrétienne des Saints Pères.

Sans aller jusqu'à ces excès, l'influence de la philosophie est manifeste dans l'explication moniste de la Grâce. L'homme dégradé ne peut que demander à Dieu qu'il le relève de son abaissement jusqu'à l'état spirituel, dans lequel il lui soit possible d'accomplir les actes de vertu nécessaires pour se sauver. Cette solution moniste est orthodoxe, mais elle diffère de la solution patristique basée sur la coexistence de deux combattants.

D'après les Saints Pères, l'Esprit humain n'est jamais anéanti ; même vaincu, il conserve toujours son existence et sa vie propres ; la Grâce se borne à l'aider et à le fortifier.

D'après la doctrine moniste, la Grâce relève réellement l'homme ; par elle, il est promu à un état spirituel qu'il n'avait pas. Et, bien que dans ce cas, l'homme coopère à l'appel divin, l'acte de relèvement, de promotion, est réellement l'œuvre exclusive de Dieu. Le résultat est le même, mais l'explication est différente. Dans le monisme, il n'y a pas de combat entre deux adversaires, parce qu'il n'y a pas pluralité de substances ; c'est une même substance déchue ou dégradée qui remonte, par la grâce de Dieu, à un état supérieur.

§ 21.— Infection émanatiste : le quiétisme

L'histoire donne raison aux Saints Pères qui jugeaient l'intoxication émanatiste plus dangereuse encore que celle du Naturalisme. La croyance à l'immortalité et le perfectionnement de l'idée de Dieu rendent le danger plus grand de confondre l'enseignement émanatiste avec la vraie doctrine. Le panthéisme est plus dangereux que l'athéisme, et le panenthéisme plus dangereux que le panthéisme.

La fascination exercée par l'Emanatisme explique comment il a trouvé des prosélytes au sein du clergé catholique et égaré des prêtres dont la piété sincère, parfois a été démontrée par l'humilité de leurs rétractations.

Dans l'aristotélisme, il n'y a pas à craindre que l'on s'égare par amour de Dieu. Son Dieu ne peut être aimé ; c'est un monstre d'égoïsme qui ne pense qu'à sa propre félicité.

Il n'en est pas ainsi du Dieu-Providence de l'Emanatisme. Et c'est précisément là qu'est le danger, car le système fausse cette idée d'amour et surprend les imprudents par des phrases trompeuses qui cachent une fin perverse.

C'est un Dieu qui ne demande aucun sacrifice ; il ne demande que d'être aimé d'un *amour pur*, et sous ce déguisement de pureté et d'apparente sublimité, il ne s'occupe nullement de la vie zoologique de ceux qui l'aiment. Leur conduite morale lui est indifférente ; et c'est cette indifférence morale qui unit les initiés et les catéchumènes.

Les initiés savent que, pourvu qu'ils aiment leur Dieu d'un amour pur, ils peuvent impunément satisfaire toutes leurs passions et tous leurs appétits. De là le libertinage de toutes les sectes d'illuminés que l'histoire mentionne sous différents noms.

En dehors du cercle des initiés, sont les candides,

séduits par un faux mysticisme et à qui l'amour pur de Dieu paraît chose si sublime qu'elle doit absorber toute la vie humaine.

C'est dans ces masses d'hommes abusés, plus ou moins candides, que recruta ses troupes le fameux *Quiétisme* qui se propagea en France et en Italie. L'histoire du Quiétisme mentionne des noms d'hommes connus, quelques-uns illustres par leur talent, car dans ce nombre il y en a dont la naïveté est étonnante.

C'est pour propager cette intoxication émanatiste que fut publié le *Guide spirituel* de Molinos, prêtre hypocrite, dont la mauvaise conduite, dénoncée par Sfondrata et Ramsay, prouvait que de la catégorie des naïfs il avait passé à celle des initiés. La figure la plus marquante des quiétistes fut la fameuse Mme Guyon dont les vertus étaient pour Fénélon une preuve de la bonté de la doctrine.

Bien que la crainte de voir se renouveler l'histoire de Priscilla et de Montanus fût sans fondement et qu'on ne fût nullement autorisé à établir un parallèle, les erreurs des quiétistes étaient manifestes, le cas était grave. L'obstination des naïfs rendit nécessaire une condamnation de l'Eglise. La vraie doctrine fut exposée et défendue en cette occasion par Bossuet. Les *Maximes des Saints* furent condamnés en 1699, comme l'avait été le *Guide Spirituel* de Molinos en 1687.

Une doctrine erronée ne peut pas être tolérée sous le prétexte qu'il y a des simples qui ne connaissent pas les conséquences logiques qu'on en peut déduire.

Le véritable mysticisme ne peut dans aucun cas oublier le principe fondamental du Christianisme ou en faire abstraction. Si dans la vie éternelle un amour semblable à celui du Quiétisme est possible, dans la vie présente l'amour de Dieu est inséparable du sacrifice de la bête humaine, et il n'y a pas d'erreur plus funeste que d'oublier la nécessité constante de l'holocauste prêché par Saint Paul. Aimer Dieu c'est observer ses commandements et donc sacrifier nos appétits et nos passions, et on l'aime d'autant plus que le sacrifice est plus rigoureux. La véritable quiétude n'est pas de cette vie. L'essence du Christianisme est le combat si admirablement décrit par Saint Augustin, antithèse du Quiétisme émanatiste.

Au moment où se déroulaient les aventures du Quiétisme parut un ouvrage où l'on voit non plus dans les pénombres du Mysticisme, mais à la pleine lumière du jour, l'inoculation philosophique de l'Emanatisme. C'est la *Recherche de la Vérité* (1674) de Malebranche. Il attribue la vie universelle à l'essence même de Dieu, seule causalité qu'il reconnaisse. Pour lui, *Dieu est tout Etre ; Dieu comprend tout ; tout homme voit Dieu en lui-même et voit tout en Dieu ; Dieu voit tout en lui-même ; Dieu réalise ses propres perfections dans les créatures ; les essences sont quelque chose de divin, quelque chose de l'essence de Dieu*, d'où procède la mutiplicité des êtres.

Au XIXe siècle, se rendit célèbre par la même erreur Hermès, professeur de théologie à Munich et à Bonn, auteur d'une *Introduction philosophique* (1819), d'une *Introduction positive* (1829) et d'une *Diplomatique* (1834) publiée après sa mort par son disciple Achterfeld. Ses erreurs, dénoncées et réfutées par Windischmann, puis par Klee et Perrone, furent condamnées par le Pape en 1835 et 1836.

Un contemporain de Hermès, Günther, autrichien, fut condamné lui aussi en 1857.

Et enfin Froschammer, professeur de philosophie

et de théologie à Munich, vit son enseignement condamné par les Lettres apostoliques à l'archevêque de Munich *Gravissimas* et *Tuas libenter* de 1862 et 1863.

A cette même source qui empoisonna les trois prêtres allemands que nous venons de citer, puisèrent aussi les prêtres italiens Gioberti et Rosmini.

C'est toujours le même virus émanatiste : à la création *ex nihilo* on substitue la génération de l'Univers *qui naît de Dieu — von Gott stammend —* comme disait Froschammer, et on voit dans l'homme *una apparlenenza della divina essenza*, suivant l'expression de Rosmini (1).

§ 22. — INFECTION DU KANTISME ET DU PRAGMATISME : LES MODERNISTES

L'infection philosophique continue, de nos jours, à faire des victimes parmi le clergé catholique, comme l'Emanatisme au siècle précédent. Murri en Italie, Loisy en France, Schelle en Allemagne et Tyrrell en Angletrre furent les premiers atteints.

Delmont, dans son récent ouvrage *Modernisme et Modernistes en Italie, en Allemagne, en Angleterre et en France*, fait une étude intéressante et détaillée de tous les contemporains qui s'écartent de l'enseignement de l'Eglise. Mais il faut faire, entre eux, des distinctions très importantes ; tous les dissidents actuels ne doivent pas être rangés parmi les modernistes.

Contemporain n'est pas synonyme de *Moderniste*.

---

(1) Les œuvres de Gioberti furent condamnées en 1849 et 1852; et un décret du Saint-Office, daté du 14 Décembre 1887 et confirmé par Léon XIII, condamna jusqu'à quarante propositions tirées des œuvres de Rosmini.

De tout apostat on ne peut pas dire qu'il est moderniste parce qu'il est contemporain. Renier le Catholicisme pour embrasser le protestantisme, l'athéisme, ou le panthéisme, n'a rien de nouveau. Or, le Modernisme est réellement une apostasie moderne.

Etre moderniste, c'est *rêver le Catholicisme*, le professer à titre de rêve et l'exalter même après avoir apostasié. Est moderniste le somnambule qui à la Réalité suprême du Créateur et à la vérité immuable des dogmes oppose la théorie des rêves religieux, comme fonction purement organique.

Le Modernisme est l'application à l'ordre religieux du Scepticisme exhumé au XVIIIe siècle par Kant et caricaturé par les néokantistes du XIXe siècle; lequel sert de base au *Pragmatisme* qui a vu le jour au commencement du XXe siècle.

C'est l'Agnosticisme qui refuse à l'Intelligence humaine la faculté de s'élever à la connaissance de la Cause Première et réduit la *Science* humaine à la connaissance zoologique des phénomènes perçus par nos sens ; en dehors de là, prétend-on, il n'y a que rêves et fantaisie du Somnambulisme.

D'après cette doctrine, les Religions appartiennent au premier degré du Somnambulisme philosophant[1]. Ce sont de simples phénomènes de *subconscience* (nom donné par euphémisme à la vie animale), *sentiments* et impulsions du *cœur* humain, produit par des besoins et des *fonctions vitales* auxquelles on attribue le même *transcendantalisme* que Kant à ses idées.

L'adhésion involontaire que l'homme donne à ces

---

(1) Etude I, § 7.

rêves par sa propre *immanence vitale*, constitue la Foi moderniste.

L'Intelligence réclame pour elle-même, dans l'ordre religieux, un pouvoir régulateur d'une influence décisive. C'est elle en effet, dit-on, qui formule les rêves sous forme de *symboles* et de *dogmes* ; c'est elle qui est chargée de *les adapter aux nécessités vitales* de chaque époque, en dirigeant leur évolution historique.

Elle se réserve la mission suprême de subordonner la *Foi* à la *Science* et de rectifier toutes les extravagances et faussetés du somnambulisme, qui par suite de leur *transcendantalisme*, *défigurent* les faits certains de la vie zoologique. Ainsi les modernistes, parce qu'intellectuels, prétendent s'ériger en juges sans appel des croyances religieuses ; et se montrent rebelles à tout principe d'autorité et ennemis déclarés de l'Intellectualisme.

En tant que pures créations du somnambulisme philosophant, toutes les religions sont également vraies, toutes méritent la plus large tolérance. Voilà pourquoi les modernistes se font gloire d'ignorer l'histoire de la philosophie ; et de ne pas s'immiscer dans des questions métaphysiques ni dans des disputes de systèmes et d'écoles. L'important, le principal c'est de divulguer et d'imposer la Psychologie du pragmatisme. Celle-ci une fois acceptée, tout le reste est indifférent. Ceux que W. James appelle absolutistes monistes peuvent rêver, à leur gré, l'Atomisme aussi bien que le Naturalisme, être émanatistes, créationistes et même thomistes, s'ils le veulent.

Voilà le Pragmatisme dans toute sa pureté : mais les vrais modernistes, dont l'encyclique *Pascendi* a fait un portrait si exact, sont ceux qui, étant donné la nécessité organique de rêver comme *une très précieuse possession de notre esprit* (Lange), préfèrent à tout autre rêve, celui du Catholicisme.

Il y en a qui sont tellement enthousiasmés par le grand poème chrétien qu'ils se croient appelés à être des apôtres consacrés à la conversion des incrédules et des gentils ; ils se proposent de leur présenter le Christianisme comme une vérité *absolument postulée* (suivant le langage de Kant) et de les inviter à *expérimenter son utilité* (suivant le langage pragmatiste).

Quelques-uns même s'élèvent jusqu'aux ferveurs du mysticisme ; ils éprouvent des jouissances ineffables dans le culte que Lange recommandait à la ressemblance du culte catholique ; ce sont les tristes et les mélancoliques que Lange invitait à pénétrer dans les temples gothiques *afin d'y ressentir les frissons du sublime en entendant jouer les orgues.*

Ce qui paraissait une divagation dont Ueberweg était le premier à rire a fini par gagner des prosélytes. Dans l'histoire de l'humanité il n'y a pas d'insanité qui ne porte ses fruits. Mais il n'y a rien de plus insensé que de voir exalter le rêve du Christianisme par ceux qui, en tant que pragmatistes, proclament que l'idée la plus vraie est celle qui produit la plus grande somme de *satisfactions vitales* et qui recommandent les *moral holydays*.

Que W. James exalte le Naturalisme, rien de plus logique. Mais rêver le *crucifiement du corps*, quintessence du Christianisme, c'est pour un pragmatiste le plus grand des contresens.

CHAPITRE VI

L'INTÉGRISME DANS LA MÉTAPHYSIQUE

Dans son Encyclique *Æterni Patris* moins lue que citée et moins étudiée que lue, Léon XIII n'établit aucune doctrine nouvelle dans l'histoire de l'Eglise. Dans son essence, cette Encyclique est une paraphrase éloquente de la doctrine exposée par son saint prédécesseur dans ses Lettres apostoliques à l'archevêque de Munich. A l'inverse du Traditionalisme qui niait la compétence de la Raison humaine dans les questions religieuses, Pie IX reconnaissait la légitimité du raisonnement dans l'ordre métaphysique et même dans l'ordre théologique « Il prépare, disait-il, la voie à la connaissance des dogmes les plus cachés qui sont objet de la foi, en les rendant jusqu'à un certain point intelligibles ».

Conformément à cet enseignement traditionnel de l'Église, Léon XIII dans son Encyclique se propose de convaincre les esprits de la nécessité de consacrer l'Intelligence humaine à l'exposition et à la défense des dogmes du Catholicisme « pour frayer et aplanir
« en quelque sorte le chemin qui mène à la foi véritable,
« en disposant convenablement les esprits qui le culti-
« vent à accepter la Révélation ».

Dans ce but, il trace un tableau historique des grands maîtres qui illuminèrent l'histoire de l'Eglise de l'éclat de leur génie fortifié par la grâce divine.

En énumérant les docteurs illustres qui ont consacré leur talent à la défense de la foi chrétienne, Léon XIII exalte leur zèle ardent et les propose à l'imitation de tous. Mais s'il les célèbre tous, il n'identifie pas absolument tous leurs enseignements.

Dans l'histoire de la Métaphysique chrétienne, il convient de distinguer deux grandes écoles : la *Patristique* et la *Scolastique*.

La Patristique est l'âge d'or de la Métaphysique chrétienne, l'époque des plus grands génies du Christianisme. Saint Grégoire de Nazianze et Saint Jérôme en Orient, et en Occident Saint Ambroise et Saint Augustin, ce « puissant génie pénétré de toutes les sciences divines et humaines, armé d'une foi souveraine, d'une doctrine non moins grande, à qui semble appartenir la palme entre tous ». *Omnibus veluti palmam præripuisse visus est Augustinus*. Ce fut l'époque de la série glorieuse de docteurs illustres par leur savoir qui défendirent le trésor des vérités révélées. Ce sont les *Grands Docteurs* de l'Eglise pour lesquels Léon XIII n'a que des paroles de profonde vénération.

Leurs enseignements furent fidèlement suivis par le vénérable Bède et Saint Jean Damascène et, en Espagne, par Saint Isidore de Séville, Saint Ildefonse de Tolède et Taio de Saragosse. Leur doctrine est unanimement professée dans l'Eglise durant douze cents ans.

Quant aux *docteurs du Moyen-Age* que l'on appelle *Scolastiques*, Léon XIII se plaît à leur prodiguer aussi des louanges parfaitement méritées. Il reconnaît la nécessité de suivre la méthode scolastique — *gravi Scholasticorum more instaurari* — en tant qu'elle consiste dans une alliance intime de la Raison et de la Révélation dont la fin est de faire de la Science chrétienne un boulevard inexpugnable de la Foi — *ut Revelationis et Rationis conjunctis in illa viribus, invictum fidei propugnaculum esse perseveret*. Mais tout en les louant il fait des réserves explicites sur lesquelles il importe de fixer particulièrement l'attention. Parlant de tous en général, sans exception, Léon XIII dit : « *S'il se rencontre dans les Docteurs scolastiques quelque question trop subtile, quelque affirmation inconsidérée, ou quelque chose qui ne s'accorde pas avec les doctrines éprouvées des âges postérieurs, ou qui, finalement, en quelque sorte soit improbable, nous n'entendons nullement le proposer à l'imitation de notre siècle* » (1).

De ces enseignements des Docteurs scolastiques que Léon XIII réprouve d'une manière si explicite, les uns sont relatifs à l'*Analyse* et les autres à la *Synthèse* qui constitue le principal objet de la Métaphysique.

Pour ce qui est de l'*Analyse* qui doit servir de base aux recherches de la Philosophie, le sage pontife ordonne que, laissant de côté les subtilités scolastiques, « on s'efforce d'arriver à la connaissance des choses « spirituelles en partant des choses sensibles, en scru- « tant avec soin les secrets de la Nature, en appliquant « les forces de l'esprit avec constance et vigueur à l'étude « du monde physique ». Et il en profite pour recommander fortement « les sciences physiques si appréciées à « cette heure, et qui, illustrées de tant de découvertes,

---

(1) « Si quid enim est a doctoribus Scholasticis vel nimia subtili-
« tate quæsitum, vel parum considerate traditum, si quid cum explo-
« ratis posterioris ævi doctrinis minus cohærens, vel denique quoquo
« modo non probabile, id nullo pacto in animo est ætati nostræ ad
« imitandum proponi. »

« provoquent de toute part une admiration sans
« bornes ».

Ces paroles de Léon XIII nous obligent à repousser *toute la Cosmologie aristotélicienne*, partie principale des études des docteurs scolastiques. Elle est en effet opposée aux découvertes modernes et à des doctrines nouvelles mises au jour à une époque postérieure et que le Pape accepte et applaudit. Physique, Chimie, Biologie, toute l'analyse péripatélicienne de l'Univers est fondée sur le *Monisme* et l'*Immanence* qui sont les caractères distinctifs du Naturalisme enseigné par Aristote. Or, les découvertes modernes, la science nouvelle a démontré la fausseté absolue du *Monisme* naturaliste et vérifié la *Pluralité* et la *Transcendance* des éléments qui constituent l'Univers. La vie cosmique ne procède pas de l'évolution d'une substance unique, mais de la vie multiple de cinq substances dont les lois opposées donnent lieu à quatre grands antagonismes. Toute activité procède de causes transcendantes. Seule, la Gravitation est immanente. La potentialité intrinsèque de la Matière cosmique engendre la mort universelle ; parce que la gravitation seule est *immanente*, et la gravitation c'est la mort et non la vie. L'esprit humain ne peut rien concevoir de plus contraire à la science moderne, à la véritable science que le Naturalisme aristotélicien qui enthousiasma les Docteurs scolastiques. L'enseigner aujourd'hui, après les grandes découvertes du XIXe siècle, célébrées par Léon XIII, serait la plus étrange des aberrations.

Quant à la *Synthèse* qui a pour but d'expliquer la finalité suprême de l'Univers et de l'homme, le Saint Père nous avertit que son intention n'est pas de proposer à notre imitation les doctrines *enseignées par les*

Docteurs scolastiques parum considerate, c'est-à-dire toutes les doctrines prises sans réflexion dans la Philosophie grecque basée sur des cosmogonies anticréationistes. Car, dans la même Encyclique, il déclare que « la cause des maux qui nous affligent et de « ceux dont nous sommes menacés consiste en ce que « des opinions erronées sur les choses divines et humai-« nes se sont peu à peu insinuées *des écoles des philo-« sophes, d'où jadis elles sortirent* dans tous les rangs de « la société et sont arrivées à se faire accepter d'un très « grand nombre d'esprits ».

Cette très sage réserve que le Pape restreint à la Scolastique, sans l'étendre à la Patristique, est sans aucun doute fondée sur les conditions particulières qui caractérisent respectivement et distinguent l'une et l'autre école.

La *Patristique* est l'enseignement intégralement chrétien, basé sur le dogme de la création ex nihilo, et qui, fidèle à l'ordre de Saint Paul, déclare une guerre sans merci à la Philosophie grecque dont elle considère les maîtres comme des *réprouvés qui brûlent dans les enfers* et dont les systèmes, basés sur des cosmogonies anticréationistes, sont des sources empoisonnées d'hérésies. « A l'époque de la Patristique, dit le *Dic-« tionnaire théologique* de Welzer et Welte (1), l'esprit « chrétien fut tellement prédominant dans la formation « de la science chrétienne, que les autres éléments, s'ils « y concoururent, finirent par être complètement anni-« hilés ».

La *Scolastique*, au contraire, née au Moyen-Age, à une époque d'aveugle enthousiasme pour la Philoso-

---

(1) Vol. XVI. Art. *Scolastique*.

phie grecque, s'écarta de la voie tracée par les Saints Pères ; et loin de maudire les *philosophes*, elle les étudia avec ardeur et amour. Croyant de bonne foi enrichir et perfectionner le Christianisme, elle se proposa d'adapter la Révélation chrétienne aux doctrines des philosophes, et de mettre d'accord l'Esprit Saint avec Aristote et Platon, les grands génies de la Grèce.

Bien qu'il n'y ait pas la moindre parité entre les doctrines, on peut dire que ces *nouveautés* qui, dès leur apparition, scandalisèrent la chrétienté et motivèrent l'énergique censure de Jean XXI, furent le *Modernisme* du Moyen-Age, défendu par ceux qui mécontents des doctrines traditionnelles de l'Eglise entreprirent de la *moderniser*.

La philosophie grecque passionna à cette époque les esprits et donna lieu à des controverses célèbres au sein de l'Eglise ; pour savoir jusqu'à quel point les dogmes du christianisme étaient compatibles avec les enseignements dérivés des cosmogonies aristotélicienne et platonicienne (1).

Les métaphysiciens se divisèrent : les uns se passionnèrent pour le *philosophe*, d'autres pour le *divin*, d'autres pour tous les deux à la fois, afin de ne rien perdre des trésors de cette nouvelle révélation grecque.

---

(1) Bien que fasciné, lui aussi, par la *dialectique* d'Aristote, l'ordre de Saint-François, représenté par les *Scotistes*, se distingua par sa sévérité à critiquer et à repousser les enseignements venus de la philosophie grecque.

Léon XIII, loin de blâmer cette sévérité et cette intransigeance, en félicite les religieux de l'Ordre dans sa lettre au R. P. Général, du 25 novembre 1898, dans laquelle il confirme les prescriptions de l'article 245 des constitutions générales et les déclarations faites par lui-même dans sa lettre du 13 décembre 1885. — Documents peu connus.

Parmi les doctrines empruntées par ces modernisants à la Philosophie grecque il y en a qui ne sont que des inconséquences, de celles signalées au § 6 de cette même Etude ; où il a été parlé de la classification et du jugement critique des philosophes. Elles proviennent de ce qu'on ne s'est pas rendu compte qu'à chaque cosmogonie correspond une cosmologie distincte, en vertu de la connexion logique, qui, au sein de chaque système, relie les différentes parties.

Mais les nouveautés ne se bornèrent pas à de simples inconséquences. Dans l'ardeur de la lutte, l'enthousiasme pour la philosophie grecque alla jusqu'à mettre en discussion des doctrines traditionelles de l'Eglise, même sur des points de la plus haute gravité.

Les amants d'Aristote étudièrent l'Anthropologie dans les *Mortales sermones de Anima*, si énergiquement condamnés par Saint Grégoire de Nazianze. Ce funeste traité fut étudié et cité comme une source de doctrine, et *l'unité d'essence*, basée sur le Monisme naturaliste, l'emporta si bien sur la *trichotomie* de Saint Paul et des Saints Pères que les fanatiques admirateurs du Monisme aristotélicien regardèrent cette dernière doctrine comme hétérodoxe.

En opposition avec l'Aristotélisme dont la grotesque dialectique leur répugnait naturellement, brillèrent les grands maîtres de la *Mystique* chrétienne, jaloux d'affirmer la supériorité de l'Esprit Saint sur Aristote et de la grâce divine sur la logique péripatéticienne. Parmi eux se distinguèrent Hugues de Saint Victor, Alain de Lille, Eckart, Tauler, Suso et Ruysbroeck, auteurs d'ouvrages célèbres qui accréditèrent leur talent et leur piété. Mais si puissante était l'action exercée par la philosophie grecque que les mystiques eux-mêmes, tout en fuyant Aristote et condamnant ses erreurs, ne réussirent pas à échapper à la fascination platonicienne, non moins antichrétienne que la fascination naturaliste. Sans doute ils ne péchèrent que par inadvertance, leur intention n'étant pas de s'écarter du créationisme ; mais ils employaient un langage émanatiste qui mérite une sévère censure. Ils parlèrent d'*Emanation* (sic), de la *Création continue* du monde en termes incompatibles avec la création ex nihilo. A l'aube même de cette fascination platonicienne, dans Hugues de Saint Victor, l'on rencontre des phrases à censurer, tout au moins équivoques et susceptibles d'une interprétation anti-chrétienne.

Voilà les doctrines empruntées à la philosophie grecque et enseignées *parum considerata* par les auteurs scolastiques, que Léon XIII n'a pas l'intention de proposer à notre imitation.

La détermination de ces doctrines désapprouvées par le Souverain Pontife n'est pas une question de prestidigitations dialectiques et de cabrioles péripatéticiennes, mais un objet de claires intuitions pour toute intelligence saine.

Que l'on médite attentivement les *idées fondamentales du Naturalisme* (Etude IX, chap. I) et les idées fondamentales de l'Emanatisme (Etude X, chap. I), on découvrira sans peine le poison que renferment ces deux systèmes et combien ils sont incompatibles avec le Créationisme chrétien.

L'inoculation de ces sytèmes de philosophie acceptés à la légère, sans se rendre compte de leur perversité, a été cause qu'on a faussé les idées chrétiennes de Dieu, de l'Univers et de l'Homme ainsi que nous l'avons exposé aux chapitres III et V de cette Etude.

Les sages réserves de Léon XIII ne sont pas, à l'époque contemporaine, les premiers avertissements des Papes contre les doctrines philosophiques inconsidérément enseignées. Déjà Pie IX avait renouvelé la condamnation portée par le Pape Jean XXI contre les modernisants du Moyen-Age. Dans son Encyclique du 9 novembre 1846, loin de bénir l'étude de la philosophie grecque, il renouvela les censures de Saint Paul et des Saints Pères contre les philosophes en général — *peritissimi fraudis artifices* — qui s'attachèrent à défendre des systèmes cosmogoniques opposés au créationisme chrétien.

L'idée sublime de conserver dans toute sa pureté la Métaphysique chrétienne, idée qui inspira les Papes Jean XXI et Pie IX, a eu récemment comme un écho dans le *motu proprio* sur la Musique Sacrée de Pie X, en date du 22 novembre 1903. Le raisonnement de l'Auguste Pontife est directement applicable à l'ordre métaphysique où la pureté est plus nécessaire que partout ailleurs.

Pie X constate que par suite de « la funeste influence qu'exerce sur l'art sacré l'art profane et théâtral..... et des nombreux préjugés qui s'insinuent facilement en pareille matière et se maintiennent ensuite avec ténacité même chez des personnes autorisées et pieuses, il existe une continuelle tendance à dévier de la droite règle, fixée d'après la fin pour laquelle l'art est admis au service du culte ». Voilà pourquoi il ordonne de rétablir dans toute sa pureté la musique vraiment chrétienne, strictement adaptée à l'esprit et aux qualités propres de la liturgie sacrée, afin qu'il y ait encore plus de splendeur et d'ordre dans les cérémonies religieuses.

Or, s'il est raisonnable de proscrire du culte religieux toute musique qui n'est pas conforme à l'esprit chrétien, il ne l'est pas moins de s'attacher à repousser absolument tous les enseignements de la Philosophie grecque inoculés au moyen-âge et qui sont dans la Métaphysique ce que la musique profane est dans la liturgie.

Cette application à l'ordre métaphysique du principe établi par Pie X dans son *Motu Proprio* de 1903 fut, quelques années après, explicitement confirmée dans son Encyclique *Pascendi* du 8 septembre 1907. En condamnant le Modernisme, le Souverain Pontife affirme expressément la nécessité de réprouver et de repousser *toutes les conséquences* qui implicitement découlent d'une fausse notion de la Cause Première. QUIA PREMIÆ CAUSÆ HOC COMPETIT UT VIRTUTEM SUAM CUM SEQUENTIBUS COMMUNICET... ATQUE IDEO QUI EAM PROFITETUR, ERRORES EIDEM IMPLICITOS PROFITERI ET CATHOLICÆ DOCRINÆ ADVERSARI.

Ce que l'on dit en particulier du Modernisme doit s'appliquer à tous les systèmes basés sur des idées également fausses de la Cause Première. Dans tous les systèmes, sans exception, étant donnée la liaison intime de leurs parties, l'erreur fondamentale empoisonne et fausse toute la doctrine de leurs écoles respectives. Le Naturalisme et l'Emanantisme se trouvent dans le même cas que le Modernisme, et il n'y a pas de raison qui autorise à transiger avec avec leurs enseignements. C'est ce qui ressort du principe sublime et chrétien de Pie X ; lequel est en harmonie parfaite avec celui du Pape Jean XXI. (§ 17).

Rétablir dans l'ordre métaphysique la pure doctrine de l'école patristique, ce sera exactement rétablir dans la liturgie le chant grégorien que l'Eglise a hérité des Saints Pères « comme un modèle achevé de musique chrétienne ».

Au Moyen-Age l'intoxication philosophique frisa la démence. Le *philosophe* et le *divin* affolèrent les amants de la Philosophie. Ce fut alors un service éminent, digne des plus grands éloges, que d'endiguer ce torrent débordé en faisant à la Philosophie toutes les concessions compatibles avec les dogmes immuables du Catholicisme, en acceptant même son jargon particulier comme langue officielle. Les conditions de l'époque présente ne sont plus les mêmes. Une philosophie « métisse » put être alors nécessaire, comme l'est un pont pour traverser un torrent. Mais le torrent une fois à sec, on n'a que faire d'un pont. Si l'aristotélisme fut tout puissant un jour, aujourd'hui il n'est plus qu'un anachronisme. Il n'y a plus de raison pour faire à la Philosophie grecque les concessions du Moyen-Age ; rien aujourd'hui n'empêche de professer une doctrine soigneusement expurgée de toute infection philosophique, de toute immondice grecque qui trouble la pureté de l'enseignement patristique.

Si l'*Intégrisme* rencontre une difficulté insurmontable pour asseoir l'ordre social sur ses véritables bases, rien ne s'oppose à ce qu'on le professe dans l'ordre métaphysique. Et de ceux qui, dans l'ordre métaphysique, acceptent des propositions de la Philosophie anticréationiste on pourra dire en toute vérité qu'ils sont les DUCES COECI, EXCOLANTES CULICEM, CAMELUM AUTEM GLUTIENTES de l'Evangile de Saint Math.

Et si, selon l'expression même de notre auguste Pon-

tife Pie X, « différer davantage pour réprouver et con-
« damner tout ce qui dans les fonctions du culte et la
« célébration des offices de l'Eglise, s'écarte de la droite
« règle indiquée » — « c'est remettre dans la main du
« Seigneur les fouets avec lesquels le divin Rédemp-
« teur chassa autrefois du temple se sindignes profana-
« teurs », le mieux est de prévenir le châtiment et de
chasser à coups de fouet des écoles chrétiennes Aristote
et Platon, apôtres du Naturalisme et de l'Emanatisme, en abattant les piédestaux sur lesquels on les
éleva *parum considerate*.

Aujourd'hui, comme il y a quinze siècles, nous devons dire avec Saint Augustin : *Ranæ laceant, cælum tonat*.

APPENDICES

ETUDE XIII⁰

Préhistoire de la Métaphysique

CHAPITRE I

PALÉONTOLOGIE

Temps préhistoriques. — Sources de la Métaphysique préhistorique. — Données des philosophes antiques. — Extravagances des orientalistes. - Fantaisies paléontologiques. — Traditions chaldéennes. — Qûtâmî et Tenkelûschà. — Traditions perses : le Shah Nameh. — Quatre époques de la Préhistoire.

§ 1. — Temps préhistoriques

L'histoire vulgaire de la philosophie, qui commence six siècles avant l'ère chrétienne, suffit pour tracer l'itinéraire complet de l'Intelligence humaine et pour classer tous les systèmes et toutes les écoles de la Métaphysique. Mais c'est une erreur aussi grave que généralisée que d'enfermer dans ces vingt-cinq siècles l'*Histoire de la pensée humaine*, comme le prétend Nourrisson.

Au-delà de Thalès, le père supposé de la philosophie, s'étend une vaste période de quarante ou cinquante siècles de préhistoire métaphysique, période très intéressante durant laquelle l'Intelligence aborde la solution des mêmes problèmes et parcourt le même itinéraire. Et si l'on compare ces données de la paléontologie avec celles de la métaphysique moderne, on découvre entre elles la même concordance qu'entre les descriptions géographiques d'un Rubruquis ou d'un Marco Polo et celles des voyageurs contemporains.

Pénétrer dans l'obscurité de ces âges reculés pour étudier dans chaque peuple le chemin parcouru par l'Intelligence, et déterminer ses doctrines et ses systèmes préférés est une étude plus intéressante que la découverte d'un astre qui enthousiasme les savants et nous importe si peu.

Cette étude préhistorique de la Métaphysique est d'autant plus utile qu'à son intérêt particulier s'ajoute la nécessité de dénoncer une véritable campagne de falsification historique, entreprise de longue date par les prétendus amis de la sagesse et continuée de nos jours par ceux qui, moins modestes, s'intitulent eux-mêmes *savants* par antonomase.

L'objet de cette campagne est tout simplement d'obscurcir ou de nier le fait avéré dans l'histoire de l'antériorité du système créationiste, supplanté dans la suite par les systèmes appelés *philosophiques*.

§ 2. — Sources de la métaphysique préhistorique

Les sources auxquelles il faut puiser pour cette étude sont au nombre de trois :

Les témoignages fournis par les philosophes antiques au sujet de ces temps reculés,

Les découvertes modernes des savants orientalistes.

Et les antiques traditions nationales de la Chaldée et de la Perse, publiées par des savants non moins dignes d'éloges que ceux qui ont étudié les monuments anciens.

§ 3. — Témoignages des philosophes antiques

Tous les faits fournis par les philosophes antiques sur la Métaphysique préhistorique se trouvent réunis dans *Symbolique et Mythologie* de Creuzer, ouvrage d'une érudition considérable, mais d'une doctrine erronée (1)

L'œuvre des philosophes antiques fut une campagne de fraudes. Ils interprétèrent dans un sens *anticréationiste* tous les symboles, emblèmes, mythes, allégories et légendes conservées dans les traditions nationales. Creuzer accepte candidement toutes les falsifications des philosophes et les expose sans se rendre compte de la fraude, et s'il la soupçonne parfois il ne proteste pas contre la mauvaise foi de leurs interprétations. Les témoignages favorables à l'antique Créationisme, publiés par lui, sont tellement connus qu'ils n'ont pu être passés sous silence ; mais sa perspicacité n'a pu en découvrir aucun au fond des falsifications des philosophes. Son but unique est de faire preuve d'une vaste érudition et d'accumuler le plus grand nombre possible de faits, dans plus de trois mille pages et dix ou douze mille citations.

Mettant à profit tous les renseignements recueillis par Creuzer il faut, pour faire la lumière dans la préhistoire métaphysique, faire ressortir la mauvaise foi des philosophes ; et démontrer comment les antiques symboles et mythes, primitivement créationistes, furent par eux

---

(1) *Symbolik und Mythologie der alten Völker.* 4 vol. Leipzig 1837-1843.

falsifiés, les uns dans un sens émanatiste, les autres dans un sens naturaliste.

§ 4. — Extravagances des orientalistes

L'Orientalisme moderne est la source la plus abondante des données relatives à la Paléontologie métaphysique. Ses études sont dignes des plus grands éloges ; mais sans rabaisser le mérite de ses savants, il faut tenir compte des erreurs qu'ils ont pu commettre et ne pas accorder un crédit absolu à leurs jugements.

Avant tout, il ne faut pas oublier que leurs traductions n'ont rien d'infaillible. Nous n'en voulons d'autre preuve que leurs discordances dans la traduction du fameux épisode de l'élévation de Darius au trône de Perse, cité par Max Müller dans son *Histoire des Religions*. Là où, dans l'inscription de Darius, Lassen traduit par *hoc pomœrio ope equi (Choapsis) claræ virtutis*, Holtzmann dit : *quæ nitida herbosa celebris est*, et Rawlinson : *qui abonde en bons chevaux et produit des hommes valeureux*.

Max Müller ajoute qu'il lui serait aisé de citer « une « multitude de textes dont l'interprétation a passé par « des vicissitudes semblables ». Et Hammel parlant des traductions courantes de l'antique assyrien déclare que « les antiques écrivains des tables d'Assurbanipal y reconnaîtraient difficilement leur langue littéraire ». Ces incertitudes, que Max Müller appelle *vicissitudes*, avouées par les orientalistes les plus autorisés, nous permettent de leur appliquer le reproche que Stewart et Tait font aux physiciens modernes : ils commencent à peine à épeler l'alphabet que la Nature a mis entre leurs mains et ils se permettent déjà les plus grandes arrogances.

A cette incertitude des traductions il faut ajouter l'intention délibérée chez beaucoup d'orientalistes d'interpréter dans un sens athée le mythes et les légendes le plus anciennes du Créationisme. Cela va si loin que non seulement les traditions le plus rigoureusement créationistes, mais l'existence même des personnages historiques figurant dans les antiques Religions populaires, sont expliquées dans un sens météorologique. Pour eux tout se réduit à nuages, tempêtes, tonnerres, éclairs, pluie, à de simples phénomènes atmosphériques. Mais les « météorologistes » les plus intrépides, comme Bergaigne, sont obligés d'avouer qu'après avoir épuisé tous les recours de mauvaise foi inventés par Grassmann et par Roth, il reste toujours *un résidu inexplicable par aucun phénomène de la Nature.*

Lorsque, malgré leur athéisme, ils se résignent à nous rendre compte des Religions primitives, ils tombent dans de graves erreurs; c'est ainsi qu'ils prennent les genres grammaticaux pour des sexes. Les élèves de l'école primaire, lorsqu'ils étudient la grammaire, apprennent qu'il y a des *noms* masculins et féminins qui s'appliquent à des montagnes, à des rivières, à des peuples, à des cités, et que ces dénominations ne signifient pas des êtres de sexes différents. (1) Ce que les enfants savent, les orientalistes l'oublient. De chaque dénomination du Créateur ils font un être distinct, masculin ou féminin suivant le genre grammatical du

---

(1) Diogène Laerce, dans le prologue de ses *Vies et doctrines des philosophes de l'antiquité*, dit que l'une des erreurs que les Chaldéens condamnaient avec le plus d'énergie était celle de la sexualité des Dieux. Cette extravagance de supposer des Dieux mâles et des Dieux femelles forme la principale partie de l'orientalisme moderne.

nom employé ; ainsi, l'Etre Suprême, l'Eternel et le Tout Puissant sont pour eux, trois Dieux masculins, et la Toute Puissance, l'Intelligence, la Providence, la Justice, tout autant de Déesses. Et d'une série d'attributs ou d'appellations d'un seul et même Dieu ils font un Olympe tout entier peuplé de Dieux et de Déesses.

Enfin, lorsqu'ils veulent exposer les systèmes antiques, leur défaut de préparation métaphysique leur fait dire de véritables sottises : ils enveloppent dans un système unique, attribué à chaque peuple, non seulement les différentes phases traversées par les Religions populaires, mais encore les doctrines des Ecoles les plus opposées. Leur travail est comparable à celui du paléontologue qui, avec les ossements découverts dans une caverne, se proposerait de reconstituer un animal unique.

Contre cette conjuration des orientalistes dont le résultat est d'embrouiller et de travestir les croyances lointaines de l'Orient, l'étude rationnelle de la métaphysique préhistorique demande que l'on distingue avec soin les époques et, dans chaque époque, les écoles prédominantes ou du moins les systèmes cosmogoniques professés.

Après avoir ainsi rectifié les jugements erronés des orientalistes, la véritable préhistoire a le devoir d'éclairer les ténèbres de quarante ou cinquante siècles qui précèdent l'ère chrétienne.

§ 5. — Fantaisies paléontologiques

Le charlatanisme moderne se complaît dans les calculs les plus fabuleux, tant sur la vie des astres que sur l'antiquité de l'homme, et cherche à rehausser sa science par l'énormité des chiffres. Pour les astres on compte par trillions; Secchi va jusqu'à 948 trillions de siècles et il nous menace de quintillions et de sextillions de siècles. Pour l'Humanité Lyell et Zaborowski nous parlent d'une période qui commença il y a 342.000 ans, qui en dura 242.000 et qui finit il y a 20.000 ans ; pas une année de plus ni de moins.

Si les savants en ont besoin, la Métaphysique peut mettre à leur disposition tous les zéros qui leur manquent, car, pour la solution de ses problèmes, la question de temps est secondaire. Mais, comme *le sens commun* a des droits qu'il faut respecter, il est bon de rappeler que le seul fait démontré par la science moderne, c'est la période de 21.000 ans du cycle de James Croll, durant laquelle les deux hémisphères se trouvent dans des conditions thermiques opposées, ainsi qu'il a été dit ailleurs (1). Aujourd'hui, l'hémisphère Nord se trouve dans des conditions thermiques comparables à celles du mois de Juillet, et l'hémisphère austral, à celles du mois de Janvier. D'après ce calcul, il y a environ dix mille ans — trente fois moins que le prétendent les chiffres du charlatanisme — notre hémisphère subit son grand hiver ; il concorde avec l'époque quaternaire dont la fin fut marquée par les grands déluges et les inondations attestées par les découvertes géologiques.

Donc, la seule chose positive, démontrée, c'est que l'homme existait déjà à l'époque antédiluvienne, durant le grand hiver quaternaire, et que l'époque des grands déluges et des débuts du grand printemps du cycle de Croll est approximativement la même que

---

(1) Cf. Etude VI. § 10.

celle dont parlent les traditions des peuples. La version des Septante suppose que le déluge mosaïque eut lieu environ 6000 ans avant Jésus-Christ ; le P. Augustin Onufrio le fait remonter jusqu'en 6311, les Tables Alphonsines jusqu'en 6984 ; le calcul des Chaldéens, communiqué à Alexandre le Grand, le place à une date plus rapprochée.

Voilà à quoi se réduisent les centaines de milliers d'années du charlatanisme paléontologique.

§ 6. — Traditions clhaldéennes
Qûtâmî et Tenkclûschâ

S'il faut tenir compte des découvertes de la science moderne, il ne faut point négliger ce que nous ont conservé des temps primitifs de l'Humanité les traditions de la Chaldée et de la Perse.

Les traditions chaldéennes les plus anciennes furent compilées sous la cinquième dynastie de Bérose, vers le XIII⁰ siècle avant l'ère chrétienne, par Qûtâmî, dans son intéressant *Livre de l'Agricullure Nabatéenne* (1300 folios, 25 lignes par page), dont on conserve des manuscrits à Paris, Londres, Leyde et Upsal ; et dans lequel Qûtâmî utilise et complète des travaux antérieurs de Dhagrît et de Jambûschâd.

Cet ouvrage nous a été conservé par Ibn Wahschijjah, sufi d'origine chaldéenne, de la cité de Qassîn, surnommé el-Kasdânî, qui le traduisit du Kasdéen en arabe au commencement du X⁰ siècle de notre ère.

Il fut traduit de l'arabe en allemand par Chwolson et imprimé à Saint-Pétersbourg en 1858.

La publication de cet ouvrage si intéressant fut l'occasion pour Renan de faire parade de son audacieuse ignorance. Il ne savait pas que, bien avant l'époque où vivait Kûtâmî, il y eût une époque de grande culture intellectuelle et de grande prospérité ; il ne savait pas que les grecs étaient connus des chaldées bien avant le XIIIe siècle ; il n'avait pas la moindre notion d'une civilisation antérieure à celle de Nabuchodonosor, ni de Grecs antérieurs à ceux d'Homère. Et sans autre fondement que sa propre ignorance, il nia que *l'Agricullure nabaléenne* fût écrite à l'époque déterminée par Chwolson.

Bien que de date postérieure, le *Livre d'Astrologie* écrit par Tenkelûschâ, el Bâbili, el Qûqânî, au temps des Arsacides, vers le commencement de l'ère chrétienne, nous fournit aussi des renseignements très intéressants.

A la traduction arabe de ces ouvrages Ibn Wahschijjah a ajouté une compilation de deux antiques traités chaldéens sur *les Poisons*, composés par Jâvbûqâ et Sûhâb Sath ; qui dénotent un étonnante perfection dans l'art d'empoisonner le prochain. Mentionnons aussi un autre ouvrage sur les *Mystères du Soleil et de la Lune*, d'où il résulte que la science expérimentale, basée sur l'observation des procédés de la Nature, dont le XIXe siècle s'énorgueillit tant, est une nouveauté connue et pratiquée déjà par les Chaldéens il y a soixante siècles.

La publication en allemand de ces ouvrages par Chwolson sous le titre de *Restes de l'Antique littérature de la Babylonie traduits de l'arabe* (1) est du plus haut

---

(1) *Ueber der Ueberreste der Altbabylonischen Literatur in arabischen Uebersetzungen.* Quatremère n'a connu que le tiers de cette œuvre.

intérêt ; c'est une source de renseignements qu'il est nécessaire de consulter à l'égal des découvertes de la science moderne.

§ 7. — Traditions perses : le shah Nameh

Les antiques traditions de la Perse se conservaient parmi les Dikhans, noblesse territoriale indigène établie dans la partie montagneuse et orientale ; qui, même sous la domination des califes, jouit d'une certaine indépendance.

Un Dikhan appelé Danishver fut le premier qui, à l'époque de Nushirvan et de Yezdegird, le dernier des Sassanides, réunit toutes les traditions et tous les chants nationaux dans une épopée nationale disparue lors de la dévastation d'Omar.

Jacob, fils de Léis (870) prince du sang perse qui se proclama indépendant des califes, réunit plus tard des fragments de l'épopée de Danishver.

Dans la suite, durant la dynastie des Samanides, il y eut un autre poète national de famille zoroastrique, appelé Dakiki ; on n'a conservé de son œuvre qu'une partie. Enfin, au temps de Mahmoud le Grand, second monarque de la dynastie ghaznévide, le peuple perse parvint à réunir ses antiques légendes et traditions et à mener à bonne fin l'œuvre entreprise par Nushirvan.

Mahmoud fit réunir tous les vieux manuscrits conservés dans les différentes parties de son Empire et appela à sa cour Ader Berzin et Serv Azad qui connaissaient le mieux le légendes populaires relatives aux anciens rois de Perse. Une fois les matériaux rassemblés, Abulkasim Firdusi composa son grand poème épique intitulé *Shah Nameh* ou *Livre des Rois*, dans lequel il raconte la primitive histoire de l'Iran, telle qu'elle se conservait dans la mémoire du peuple perse de génération en génération.

Les savants orientalistes ont réservé pour ces traditions perses les primeurs de leur critique la plus échevelée. Ici Burnouf éclipse Renan. Enthousiaste de l'interprétation météorologique, il trouve dans la primitive histoire de l'Iran des nuages, des vaches célestes, de pâturages, des mugissements, des éclairs, des tonnerres, des rayons de soleil qui traient les vaches célestes, du lait qui coule de leurs mamelles, des voleurs qui les emportent et les enferment dans des cavernes, des sécheresses et des pluies. Il faut avoir la patience de lire jusqu'au bout la longue série de ses bizarreries si l'on veut voir jusqu'où peut aller le délire athée pour interpréter comme des phénomènes atmosphériques les primitives traditions et se rendre compte de ce dont sont capables les *savants* les plus fameux et les plus vantés.

§ 8. — Quatre époques de la préhistoire

La paléontologie métaphysique doit être divisée en quatre époques.

La première est une ère de splendides civilisations de la race blanche postérieures au grand déluge mosaïque et qui commencent quarante ou cinquante siècles avant l'ère chrétienne pour finir, vers le XXV° siècle avant Jésus-Christ, par une invasion de la race touranienne. Durant cette période de vingt ou vingt-cinq siècles, le Créationisme est la religion professée par toute la race blanche (1).

La seconde comprend la domination de la race touranienne qui, successivement conquiert l'Iran, la Mésopotamie et l'Egypte ; domination qui dura quatre ou cinq siècles durant lesquels prévaut la philosophie anticréationiste de la race envahissante.

La troisième est la période de la reconquête entreprise par la race blanche ; après de grandes luttes, celle-ci réussit à secouer le joug des touraniens et à restaurer ses antiques croyances et institutions nationales.

La quatrième, enfin, comprend la lutte des deux doctrines opposées, le créationisme de la race blanche et l'anticréationisme de la race touranienne ; elles se conservent, la première dans les Religions nationales restaurées, le seconde dans les enseignements ésotériques de *Mystères* réservés aux initiés.

---

(1) Sur la chronologie de ces temps reculés, et en général sur tout ce qui se rapporte à la Préhistoire, on doit consulter l'ouvrage remarquable intitulé *La Bible et la Science* du Cardinal Gonzalez (O. P.) (1891).

CHAPITRE II

PREMIERE ÉPOQUE :
5.000 à 2.400 AVANT JÉSUS-CHRIST

Souvenirs de l'époque quaternaire. — Empires primitifs de la race blanche. — Bases du Créationisme préhistorique. — L'Egypte. — La Mésopotamie, d'après les orientalistes. — La Mésopotamie, d'après les traditions chaldéennes. — L'Iran — Emigration de la race blanche vers l'Occident. — Etrusques et Lybiens — Emigration de la race blanche vers l'Orient.

§ 9. — Souvenirs de l'époque quaternaire

Tout ce que nous savons du grand hiver de l'hémisphère boréal c'est que, par suite des influences atmosphériques et climatologiques qui à cette époque durent être d'une intensité effrayante sur les organismes, l'Humanité se divisa en trois races distinctes : noire, s'étendant en Afrique et dans la partie méridionale de l'Asie ; jaune, dans l'Asie septentrionale, et blanche, dans l'Asie occidentale.

De ces temps si reculés une seule tradition nous reste, c'est qu'il a existé un continent très étendu, appelé l'Atlantide, qui s'étendait du Sud de l'Europe jusqu'en Amérique, continent très peuplé où florissait une civilisation brillante, qui fut enseveli au fond des mers, peut-être au moment où les Iles Britanniques étaient séparées de l'Europe par le canal de la Manche, et dont les îles Açores, les Canaries et Madère, formées par les cimes les plus hautes des montagnes submergées, pourraient bien être les vestiges. Les premiers habitants de l'Europe seraient les contemporains de l'Atlantide, si l'on admet l'hypothèse qu'ils remontent, comme le prétendent les savants, jusqu'à l'époque quaternaire. C'étaient des hommes vivant dans les cavernes, de condition misérable par suite de l'inclémence des temps, mais dont les crânes les plus anciens que l'on connaisse en Europe, sont, d'après Quatrefages, supérieurs à ceux des Parisiens de nos jours, énormes même si on les compare au crâne simio-anthropoïde de Gambetta regardé comme un des plus grands génies du XIXe siècle.

§ 10. — EMPIRES PRIMITIFS DE LA RACE BLANCHE

Laissons de côté la civilisation quaternaire de l'Atlantide. La prodigieuse culture des nouveaux peuples qui habitent les pays submergés par le déluge mosaïque suffit à démontrer la fausseté des fantaisies préhistoriques des *savants* sur l'évolution de l'Humanité; et son passage à travers les époques paléolithique néolithique, du cuivre et du fer.

S'il est faux de dire que les étapes déjà parcourues de l'Itinéraire de l'Intelligence l'ont été par l'Humanité tout entière, il est tout aussi faux de supposer une évolution semblable dans sa culture et dans son progrès. La civilisation dépend des conditions particulières de chaque pays et de chaque peuple. Et voilà pourquoi, tandis que certains peuples restent abrutis et pauvres, durant ce qu'on appelle l'âge de pierre, d'autres pendant ce même temps poussent leur culture jusqu'au plus haut degré. C'est ce qui arriva dans les siècles qui suivirent le déluge mosaïque. En même temps que, à l'ouest et au nord de l'Europe, en Afrique et en Asie, des peuples vivaient à l'état sauvage dans les cavernes, au contraire, dans les régions dévastées par le déluge mosaïque, une fois la grande catastrophe passée, la race blanche se multiplia et prospéra d'une manière vraiment prodigieuse, favorisée par les meilleurs conditions agronomiques et climatologiques. Devant la petitesse et la faiblesse présentes, provoquées par une incessante dégénérescence des espèces, nous sommes étonnés de la prodigieuse fertilité de ces époques lointaines. Un seul exemple suffira : les céréales qui, aujourd'hui, dans les pays les plus avancés au point de vue agricole, produisent à peine une douzaine de fois la semence, la produisaient alors jusqu'à deux cents et trois cents fois ; et le développement de la vigne correspondait à celui des céréales par la fabuleuse grosseur de ses grappes. Les renseignements laissés par Qûtâmî concordent sur ce point particulier avec ceux des orientalistes modernes.

Cette merveilleuse prospérité rendit possible en peu de siècles le développement rapide de trois grands empires de race blanche : un en Egypte, un autre en Mésopotamie, un troisième dans l'Iran ; et les traditions des trois peuples qui les habitaient remontent jusqu'à 5000 ans avant l'ère chrétienne.

En Egypte, de même qu'en Mésopotamie, cette époque primitive se trouve divisée en deux périodes séparées par une grande invasion dont l'histoire se perd dans la nuit des temps, mais dont les vestiges apparaissent clairement dans les deux régions sous forme de guerres et de dévastations qui se produisirent presque simultanément. Les traditions des deux peuples concordent parfaitement.

Dans une première période, ces deux empires établirent leurs assises dans les plaines de la partie basse : l'égyptien dans le delta du Nil où il bâtit les fameuses pyramides et fixa sa capitale à Memphis : le chaldéen au confluent de l'Euphrate et du Tigre.

Dans la seconde période, tous les deux étendirent leur domination sur la partie montagneuse. Les Egyptiens triomphèrent de la race nègre établie sur le haut Nil et fixèrent leur capitale à Thèbes ; et les Chaldéens conquirent les montagnes d'Assyrie, habitées par des blancs qui laissaient croître leurs cheveux et leur barbe ; et que l'on a parfois grossièrement confondus avec des nègres, parce qu'ils parlaient encore un idiome agglutinant.

La race blanche s'établit en Egypte après en avoir chassé, d'après ses documents les plus anciens, la race nègre et les bêtes sauvages qui la peuplaient. La première période comprend les Shessu-hor et le premier Empire fondé dans la basse Egypte ; la seconde correspond au moyen Empire qui transporta sa capital à Thèbes.

Construits en pierre, dans des conditions de climat exceptionnellement favorables, ses monuments ont été conservés et l'on peut admirer encore les prodiges de cette civilisation primitive. Le grand Sphinx et son temple, les pyramides de Gizeh et de Saqqarah, les temples de Memphis, les hypogées du premier Empire, le lac Mœris, les temples de Karnak et le labyrinthe du moyen Empire sont des monuments d'une merveilleuse grandeur.

Contemporains de ces deux premiers empires égyptiens, les deux Empires de Mésopotamie ne furent ni moins puissants ni moins prospères. Le premier fut mémorable par les triomphes de Sarru-kin et de Naramsin ; au second appartient Gudea dont les sépulcres fameux ont une grande ressemblance avec ceux de Beni-Hassan, du second empire égyptien.

Les monuments, construits en briques, ne se sont pas conservés comme ceux d'Egypte ; mais parmi les ruines (qui forment les *Tell-loh*) les fouilles faites par Sarzec ont mis au jour des temples qui rivalisent avec les temples les plus grandioses de l'Egypte, et pour l'ornementation desquels on avait employé des marbres, des agates, de l'ivoire et de l'or. Tels sont les superbes temples de *E Ullbar* et *Ea*, et ceux d'*Anna* et de *Mulkit* de Gudea, non moins somptueux que ceux décrits par Hérodote, d'une magnificence fantastique, aux coupoles couvertes de lames d'or.

En Egypte comme en Mésopotamie, les constructions de ces empires primitifs, antérieures à l'invasion touranienne, ne furent pas surpassées dans la suite. Il y a plus de soixante siècles, aux temps paléolithiques et néolithiques du charlatanisme préhistorique, les peuples, placés dans des conditions favorables, élevaient des monuments en comparaison desquels les constructions de l'orgueilleux XIXe siècle paraissent des jouets de Nuremberg.

Sur l'Iran, nous n'avons pas de renseignements aussi détaillés. Mais grâce aux traditions recueillies dans le Shah-Nameh, nous savons qu'à cette même époque correspond le grand empire de Ver ou Vara, divisé en seize provinces, et son fameux cycle *pischdadien* personnifié dans Djemshid. Et la durée de trente siècles qui lui est assignée coïncide justement avec celle des deux premiers empires d'Egypte et de Mésopotamie.

En ces temps reculés, où la race blanche parlait encore une langue agglutinante, la civilisation fit des progrès étonnants. L'agriculture, favorisée à la fois par les conditions météorologiques et par la vigueur plus grande des espèces, ainsi que par de nombreux canaux d'irrigation, produisait des récoltes fabuleuses. Les arts atteignirent une perfection qui n'a pas été dépassée ; le commerce mit l'Egypte en communication avec la Perse et avec l'Inde ; le Pont Euxin et la mer Caspienne furent sillonnés par de nombreux navires, et au développement de la richesse corespondit celui de la culture intellectuelle. En mathématiques, en astronomie, en médecine et en sciences naturelles, ces peuples firent de grands progrès, et leurs savants, plus audacieux que les alchimistes qui se seraient contentés de faire de l'or, travaillèrent à produire des êtres vivants, *en imitant les procédés de la Nature* Il y eut des écoles fameuses, des bibliothèques célèbres en Egypte et en Chaldée ; on fit des encyclopédies de toutes les sciences on inventa le gnomon et le cadran solaire et on construisit de puissants instruments d'optique. Bref, aux temps qui suivirent le grand déluge mosaïque, la race blanche arriva rapidement, dans sa culture matérielle et morale, à un degré de prospérité supérieur même à celui des époques postérieures.

§ 11. — Bases du créationisme préhistorique

L'étude de cette première époque met en évidence la surenchère d'extravagances à laquelle se livrent, sur la religion primitive de l'Humanité, les savants les plus renommés.

Creuzer, dans sa *Symbolique et Mythologie*, sans préjudice des contradictions manifestes dans lesquelles il tombe, nous peint l'Humanité primitive *dans un état à peine supérieur à la vie animale* et, commençant sa Religion par le fétichisme.

Renan, dans son désir d'éblouir le monde des éclairs de son génie, dit que l'Humanité ne connut pas Dieu jusqu'à ce que les sémites l'eussent inventé. Si d'ailleurs les sémites ont commencé par un Dieu unique, c'est qu'un Dieu unique est le minimum possible de Religion ; qu'ils l'ont inventé *d'instinct* c'est-à-dire zoologiquement ; et que s'ils l'ont inventé, c'est *qu'ils étaient un peuple qui ne riait pas* et qui vivait dans le désert.

C'est une opinion tout opposée qu'exprime Saint Augustin au chapitre 47 du livre XVIII de la *Cité de Dieu*. Il est fermement convaincu que, depuis une époque très reculée, d'autres peuples que les Hébreux adorèrent le Créateur et professèrent les dogmes fondamentaux de la vraie Religion. Le peuple hébreu, dit-il, ne peut avoir la prétention d'être seul de l'antiquité à avoir le monopole de la vérité. Et, comme preuve de son affirmation, il cite le cas de Job, personnage éminent qui n'appartient pas au peuple d'Israël, qui vécut au XXIIe siècle, quatre siècles avant Moïse ; et dont les Israélites furent les premiers à reconnaître la grande piété et la sagesse.

La préhistoire de la métaphysique vient corroborer pleinement la perspicace intuition de Saint Augustin. Hérodote, d'accord avec lui, dit que la croyance en *un Dieu unique qui est au Ciel* fut la Religion primitive de l'Humanité.

Lorsqu'on étudie attentivement les traditions relatives à ces temps primitifs, on distingue sans peine six dogmes fondamentaux du Créationisme professé dans les trois grandes régions de race blanche ; ce sont *les résidus inexplicables par les phénomènes de la Nature*, dont parle Bergaigne.

Premier dogme : *un Dieu unique* qui est au ciel, et que l'on appelle indistinctement le Seigneur, le Créateur, le Tout-Puissant, l'Occulte, l'Eternel, l'Ineffable, le Roi, le Suprême, la Providence. Série de noms dont les *savants* font autant de Dieux différents ; les uns, uniquement parce que les noms ou les genres grammaticaux sont différents ; les autres, comme Maspéro, parce que le fait que plusieurs peuples adorent un Dieu unique prouve, selon eux, qu'il y a autant de Dieux que de peuples.

Second dogme : le Dieu unique est adoré sous trois aspects qui correspondent à *trois vies différentes* : comme un Etre caché qui vit en dehors de l'Univers, dans le plus profond mystère, (*abstrusior profundilas*) et dont les peuples n'osent pas prononcer le nom ; ensuite, comme un Dieu qui apparaît dans l'Univers de deux modes différents : comme Dieu visible, sous forme corporelle, chef suprême de l'Univers, et enfin comme Dieu invisible, incorporel, Esprit pur, symbolisé dans les trois Empires par un oiseau. L'oiseau, dans l'écriture idéographique de l'antiquité, est l'emblème de *l'Esprit*. Cet oiseau se rencontre généralement dans les monuments antiques avec les ailes déployées, quelquefois avec les ailes fermées, sur les images des Rois, comme pour les protéger. A cette époque reculée, on croyait que ces deux divinités suprêmes résidaient l'une dans le Soleil et l'autre dans la Lune ;

aussi ces astres étaient-ils l'objet d'un culte particulier (1).

Troisième dogme : l'homme est considéré comme un *Esprit emprisonné* dans l'organisme, qui attend sa *Rédemption* ou libération des liens du corps. Cet Esprit est représenté aussi par un oiseau qui, à la mort de l'homme, abandonne le cadavre et vole vers un autre monde.

Quatrième dogme : cette Rédemption de l'Esprit humain ne peut être obtenue que par un *sacrifice* exigé par Dieu. L'homme doit choisir entre deux vies différentes, symbolisées par deux arbres : l'un représentant la vie zoologique et l'autre la vie spirituelle.

Cinquième dogme : après cette première vie, l'Esprit doit en vivre une seconde, corporelle aussi. Et comme on supposait que l'Esprit pour cela devait se réunir à son premier corps, de là vint l'usage des *embaumements*.

Sixième dogme : la vie définitive de l'homme dépend du *jugement et de la sentence* prononcée par Dieu après examen de la conduite menée dans la première vie, et

---

(1) Pour distinguer *idéographiquement* ces deux divinités suprêmes, l'une fut représentée sous forme de disque et l'autre sous forme de demi-lune. Et parce que l'on croyait que la Lune était la résidence du Dieu-Esprit, les cornes de la Lune furent, dans des âges très lointains, son emblème particulier.

Dans les cylindres primitifs publiés par Hommel dans son *Histoire d'Assyrie*, ces cornes apparaissent comme la marque distinctive de personnages inspirés et sanctifiés par le Dieu-Esprit qui vécurent vingt et même trente siècles avant Moïse. On sait qu'on les retrouve dans les images représentant ce législateur d'Israël, comme aussi les grands prêtres du peuple hébreu.

Telle est l'origine de cet emblème qui se voit encore, après cinquante ou soixante siècles, dans les mitres épiscopales.

des mérites gagnés par l'homme ; et une seconde vie, *éternelle et bienheureuse*, sera la récompense accordée à ceux qui l'auront méritée.

Voilà les croyances que les *savants* orientalistes prétendent expliquer comme *des phénomènes météorologiques*.

Ce Créationisme sublime n'apparaît pas avec la même clarté dans les trois Empires de race blanche. Mais les renseignements fournis par la science et par la tradition permettent de le reconstituer dans les trois régions.

En Egypte, grâce à la conservation exceptionnelle des monuments, il apparaît dans toute sa sublime grandeur. Mais pour être pleinement convaincu de son existence, il n'est pas besoin de tous les détails que nous offre l'Egypte. On peut faire avec les systèmes métaphysiques ce que l'on fait en paléontologie. Pour reconstituer le squelette d'un animal, les naturalistes n'ont pas besoin d'en réunir toutes le parties ; il leur suffit de trouver dans les cavernes quelques ossements pour reconstituer les organismes des animaux qui y moururent. De même, le Créationisme est un système logiquement enchaîné ; de ses parties, même isolément considérées, on peut avec certitude induire l'existence de l'ensemble. Un seul fait démontré peut suffire, étant donné sa connexion logique, pour reconstituer tout un système métaphysique.

§ 12. — L'Egypte

Le Créationisme fut la religion des premiers Egyptiens, des Shessu-Hor (adorateurs de Hor) Le temple le plus ancien fut dédié au Dieu Harmatuki, Créateur du

Ciel et de la Terre. Dans le livre communément appelé *Livre des Morts*, mais dont le véritable titre est *Livre de la naissance à la véritable vie qui, pour l'homme, commence au jour de sa mort*, et en particulier aux chapitres 17 et 64 qui sont les plus anciens, le Créationisme éclate dans toute sa pureté.

Le Dieu créateur, un et trine, est le Dieu des premiers Empires Egyptiens.

Le Père Eternel est adoré comme *Ammon* l'Occulte, *Shou* le Créateur, et *Phtah* l'ordonnateur ou législateur : son nom ne se prononçait qu'avec un respect mêlé de crainte.

Le Créateur se manifeste dans l'Univers en deux personnes, l'une corporelle, l'autre spirituelle. Et, suivant Creuzer, ce sont *die zwei Grundgedanke*, les deux pensées fondamentales de la Religion primitive en Egypte.

La personne spirituelle ou invisible est le Dieu appelé d'abord *Thot*, puis *Hermès* ; et dont on disait qu'il engendre *Râ* et le fait triompher.

La personne ou manifestation corporelle de Dieu est successivement dénommée *Hor, Râ* et *Osiris*. *Je suis Shou le Créateur, sous la figure de Râ*, dit une inscription de Seti Ier. *Osiris est la pupille du Père*, lit-on dans d'autres monuments. Sa résidence est le Soleil ; d'après d'antiques peintures, la barque du soleil où l'on voit aussi Hor perçant de sa lance un serpent. Cette incarnation de Dieu au sein de la Création, considérée comme sa fille, donna lieu au mythe fameux de *l'inceste du père*, qui tourne la tête aux savants.

Le Soleil, résidence de Hor ou Râ, ainsi que tous les autres astres, a été créé par Dieu ; c'est Dieu aussi qui créa la Nature, symbolisée par *le serpent Apap*, dont l'astuce fascine les hommes et qui, vaincu d'abord par Râ, doit être un jour anéanti.

La croyance à l'immortalité de l'homme apparaît dans une foule d'inscriptions qui répètent : *Nous nous reverrons dans l'Eternité*. A la mort de l'homme, son Esprit survit revêtu d'un corps subtil appelé *Ka*, (distinct du corps grossier *Khal*, vivifié par une âme animale *Ba*) ; mais plus tard l'Esprit reprendra sa forme corporelle. Cette croyance donna lieu à la pratique de l'embaumement, ainsi qu'il a été déjà dit.

Ce qu'il y a de plus remarquable dans le Créationisme égyptien, ce sont les admirables peintures représentant *le Jugement et la sentence de l'homme* qui, à sa mort, comparaît devant le tribunal du Dieu à forme corporelle. Celui-ci pèse dans une balance les bonnes et les mauvaises actions de chacun, ainsi que les secours reçus du Dieu invisible symbolisé aussi dans cet acte ; et puis décide du sort qui doit échoir à l'homme dans sa vie future.

§ 13. — La Mésopotamie d'après les orientalistes

Les études des orientalistes sur la religion primitive de la Mésopotamie sont aujourd'hui un vrai chaos, un labyrinthe. Cela tient à diverses causes : durant une période de vingt-cinq siècles, le langage subit de profondes altérations ; le langage de la plaine est confondu avec celui de la montagne, celui des Babyloniens avec celui des Assyriens ; les écritures idéographiques et phonétiques sont imparfaites et défectueuses ; enfin, on donne le nom de Dieux à des personages qui n'ont rien de divin, parce que, suivant Lenormant, *Dieu, Roi, ancêtre* et, en général, toute personne vénérable étaient idéographiquement représentés de la même façon. A l'époque suméro-akkadienne, les Dieux, d'après Hommel, n'avaient pas encore de sexe. Mais les causes énumérées plus haut suffisent pour produire une véritable confusion, et il faut le travail d'un vrai savant pour distinguer et classer par époques et par pays la multitude des appelations divines, tout en précisant le sens de chacune d'elles.

En attendant qu'un savant orientaliste entreprenne cette tâche digne des plus grands encouragements, les données recueillies jusqu'à ce jour suffisent pour nous donner une idée claire du Créationisme suméro-akkadien (1).

Dans l'écriture idéographique et phonétique, le Créateur est considéré sous quatre aspects différents : tantôt comme Dieu unique et tantôt comme Trinité identique à la Trinité égyptienne et correspondant à ses trois vies différentes.

Comme Dieu unique, il est généralement appelé *Ilu*, *El* ou *Bel*, le Tout Puissant. On en connaît jusqu'à trente et une dénominations dont les savants font trente et un Dieux (2).

Comme Trinité il apparaît avec de nouveaux noms.

---

(1) Hommel, dans sa célèbre *Histoire de Babylonie et d'Assyrie*, ainsi que dans ses remarquables études sur les peuples sémitiques, *Die Semilischen Völker und Sprachen* (Leipzig, 1881) fournit des renseignements du plus grand intérêt sur la Mésopotamie.

Ce qui nous reste de plus remarquable sur cette civilisation primitive c'est la fameuse bibliothèque formée par les textes suménens et akkadiens les plus antiques qu'Assurbanibal fit traduire par les savants de Ninive. On peut juger de l'importance extraordinaire de ce trésor du British Museum par l'œuvre de Bezold, *Ueber die Babylonisch-Assyrische Literatur*. (Leipzig, 1886).

(2) Lenormant. *Histoire ancienne de l'Orient*. Tome V.

Anu en Babylonie, *A-ushar*, *Anshur*, *Assur* en Assyrie, *Esharra*, le Dieu impénétrable qui, vivant en dehors de l'Univers, est appelé le Dieu du Chaos, le Dieu de l'Abîme, le Dieu dont personne n'ose prononcer le nom..

Le même Dieu, en tant qu'il pénètre et opère au sein de l'Univers comme Esprit pur, est symbolisé, comme en Egypte et dans l'Iran, par un oiseau, par l'oiseau qui protège les rois. On l'appelle *Ea*, *Zu*, *Zu-in*, *Sin*, *Zi-ki-a*, *In-lilla*, *Zarpanil* et de beaucoup d'autres noms qui varient avec les temps et avec les lieux. Comme l'Hermès égyptien, il était le Dieu de la sagesse. Il résidait dans la Lune, et voilà pourquoi, depuis un âge très reculé, les cornes de la lune furent les symboles de son adoration particulière et l'emblème qui se voit dans les plus antiques cylindres pour désigner les personnages illuminés et sanctifiés par lui.

La troisième manifestation ou personne divine était engendrée par ce Dieu-Esprit. Elle s'appelait *Mulu-dug*, homme de bien, *Mul-Anna*, *Silig-mulu-hi*, *Meri-mulu-dug*, homme du ciel, *Uru-dugga*, le juste, le modèle des hommes, à qui le Dieu impénétrable confère la souveraineté sur toute créature et qui donne aux bons la vie éternelle. Dans la suite on l'appela *Marduk* et *Merodak* en Babylonie et *Rammam* en Assyrie. Il est représenté comme vainqueur du serpent *Tiamat*, de même qu'en Egypte Hor triompha du serpent Apap.

Anu, le Dieu de l'abîme, par son caractère abstrait et extracosmique (*unnahbahren*, *überirdischen*) n'apparaissait pas dans le monde ; voilà pourquoi, d'après Hommel il n'avait pas de temples particuliers consacrés à son culte

Le culte était rendu particulièrement aux deux manifestations ou personnes sous lesquelles le Créateur apparaît au sein de la Création (1). Aussi les temples somptueux de cette époque étaient-ils dédiés au Soleil et à la Lune, résidences, d'après la croyance vulgaire, des deux grands Dieux. Les plus anciens furent celui de la Lune à Ur, objet de prédilection du culte Akkadien, et celui du Soleil à Larsa, dédié au Dieu *Samas*, le chef du Ciel, prince des génies et Roi des Dieux.

C'étaient là *les deux grands Dieux qui gouvernaient les cieux et la terre*, les seuls adorés comme tels, auxquels se réduisait réellement la Divinité.

Les imperfections de l'écriture idéographique et phonétique furent cause qu'on appliqua la dénomination de *Dieux* à des êtres appartenant à d'autres mondes et à qui manquait absolument le caractère divin, à des êtres habitant d'autres régions du monde. La cosmogonie chaldéenne était en effet une conception grandiose qui, loin de se borner à notre petite planète, embrassait une multitude de mondes peuplés de légions d'êtres, les uns heureux, les autres malheureux, tous soumis à l'empire du Dieu corporel. Et l'on donna le nom de Dieu à des créatures d'un rang plus ou moins élevé, en les symbolisant par les figures les plus étranges et les plus monstrueuses et d'ailleurs purement idéographiques.

Gibil, le feu adoré par les touraniens, ne fut pas considéré comme Dieu durant la première période de la civilisation chaldéenne ; Hommel le reconnaît. La Nature elle-même ne fut pas divinisée à cette époque

---

(1) Hommel. *Die Semilen und ihre bedeulung für die Kullurges chichte*.

où, comme en Egypte, elle était personnifiée par un serpent, le serpent *Tiamat*, cause de tous les maux qui affligent l'homme. C'est lui qui l'écarte de ses devoirs religieux en le fascinant par ses séductions appelées *Utuk*. Ce mot s'applique sans doute, plutôt qu'à des démons, à des tentations de la vie zoologique qui portent l'homme vers *les sept péchés capitaux*.

Les Chaldéens de cette époque, dans leur lutte contre les Utuk, contre les enchantements et les séductions du serpent Tiamat, adressaient à Dieu des prières ferventes que l'on a grossièrement confondues avec les conjurations d'une date postérieure. Leurs prières d'abord courtes, allèrent en s'allongeant et en se perfectionnant jusqu'à former une magnifique collection d'hymnes et de psaumes dont la lecture nous plonge dans l'admiration. Ici, les croyants pleurent leurs misères et implorent la miséricorde de Dieu ; là, ils affirment avoir fidèlement observé les commandements divins qui consistaient à aimer Dieu et à ne nuire à son prochain ni dans sa personne, ni dans ses biens, ni dans son honneur ; tantôt ils se repentent de leurs péchés et en demandent pardon à Dieu en lui promettant de se corriger ; tantôt ils chantent la gloire du Dieu *qui ouvre les portes du Ciel* ; ailleurs ils lui rendent grâces pour ses faveurs ; partout brille la foi ardente et vive de cette époque nettement créationiste, que les légendes populaires appellent *l'ère des Dieux* ; l'on appelait ainsi les ancêtres dont la foi et la vertu avaient été récompensées d'un bonheur céleste.

Telles sont, conservées dans le *livre de Job*, les croyances primitives de la Chaldée.

Enfin, la croyance à la résurrection corporelle nous est attestée, ainsi qu'en Egypte, par l'embaumement des cadavres conservés dans la nécropole de Warka et dans d'autres nécropoles très nombreuses de la basse Chaldée, non moins grandioses que celles d'Egypte.

§ 14. — La Mésopotamie
d'après la tradition chaldéenne

Les traditions primitives de la Chaldée, compilées par Qûtâmî, s'accordent exactement avec les données de l'orientalisme moderne pour affirmer l'existence d'une brillante civilisation bien antérieure à l'invasion touranienne. Ce fut, d'après les Chaldéens, une période de deux mille ans d'une culture admirable, d'une prospérité égale à la piété du peuple. Les noms seuls varient. Tout ce que l'orientalisme dit de Sarru-kin ou Sargon l'Ancien, la tradition chaldéenne l'attribue au grand Dewânâi, législateur fameux et pontife, appelé aussi Dewajâ et Dunâi. A cette époque vécurent aussi Armîsâ, Ahnûchâ, Asqòlebitâ, Hûhûschî, Sâmâhî, Ncheri, Anquebûtâ, Azâdâ ; et parmi eux se trouvaient des poètes célèbres, des compositeurs d'hymnes et de psaumes admirables, et de grands savants versés dans la cosmogonie, la médecine, l'agronomie et les sciences naturelles.

La Religion était toute différente de celle des touraniens, en opposition absolue avec le culte des astres introduit plus tard (1). Leur Dieu était Saturne, le même qui était désigné sous les noms de El, Il ou Bel (d'après Sanchoniaton), le Dieu Tout Puissant

---

(1) *In grellen Gegensatz*, dit Chwolson.

qui accordait la vie éternelle à ceux qui gardaient ses commandements (1).

Parmi les traditions chaldéennes, une des plus remarquables est celle qui affirme que les corps des personnes ayant observé rigoureusement les commandements divins, dans une vie vertueuse et mortifiée, demeurent miraculeusement incorruptibles. Les apôtres de cette époque s'autorisaient de cette croyance commune pour exhorter le peuple à préférer à l'embaumement l'incorruptibilité des corps des Saints vénérés sur les autels. Ils recommandaient d'implorer jour et nuit le secours de Dieu, en l'invoquant par ses noms les plus beaux, en d'incessantes et ferventes prières, afin d'obtenir l'incorruptibilité du corps en récompense de l'abnégation et de l'ascétisme.

Le plus célèbre de ces apôtres fut Azâdâ, grand maître de la vie spirituelle, qui, non content de prêcher au peuple la plus stricte observation des commandements de Dieu, fonda un monastère où se pratiquait la plus austère pénitence et qui existait encore au temps de Tenkelûschâ. Les membres de cette association revêtus de bure noire, portaient toujours sur eux des têtes ou des ossements de morts, jeûnaient et menaient une vie extrêmement mortifiée, fuyant tous les plaisirs du monde (2).

---

(1) En parlant des saints de ces temps primitifs, il est dit textuellement que ceux que Dieu avait illuminés jouissaient d'une vie éternelle. — Denen Gott sein Licht hat innewohnen lassen, *welches Licht die Eigenschaft hat, dass diejenigen denen dasselbe innewohnt niemals sterben.* Chwolson. page 99. D'après cette tradition très ancienne, la vie éternelle était la récompense de la vertu.

(2) D'après la traduction de Chwolson, Azâdâ prêchait *entsagung aller genüsse der Welt.*

Les enseignements de ce lointain apostolat d'Azâdâ furent con-

Enfin, le zèle d'Azâdâ ne se borna pas à la prédication de son peuple ; il envoya ses disciples prêcher d'autres nations, Lâlâ en Orient, Kîlâfâ ou Kelbelâqâ en Occident.

Le tableau tracé par Qûtâmî de la civilisation primitive est donc des plus intéressantes. Mais ce qu'il y a de plus remarquable encore c'est que les grands patriarches de cette époque annoncèrent la venue du Messie vingt siècles avant la vocation d'Abraham.

Le détail le plus étonnant de cette prédication est celui qui a trait à une Vierge dont les prières seraient toujours écoutées de Dieu, une Vierge sainte et immaculée qui, sans avoir jamais eu de rapports avec les hommes, donnerait naissance à un Fils miraculeux ; dont l'histoire et ses actions furent l'objet de l'enseignement de Dewânâi et d'Armîsâ (1).

---

servés à travers les siècles par les *Esséniens* et les *Thérapeutes*, étudiés au siècle premier par Flavius Josèphe (*Antiquités judaïques*) et Philon et au XIXᵉ par Bellermann et Gfrörer.

Son existence a été l'objet d'une campagne de mauvaise foi entreprise au XVIIIᵉ siècle par Wachter et continuée dans la suite par des écrivains ignorants de la préhistoire métaphysique. Et cependant il est facile d'expliquer cet apostolat. Il s'agit non pas de l'*analogie*, mais de l'*identité* qui existe entre les dogmes ignorés du Créationisme préhistorique, basés sur la révélation primitive, et ceux de cette même révélation surnaturellement exposés par le Christianisme.

(1) Die fromme *Jungfrau welche keinem mann geschen hat, die heilig, reinigend, edel und gross ist.* (und welche das kind so lange erzogen hat, bis er in 49.000 Jahren das Manneshalter erreicht hat) worauf dann die bekannten geschicht und *Ereignisse dieses kindes erfolgten ; welche Armîsà und Dânâi (Dewânâi) erzahlt haben.* Chwolson, p. 99.

En d'autres passages il est fait allusion von einen frommen Frau, deren Gebete von den Göttern immer erhört wurden, und die ihren wunderbaron Sohn 30.000 yahre erzogen hat : nota 198.

La référence ne permet aucun doute. Il n'y a d'obscurité que dans les passages relatifs au Fils né d'un miracle qui ne devait atteindre l'âge viril qu'après des milliers d'années ; langage métaphorique qui signifie certainement que le règne de ce Fils ne doit commencer qu'après un long espace de temps.

L'œuvre de Qûtâmî sur la civilisation primitive de la Chaldée mérite de figurer au même rang que les données les plus intéressantes de l'orientalisme moderne. Elle le mérite tout d'abord par la parfaite concordance des données relatives à la civilisation primitive de la race blanche ; et aussi parce que dans la version de Chwolson on retrouve l'inévitable erreur dont les *savants* ne manquent pas d'orner leurs recherches scientifiques. Chwolson voulut atteindre à la hauteur de Renan et des météorologistes de l'athéisme ; il voulut éclairer son ouvrage, digne par ailleurs de grands éloges, des rayons de sa propre science. Il trouva donc deux idées lumineuses sur l'ascétisme de cette époque primitive. La première, c'est que les croyants qui mortifient ainsi leurs corps ne le faisaient point parce qu'ils croyaient à l'immortalité de l'âme, mais pour que leurs corps fussent incorruptibles. La seconde, c'est qu'Azâdâ, le grand apôtre de cette rigoureuse austérité en arriva peut-être à entrevoir la félicité, à la manière de Diogène le Cynique. Les savants sont ainsi faits. Sans un faux pas, leur amour-propre n'est jamais satisfait.

§ 15. — L'Iran

La Religion des Iraniens durant la période pischdadienne est identique à celle des Chaldéens et des Egyptiens leurs contemporains, suivant les traditions du Shah Namch et celles que nous ont conservées les livres sacrés de l'Iran. Dans les *Gâthas* antérieurs à Zoroastre comme dans l'Avesta, les notions capitales de la Religion iranienne sont celles du Créateur *Dâtar*, de la Création *Dâ-man* et d'une Révélation de la volonté de Dieu à l'Humanité.

Le Dieu unique, l'Etre Eternel *Ahura*, le Seigneur (appelé dans la suite Zrvan Akerene et Honover) a plusieurs noms, l'Avesta en énumère jusqu'à vingt ; mais dans son essence, c'est un Dieu unique qui vit, comme en Egypte et en Chaldée, trois vies différentes. Aussi, dans quelques symboles primitifs, est-il représenté comme un être à trois têtes.

Ahura Mazda réside en dehors de la création, comme l'Ammon égyptien et l'Anu chaldéen, dans le quatrième ciel *Garothmann* ; et en même temps il vit au sein de la création en deux personnes distinctes. La première, spirituelle, appelée aussi Ahura Mazda, symbolisée par l'oiseau *Eorosch* qui, de même qu'en Egypte et en Chaldée, se rencontre au-dessus des portraits des Rois pour les protéger. La seconde, corporelle et *Mitra, la divinité sous forme corporelle*, d'après Creuzer (1), et dont Ahura Mazda dit : *Je l'ai engendré digne d'être adoré comme moi-même*. Il est le modèle des hommes, qui promet aux bons la vie éternelle ; le lieutenant du Créateur qui doit un jour être le juge suprême de l'Humanité.

La Création iranienne est double. En réalité il y a *deux créations*, deux mondes qui, dans le Créationisme

---

(1) Die Gottheit in menschlicher anschauung.

iranien, apparaissent plus nettement séparés que dans les autres peuples.

Ahura Mazda créa la Ciel et la Terre, la Lumière et les Ténèbres, l'*Asha* ou monde des Esprits et la *Drug*, la Nature, symbolisée dans l'Iran par le Taureau et le Serpent.

L'Asha est formé de légions innombrables d'Esprits, les uns heureux, les autres malheureux. Les livres sacrés de l'Iran, comme ceux de la Chaldée, parlent de rébellions angéliques, d'*Izeds* qui en récompense de leur fidélité jouissent d'un bonheur ineffable devant le tribunal de Mitra ; et d'autres êtres châtiés pour n'avoir pas répondu à son appel.

Le Taureau, c'est-à-dire la Nature, est la demeure temporaire où les *fravahars*, esprits appartenant au monde de l'Asha, incarnés dans leurs organismes respectifs, doivent vivre en résistant aux séductions de la vie zoologique ; le bonheur éternel sera le prix de leur victoire sur les passions. Deux arbres symbolisent aussi dans l'Iran les deux vies entre lesquelles les Esprits humains doivent faire leur choix.

La Nature, ou la *Drug*, est représentée comme en Egypte et en Chaldée; par un serpent le serpent *Aji*, *Aji-Dâhâk*, identique au serpent égyptien Apap et au Tiamat chaldéen. Les passions, les appétits organiques, *Pairikas* et *Apsaras*, sont les tentations qu'il faut vaincre pour jouir dans le monde de l'Asha de la gloire des Izeds.

Le taureau et le serpent sont indistinctement employés pour symboliser la Nature. Mitra sacrifiant le Taureau, c'est Hor perçant de sa lance le serpent Apap ou Marduk triomphant du serpent Tiamat.

Quant à la création particulière de la Nature, les

livres sacrés les plus anciens de l'Iran, dont la doctrine est la copie fidèle de la Religion pischdadienne primitive, en ont conservé une notion qui s'est perdue dans les autres peuples. A son origine, la Nature était un œuf qui, un jour, *brilla subitement comme cent soleils* ; son incandescence va s'éteignant lentement ; après mille transformations elle finira par une période glaciaire, par le grand *hiver Malkosch*. Ce sera le signal de la fin de la vie présente de l'Humanité, de de venue de Mitra le Sauveur, Saoshyant, Srôth, d'un jugement universel, et enfin d'une rénovation totale de l'Univers.

§ 16. — Emigration de la race blanche vers l'Occident

Entre la première et la deuxième période des grands empires primitifs d'Egypte et de Chaldée, trente siècles environ avant notre ère, eut lieu une grande émigration de la race blanche vers l'Occident. Fergusson en a fait l'histoire dans son intéressant ouvrage intitulé *Rude Stone Monuments*.

A cette première émigration correspondent les Ibères, identifiés par Arbois de Jubainville avec les Sicaniens, les Liburniens et les Shardaniens. Sur ces peuples, de nombreuses hypothèses ont été émises ; les uns les considèrent comme originaires de l'Atlantide, les autres comme des peuples touraniens. Ces deux opinions sont également fausses. L'Atlantide avait disparu des milliers d'années avant cette émigration. Et quant à leur origine touranienne, il n'y en a pas d'autres indice que leur langage agglutinant qu'on identifie arbitrairement avec leur race.

Le langage agglutinant n'est pas exclusif à une race ; il est une phase de l'évolution du langage humain. L'idiome suméro-akkadien de la grande civilisation primitive de Chaldée fut un idiome agglutinant parlé par la race blanche jusqu'à l'invasion touranienne ; et c'est un idiome agglutinant que parlent encore les Euskariens ou Basques, descendants de cette première émigration, établis au pied des Pyrénées et des monts Cantabres. Au bout de cinquante siècles, on retrouve encore dans la langue basque des mots de l'idiome suméro-akkdien qui montrent clairement l'affinité des deux langues (1). Le mot *Ibères* lui-même atteste que les Basques descendent des hautes montagnes situées au nord de l'Arménie, aux confins de la région touranienne. L'invasion des peuples asiatiques fut probablement la cause de cette émigration.

Que ce soit la cause véritable, ou bien que l'accroissement rapide de la population fit rechercher de nouveaux pays pour s'établir, le fait est que la route suivie par les émigrants est nettement marquée dans

---

(1) Entre le basque actuel et l'antique akkadien on note à première vue de surprenantes analogies qui méritent de retenir l'attention des philologues. Dans les deux idiomes *ad, at, ait* signifie père ; *sarr,* vieux, ancien ; *uru,* population, village ; *buru* ou *guru,* tête, élevé ; *lo* en basque signifie dormir, en akkadien, couchant, *mutil,* adolescent en basque, et *nutil, nutilla,* incomplet en akkadien. Nul doute que des savants versés dans les deux idiomes ne trouvent d'autres analogies.

Mais ce n'est pas la ressemblance des langues, c'est encore la ressemblance des arts qui atteste l'origine chaldéenne de la race blanche émigrée en Occident. Dans *ses Promenades archéologiques en Espagne* de Pierre Paris, au chapitre relatif au Cerro de los Santos on trouve des sculptures identiques à celles que Hommel a publiée dans son *Histoire de la Babylonie et de l'Assyrie.*

la carte dressée par Fergusson dans son ouvrage déjà cité sur les *Monuments mégalithiques*. Partis de la haute Arménie, ils traversèrent la Mésopotamie, l'Egypte, parcoururent tout le nord de l'Afrique d'où ils passèrent en Italie pour s'établir enfin en Espagne où les Tartésiens atteignirent à un haut degré de culture.

Sur ces peuples émigrants nous n'avons pas de renseignements comparables à ceux que nous possédons sur les autres, mais la route par eux suivie est semée de monuments mégalithiques qui attestent des croyances créationistes identiques à celles de leurs frères d'Orient. Leurs dolmens, grossiers comme il convient à un peuple misérable, ressemblent manifestement aux hypogées égyptiens de l'Empire moyen et aux hypogées chaldéens de l'époque de Gudea. Leur construction, en même temps que l'époque de l'émigration, atteste les croyances à l'immortalité de l'âme et à la résurrection des corps propres au Créationisme. Grandioses ou grossiers, formés de blocs de pierre brute, tous manifestent les doctrines métaphysiques de la race qui les bâtit. « Les preuves déduites des formes architecto-« miques des monuments de l'un et de l'autre pays, dit « Fergusson, sont par leur nature irrésistibles ». Il y a des ressemblances qui ne peuvent être dues au hasard et qui révèlent l'œuvre d'un même peuple, d'un peuple qui, ne pouvant élever des temples somptueux, se réunit, dans des enceintes grossièrement marquées, pour adorer le même Dieu et rendre un culte à ses ancêtres, à l'immortalité personnelle de qui il croit fermement et à *qui il adresse des prières pour se les rendre favorables*. Telle fut, d'après Fergusson, « l'idée qui prési-« da à l'érection de ces monuments mystérieux répan-

« dus en si grand nombre sur la surface de l'antique
« continent » (1).

§ 17. — Etrusques et Lybiens

Les idées religieuses des peuples de cette première émigration de la race blanche apparaissent dans la suite, clairement formulées en Etrurie. Nous y rencontrons le Créationisme primitif, identique en tous points à celui des ancêtres d'Arménie et de Mésopotamie.

Dans les temps les plus reculés, antérieurs à l'invasion pélasgienne, auxquels appartiennent les *Livres Achérontiques*, les Etrusques adorèrent la Trinité suméro-akkadienne.

Tina, Tages et Janus sont identiques à Anu, Ea et Muludug.

Tina, c'est le Père Eternel et Tages et Janus les deux Cabiros, « les deux grands Dieux qui gouvernaient les Cieux et la Terre », en lesquels se manifestait le Dieu de l'Abîme.

Tages, c'est le Thot d'Egypte et de Chaldée, source de la révélation que les Etrusques conservaient dans les *Livres de Tages*.

Et *Janus* enfin, le Dieu dont le double visage signifiait la nature double, à la fois divine et humaine, Roi des dieux

Tages et Janus représentaient l'Amour et la Justice,

---

(1) Dans son ouvrage sur *l'Espèce humaine* (Chap. VIII, « Races humaines fossiles ») de Quatrefages dit aussi qu'il y a « mêlés aux « ossements humains une foule d'objets attestant la croyance à une « autre vie... Il est évident qu'ils avaient été déposés dans les ca-« veaux mortuaires avec la pensée qu'ils serviraient aux besoins des « défunts dans la nouvelle existence qui commençait pour eux. »

l'un pour sa sollicitude à éclairer et aider les hommes, l'autre pour son attribut de Juge Suprême de tous les hommes.

Dans les traditions les plus anciennes nous retrouvons le profond sentiment religieux des Etrusques, leur morale austère, leurs pénitences et leurs expiations, leur ferme espoir dans la Rédemption des Esprits, leur crainte constante du jugement et de la sentence qui à leur mort doit les récompenser ou les punir, l'immortalité personnelle opposée à la réabsorption de l'Emanatisme; en un mot, tous les caractères du pur Créationisme primitif.

L'Etrurie ne fut pas le seul pays où, dans son émigration vers l'Occident, la race blanche laissa des souvenirs impérisables de son Créationisme. Elle en laissa aussi lors de son passage par le nord de l'Afrique en Lybie. La religion primitive de cette région où fut plus tard fondée Carthage, fut la même qu'en Etrurie et en Chaldée. Même Trinité : le Dieu Suprême (Kronos, Ilu, Baal) que les peuples n'osaient pas nommer, et ses deux manifestations symbolisées par le Soleil et la Lune : le Dieu-Esprit, Providence du monde, qu'Annibal invoquait de préférence et le Dieu corporel, dénommé *Melkarth* (Melek-Heraclès), en l'honneur de qui les Lybiens construisirent un temple fameux 2750 ans avant l'ère chrétienne, dix siècles avant l'invasion des Hyksos expulsés d'Egypte.

§ 18. — Emigration de la race blanche vers l'Occident

Il n'est pas possible de préciser la date de cette émigration. On sait seulement qu'à l'époque de *Zow*, foudateur de la dynastie Kéienne, dont le septième successeur fut Gustasp, contemporain de Zoroastre, les émigrants n'étaient pas encore loin de l'Iran, car Zow leur demanda des secours pour repousser une attaque des touraniens. Mais c'est là une donnée assez vague, d'autant plus vague même qu'il nous est impossible de préciser à quelle époque vivait Zoroastre. Peut-être cette émigration coïncida-t-elle avec l'émigration vers l'Occident ; peut-être toutes les deux furent-elles motivées par une grande invasion qui dévasta à la fois l'Iran et la Mésopotamie dans l'intervalle des deux grands Empires.

En tout cas, lors de la dissolution de l'empire pischdadien, peu de siècles avant Zoroastre, sortit de l'Iran vers l'Orient une émigration considérable de la race blanche qui n'atteignit l'Hindoustan que dix ou douze siècles plus tard, et dont la marche grandiose constitue un épisode extrêmement intéressant de l'histoire de l'Humanité.

Les croyances de ces peuples, consignées dans les hymnes primitifs du Rig-Véda, étaient identiques à celles des trois civilisations antiques de l'Egypte, de la Chaldée et de l'Iran.

Les émigrants adoraient le même Dieu que leurs pères. *Asura* n'est autre qu'Ahura, le Seigneur, *Aja-Ekapad*, l'Incréé, en qui réside *Kratu*, la puissance créatrice, *Vri*, la volonté suprême, *Ri*, *Rita*, la Loi imposée par *Dhâ*, par *Dhri*, le Législateur souverain.

Ce Dieu Suprême, symbolisée parfois par un Taureau à trois pis, vit aussi en trois personnes distinctes.

Comme *Varuna* (Ouranos) il vit caché dans un quatrième ciel, semblable au Garothmann de l'Avesta, dans un monde impénétrable, « régnant sur tous les

« mondes, Roi universel, auteur de toutes les lois qui
« régissent l'Univers » ; il traça au Soleil son cours et
plaça les étoiles à leurs places respectives dans le firmament. Le Ciel et la Terre sont sa création.

Ce même Dieu apparaît ensuite au sein de sa propre création sous la forme de *deux Asvinos*.

L'un, Vishnû, de nature spirituelle comme Varuna,
symbolisé par *l'oiseau Garumath*, éclaire les hommes,
leur inspire l'oraison et leur accorde son secours pour
triompher dans les terribles luttes de la vie.

L'autre est *Indra*, le Mitra Zend, *dans lequel l'Occulte se manifeste*, le Dieu engendré, le Fils qui sort du
sein du Père, le bras du Père, le fils du Ciel et de la
Terre, qui triomphe de la Druh et des Raksas.

La Nature c'est la *Prisni*, la *Druh* trompeuse, identique à la Drug zende, *Ahi*, le serpent, *Aji-Dâhâk*,
identique aussi à l'Apap égyptien et au Tiamat chaldéen.

Dans la création il y a des *Adityas*, êtres spirituels, et
des *Maruts* et des *Rudriyas*, appelés fils de la Prisni,
parce qu'il sont composés d'Esprits et de corps. Parmi
eux, les uns sont heureux pour s'être soumis aux lois
de Varuna, les autre malheureux pour s'être révoltés.

A un degré inférieur aux Maruts sont les hommes
Esprits emprisonnés au sein de la Druh. Ils sont sym-
bolisés par un arbre sur lequel sont posés deux oiseaux,
l'un mangeant de ses fruits, l'autre immobile. La *Rédemption* des Esprits, enchaînés dans les liens de la
Druh, exige un *Sacrifice* que l'homme ne peut faire si
Dieu ne l'éclaire et ne le fortifie par des secours qu'il
doit implorer sans cesse.

La vie future des Esprits humains sera l'objet d'une

sentence dictée par Mitra assisté de Vishnû, après un jugement où les *Rita-van*, observateurs de la loi divine seront récompensés et les An-rita, violateurs de cette loi, châtiés.

CHAPITRE III

SECONDE ÉPOQUE :
LA DOMINATION TOURANIENNE

La race touranienne. — La conquête touranienne. — Triomphe de l'anticréationisme d'après les orientalistes. — Triomphe de l'anticréationisme d'après la tradition chaldéenne.

§ 19. — La race Touranienne

Durant leur première période, les trois nations de race blanche vécurent en guerre avec des peuplades sauvages, à la stature élevée, à la longue chevelure, à la barbe épaisse, aux pommettes saillantes et aux longues oreilles, peuplades guerrières et nomades, adonnées à l'élevage, en particulier du cochon et du cheval, inconnus de la race blanche. Originaires de la grande Scythie, dont ils tirèrent à plusieurs reprises leur nom, ils occupèrent les hautes montagnes de l'Assyrie et les monts Zagros, situés entre la Chaldée et l'Iran. Dieulafoy y a découvert des crânes caractéristiques de cette race, en même temps que d'autres crânes appartenant à une autre race jaune, asiatique, elle aussi, mais de taille moins élevée.

C'est la race appelée *touranienne*, de la racine *Tur*, montagne, par opposition à *Ir*, plaine, résidence des Iraniens. On les appelait *Tursha* en Egypte. *Tursanoi* en Doride et *Tursenoi* en Ionie (1). Par suite de leur condition nomade, les Grecs leur donnèrent, d'après Mirsilos, le nom de *Pélasges*, sous lequel ils sont principalement connus dans l'histoire, par comparaison avec les oiseaux de passage appelés *pelasgoi* cette dénomination est confirmée par Thucydide.

Ce peuple barbare contre lequel guerroyèrent Sarru-Kin, Naramsin et Gudea, appartient à une race complètement différente de la race blanche. Il ne faut pas la confondre avec les blancs qui habitèrent les hautes montagnes de l'Assyrie, comme l'on fait Oppert et d'autres, trompés par leur idiome agglutinant et la longueur de leur barbe et de leurs cheveux (2).

§ 20. — La conquête touranienne

Oppert, s'obstinant à considérer touranien tout peuple à idome agglutinant, a rencontré ce langage en Mésopotamie et en a conclu à une antique domination touranienne ; il prétend même trouver dans Justin la confirmation de son assertion ce qui n'est pas exact Justin, abréviateur de Trogue-Pompée, dit que les irruptions des Scythes, antérieures à Ninus, furent impétueuses, comme celle de Tanaus qui arriva jusqu'en Egypte, mais passagères ; après quoi, les envahisseurs s'en retournèrent à leurs territoires d'Asie. Il ne cite qu'un cas où ils restèrent quinze ans en Egypte, au bout desquels ils se retirèrent satisfaits d'en avoir tiré un tribut.

---

(1) Pythagore était fils d'un *tursano*.
(2) Les hommes de cette race asiatique sont ceux que les antiques inscriptions et les monuments de la Chaldée désignent sous le nom de *Têtes noires* ; et dont les types sont dessinés sur la stèle des vautours et reproduits par les sculptures des fameux Sphinx d'Egypte.

PRÉHISTOIRE DE LA MÉTAPHYSIQUE 489

Mais ce qui n'était d'abord que simples dévastations se changea un jour en une formidable invasion touranienne qui établit son empire permanent sur les trois grandes régions habitées par la race blanche.

La première région de race blanche conquise par les touraniens fut probablement celle de l'Iran. La tradition rapporte que, à une époque très reculée, l'Empire pischdadien de Ver ou Vara dut se dissoudre par suite de sa corruption. De cet empire triompha Dahâk ou Zohâk ; nom symbolique d'une domination étrangère qui subsista durant une longue période de temps, métaphoriquement désignée par mille ans.

La conquête de la Mésopotamie peut être datée, malgré les incertitudes, avec une plus grande approximation ; elle dut avoir lieu vingt-quatre siècles environ avant notre ère, lorsque la vieille dynastie chaldéenne fut détrônée et remplacée par des rois étrangers. Bérose fixe l'avènement de la seconde dynastie, qui comprit onze rois mèdes, à l'an 2448 ; Hammel, celui de la dynastie Sisku de onze rois élamites, à l'an 2403 ; Lenormant, parlant du vol de la fameuse image de E. Anna, rachetée 1635 ans après par Assurbanipal, fixe le règne du conquérant Kudurnahunta, *dont le pouvoir fut immense* à l'an 2295.

Cette invasion de la Mésopotamie par la race touranienne coïncide peut-être avec l'une des guerres d'indépendance entreprises par les iraniens pour rejeter hors de leur patrie les envahisseurs. La première guerre, dont le héros légendaire fut Feridun, remonte peut-être à une date plus éloignée ; mais l'invasion put être occasionnée par le second soulèvement de Zow, le fondateur de la dynastie Kéienne.

Ce sont là des calculs aventurés, incertains. Il est

tout aussi hasardeux de déterminer laquelle de ces invasions correspond aux triomphes de Ninus et de Sémiramis, racontés par les Perses au médecin Ctésias lorsqu'il se rendit à Suse pour soigner Artaxercès de la blessure reçue à la bataille de Cunaxa. Négligeant les inexactitudes que les critiques signalent dans la relation de Ctésias, et que la légende ajoute toujours à l'histoire, on peut affirmer que Ninus et Sémiramis personnifient une grande invasion touranienne qui dévasta tout le pays, de l'Egypte jusqu'à l'Inde, et le soumit à son empire. La légende du cheval de Sémiramis n'a probablement pas d'autre fondement que celui-ci : Sémiramis était une amazone passionnée pour le cheval comme tous les guerriers de sa race.

La conquête touranienne de l'Inde est celle que l'histoire raconte sous le nom de Dionysos. Sur la date de cette invasion nous n'avons d'autre renseignement que celui que nous fournissent Arrien et Pline, à savoir qu'entre Dionysos et Alexandre régnèrent 153 ou 154 rois. Si nous donnons à chacun de ces règnes une durée moyenne égale à celle des règnes des autres pays, cette invasion de l'Inde coïncide avec la période des triomphes de la race touranienne en Occident.

A cette même invasion touranienne correspond enfin la conquête de l'Egypte par les Hyksos, que Lenormant place vers l'an 2214 avant Jésus-Christ.

La domination de la race touranienne dans les trois grandes régions de race blanche dura environ quatre ou cinq siècles ; au bout desquels la race indigène réussit à secouer le joug et à restaurer ses antiques institutions.

Expulsés des grands empires, les touraniens continuèrent à dominer sur quelques régions des côtes de la

Méditerranée, en Syrie, en Palestine, en Phénicie et ailleurs ; ils y sont connus sous les noms de Hittites, Hétéens, Khetas et Kenanéens. De là ils se répandirent à travers l'Europe sous le nom de *Pélasges* que leur donnèrent les Grecs ; leur émigration est postérieure à celle des Ibères de dix ou douze siècles, peut-être davantage.

§ 21. — TRIOMPHE DE L'ANTICRÉATIONISME D'APRÈS LES ORIENTALISTES

L'invasion touranienne, d'après les inscriptions et les monuments découverts, fut celle d'un peuple étranger *ennnemi des grands Dieux*, qui se complaît à saccager et à détruire les temples du culte antique et à persécuter la Religion nationale de la race blanche. Il en est de même dans l'Iran, en Mésopotamie et en Egypte.

En Mésopotamie, la persécution dirigée contre l'antique Religion créationiste est particulièrement symbolisée par *l'éclipse de l'oiseau Zu*, emblème du Dieu-Esprit, de la manifestation invisible du Créateur ; en Egypte, par la mort *d'Osiris*, manifestation corporelle du Créateur.

Cette persécution du Créationisme, remplacé de force par une doctrine anticréationiste, est la note dominante de l'invasion touranienne. Les envahisseurs ne prohibent pas le culte public, mais ils le transforment radicalement, en substituant aux dogmes de la Religion primitive des doctrines essentiellement différentes ; et en remplaçant le Créateur par de nouveaux Dieux à qui les rois touraniens rendent un nouveau culte.

Nous avons des indices qui nous permettent de croire que l'Emanatisme était professé par les envahisseurs. La croyance à la préexistence des âmes apparaît dans certaines prières des rois ; Sagaractias demande à ses Dieux qu'ils le rendent à son existence spirituelle antérieure. On a découvert aussi que des pratiques de magie, dont on a la preuve, remontent à cette époque.

Mais le système prédominant parmi les touraniens, c'est le Naturalisme représenté par le culte du Feu ; la doctrine enseignée dix-huit siècles plus tard par Héraclite et répandue ensuite par les Stoïciens. Les découvertes modernes confirment l'assertion d'Hérodote, que la Religion primitive fut celle du Dieu qui est au Ciel, antérieure à la Religion bachique répandue par les touraniens dans tous les peuples qu'ils soumirent.

La divinisation du Feu est l'œuvre de prédilection de la race touranienne. Son Dieu c'est le Feu sous des noms différents : Tanmûz (mot qui signifie *grappe*, d'après Evald), *Adonis*, *Bacchus*, *Dionysos*, *Gibil*, *Atar*, *Agni*. Dans sa plus grande intensité, il réside dans le Soleil et dans les astres. Il est l'âme de la Nature, visible dans l'éclair, cachée dans l'alcool dont les libations communiquent à l'homme une vie divine et rendent l'ivresse sacrée.

Le foyer initial et principal du Feu terrestre fut Nyssa, sur le mont Meru de l'Hindou Kouch. Son culte répandu par les envahisseurs eut un second autel à Sippara.

La morale de ce nouveau culte, antithèse de la morale créationiste, fut la consécration de la vie zoologique avec tout ses appétits, le libertinage et l'orgie, opposés à l'antique ascétisme, le culte du Phallus, le Priapisme, la luxure et l'ivrognerie. Dans l'Inde ce fut le culte du Lingam et le Shiwaïsme. Partout, même immoralité.

§ 22. — Triomphe de l'anticréationisme d'après la tradition chaldéenne

Les traditions conservées par Qûtâmî et Tenkelûs-châ sont d'accord avec les données de l'orientalisme moderne. Elles affirment la conquête de la Chaldée par un peuple étranger et la substitution à la Religion ancienne d'un culte nouveau.

Le peuple conquérant appelé par Qûtâmî *Kénanéen* n'est autre que le peuple touranien ou pélasgique qui, à l'époque de Qûtâmî, formait l'empire des Hittittes, voisin de la Chaldée.

Dans la tradition relative au nouveau culte des envahisseurs se rencontrent aussi des traces plus ou moins claires d'Emanatisme, en particulier dans la doctrine attribuée à Scharmîdâ. Celui-ci, en dialecte gûchâ ou guta (nom donné, selon Lenormant, au Kosséen) parle de la préexistence des âmes humaines. Mais, d'après Qûtâmî et Tenkelûschâ, la croyance dominante de la race envahissante fut le culte de Jupiter ; nouveau nom donné au Soleil comme manifestation suprême du Feu, et en général l'Astrolâtrie.

Entre le culte ancien et le nouveau, la tradition chaldéenne établit aussi le plus complet antagonisme. La Religion ancienne, la Religion de Saturne, de Dewânaî et d'Azâdâ fut une religion du plus austère ascétisme, qui prêchait privations et pénitences et attribuait des malheurs qui affligent les hommes à leurs péchés. La Religion nouvelle des Kénanéens, la religion de Jupiter, attribuait les misères humaines à des causes naturelles et sanctionnait la vie zoologique et le libertinage.

CHAPITRE IV

TROISIÈME ÉPOQUE : LES RESTAURATIONS

La race blanche reconquiert ses pays. — Restauration du Créationisme dans les trois Empires, d'après les orientalistes. — Ampliation des livres sacrés. — Restauration du Créationisme, d'après la tradition chaldéenne. — La Grèce. — Abraham.

§ 23. — LA RACE BLANCHE RECONQUIERT SES PAYS

Après plusieurs siècles de servitude, la race blanche, plus ou moins altérée par son mélange avec les envahisseurs, réussit enfin à secouer le joug, et à restaurer dans les trois empires ses antiques croyances et institutions. Ce sont les trois grandes épopées de conquête qu'entreprennent les Iraniens, les Chaldéens et les Egyptiens : elles furent couronnées par un résultat glorieux.

La conquête de l'Iran par les Iraniens est une tradition vivante, religieusement conservée dans la mémoire du peuple perse, transmise par Abulkasim Firdusi dans le Shah Nameh. L'Iran, premier pays conquis par les touraniens, fut aussi le premier à se soulever contre leur domination. Les héros de cette lutte furent d'abord Abtyn et son fils Ferydun ; plus tard Zow, le fondateur de la dynastie Kéienne.

Les auteurs ne sont pas d'accord sur la date à laquelle la Mésopotamie fut reconquise. Bérose la fixe à la quatrième dynastie chaldéenne qui comprend quarante-neuf rois et qui dura quatre-cent-cinquante-huit ans, de 1518 à 1976 ; Hommel la fixe à l'an 2031 et Lenormant la recule jusqu'en 1812, à l'avènement de Sumuabi.

Quoi qu'il en soit, après trois ou quatre siècles, la race blanche brisa ses fers et restaura ses antiques institutions. Elle inaugure une ère nouvelle de civilisation, illustrée par les règnes glorieux de Hammurabi ou Chamuragas, d'Agugakrime, de Kurigalzu le Grand ; et d'autres qui renouvellent la culture et le progrès de Sargon l'ancien et de Gudea. A cette époque l'idiome agglutinant de la première période est devenu langue morte ; il est remplacé par un langage nouveau. On reconstruit des palais et des temples d'une grandeur proverbiale, les arts fleurissent à nouveau, les canaux d'irrigation se multiplient, et les champs, dévastés par les touraniens, se changent en de fertiles vergers.

C'est à cette époque que la race blanche de Mésopotamie se divise en deux branches que sépare un antagonisme constant. La partie septentrionale et montagneuse, appelée Assyrie, dont la capitale fut Ninive, autrefois conquise par Gudea, pays agreste et guerrier, ne se résigna pas à être gouverné par les Chaldéens habitant la plaine du midi ; et après quelques soulèvements promptement réprimés, elle finit par se rendre indépendante de la Babylonie et par fonder le royaume d'Assyrie qui rivalisa par sa civilisation avec celui de Babylone. Les fouilles pratiquées dans les ruines de Ninive, Kalah et Korsabad en ont révélé les merveilles.

L'Egypte, dernier pays conquis, fut aussi le dernier à recouvrer son indépendance. Les touraniens, appelés Hyksos, ne furent expulsés qu'au commencement du XVII⁰ siècle. Le héros de la lutte, le Ferydun égyptien, fut Ahmès ; et la restauration commencée par lui fut l'époque légendaire, fameuse dans l'histoire de l'Egypte, des Thoutmosis et des Rhamsès dont les constructions gigantesques sont l'étonnement et l'admiration de la postérité. Les temples de Karnak, de Louqsor, les Speos d'Ipsamboul, le Ramesseum, les Hypogées, la magnificence fabuleuse de la salle Hypostyle (de 134 colonnes comparables à la colonne Vendôme), le canal qui unit le Nil à la mer Rouge, ses archives, ses écoles, son commerce prospère avec la Babylonie, la Perse et l'Inde, ses vingt mille cités sont des témoignages de la prospérité de cette époque qui ne le cède en rien à l'empire primitif.

§ 24. — Restauration du créationisme dans les trois empires, d'après les orientalistes.

Le fait capital qui ressort des recherches de l'orientalisme moderne c'est que le premier souci de la race blanche, après avoir reconquis son territoire, fut la restauration du Créationisme professé par ses ancêtres durant la première époque.

Les nouveaux monarques commencèrent par rétablir le culte des deux grands Dieux et par restaurer leurs temples dévastés. L'entreprise la plus remarquable d'Hammurabi ou Chamugaras fut la reconstruction du temple somptueux d'*I-sag-illa* ou *Esagyl* dédié à Marduk (1) ; et celle d'Agugakrime, le recouvrement des images vénérées des deux grands Dieux Marduk et Zarpanit (Zu) dérobées par les touraniens en même temps que l'image d'E-Anna (celle-ci ne fut rachetée que sous le règne d'Assurbanipal), images qui furent placées dans le temple d'I-sag-illa.

Assyriens et Chaldéens, akkadiens et sumériens, montagnards et riverains, divisés au point de vue politique, ne s'accordent que sur la question religieuse. C'est la même religion qu'ils professent tous durant cette nouvelle époque qui succède à la domination touranienne. Anu, Ea et Marduk ; la trinité chaldéenne est aussi adorée en Assyrie sous les noms d'Assur, Istar et Rammam.

Comme en Iran et en Mésopotamie, l'œuvre principale des Egyptiens fut de restaurer les temples et le culte créationiste ; elle est connue dans l'histoire de l'Egypte sous le nom de *La Vengeance de Hor et le Résurrection d'Osiris*.

§ 25. — AMPLIATION DES LIVRES SACRÉS

Durant cette époque de restauration religieuse se produisit l'ampliation des livres sacrés. En même temps que sont religieusement conservés les textes de la première époque, leur contenu s'augmente de nouveaux textes parfaitement conformes à la doctrine créationiste.

Dans l'*Avesta*, livre sacré de l'Iran, on conserve les

---

(1) Le 4 mai dernier le P. Scheil a présenté à l'Académie des Inscriptions et Belles-Lettres une tablette inédite contenant la description complète de ce célèbre temple.

Gâthâs, de rédaction obscure, provenant de la première époque, et on y ajoute les textes de Zoroastre, le grand apôtre de la restauration iranienne.

En Mésopotamie on recherche de même avec soin tous les textes des temps primitifs et on les enrichit d'hymnes et de psaumes de pénitence nouveaux, d'une rédaction plus ample.

En Egypte, les enseignements primitifs des chapitres 17 et 64 du *Livre des Morts* furent enrichi de nouvelles gloses créationistes.

Comme on le voit, l'entreprise capitale de la restauration du Créationisme antique est le développement de ses principes fondamentaux.

§ 26. — Restauration créationiste d'après la tradition chaldéenne

La restauration de la Religion primitive à la morale austère, est le fait principal dont nous parlent les traditions chaldéennes recueillies par Qûtâmî.

C'est à la quatrième dynastie de Bérose, qui régna du XVIe au XXe siècle, que correspond exactement, selon la tradition chaldéenne, la nouvelle époque. Elle fut illustrée par des personnages célèbres qui consacrèrent leur existence à rétablir le culte primitif de Dewânâi et d'Azâdâ. C'est l'époque d'Adamî (ennemi de lui-même) dont le zèle rivalisa avec celui d'Azâdâ, appelé apôtre du monde et apôtre de la Lune ; l'époque d'Ischitâ (1), fils d'Adamî, et de Mâsî, son

---

(1) Ischitâ menaçait les pêcheurs de peines terribles de l'enfer. Chwolson traduit — mit Verbrennung ihrer Seele durch Kälte und Froh.

neveu, fondateurs tous deux d'ordres religieux ; du poète du Gernânâ, qui composa un grand nombre d'hymnes et de psaumes ; l'époque enfin des célèbres Dhagrît et Jambûschâd, personnages canonisés qui furent placés sur les autels ; et dont les vies saintes étaient exposés dans les temples comme des modèles d'éloges et d'imitation.

Dans leurs prédications ces personnages combattaient l'Astrolâtrie, la Religion des Kenanéens, ennemis de leur Dieu et de leur patrie. Ils condamnaient en même temps la dépravation et le libertinage des touraniens aussi scandaleux que leur impiété ; ils renouvelaient les exhortations des ancêtres à rechercher l'incorruptibilité des corps dans l'exercice de vertus austères, plutôt que dans les pratiques de l'embaumement.

§ 27. — La Grèce

C'est durant cette troisième époque, postérieure à l'invasion touranienne, que commence à figurer dans l'histoire le peuple grec dont la célébrité devait être si grande.

L'histoire primitive de la Grèce, ses temps héroïques se résument dans la grande lutte soutenue par les aborigènes de race blanche contre les touraniens ou pélasges ; guerre à la fois de races et de croyances semblables en tous points à celles d'Egypte ou de Mésopotamie.

Des données relatives à cette époque il ressort comme un fait avéré que la Religion primitive des Héllènes fut identique à celle que professa toute la race blanche, un pur Créationisme.

Le Créateur un et trine apparaît symbolisé tantôt

par un oiseau à trois têtes, tantôt par un Dieu à trois yeux, comme dans l'image antique que Pausanias vit à Larissa, ou enfin, et c'est son emblème le plus connu, par un Dieu tenant trois rayons dans sa main droite.

Chacune de ces trois vies divines est l'objet d'un culte particulier.

En tant que Dieu, le Père est adoré dès les temps les plus reculés au temple de Dodone ; Etre Suprême extracosmique, impénétrable, identique à l'Ammon égyptien et à l'Anu chaldéen.

Au sein du monde sont adorées deux manifestations suprêmes de la Divinité, semblables aux *Gebirim*, deux *Dioscures*, deux *Kabiros*, *Dü Poles*.

L'un est le Dieu visible sous forme corporelle, dénommé *Heraklès*, *Hercule*, *Apollo*, *Helios*.

L'autre est *Pallas-Athéné*, *Minerve*, *Al-Ea*, identique à Hermès et à Ea, Esprit divin qui réside dans l'Espace, Providence qui gouverne le monde, *dont la voix est la voix même de Zeus*. C'était l'objet de prédilection du culte d'Athènes, comme la Lune en Chaldée.

En même temps que dans cette triple vie du Créateur, le Créationisme apparaît dans tous les détails qui le caractérisent : immortalité personnelle, jugement des Esprits, récompenses et châtiments de la vie future. La religion *Kabirique* primitive est une religion d'épreuve et de sacrifice, de pénitence et d'expiation, semblable en tout à celle des Etrusques.

Les grands hommes de la Grèce, Solon, Homère, Eschylle, Sophocle furent fidèles à ce Créationisme primitif plus ou moins corrompu et défiguré. C'est pour le défendre qu'Aristophane lui-même écrit ses comédies contre ceux qui, comme Euripide et Socrate, reniaient les croyances de leurs ancêtres.

§ 28. — ABRAHAM

C'est durant cette troisième époque de restauration créationiste que vécut Abraham, contemporain de Zoroastre. Avec lui commence l'histoire du peuple hébreu au sein duquel devait naître le Dieu corporel dès longtemps adoré par la race blanche, le fils miraculeusement conçu par une Vierge immaculée annoncé par Devânaï et Armisâ, selon l'ancienne tradition chaldéenne ; le *Dugga*, le Juste, le *Mul-Anna*, Homme du ciel des inscriptions cunéiformes, *la divinité à forme humaine* de l'Avesta *en qui l'Occulte se manifeste*, d'après le Rig-Véda.

Les prophéties annonçant sa venue et l'Evangile de sa prédication sont des enseignements divins qui dépassent l'intelligence humaine. Sa doctrine est l'objet de la Révélation, de la Foi et de la Théologie, un dépôt sacré confié à la garde de l'Eglise catholique dans la personne de son Chef suprême.

CHAPITRE V

QUATRIÈME ÉPOQUE : CORRUPTION ET DISCRÉDIT DU CRÉATIONISME PRÉHISTORIQUE

Causes de la décadence du Créationisme — L'Idolâtrie. — Substitution du sacrifice liturgique au sacrifice personnel. — Anthropomorphisme divin.

§ 29. — Causes de la décadence du créationisme

Durant cette nouvelle époque, la Religion positive de la race blanche n'est plus le Créationisme préhistorique pur, mais un Créationisme corrompu dont le discrédit était dû à trois causes :
l'Idolâtrie ;
la Substitution du sacrifice liturgique au sacrifice personnel ;
l'Anthropomorphisme divin.

§ 30. — L'Idolatrie

Dans les temps primitifs les peuples adorèrent un Dieu Créateur, Ammon, Anu, Ahura, Varuna, qui vivait en dehors de la Création, dans un abîme insondable, et, au sein de la Création, deux personnes divines *symbolisées* par le Soleil et par la Lune.

Ces images, à l'origine, n'étaient que des *symboles* idéographiques ; mais plus tard les symboles devinrent des idoles en qui le peuple plaça sa confiance ; les Images furent adorées pour la *vertu* qu'on leur supposait ; et les collèges sacerdotaux transigèrent avec l'idolâtrie et l'exploitèrent, sacrifiant à leur intérêt la pureté de la doctrine.

En Egypte, de bonne heure l'idolâtrie alla jusqu'au délire. Les prêtres ne voyaient pas de bon œil le culte des images, car celles-ci pouvaient être facilement remplacées. Il conçurent alors l'idée diabolique de monopoliser l'exploitation des idoles et ils les choisirent parmi les animaux vivants pour lesquels la substitution n'était plus possible comme pour les images : idolâtrie répugnante qui fit des temples consacrés à Dieu les somptueuses étables décrites par Hérodote et Strabon. Les animaux divinisés y étaient liturgiquement nourris et servis par les prêtres qui exploitaient leur culte. Les plus célèbres furent les bœufs Apis pour la sépulture desquels on construisit le splendide Serapéum. Travestissant pour des fins immorales une très ancienne tradition du Créationisme primitif, ils supposèrent les bœufs Apis naissaient d'une vache vierge qui concevait miraculeusement, une seule fois, par l'opération du Dieu Esprit ; dont le symbole restait imprimé sur le dos de l'animal sous la forme d'un oiseau aux ailes déployées.

En Chaldée, d'après la tradition de Qûtâmî, le culte des images fut l'objet de graves controverses entre les restaurateurs religieux de la troisième époque. Les uns pour encourager la ferveur des croyants, défendaient le culte des images : les cérémonies se faisaient au son des trompettes et des tambours qui exaltaient les esprits, au milieu des fumées de l'encens et de la myrrhe, mélangés avec du safran et du coctus, que l'on brûlait afin d'obtenir les faveurs de Dieu. D'autres au contraire censurèrent les pratiques établies en termes qui dénotaient clairement les abus d'un culte idolâtrique.

Dans l'Hindoustan, si la corruption n'alla pas aussi loin qu'en Egypte, l'idolâtrie ne fut pas moins condamnable. Les images d'Indra se louaient comme des objets commerciaux, à un prix d'autant plus élevé que les faveurs qu'elles étaient censées accorder étaient plus grandes.

§ 31. — SUBSTITUTION DU SACRIFICE LITURGIQUE AU SACRIFICE PERSONNEL

Tout en exploitant l'idolâtrie, les collèges sacerdotaux de cette époque altérèrent le sens profondément métaphysique du *Sacrifice* imposé par Dieu aux hommes pour mériter la vie éternelle. Au sacrifice personnel de la vie zoologique ils substituèrent des sacrifices liturgiques changés en fonctions sacerdotales. De bonne heure, les hommes, au lieu de réprimer les appétits de la bête humaine, leur propre vie animale, pour obéir à l'ordre du Créateur, trouvèrent plus commode de sacrifier une vie animale mais non plus la leur, mais bien celle d'autres êtres ; et ils croyaient le le sacrifice d'autant plus efficace que plus grande était la valeur de l'animal immolé. Ils allèrent même jusqu'à offrir des sacrifices humains, mais c'était toujours le sacrifice d'autrui et non leur sacrifice propre. Au lieu de la combattre, les collèges sacerdotaux acceptèrent la substitution et la firent tourner à leur avantage pécuniaire.

Suivant la tradition chaldéenne, un des principaux abus combattus par les apôtres de la restauration créationiste de la troisième époque, fut cette pratique des sacrifices d'animaux. Mâsî, Gernânâ et Jambûschâd, d'après Qûtâmî, les condamnèrent sévèrement ; ils enseignèrent que pour manifester publiquement leurs demandes à Dieu, il suffisait que les fidèles offrissent des ex-voto en bois, ou d'autres symboles quelconques exprimant leur désir.

§ 32. — Anthropomorphisme divin

Aux pratiques idolâtriques et à la corruption des sens du sacrifice s'ajoute enfin, pour discréditer le Créationisme, la dégradation complète de l'idée sublime du Créateur.

Les obscures représentations symboliques de la Divinité furent remplacées en Grèce par de nouvelles images. Les Dieux n'y apparaissaient aux yeux du peuple que comme des hommes supérieurs. On ne vit dans la vie divine, corrompue par le Naturalisme, que le perfectionnement de la vie zoologique ; les Dieux livrés à la luxure, à tous les appétits concupiscibles et irascibles, ne différaient des hommes que par leur beauté supérieure. La mythologie grecque, dans l'étude et l'admiration de laquelle les amants des *classiques* s'obstinent à élever la jeunesse, devint un cloaque d'immondices et de boue.

Les iraniens poussèrent plus loin encore la dégradation de Dieu, vu à travers le prisme de leur propre abrutissement. L'esprit reste confondu à la lecture des textes recueillis par Muir et par Bergaigne (1)

---

(1) Muir. *Original Sanskrit Texts*, Tome V. — Bergaigne. « *La Religion védique d'après les hymnes du Rig-Véda* ».

où l'on voit la prostitution anthromorphique du Dieu si grand, si sublime adoré par les ancêtres. Dans les nouveaux hymnes du Rig-Véda, les descendants dégénérés de l'Iran, croyant se rendre agréables aux yeux d'Indra, lui offrent Soma, leur boisson alcoolique, *jusqu'à faire de leur estomac un réservoir,* et ils l'invitent à boire *jusqu'à l'ivresse.* Pour chanter ses louanges ils ne trouvaient rien de mieux approprié que de célébrer sa passion pour le Soma et la quantité de ses libations. Ils racontaient de lui qu'en certaines occasions il avait bu jusqu'à *trente bols de Soma* pour digérer ses ripailles *de viande de bœuf et de buffle.* Des prières qu'on lui adresse et qu'on appelait *Indranis*, ils disaient que ce sont des jeunes filles qui le séduisent par leurs caresses, — quand ils ne les comparent pas aux *vaches qui mugissent en voyant le taureau,* — et ils les invitent à s'élancer vers lui ; ils demandent à Indra de recevoir les Indranis *comme un amant luxurieux désire sa bien aimée.* Ailleurs ils lui recommandent *de n'être pas un mauvais gendre* ; et le préviennent qu'ils ne cesseront pas de l'aiguillonner *qu'il ne se jette furieusement sur ses ennemis.* Pour eux invoquer Indra c'est *le traire* ; et quand il accorde les grâces demandées *le taureau urine.* Il faut lire les textes du Rig-Véda pour croire à cette corruption inouïe.

CHAPITRE VI

L'ANTICRÉATIONISME EN OCCIDENT

Réaction anticréationiste. — Enseignement ésotérique de l'anticréationisme : les mystères. — *Premier système* : l'Atomisme. — *Deuxième système* : le Naturalisme. — *Troisième système* : l'Émanatisme.

§ 33. — Réaction anticréationiste

C'est contre ce Créationisme corrompu et discrédité que fut dirigée la grande campagne de la race touranienne.

Bien que vaincue dans les trois grandes nations, la race pélasgique y avait laissé des traces profondes. Ses armées fondèrent en Syrie l'empire des Hittites, Hétéens, Khetas ou Kenanéens. Un grand nombre de Pélasges se répandirent d'abord à travers l'Asie Mineure et la Grèce ; puis envahirent l'Europe ; et leur marche vers l'Occident constitue la seconde des grandes émigrations, postérieure de plus de douze siècles à celle des Ibères.

L'influence pélasgique en Egypte dût être si puissante qu'après l'expulsion des Hyksos, nous voyons des figures de rois protégées à la fois par les emblèmes de Hor et de Sekhet, les deux Dieux opposés des deux races, le Dieu primitif de la race blanche et la Déesse Léontocéphale des Hyksos.

En Chaldée, les Pélasges se rétablirent même sur le trône et fondèrent une nouvelle dynastie, la dynastie Kosséenne, Arabe ou Kénanéenne, vers la fin du XVIe siècle. C'est sous cette dynastie qu'écrit Qûtâmî ; il déplore que le peuple chaldéen ait renié ses croyances traditionnelles et embrassé la religion de ses dominateurs.

A la même époque, en Orient, les Arias venus de l'Iran envahissent la vaste région du Gange habitée par les *dashyus* (touraniens), la région conquise mille ans auparavant par Dionysos : et là s'engage entre le Créationisme et l'Anticréationisme la plus rude querelle dialectique qu'enregistre l'histoire de l'antiquité.

En Orient comme en Occident se poursuit la grande lutte de races et de croyances qui caractérise cette quatrième époque, laquelle met fin à la préhistoire et commence l'histoire vulgaire de la Philosophie.

§ 34. — Enseignement ésotérique de l'Anticréationisme : les mystères

La grande querelle métaphysique de cette quatrième et dernière époque de la préhistoire revêt des caractères très distincts en Occident et en Orient.

En Occident, des philosophes célèbres que l'on prit pour des nègres parce qu'ils étaient touraniens, enseignèrent publiquement l'Anticréationisme : tels furent Moschus, Mélampus et Lokmann. Mais, malgré sa corruption, le Créationisme était Religion nationale, et on ne pouvait l'attaquer sans danger. C'est pour l'avoir combattu que, bien longtemps après les temps préhistoriques, Socrate fut justement condamné. La guerre déclarée au Créationisme par les philosophes ne pouvait être ouverte, mais perfide ; leur enseignement devait être *ésotérique* : la crainte de la punition les obligeait à se cacher sous le voile du mystère pour pouvoir frapper sans danger.

Et ce qu'il y eût de plus odieux, c'est que cet enseignement ésotérique des *Mystères* se fit précisément dans des temples célèbres, et par les mêmes collèges sacerdotaux qui avaient honteusement prostitué et discrédité le Créationisme. Et ces temples, en même temps que des chaires de la nouvelle doctrine, furent les théâtres d'orgies qui la complétaient logiquement

§ 35. — Premier système : l'atomisme

Plusieurs siècles avant Leucippe et Démocrite, à qui l'histoire vulgaire de la Philosophie en attribue la découverte, le système atomiste fut enseigné par Moschus. C'était un philosophe phénicien originaire de Sidon, ville d'artistes d'après Homère ; et des savants versés dans la philosophie, l'astronomie et les mathématiques, suivant Strabon. Son enseignement, d'après Posidonius, fut antérieur à la guerre de Troie.

§ 36. — Second système : le naturalisme

Le Naturalisme fut publiquement enseigné vers le milieu du XVIe siècle par Mélampus le noir.

Les écoles naturalistes alors en faveur furent l'Astrolâtrie et le Panthéisme, le culte des astres et la déification de la Nature.

La doctrine enseignée en secret aux initiés dans les *Premiers Mystères Orphiques* fut la religion bachique, préférée des peuples touraniens. Le Dieu du premier

Orphisme est Bacchus ou Dionysos qui, de l'Egypte à l'Inde, imposa son culte à la race blanche. C'est la doctrine portée par Cadmos à Thèbes, répandue en Samothrace, en Phrygie et dans les monts Zagros, et publiquement enseignée par les successeurs des Bélides.

Le symbole de Bacchus fut la flûte et, d'après Creuzer, son oracle fut l'âne.

Le libertinage touranien continua à être pratiqué en secret dans les fêtes nocturnes consacrées à la luxure et à l'ivresse ; qui prirent le nom de *Bacchanales*, du Dieu des initiés aux mystères.

Avec le culte du Feu rivalisa celui de la Nature, le Panthéisme enseigné plus tard par Xénophane et dont les sectateurs se livrèrent à des orgies qui ne le cédaient en rien à celles des Bacchanales. A l'enseignement du Naturalisme faisait logiquement suite la consécration de la vie zoologique.

Les prosélytes de cette école recherchaient la cause du Feu et ils la découvraient dans la Nature. La Nature, disaient-ils, est le sein d'où naît le feu. *Sekel*, disait-on en Egypte, est la mère du Soleil ; et en Grèce *Cérès est la nourrice de Bacchus*.

La Nature, foyer de la vie universelle, était adorée en Egypte sous les noms de *Sekel, Halhor, Neilh* et symbolisée par la chatte, la lionne, la vache et la femme. C'est la *Mylitta* de la Babylonie, celle qui fut appelée encore *Anaïtis, Derceto, Aphrodite, Vénus, Cérès, Cybèle, Atis, Artemis Priapima*. Elle eut des temples à Ephèse, à Pessino, à Thèbes, en Béotie, en Samothrace et à l'île de Chypre.

§ 37. — Troisième système : l'émanatisme

L'Emanatisme, dont la doctrine remonte également à l'époque de la domination touranienne, eut aussi son enseignement ésotérique et ses *Mystères* propres.

Honteux des orgies naturalistes, Erechtée et les Eumolpides, vers la fin du XVIIe siècle (vers 1620), se proposèrent d'atténuer la dépravation bachique en modifiant les *Premiers Mystères Orphiques*. Ils établirent les nouveaux *Mystères d'Eleusis* non moins célèbres dans l'histoire que les précédents. Ils sont divisés en petits et grands mystères : les petits ou anthestéries célébrés en février et les grands en août ou en septembre.

La doctrine des nouveaux mystères est l'Emanatisme : le distinction du rationnel et de l'irrationnel, de l'Esprit et de la Nature, la limitation de la divinité à l'Esprit et l'émanation des âmes humaines du foyer spirituel. Tel était le nouvel enseignement qui, dans la chronologie établie par Hérodote, succéda à l'enseignement bachique.

L'Emanatisme fut la doctrine enseignée dans les *Seconds Mystères Orphiques*, dans les *Mystères d'Eleusis* ; dans ceux de Thespia et dans les *Mystères hermétiques* d'Egypte. Ses emblèmes furent la Lyre et le Miel, en opposition avec la Flûte et le Vin propres à la religion bachique.

Les caractéristiques de cette nouvelle doctrine furent la Magie et la Conjuration qui diffèrent complètement de l'oraison créationiste. L'oraison est une prière que la créature adresse à son Créateur ; l'émanatiste n'adresse aucune prière à Dieu, mais comme émanation divine, comme partie intégrante de Dieu, il prétend exercer sur la Nature l'empire même de Dieu : *Je suis Ammon, Je suis Monlù*, disent les formulaires égyptiens de conjurations en termes empruntés à la langue touranienne en usage dans le Punt et dans la Nubie.

Dans l'Emanatisme de cette époque apparaissent déjà clairement les deux écoles professées plus de mille ans après par Proclus et par Plotin ; et trois mille ans avant que Krausse et Schelling les eussent enseignées, comme une merveilleuse nouveauté, à leurs disciples étonnés du XIXe siècle.

La seconde école, celle de Proclus et de Krause professe la Cosmogonie de Bérose et de la Kabbale : la bifurcation d'un Etre primordial qui se divise en deux parties, en Esprit et en Nature. De l'Esprit, *Baalin, En Soph*, émanent les Sephirots qui ont leur demeure dans la Nature.

La troisième école, celle de Plotin et de Schelling professe la doctrine de la chute et du retour des Esprits sur la route des âmes ; en honneur en Egypte et en Chaldée. Elle est complétée par des détails sur les purifications des Esprits déchus et sur *l'Inspecteur* qui préside à leurs pérégrinations. La nouvelle *Cérès*, comme la Héré d'Argos et de Samos, n'est pas la déesse du Naturalisme divinisée en Mylitta et Aphrodite, mais la simple résidence des émanations divines.

La réforme du premier Orphisme qui avait pour but d'atténuer les orgies bachiques ne sortit pas du terrain théorique. En pratique, les initiés aux nouveaux mystères rivalisèrent de dépravation ; leurs orgies nocturnes ne furent pas moins scandaleuses et leurs chapelles souterraines furent le théâtre de scènes tout aussi immondes. La Magie avec ses conjurations ne se proposait pas d'autre but que de satisfaire des passions bestiales.

CHAPITRE VII

L'ANTICRÉATIONISME EN ORIENT

Les Aryas dans l'Hindoustan. — Préhistoire métaphysique de l'Hindoustan.— La thèse des tournois dialectiques.— Les Upanishads. — *Premier système :* l'Atomisme. — *Second système* : le Naturalisme. — *Troisième système* : l'Emanatisme. — Apostasie des Brahmanes et établissement des castes. — Dépravation émanatiste : la légende de Krishna.

§ 38. — LES ARYAS DANS L'HINDOUSTAN

Les peuples de race blanche qui, fuyant l'invasion touranienne de l'Iran, s'acheminèrent vers l'Orient, après avoir habité quelques siècles l'Afghanistan actuel, passèrent le Saravasti vers le XVIe siècle et occupèrent successivement les régions du Pendjab, du Gange et du Dekkan.

Cette émigration constitue une époque très remarquable à un double point de vue.

Elle est fameuse dans l'histoire de l'Orient pour avoir été une période légendaire de grandes guerres entre la race blanche envahissante et la race touranienne, depuis longtemps établie dans l'Hindoustan, et aussi entre les peuples de race blanche eux-mêmes. Les Aryas divisés en Kurus, Pâncalas et Pandavas se disputèrent la domination du pays ; et ceux d'Uda et ceux de Delhi, ceux du Soleil et ceux de la Lune luttèrent entre eux avec autant de fureur que contre les indigènes. Ce sont les grandes guerres dont le Mahabharata consacre 200.000 vers à retracer les épisodes.

Et si elle est fameuse par ses poèmes, dans les fastes de la littérature, cette émigration l'est plus encore dans l'ordre métaphysique par l'importance exceptionnelle des grandes controverses dialectiques qui eurent lieu vers les XIIIe, XIIe et XIe siècles, entre les Aryas et les Dashyus. Tournois fameux où les vainqueurs remportaient des prix considérables, tandis que les vaincus se suicidaient pour ne pas survivre à leur défaite. Il y eut même un tournoi où le prix à remporter était de mille vaches, chacune d'elles portant attachés à ses cornes dix pâdas d'or. C'est l'époque de la réglementation de la dialectique que seule l'ignorance peut attribuer à Aristote ; c'est à elle que remonte le syllogisme appelé *Nyaya* qui donna son nom à l'antique école de philosophie hindoustanique, fondée par Gotama, personnage arya.

Le syllogisme primitif se composait de cinq membres ou *avayanas* ; c'étaient la *pralidjnâ* (proposition), *l'apadésa* (raison), la *midarsana* (exemple), *l'upayana* (application) et la *nigamana* (conclusion).

G. Pauthier, dans ses commentaires des *Essais* de Colebrooke, a publié les textes sanscrits qui ont trait à cette question.

Le syllogisme primitif (*adhikarana*) des Dashyus comprit aussi cinq termes. Plus tard les védantins le réduisirent à trois termes ; et c'est ce syllogisme postérieur, forme simplifiée de la Mîmansâ, que les brahmanes communiquèrent à Callisthène, d'après l'auteur persan du Dabistan cité par W. Jones ; et qui par l'intermédiaire de Callisthène arriva à la connaissance d'Aristote.

Ces controverses acharnées furent l'épisode principal de la guerre des xatriyas et des brahmanes, les premiers guerriers de la race touranienne occupant le pays et les seconds prêtres de la race arya. Les plus célèbres parmi les xatriyas furent Janaka, roi des Videhas, dont la cour était à Mithila, au nord du Gange, Ajatasatru, roi de Kasi (Bénarès), Pravana Jaibali, Citra et Aswapati, roi des Kaikeyas. Et parmi les brahmanes, Iajnawalkya, Gargia fils de Balaka, Svetateku, Silaka et Sastiyana.

La tradition divise ces grandes controverses en trois périodes ou khandas auxquelles donnèrent leur nom Madhu, Iajnawalkya et Khila.

§ 39. — Préhistoire métaphysique de l'Hindoustan

Il n'y a pas à tenir compte des légendes fabuleuses et des chronologies extravagantes des Puranas. Les traditions de l'Hindoustan distinguent dans sa préhistoire trois yugas ou périodes qui concordent parfaitement avec l'histoire de l'Occident.

D'abord, une période primitive, qu'une chronologie raisonnable ne fait pas remonter au-delà de quatre-mille neuf cents ans avant l'ère vulgaire. Ce fut une époque de piété proverbiale ; dans ses temples le peuple adorait un Etre Suprême symbolisé par un triangle et un Dieu à forme humaine, maître des hommes : *Gott Lehrer in Fleisch*, dit Creuzer.

Une seconde période de dépravation scandaleuse, où l'on détruit les temples ; à la Religion primitive des aborigènes succède le culte du Lingam. Cette époque correspond exactement à l'invasion touranienne de Dionysos et aux orgies bachiques.

Et enfin une troisième période où l'on cherche, comme en Occident, à atténuer les orgies effrenées du Shiwaïsme.

C'est durant cette troisième époque qu'eut lieu l'invasion des Aryas et que l'Emanatisme cherche à supplanter le Naturalisme dans l'Hindoustan.

§ 40. — La thèse des tournois dialectiques

Dans ces grandes controverses, les brahmanes aryas défendirent le Créationisme propre à la race blanche, mais un Créationisme corrompu et dégradé, comme il a été dit plus haut, par l'Anthropomorphisme, l'Idolâtrie et la substitution du sacrifice liturgique par les abus de l'ignorance et le trafic d'un sacerdoce devenu profession industrielle.

D'autre part, les xatriyas, les guerriers dashyus défendaient l'Anticréationisme invétéré de la race touranienne ; qui n'était pas consigné dans un livre quelconque comparable au Véda, mais *qui se communiquait par la tradition de xatriya à xatriya*. Dans leur façon d'expliquer la cosmogonie les xatriyas différaient profondément chacun l'entendait à sa manière ; mais tous étaient d'accord sur un point : la négation du Dieu Créateur distinct du monde. « Celui, disaient-« ils, qui adore une autre divinité croyant que c'est « autre chose est un ignorant, un animal. » Ce Dieu, c'est toi, disaient-ils à Svetateku. L'Atman qui est en toutes choses, celui-là est ton propre Atman.

§ 41. — Les Upanishads

Les livres sacrés des Aryas comprennent des textes d'époques et de genres très différents.

Il y a des hymnes très anciens du XXIVe au XXe siècle, d'une langue obscure et parfois incompréhensible : ce sont ceux qui reflètent avec la plus grande pureté le Créationisme primitif.

Puis, des hymnes moins anciens, du XXe au XIVe siècle, qui correspondent à l'époque de corruption du Créationisme. On y accorde les honneurs divins à Agni l'ignorance va jusqu'à diviniser un pronom mal compris.

Ensuite les *Brâhmanas* liturgiques du XIIIe au XIe siècle ; c'est alors qu'apparaissent les *Upanishads* cyniquement incorporées aux Védas. On y trouve exposées toutes les doctrines anticréationistes soutenues par les xatriyas dans leurs controverses dialectiques avec les brahmanes. Les Upanishads les plus anciennes, comme *Brhadâranyaha* et *Chândogya*, sont rédigées dans un style concis qui rappelle celui des *Brâhmanas* ; les plus modernes se distinguent par leur longueur. Mais jamais elles ne ressemblent aux *Puranas* des premiers siècles de l'ère chrétienne où l'Emanatisme se répand en délires fantastiques.

Les Upanishads ont fait l'objet des études de Ram Mohun Roy, Windischmann, Eckstein, Weber, Roer, Regnaud et autres savants européens. Anquetil analyse d'abord cinquante upanishads (1) ; Weber deux-cent-trente-cinq, et enfin Regnaud en énumère cent trente-quatre et dans sa *Philosophie de l'Inde* il en traduit treize : cela nous suffit pour nous former un jugement exact de leurs doctrines.

Chaque Upanishad n'expose pas une doctrine par-

---

(1) Anquètil les appelle *Upnekhats* et les définit : *id est, secretum legendum*.

ticulière. Dans une même Upanishad se trouvent à tout instant confondues des doctrines de différents systèmes cosmogoniques. Tout ce qui est anticréationiste trouve place dans n'importe quelle Upanishad.

§ 42. — Premier système : l'atomisme

L'Atomisme fut, dit-on, l'enseignement très ancien des *Thsarvakas* de l'Hindoustan. Probablement Moschus le touranien qui importa, suivant Psidonius, cette doctrine en Occident fut un thsarvaka originaire de l'Hindoustan.

Trente siècles ou davantage avant les atomistes du XIXe siècle, les thsarvakas expliquaient la cosmogonie en termes identiques. Toute vie, cosmique en particulier, se réduit d'après eux, à des phénomènes purement mécaniques et chimiques, résultant de combinaisons fortuites d'Atomes qui constituent les quatre éléments. La sensibilité et la pensée sont des actions physiques ; dans l'homme il n'y a pas d'âme, il n' a qu'une simple succession de pensées, lesquelles résultent d'une modification des éléments agrégés. C'est ainsi que l'alcool provient de la fermentation du sucre ; de même le bétel, l'azeque, la chaux et l'extrait de *cachou*, mâchés ensemble donnent une saveur agréable qui ne se rencontre dans aucune de ces susbtances prises séparément.

Les *Lokâyatikas* réfutées par Vyasa soutenaient la même doctrine.

§ 43. — Deuxième système : le naturalisme

D'après Hodgson (1), la doctrine anticréationiste la

---

(1) *Asiatic Researches*. XVI.

plus ancienne de l'Hindoustan fut le Naturalisme soutenu par les *Swa-Bhâvicas* ; une allusion est faite à cette doctrine dans un des tournois de Svetateku. La Nature, Bhavani, Kuh, est représentée par une vache que n'a fécondée aucun mâle, qui a conçu par sa propre vertu.

Dans les doctrines de ette cosmogonie apparaissent déjà différenciées les deux écoles athée et panthéiste.

La quatrième école du Naturalisme, représentée dans l'histoire vulgaire de la Philosophie par Aristote, se trouve clairement dans l'*Issa Upanishad*. Celle-ci enseigne qu'il y a deux manifestations d'une substance unique : une partie en repos, la partie éthérée, et l'autre en évolution, c'est le monde sublunaire. La partie immobile, par son immobilité même est cause du mouvement de l'autre partie, mais ignore ce qui s'y passe. Le plagiat d'Aristote ne saurait être plus manifeste : sa cosmogonie absurde fut littéralement copiée de cette Issa Upanishad qu'il connut comme tant d'autres traités de philosophie hindoustanique, par l'intermédiaire de Callisthène .

Enfin, dans d'autres Upanishads, nous trouvons, avec tous ses détails, la doctrine de la dilatation et de la condensation de la Matière cosmique, enseignée après des siècles, par Héraclite et les Stoïciens. Dans un de ses tournois le Roi Pravahana dit à Svetateku : *Ne sois pas sot ; tous les êtres viennent de l'Ether et retournent à l'Ether*. La variété des êtres dépend des degrés divers de condensation de la Matière. A l'état éthéré, *satwa*, la Matière pense ; à l'état aérien, *rajah*, elle produit les phénomènes de la vie animale, et à l'état inconscient, *tamah*, elle produit le monde inorganique. La Matière à l'état éthéré, c'est la divinité et tandis qu'elle se condense, des millions de Dieux meurent les uns après les autres.

Non seulement, ainsi que nous venons de le montrer, on rencontre dans les Upanishads les doctrines des quatre écoles du Naturalisme, mais c'est à elles encore qu'Hégel, le prodige du XIXe siècle, emprunta son idée *géniale* de faire sortir l'Univers du Néant, pour éviter l'absurdité du Temps infini. Comme celui d'Aristote, ce fut un autre plagiat tiré d'une des Upanishads traduites par Anquetil.

La *Bhradâranyaka* dit : *A l'origine il n'existait rien, et le Néant dit : Que j'aie une âme.*

La Chândogya dit que *l'Etre naît du Non-Etre et que le Non-Etre se changea en Etre* (1).

La *Taittiriya* dit que *du Non-Etre naquit l'Etre qui se produisit lui-même*, et que c'est pour cette raison qu'il s'appelle *Sukrita*.

§ 44. — Troisième système : l'émanatisme

L'Emanatisme était le système préféré des xatriyas. Si parfois il leur arrive de penser que le monde puisse sortir du Néant, la plupart du temps les Upanishads soutiennent la thèse contraire qui fait sortir l'Univers d'un Etre Suprême préexistant doué d'intelligence.

Du Néant ne peut procéder l'Etre, dit la *Chândogya*. *Au commencement*, dit la *Bhradâranyaka*, *il existait un Atman qui n'est ni dense, ni subtil, ni air, ni éther, ni ceci, ni cela ; un Etre spirituel qui réside dans l'Ether*

---

(1) La *Brhâdâranyaka* et la *Chândogya* sont appelées par Anquetil *Brehdarang* et *Tschehandouk*.

mais qui n'est pas l'Éther, un Atman intelligent qui commença par dire : *Je suis*.

Dès qu'il eût dit : Je suis, l'Atman primordial *eut peur de se voir seul*, et il dit : *Il faut que j'engendre les mondes*. (*Aitareya et Taittiriya*), et cet Atman primordial, appelé Prajâpati, dégoûté de se voir seul, engendra la Matière, l'œuf du monde, et *il se mit dans cet œuf*, et *Il est tout*. (*Svetasvatara* et *Maitri*).

La base de l'Émanatisme une fois assise, aussitôt apparaissent les trois écoles représentées par Pythagore, Proclus et Plotin. Sauf le Manichéisme, toutes les doctrines émanatistes trouvent dans les Upanishads l'exposition de leurs enseignements respectifs.

Première école. — Identité de l'immatériel. D'après la *Brhadâranyaka*, la *Châ̂ndogya* et la *Svetasvatara*, l'Atman divin transmigre à travers les trois règnes, inorganique, animal et humain, engendrant directement toute vie. Dieu est Dieu, dieux, hommes, air, pluie, riz, blé, sésame, lentilles, ver, langouste. Dieu est tout. La *Maitri* et l'*Aitareya* établissent avec la même précision, l'unité absolue de l'élément actif de l'Univers. Dieu se réflète dans l'Espace comme le Soleil dans une mer agitée. (*Prasna*). La Matière est le Non-Etre.

En même temps que l'unité absolue de la vie cosmique les Upanishads affirment l'unité anthropologique. La *Brhad*, l'*Aitareya*, la *Mundaca*, la *Prasna*, la *Kaushitaki* affirment d'un commun accord que de la partie de l'Atman divin qui engendre l'homme, appelé *Prâna*, procède absolument toute la vie humaine. Le Prâna est celui qui voit, entend, parle, touche, mange, digère, fornique et pense, celui qui fonctionne par les cinq sens. *La Vie est le Prâna et le Prâna est toute la vie humaine*. Il n'y a aucune distinction entre la vie spirituelle et la vie zoologique. (*Maitri* et *Brhad*).

Seconde école. — La distinction de l'Esprit (*Purusha*) et de la Nature, qui constitue la doctrine particulière de la seconde école, est affirmée aussi dans la Brhadâranyaka. Quand Brahma, y est-il dit, cessa d'avoir peur de se voir seul, il se divisa *et se fit deux*, et le second fut comme une moitié séparée de lui-même. Brahma a deux formes, l'une corporelle et l'autre incorporelle, l'une mortelle et l'autre immortelle, l'une limitée et l'autre illimitée,. Il engendra la Nature pour son plaisir, pour jouir en elle ; ses émanations s'incarnent pour épuiser les jouissances de la vie ; et après avoir joui, il les réabsorbe, comme l'araignée et la tortue rentrent leurs extrémités.

A cette idée cosmogonique correspond le concept particulier de la vie humaine propre à la seconde école. De l'Esprit seul procède le *Prâna*, et de la Nature procède le *Mânas*, ou l'âme zoologique qui engendre le corps humain. La *Katha* et la *Brhad* comparent le Prâna et le corps humain au cocher et à sa voiture. Le Mânas est le conducteur de la voiture dans laquelle est assis le Prâna ou Atman humain émané du Purusha. La vie organique procède du Mânas, compagnon inséparable du Prâna ; c'est de lui que viennent tous les appétits zoologiques appelés *samkalpas* ; c'est lui qui voit, entend, mange, et fornique, et toute la vie organique n'a pas d'autre fin que de faire jouir le Prâna, que de lui faire une vie heureuse et tranquille au sein du corps.

Troisième école. — L'Optimisme de Proclus fut, d'après Banerjea, la doctrine primitive des Xatriyas. Plus tard, voyant qu'il était absurde de considérer les misères de la vie humaine comme des amusements de Brahma et voyant d'autre part qu'il fallait mettre un frein au déchaînement des orgies bachiques, ils formulèrent les doctrines de la troisième école. Les misères humaines furent un châtiment des fautes commises dans des vies antérieures par les émanations rebelles à la voix du Destin. C'est l'école qui distingue dans le Dieu primordial deux parties : l'une *Bhagaval*, heureuse, et l'autre, *Birmah*, enfermée dans la Nature pour y purger ses fautes jusqu'à ce que, une fois purifiée, elle soit réabsorbée.

§ 45. — Apostasie des brahmanes et établissement des castes

Les grandes controverses entre brahmanes et xatriyas se terminèrent par la plus honteuse des apostasies et le plus inique des pactes.

Les brahmanes souffraient moins de l'Anticréationisme de leurs ennemis que de se voir refuser *les têtes de bétail* dont ils avaient besoin pour l'entretien du culte. Ils se tinrent donc pour convaincus du jour où les xatriyas acceptèrent l'organisation d'un culte nouveau où ils pourraient continuer à exercer leurs fonctions sacerdotales, tout en jouissant de leurs avantages et prérogatives.

Les xatriyas de leur côté s'accommodèrent du nouveau culte, à condition qu'il respectât la divinité de leur nature et sanctionnât leur libertinage.

L'alliance des brahmanes et des xatriyas fut d'autant plus facile que l'Emanatisme leur offrit le moyen de consacrer leur suprématie en convertissant les classes en *castes* et leur prépondérance en droit divin et intangible.

D'après la nouvelle constitution émanatiste, le peuple qui travaille et souffre a le devoir de souffrir sans rien dire, car ses souffrances sont un juste châtiment de ses propres fautes dans une existence antérieure. Si, par contre, les brahmanes et les xatriyas jouissent de bien-être et de plaisirs, c'est en récompense de leurs mérites, et troubler leurs joies est un crime de lèse-divinité. Le malheureux qui l'essayerait ne réussirait qu'à accroître son malheur. Loin de se lamenter de leur infortune les castes inférieures devront même se tenir pour satisfaites, car au lieu de vivre sous forme de riz ou d'avoine, elles vivent sous forme humaine, ce qui leur permet de jouir par la pensée des plaisirs des gens heureux ; leur bonheur leur est commun puisqu'ils sont de même essence. Les Upanishads *Issa* et *Svelasvalara* célèbrent la paix suprême que les plus malheureux peuvent obtenir s'ils réfléchissent à cela.

Pour tenir les castes inférieures dans une soumission résignée, la *Brhadâranyaka* et la *Chândogya* se chargent d'expliquer l'avenir réservé dans la vie future aux rebelles qui ne se conforment pas à leur triste sort, et la félicité qui attend au contraire les humbles et les résignés. Ceux qui se seront purifiés par leur soumission monteront du bûcher à la lune, et de la lune au soleil ; tandis que les rebelles ajouteront de nouveaux démérites à leurs fautes antérieures ; ils iront vivre dans des corps d'animaux d'autant plus vils que leur péché fut plus grand : les uns seront oiseaux, bêtes sauvages ; d'autres, chats ou pourceaux, moucherons ou vers ; et même ils pourront renaître sous forme de riz, avoine, sésame ou lentille. Le châtiment croîtra avec la gravité de la faute ; et il n'y a pas de crime plus grand que de nuire à un brahamane ou à un xatriya, soit dans sa personne, soit dans ses biens, soit dans son honneur.

L'amour des brahmanes et des xatriyas pour les castes déshéritées ne se borne pas à leur offrir une félicité future en récompense de leur résignation et de leur soumission aveugle ; même dans la vie présente il leur offre un bonheur suprême.

Si le monde fait pour le bien-être des brahmanes et des xatriyas ne les satisfait pas, ils ont la faculté de chercher dans l'extase la plus grandes des félicités terrestres. La *Svelasvalara* a soin de leur expliquer comment ils peuvent l'obtenir. Le malheureux qui y prétend doit trouver un endroit silencieux et uni, à l'abri du vent, d'aspect agréable, sans cailloux ni poussière, sans bruit d'eau courante ; là, il doit maintenir dans une immobilité parfaite les trois parties supérieures du corps, poitrine, cou et tête, retenir autant que possible la respiration, ne respirant, et autant seulement que cela est nécessaire, que par le nez ; puis, suivant les uns, ppuyer fortement le bout de la langue contre le centre du palais où se termine l'artère *sushûma* ; suivant les autres, remuer lentement la langue en répétant sans s'arrêter *om-om-om*, et garder cette attitude jusqu'à ce qu'il se persuade qu'il est Brahma lui-même, car, selon la Brhadâranyaka, celui qui veut croire fermement qu'il est Brahma finit par l'être. Et alors les dieux eux-mêmes ne peuvent plus troubler son extase.

Les castes ainsi constituées, les unes pour jouir, les autres pour souffrir en silence, il ne manquait plus que la sanction divine pour le nouveau régime. Ce fut l'œuvre du grand faussaire connu dans l'histoire sous le nom de Veda-Vyasa, le collectionneur des Védas. Il s'attacha à falsifier cyniquement le Créationisme védique, traditionnel dans la race Arya, en incorporant dans les hymnes les doctrines anticréationistes des Upanishads.

§ 46. — Dépravation émanatiste
La légende de Krishna

Les règles de l'extase et les menaces de châtiments futurs s'adressaient aux castes inférieures et aux simples incapables de pénétrer le mystère de l'Emanatisme.

Les vrais philosophes, brahmanes ou xatriyas, sans avoir besoin de retenir leur respiration ni d'appuyer le bout de la langue contre le palais, comprirent bien vite qu'avec l'Emanatisme il n'y a pas de raison pour réprimer la vie zoologique. Les émanatistes de l'Hindoustan furent aussi clairvoyants que les initiés aux *Mystères* de l'Occident. Si sans un but politique, pour l'avantage particulier des classes privilégiées ils purent prêcher aux classes inférieures la modération dans l'orgie, en les menaçant d'être transformés en vers ou en lentilles, ils virent très bien eux-mêmes que la vie animale, avec tous ses appétits et toutes ses fonctions, est une vie divine ; et que de la distincton du Prâna et du Mânas on ne peut tirer la moindre condamnation d'un acte quelconque de la vie zoologique, car les deux doivent se développer en parfaite harmonie.

La *Brhadâranyaka* et la *Chândogya* déclarent catégoriquement que le péché ne souille pas le sage et que celui-là ne sera châtié pour rien qui parvient à savoir qu'il est, lui, Dieu lui-même. La *Kaushîtaki* affirme que, quelque acte coupable qu'il commette, le sage ne saurait perdre la félicité qui lui est destinée ; qu'il commette des vols, des infanticides, des parricides, tous les crimes qu'il voudra, son visage ne doit point pâlir. La *Katha* explique clairement la raison de son impunité : c'est que *de même que l'eau ne mouille point la feuille du lotus, de même le péché ne souille point celui qui se sait Dieu*. Le soleil n'est point souillé bien qu'il projette ses rayons sur des objets impurs ; ainsi l'Atman divin qui est à l'intérieur de tous les êtres n'est jamais souillé par le mal qui règne dans ce monde qui lui est étranger (1).

Jusqu'où alla l'immoralité émanatiste, on peut s'en rendre compte par le Vinaja des bouddhistes, où la casuistique bouddhiste (appelée en pâli *Matikapadani*) décrit la profonde dépravation produite dans l'Hindoustan par le triomphe de l'Emanatisme. L'évêque de Colombo, dans la *Nineteenth Century* (année 1880), dénonce la suppression arbitraire, faite par Oldemberg dans ses *Sacred Books of the East*, des textes du Vinaja où se manifeste cette perversité inouïe engendrée par l'Emanatisme hindoustanique, textes qui révèlent *the most cold-blooded collection of moral horrors that ever was put together*. Les scènes scandaleuses des émanatistes dans l'Hindoustan sont identiques à celles des Grecs célébrant les fêtes nocturnes de leurs mys-

---

(1) Les deux *Mîmânsâs* correspondent précisément aux deux enseignements distincts qui servirent de base au pacte des brahmanes et des xatriyas.

La première, la *Pûrva mîmansâ* est l'enseignement qu'on explique aux vulgaires pour refréner sa corruption par les menaces d'une vie future animale ou végétale.

La seconde, l'*Uttarâ Mîmânsâ*, généralement connue sous le nom de *Vedânta*, est la doctrine ésotérique que se reservent, pour leur usage particulier, les classes privilégiées.

tères. La seule différence c'est que, dans l'Hindoustan, ces scandales prennent des proportions autrement considérables, grâce à un triomphe politique qui ne fut atteint dans aucun autre pays.

Banerjea parle de cette dépravation monstrueuse dans son *Hindou Philosophy* (1).

Sans recourir à des témoignages étrangers, les émanatistes eux-mêmes se chargèrent de décrire, à une époque postérieure, leur propre corruption dans la légende de Krishna que l'Emanatisme hindoustanique opposa à la légende ascétique de Bouddha. La négation de tout devoir moral, la consécration divine de tous les appétits et l'orgie la plus cynique sont déifiés dans le libertinage de Krishna, son type idéal (2).

---

(1) Pages 316 et suivantes; p, 381-386, 420-431.
(2) Op. cit. P. 515-518.

CHAPITRE VIII

LE CRÉATIONISME DANS L'HINDOUSTAN

Falsification du Créationisme hindoustanique. — Métaphysique et culte créationiste. — Théologie védique. — Anthropologie védique. — Kapila. — Kanada. — Les Jainas.

§ 47. — FALSIFICATION DU CRÉATIONISME HINDOUSTANIQUE

La Métaphysique orientale se trouve doublement falsifiée par une campagne de corruption du Créationisme entreprise par les pandits émanatistes, qui ont eu pour complices les auteurs anglais assez candides pour n'avoir pas su comprendre la mauvaise foi de leurs maîtres.

Le premier faux inventé par les pandits brahmanes fut d'accuser d'athéisme leurs ennemis les Créationistes. Cette calomnie a été reprise et propagée surtout par Colebrooke, auteur de divers *Essais* sur la philosophie hindoustanique publiés de 1823 à 1827 dans les *Transactions of the Royal Asiatic Society*, études faites avec l'aide des pandits de l'Emanatisme, *with the concurrence of learned pandits*.

Ward avait déjà traité la question en 1818, mais son *Histoire de la littérature indienne* fut détrônée par les *Essais* de Colebrooke. Ceux-ci furent le canal par où les Brahmanes déversèrent sur l'Europe le torrent de leurs sophismes et de leurs fraudes. Colebrooke fut l'oracle de tous les orientalistes : c'est de lui que s'inspirèrent ses compatriotes, c'est lui qu'étudia Barthélémy Saint-Hilaire, maître des orientalistes français, et même des indigènes, comme Nehemiah Nilakanta, auteur de *A rational refutation of the Hindu philosophical systems*. La science de Colebrooke est la science officielle de la philosophie hindoustanique.

La tactique des pandits émanatistes contre le Créationisme a été celle de l'empereur Julien contre le Christianisme : accuser d'athéisme tous les ennemis de leur doctrine. Athée toute philosophie différente de l'Emanatisme ; athée, quiconque n'est pas panthéiste ou panenthéiste. Voilà ce que les *learned pandits* ont raconté à Colebrooke; et il n'y a pas d'orientaliste qui ne le répète, pas de missionnaire anglais qui ne tonne contre l'athéisme et le nihilisme des ennemis des brahmanes.

La seconde falsification, aussi arbitraire que la précédente, est de confondre le Créationisme hindoustanique avec l'Emanatisme. Ballantyne recteur du collège fondé à Bénarès par le Gouvernement anglais, a été victime de cette fraude. Dans son ouvrage *Christianity contrasted with Hindu Philosophy* (London 1859) donnant une idée générale des systèmes de philosophie, il réduit avec raison les six systèmes de Colebrooke à trois, le *Nyâya-Vaisêchika*, le *Sânkhya* et le *Vêdântâ*. et il dit qu'ils diffèrent plus en apparence qu'en réalité, En effet, dit-il, ce sont trois perspectives distinctes d'une même chose ; et il donne comme exemple une règle cylindrique qui, vue par une extrémité peut paraître un cercle, de face un rectangle et en raccourci un cône tronqué.

Poussant plus loin sa comparaison philosophique il affirme que ce ne sont pas trois notions différentes, mais trois étapes de la connaissance ; que « la Nyâya-« Vaisêchika est la doctrine exotérique, vulgaire, la « Sângkhya un pas en avant vers la vérité et la Vêdânta « (l'Emanatisme) la doctrine ésotérique, c'est-à-dire la « pure Vérité ». La première, dit-il, c'est la sensation ; la seconde la perception, et la troisième l'Idée. Ainsi lui parlaient les brahmanes, et il les croyait.

La nature de la falsification brahmanique mérite une étude directe des textes du Créationisme hindoustanique. Cette étude demanderait un métaphysicien, connaissant le sanscrit et le pâli, qui mettrait en évidence la mauvaise foi des pandits émanatistes (1).

Les œuvres de métaphysique écrites dans l'Hindoustan pourraient former une vaste bibliothèque, à en juger par l'*Index to the Bibliography of the Indian Philosophical Systems* publié par Fitzedward à Calcutta (1859) : on y rend compte de plus de sept cents ouvrages et on y énumère plus de six cents auteurs.

Parmi ces traités, beaucoup ont été traduits en anglais pour le collège de Bénarès et imprimés à Allahabad, Calcutta, Mirzapore et Bombay. Ils permettent de tracer les lignes générales du Créationisme hindoustanique.

A l'étude des sources on peut ajouter les renseignements forts intéressants publiés par Banerjea dans ses *Dialogues ou the Hindu Philosophy* (Calcutta, sans date). Cet ouvrage a rendu un véritable service à la cause de la vérité en rectifiant, dans les dialogues des

---

(1) En attendant que ce travail soit mené à terme, on est obligé de s'en tenir aux versions anglaises faites par les ennemis jurés du créationisme.

défenseurs des diverses écoles, un grand nombre des erreurs qui constituent la science officielle.

§ 48. — Métaphysique et culte créationiste

L'apostasie des brahmanes et leur alliance avec les xatriyas ne purent pas détruire dans l'Hindoustan le Créationisme traditionnel des aryas. Leur persécution dût être violente, et puissante leur influence sur le peuple dominé par les deux castes privilégiées ; mais le Créationisme ne succomba ni en théorie ni en pratique. Dans l'ordre métaphysique comme dans l'ordre social, il y eut des croyants qui restèrent fidèles à la vraie religion védique.

Colebrooke divise la philosophie hindoustanique en six systèmes. Deux seulement la *Mîmânsâ* et la *Védânlâ* sont émanatistes, les quatre autres la *Yôga*, la *Sânkhya*, la *Nyâya*, et la *Vaisêchika* sont créationistes.

La *Nyâya* a pour objet principal la *Logique*, les règles du raisonnement ; non pas pour s'exercer dans les stériles tournois de la dialectique, mais pour rechercher la Vérité suprême que l'homme doit connaître pour se sauver. La Sânkhya, appelée théiste (Yôga), enseigne le *mysticisme* védique qui a pour objet exclusif la vie spirituelle, la pratique de l'amour de Dieu et de la vertu. La Sânkhya, appelée nihiliste, et la Vaisêchika sont des *cosmologies* qui diffèrent dans la manière d'expliquer au sein du Créationisme, la finalité de la Matière. Les quatre écoles restent fidèles à la Religion védique, au Créationisme du vrai Véda, et non au Véda de la *Védânlâ* falsifié par les Brahmanes.

Les fondateurs de ces quatre écoles Gotama, Patandjali, Kapila et Kanada sont de grands métaphysiciens du Créationisme hindoustanique, dont il n'est pas possible de fixer l'époque. Kapila eut pour disciple Asuri, et celui-ci, Pantchas-ikha, contemporain de Janaka. L'un des hymnes du Rig-Vida fut, dit-on, composé par un disciple de Gotama. Tous ces personnages sont comptés au nombre des grands *rishis* de l'Aryavasta, mais on ignore à quelle époque ils ont vécu.

Le Créationisme non seulement fut défendu dans l'ordre spéculatif comme la véritable philosophie, contre l'apostasie des brahmanes, mais il fut encore maintenu dans l'ordre social comme culte public par des églises ou collectivités (appelées sectes par les pandits) demeurées fidèles aux enseignements des *apôtres* de la Religion védique, contemporains de ceux qui en Occident s'appelèrent *prophètes* et dont la série remonte jusqu'aux temps primitifs.

§ 49. — Théologie védique

Si l'on a accusé d'athéisme les philosophes du Créationisme, c'est uniquement par ce qu'ils ne se sont pas proposé d'une façon spéciale de démontrer l'existence de Dieu ; et cela pour la simple raison qu'elle leur paraissait incontestable. Les créationistes de l'Hindoustan n'exposent dans leurs traités aucune théologie particulière par ce qu'ils acceptent et professent le Créationisme, antérieur à la falsification brahmanique; ils n'inventent aucun Dieu nouveau parce qu'ils adorent le Dieu des Aryas dans sa triple personnalité de Varuna, Indra et Vishnu.

Tous partent du principe qu'il y a deux classes d'Esprits, Atmans ou *Purushas* (que les Anglais traduisit par *Soul*) ; dont l'un est l'Esprit suprême et omniscient, le Dieu Créateur. *Of these two, the Supreme Soul is God the omniscient. He is one only* (1). La perfidie des traducteurs émanatistes ne les empêche pas de parler dans leurs traductions d'un Esprit Suprême éternel et incorruptible, d'un Seigneur et Législateur de l'Univers, d'un Dieu à qui est dû le plus grand amour : *Iswara, Param Atman, self existing, the Lord and Ruler of all* ; *towards which the highest affection (puro hita) is entertained* (2). Ce sont des athées qui, en tête de traités philosophiques comme le *Tarka Sangraha*, déclarent qu'ils écrivent « après avoir mis dans « leur cœur le Seigneur de l'Univers, c'est-à-dire après « avoir médité sur Dieu ». *Having placed in my heart the lord of the World ; that is to say, having meditated on God*.

La preuve irrécusable qu'elles reconnaissent expressément l'existence de Dieu, c'est que toutes les écoles, la Nyâya et la Vaisêchika comme la Sânkhya athée, proclament comme critérium suprême d'évidence *la révélation divine* ; et c'est là, pour Max Muller, le principe fondamental de la Religion védique.

Toutes les écoles affirment qu'il y a trois critériums de connaissance : la perception des sens, la connaissance intellectuelle et la révélation divine, *l'âpta* ou *S'abda*, la parole infaillible de Dieu. *the language of unerring authority*.

La Sânkhya, la philosophie particulièrement enta-

---

(1) *Lectures on the Nyâya Philosophy embracing the text of the Tarka Sangraha*, § 20 (Bénarès, 1848).

(2) *A lecture on the Sânkhyâ Philosophy embracing the text of the Tatwa Samasa* §§ 35 et 48 (Mirzapore, 1850).

chée d'athéisme, le proclame dans les termes les plus catégoriques. Le *Tattva Samasa*, l'exposé le plus ancien et le plus pur de la doctrine de Kapila, déclare expressément l'insuffisance des perceptions sensibles et même de l'Induction intellectuelle (*inférence*), et la nécessité de la révélation divine (*right affirmation*) pour connaître les vérités supérieures à la raison humaine, et dans ce cas se trouve *tout ce qui se rapporte à l'existence d'Indra, le Roi des Dieux* (1).

La Sânkhya Kârikâ (2), composée plus tard par Iswara Krishna affirme avec force que l'évidence suprême se trouve dans la vraie révélation divine (true revelation); et Gaudapada, dans sa Bashya ou commentaire, ajoute : *Right affirmation is true revelation : Apta means alsharjas holy teachers ; S'ruti means Vedas : Teachers and Vedas is the import of that compound, and that which is declared by them is true revelation.*

Apta, dit Narayana, signifie Iswara ou Dieu ; et *Apta S'ruti*, Ecriture sacrée et Maîtres sacrés.

Vachaspati s'exprime dans le même sens. La doctrine du Véda, dit-il, n'est pas d'origine humaine et elle est exempte de toute erreur ; la Véda est le maître de la Religion, les textes des Védas et les quatres textes *inspirés* par Dieu sont infaillibles, *as obtained from the Veda which are not of humain origin and fit exempt*

---

(1) *A lecture on the Sánkhya*, etc. § 78. — Il est fait allusion à l'existence d'Indra dans « *The Aphorisms of the Sánkya Philosophy by Kapila with the commentary by Vijnâna-Bhikshu*, liv. V, Aph. 83 (Allahabad 1856).

(2) *The Sànkhya Kàrikà by Isswara Krisna or commentary of Gaudápádá*. (Bombay 1887) pages 31 et 33.

from all fear of error : *the veda is the teacher of Religion the text of Veda and other inspired works are authority.*

Et dans ces traités, où la Révélation divine se trouve si catégoriquement reconnue, Barthélémy Saint Hilaire déclare *qu'il n'est pas question de Dieu*. Colebrooke n'avait pas trouvé cela.

§ 50. — Anthropologie védique

Les quatre écoles créationistes ont la même notion du Dieu védique, opposé à l'Emanatisme ; elles sont d'accord aussi sur les idées fondamentales d'Anthropologie.

Fidèles à la doctrine incontestée du Créationisme préhistorique, elles distinguent dans l'homme l'Esprit, *Atman*, *Purusha* que les Anglais traduisent par *Soul*, et le *Mânas* qu'ils traduisent par *Mind*; la vie intellectuelle et la vie animale correspondant à deux substances différentes, *Joy and Knowledge*, la vie zoologique et la vie spirituelle sont deux vies complètement différentes. *The Mind is not the Soul*, dit la Nyâya, qui consacre le troisième livre presque tout entier de ses Aphorismes (1) à établir ce principe et à enseigner que toute la vie organique (sens, perceptions et appétits) correspond au Mânas et non à l'Esprit.

La *Tattva Samasa*, en opposition avec l'Emanatisme combat avec beaucoup de clarté, l'absurdité de l'unité spirituelle. Les Esprits humains dit-elle, sont multiples et leur multiplicité ressort avec évidence de la diversité des conditions humaines. S'il n'y avait qu'un seul Esprit, tous jouiraient ou souffriraient à la fois : *the*

---

(1) *Nyâya Aphorisms of Gautama.* (Allahabad 1854).

multiplicity of souls is proved by the diversity of conditions, If there were only one Soul, then, when one is happy all would be happy, when one grieved all would be grieved (1).

La vie des Esprits au sein des organismes est une vie passagère d'esclavage et de misère, où doit se décider le sort qui sera leur partage dans une vie future *personnelle* (ce n'est plus la réabsorption brahmanique) Là, les récompenses et les châtiments correspondent à leurs mérites et à leurs fautes.

La fin de la vie humaine est la *Rédemption* des Esprits, leur délivrance des liens organiques qui les rattachent au monde et leur passage à une autre vie éternelle et bienheureuse. Obtenir cette félicité suprême et éternelle en surmontant tous les obstacles qui s'y opposent, et enseigner aux hommes le moyen d'y arriver en les prévenant contre tous les jugements erronés qui peuvent les égarer, voilà la fin profondément religieuse et strictement créationiste que se proposent les quatre écoles. Eclairer les hommes, les dresser à la lutte contre les passions, telle est l'idée dominante du Créationisme hindoustanique.

Les quatre écoles se font remarquer par la profondeur de leur analyse anthropologique ; elles recherchent avec soin les causes qui s'opposent à la Rédemption des Esprits, afin que, bien connues, elles puissent plus facilement être réduites à néant.

L'analyse anthropologique de Kapila est poussée aussi loin que possible. Il classe les causes qui s'opposent au salut en quatre catégories ; il compte ainsi

---

(1) Op. cit. § 45.

72 obstacles de la connaissance, 28 causes d'incapacité intellectuelle, 9 adhésions erronées qui égarent les hommes et 4 moyens d'atteindre la perfection spirituelle ; au total, 117 conseils que l'homme doit avoir présents à l'esprit pour sortir de sa prison corporelle et mériter une vie éternelle.

De tous les moyens recommandés pour obtenir le bonheur, le principal est la dévotion à Dieu. Par elle, la divinité écoute les prières et accorde ce qu'on lui demande ; en écartant tous les obstacles et en faisant naître dans l'homme l'amour qui prépare l'âme à sa Rédemption.

Pour ce qui est de la vie future, les créationistes de l'Hindoustan ont peut-être mérité le grave reproche qu'on leur a fait de professer la croyance à la transmigration des âmes humaines. Un Origène même éclairé par la lumière surnaturelle, est tombé dans une grave erreur, et la préhistoire nous offre des exemples déplorables d'erreurs qui corrompirent le Créationisme primitif. Il se peut que l'infection émanatiste ait corrompu la véritable doctrine sur la manière dont les péchés doivent être châtiés dans une vie future ; mais il se peut aussi que les erreurs qu'on attribue aux créationistes soient dues à la perfidie brahmanique des pandits ; dont les traductions usent d'une phraséologie émanatiste qui altère profondément le vrai sens des textes originaux.

Tout d'abord, les textes allégués ne prouvent pas leur croyance à la transmigration au sens où on l'entend. Du moment, disent-ils que l'Esprit est immortel, la transmigration est chose prouvée. *Since the Soul is eternal transmigration is proved* (1), ce qui n'est en somme, que l'affirmation de la vie future.

D'autre part, ce que l'on raconte du soin puéril qu'ils prenaient de ne tuer aucun être vivant peut s'expliquer comme une exagération extrême et même absurde du précepte qui défendait de nuire à personne ; sans y voir nécessairement le sens pythagoricien qu'on y attache.

L'injustice notoire avec laquelle les orientalistes détournent de son sens le Créationisme hindoustanique demande qu'on agisse avec une grande prudence et qu'on n'accepte pas trop vite des accusations peut-être sans fondement.

§ 51. — KAPILA

La doctrine de Kapila, enseignée dans la suite par Sanaka, Sanandana, Sanatena et Borhu, mérite un examen spécial à cause des deux accusations d'athéisme et de nihilisme dont elle est l'objet de la part des orientalistes ; dont l'ignorance métaphysique n'est dépassée que par la perfidie des brahmanes leurs maîtres.

L'accusation d'athéisme n'a d'autre fondement que l'erreur grossière des traducteurs de Kapila qui confondent, par ignorance ou par mauvaise foi, les deux verbes *engendrer* et *créer*.

Kapila dit seulement que l'Univers visible n'est pas *engendré* par Dieu, mais par Prakriti, la Nature, par la Matière cosmique continue vivifiée par une virtualité intrinsèque appelée *Mahal*. C'est d'elle que pro-

---

(1) Op. cit. Livre IV. Aph, 10.

cèdent la vie cosmique et la vie particulière, les êtres inorganiques formés par le *Mânas* ; *lequel procède du Mahal*. Ce fait évident que le monde visible est engendré directement par la Nature et non par Dieu, comme le prétendent les Emanatistes, voilà sur quoi la perfidie brahmanique s'est appuyée pour accuser Kapila d'athéisme sans le moindre fondement.

La Nature, *Prakriti*, est certainement la racine (*Mu la*) principale (*prahana*) qui produit tout ; mais cette opération de la Nature est faite en accomplissement des desseins de Dieu, *for the sake of Soul — superintended by Soul* — Prakriti *accomplishes the wish of Soul*. C'est ainsi qu'on peut dire que Dieu n'est ni produit ni producteur, *neither a production nor productive*.

L'Esprit Suprême incorruptible n'engendre pas l'Univers, comme les Emanatistes le prétendent ; et c'est dans ce sens seulement que l'école de Kapila dit que *the incorruptible supreme Soul is no agent* que *Soul is witness, solitary, bystander, spectator*. Mais la Nature ne fait que se soumettre à la volonté suprême de Dieu et remplir ses desseins, *the subserviency of Nature is established*. L'âme cosmique comme les âmes particulières engendrées par la Prakriti, le *Mahal* et le *Mânas* sont simplement des instruments de Dieu, *ministers of Soul*.

L'inculpation de nihilisme dirigée contre Kapila vient de son concept particulier sur la finalité de la Nature, en tant qu'elle opère comme instrument de Dieu, comme *minister of Soul*. Il la conçoit comme la Druh védique, comme le creuset des Esprits et la cause de toutes leurs afflictions et de tous les malheurs; aussi, une fois remplie la mission que Dieu lui a assignée, elle doit disparaître au grand jour de la Rédemption des Esprits.

Elle disparaîtra « comme se retire une danseuse « après avoir dansé devant le public.... parce qu'il n'y « aura plus motif à génération ». *As a dancer having exhibited herself to the spectator desists from the dance, so does Nature desist having manifested herself to Soul. There is not motiv for creation.* Cet anéantissement de la Nature après qu'elle aura accompli les desseins du Créateur, voilà le seul fondement de l'accusation absurde de nihilisme lancée contre Kapila. Mais la Nature une fois annihilée parce qu'elle n'aura plus d'objet, Dieu survivra et aussi les Esprits délivrés des liens matériels de la Nature qui les tenaient enchaînés. Le monde matériel mourra, mais le monde des Esprits survivra.

Cette libération des Esprits, selon Kapila, sera graduelle. Ils seront tout d'abord délivrés du corps grossier, de l'organisme au sein duquel il vivent à la ressemblance des animaux ; puis ils vivront un certain temps encore unis à un corps subtil (comme la matière radiante de Crookes) au sein de la Nature, mais dans un état supérieur, sans passions et sans vices : enfin, dégagés même de ce corps subtil, ils passeront à un autre état supérieur, purement spirituel qui constitue le *Nirvâna*, au sujet duquel les orientalistes ont imaginé tant d'extravagances.

§ 52. — KANADA

Les écoles Nyâya et Vaisêchika, dont les maîtres furent Gotama, Akshapad, Vatsajana, Udikotakana, Vashapati et Udayana, diffèrent de Kapila par leur façon de concevoir la Matière cosmique soit au point de vue de sa nature, soit au point de vue de sa durée.

Suivant Kanada, la Matière qui forme la Nature n'est pas *continue*, comme le veut Kapila, mais *discontinue*. C'est un ensemble d'Atomes infiniment petits, combinés de mille manières différentes par un principe actif *immatériel* appelé *Adrishta* ; son essence ne peut être l'objet de la perception immédiate de nos sens. La Cosmologie de Kanada est, en substance, la même que celle de nos Physiciens modernes. Kanada à qui l'on attribue de profondes connaissances en Physique, qui connut, dit-on, la décomposition de la lumière en sept couleurs, a devancé de trois mille ans la découverte de l'Energie qu'il appelait Adrishta.

L'Energie, d'après lui, est une création de Dieu *Adrishta is a gift of God* ; et c'est de son activité que procède toute vie inorganique et organique. Le Mânas et, avec lui, la vie zoologique de l'homme viennent de l'Adrishta, du principe immatériel qui meut les Atomes, et non du Mahat, de la virtualité intrinsèque de la Matière, ainsi que le prétendait Kapila.

D'autre part, contrairement à Kapila qui enseigne la contingence de la Krapriti, Kanada enseigne la perpétuité des Atomes ; mais non le dualisme créateur que les brahmanes lui attribuent faussement. Les Atomes sont des instruments de la volonté de Dieu, comme la Prakriti de Kapila. Les Atomes existent dans le royaume de Dieu *being abiding in the realm of Varuna*, et ils y accomplissent sa volonté créatrice *the creative will of God*.

Cette éternité des Atomes signifie seulement qu'ils ne sont pas destinés à disparaître, comme la Prakriti, une fois les Esprits délivrés, mais qu'ils subsisteront pour former de nouvelles combinaisons dans la vie éternelle. La vie bienheureuse des Esprits, délivrés des liens qui les enchaînent et les affligent, sera une nouvelle vie corporelle, et non purement spirituelle comme l'enseigne Kapila. L'éternité des Atomes est donc une manière différente de concevoir la vie future, qui ne s'oppose nullement à la Toute-Puissance du Créateur, ni ne la diminuent, ainsi que le prétendent les Brahmanes.

§ 53. — Les Jainas

Tandis que les grands métaphysiciens enseignaient la véritable religion védique dans le domaine de la spéculation, de grandes et nombreuses collectivités de croyants, fidèles au vrai Véda de la race Arya et aux traditions de leurs ancêtres, la mettaient en pratique ; elles étonnèrent le monde par les exemples de vertu et d'ascétisme qu'elles opposèrent à la dépravation émanatiste.

Ils prirent divers noms : Jinas, Siddhas, Arhats, Budhas, Tathâgatas, Sugatas. Ces noms divers rappellent tous leur vie spirituelle ; ils ne signifient pas une diversité de croyances, mais la rigueur plus ou moins grande de leur austérité et de leurs mortifications. Cette austérité fut poussée à l'extrême par les *Digambaras* qui vivaient tout nus dans les bois, afin de souffrir plus durement des inclémences de la Nature.

La plus connue de ces églises ou collectivités fut celle des *Nirgrandthas* qui, dans la suite, s'appelèrent *Jainas* (victorieux de leurs passions) et dont la langue sacrée était le pâli. Ils vénéraient dans leurs temples vingt-quatre Tirthakaras ou Tirthankeras, c'est-à-dire les grands apôtres ou prophètes de la religion védique qui se trouvaient *en présence d'Indra*, et tout particulièrement les deux derniers appelés Pârsva ou Pârsvanata et Mahâvira, postérieurs à l'apostasie brahmanique. Le premier vécut vers le IXe siècle avant Jésus-Christ, et le second, trois siècles plus tard.

On peut juger de l'importance des Jainas dans l'ordre spéculatif par l'*Essai de bibliographie Jaina* de Guérinot. Il rend compte de huit cent soixante-dix-neuf ouvrages et de six cent quatre-vingt-onze écrivains.

Fidèles à la primitive Religion védique, au véritable Véda des Aryas, défiant la malveillance brahmanique, il existe encore dans l'Inde anglaise, d'après le recensement de 1901, un million trois cent cinquante mille Jainas, et leurs temples sont parmi les plus célèbres de l'Orient.

En Cosmologie ils sont disciples de Kanada. Leurs enseignements, suivant Colebrooke, se résument en sept catégories ou *pâdhârlâs* ; ce sont : *Jiva*, l'Esprit; *Ajiva*, la Matière ; *Asrava*, la vie animale ; *Samvara*, nécessité du sacrifice des appétits ; *Nir-jara*, pénitences qu'il faut s'imposer pour obtenir le pardon des péchés ; *Baddha*, responsabilité des actions humaines ; et *Môksha*, Rédemption des Esprits par la grâce de Dieu. « La Rédemption, disent-ils, est une ascension
« continue. L'Esprit a une tendance naturelle à s'éle-
« ver en haut, mais il est retenu à terre par les liens de
« la Matière. Quand il s'en voit délivré, il s'élève vers
« les régions où demeurent les Ames rachetées....
« Comme l'oiseau qui sort de sa cage enlève la pous-
« sière qui le souille et, après avoir séché ses plumes
« aux rayons du soleil, s'élance dans les airs, ainsi
« l'Esprit, délivré d'une longue servitude, s'élance vers
« le ciel pour ne jamais plus rentrer dans sa cage.

« Cette délivrance, cette Rédemption s'obtient par
« la connaissance de la vraie science, de la doctrine
« révélée et par la stricte observance des préceptes
« religieux ; et c'est le résultat de la tendance natu-
« relle des Esprits quand ils se voient délivrés des pas-
« sions et des autres obstacles qui les retiennent dans
« l'esclavage ». La félicité future est la récompense
de la pratique de vertus (*dharma*) qui consistent
dans le triomphe sur les passions organiques, dans
le sacrifice personnel de la vie zoologique, différent
du sacrifice liturgique des brahmanes.

L'affirmation par les Jainas de leur adhésion iné-
branlable à la révélation védique ne peut pas être plus
catégorique, ni plus explicite leur croyance au Dieu de
leurs ancêtres. De ce Dieu ils disent, d'après Rickhah
Dass Jaini (*The doctrines of Jainism*) qu'il peut être
connu par quarante-six attributs positifs et dix-huit
attributs négatifs.

Malgré ces affirmations et ces doctrines, les *savants*
orientalistes s'obstinent à les appeler athées, parce
que les brahmanes leur disent qu'ils le sont. Barth les
traite d'athées dans son ouvrage *The Religions of India*;
et Guérinot également. Colebrooke les confond avec
les Tsharvakas (!), et pour beaucoup le Jainisme est
une secte du brahmanisme. La *science* des orientalistes est effrayante !

ETUDE XIV

Le Bouddhisme

Le délire de la Critique. — Sources du Bouddhisme. — Çakya-Mouni : son époque. — *Première période* : la prédication de Çakya-Mouni. — *Seconde période* : la Hinâyana. — *Troisième période* : la Mahâyâna. — Nouvelles doctrines. — Ecoles de la Mahâyâna. — *Quatrième période* : réforme disciplinaire et liturgique du Bouddhisme. — Corruption du Bouddhisme.

§ 1. — Le délire de la critique

Dans le procès qu'ils intentèrent à l'Intelligence humaine, les traditionalistes auraient pu alléguer, comme preuve de son impuissance, la critique contemporaine du Bouddhisme, car ce que les *savants* orientalistes disent du Bouddhisme est la déroute de la critique.

Renan, le frivole littérateur qui disait que l'humanité n'avait pas connu Dieu jusqu'à ce que les sémites l'eussent inventé ; parce qu'ils vivaient dans le désert et ne riaient pas !! Renan devait naturellement être aussi ignorant des choses de l'Extrême-Orient qu'il l'était de celles de l'Asie occidentale, de la querelle métaphysique des Aryas et des Dashyus comme de la civilisation chaldéenne antérieure à Nabuchodonosor. Les classiques grecs et latins qui constituaient tout son bagage littéraire ne parlaient pas de tout cela.

Du Bouddhisme il ne sut que ce que Barthélemy Saint Hilaire en racontait dans son *Bouddha* ; cela lui suffit pour lâcher la bride à sa loquacité littéraire dans ses *Nouvelles Études*. Le Bouddhisme lui parut tout d'abord une variante du Brahmanisme, parce que brahmanes et bouddhistes vivaient ensemble dans l'Inde. « La pre-« mière idée dont il faut se défaire, dit-il, est de conce-« voir le Bouddhisme comme une religion distincte du « Brahmanisme ». Il ne s'arrête pas là : il le confond avec le Shiwaïsme, il le confond avec le christianisme : « Asoka, dit-il, parla dans ses édits comme un chrétien » il le confond même avec l'athéisme et avec le nihilisme. Shiwaïsme, brahmanisme, christianisme, athéisme et nihilisme, pour Renan tout cela revient au même.

Le Boudhisme lui paraissait *le phénomène le plus extraordinaire de l'histoire de l'Humanité*. Et ne pouvant s'expliquer *ce nihilisme effrayant qui servait de fondement à une morale si élevée*, il imagine de le comparer au *sabbat de la logique, au ronflement du vide comme celui d'une loupie creuse* (1).

De tels jugements de la part de Renan n'ont rien d'étrange ; ils s'expliquent par une incapacité métaphysique qui n'avait d'égale que l'audace de son ignorance. Il entendait en effet *le ronflement d'une loupie creuse* ; mais ce bruit sortait de son propre cerveau. Ce qu'il y a d'étrange c'est de voir comment l'athéisme et le nihilisme de Kapila, dont Colebrooke a été persuadé par ses *learned pandits*, ont dérangé les cerveaux des orientalistes les plus renommés du XIXᵉ siècle.

Barthélémy Saint-Hilaire toujours suggestionné par

---

(1) *Nouvelles Études d'Histoire religieuse*. 1, 67.

Colebrooke, qu'il proclame le maître de tous, y croit fermement. Dans *Le Bouddha et sa Religion*, il affirme que Bouddha, comme disciple de Kapila, niait la spiritualité de l'âme et l'existence de Dieu et que, en récompense des austérités et des pénitences, il n'offrait que l'anéantissement : et c'est là, en deux mots, la science officielle du Bouddhisme.

Les bouddhistes protestent avec indignation contre l'athéisme et le nihilisme qu'on leur attribue, comme protestent les Jainas dans l'exposé qu'ils font de leurs doctrines dans les *Dialogues* de *Banerjea*. A ces protestations viennent s'ajouter des témoignages autorisés comme celui de l'Evêque de Colombo (1), celui de Barham (2) et tant d'autres. Tous affirmèrent que le Nirvâna bouddhique est une félicité suprême dont l'homme, dans un état purement spirituel, jouira dans la vie future. Les images d'Indra sculptées dans leurs plus célèbres Stûpas, comme celle de Barhut (3), attestent de même que les bouddhistes adoraient publiquement le Roi des Dieux de la Trinité Védique.

Aux protestations des bouddhistes il faut encore ajouter celles de la saine Raison. Franck répondant à Barthélémy Saint-Hilaire, dans une séance de l'Académie des Sciences Morales et Politiques de Paris, disait avec raison que pour croire à l'accusation lancée contre le Bouddhisme, « il fallait admettre non pas des
« variétés de l'espèce humaine, mais des humanités di-
« verses avec des facultés, intelligence, nature diffé-

---

(1) *Nineteenth Review*. Juillet 1888.
(2) Dans une lettre remarquable adressée au *Times* et bien connue de Max Müller et de tous les orientalistes.
(3) Cf. Minayeff.

« rentes, parce qu'une absurdité semblable ne pou-
« vait se concevoir dans l'Humanité dont nous fai-
« sons partie ».

Tout fut inutile ; toutes ces protestations ne valent rien pour les orientalistes. La foi vive et ardente professée par des centaines de millions de croyants qui, sacrifient leur vie zoologique en vue d'une vie éternelle spirituelle et bienheureuse, est pour eux *le ronflement du vide* de Renan. Les bouddhistes sont athées et nihilistes : voilà la science officielle de l'orientalisme du XIXe siècle ; et si les savants font mention des protestations dont il a été parlé, c'est pour étaler leur érudition, mais non pour éclairer leur science.

Obry (1), qui démontra clairement à Barthélémy Saint-Hilaire l'absurdité de ses jugements, admet l'accusation de nihilisme, précisément lorsqu'il parle de la doctrine la plus élevée du Bouddhisme, celle de son apôtre Nagardjuna. Max Müller qui connaissait des textes si explicites, comme le dialogue de Milinda et Nâgasena, déclare, dans son *Essai sur l'histoire des Religions*, qu'il est impossible de nier la justesse de la double accusation d'athéisme et de nihilisme dirigée contre la métaphysique bouddhiste. Wassiljew lui-même, qui a écrit l'étude la plus recommandable sur le Bouddhisme, finit par croire que le *bodhisatwa*, le bienheureux, est une personne qui n'existe pas, *eine nicht existirende person*.

Le sensualisme, qui a priori repousse tout ce qui ne peut être *imaginé* ne peut admettre un état purement spirituel qui consiste dans la négation absolue de la vie

---

(1) *Du Nirvâna bouddhique*, 1863.

zoologique. Et c'est dans ce préjugé qu'il faut voir la cause du délire des critiques et de l'étonnement dans lequel les jette le Bouddhisme.

Des centaines de millions de croyants — n'ayons pas peur de le répéter — qui professent une religion d'ascétisme rigoureux, d'abnégation et de pénitence, et qui pour récompense de leur propre sacrifice n'espèrent que dans leur total anéantissement ; et d'autre part, cette religion, précisément fondée par un athée ce serait là vraiment quelque chose de stupéfiant ! Le Néant, récompense de la vertu et du sacrifice, ce serait réellement *le sabbat de la logique* dont parle Renan; mais les acteurs de ce sabbat ne sont pas les bouddhistes, mais les *savants* de l'orientalisme moderne.

§ 2. — Sources du bouddhisme

Les écrits bouddhiques étudiés par les orientalistes proviennent du Népal, du Thibet et de Ceylan.

Les premiers qui furent découverts furent trouvés dans le Népal par Hodgson, agent de la Compagnie des Indes ; ils furent envoyés en 1824 à la Société Asiatique de Bengale,. en 1830 et 1835 à Londres, et en 1837 à Paris.

Ceux du Thibet furent recueillis par le hongrois Csoma de Körös et envoyés à Lhassa et à Pékin. Ce sont deux collections énormes appelées *Kandjur* et *Tandjur* et qui comprennent respectivement cent et deux cents volumes.

Enfin, ceux du Ceylan furent recueillis par Johnston et Grimblot. Ils furent, dit-on, envoyés par Mahinda, fils d'Asoka à Ceylan où on les traduisit du pâli au singalais ; la version originale s'étant perdue, ils furent traduits du singalais au pâli par Budhagosha.

Il ne suffit pas d'étudier ces sources pour avoir une véritable connaissance du Bouddhisme ; il faut encore prendre certaines précautions sans lesquelles on commettra sûrement de graves erreurs.

Tout d'abord, il est nécessaire de se méfier des documents traduits, car, suivant Max Muller, *l'idée d'une traduction fidèle est étrangère à l'esprit des asiatiques.* Et cela suffit pour discréditer d'avance tous les textes de Ceylan.

Cette méfiance doit s'étendre en général à toutes les sources bouddhiques. Il n'est pas possible d'en admettre les données sans faire les plus grandes réserves, car il s'agit d'un pays si étranger à la vérité historique que, d'après Max Müller, « on ne peut ajouter foi même au témoignage des faits contemporains ». D'où il suit que tout ce qui a trait à ces temps éloignés du Bouddhisme « n'est pas plus digne de crédit que la
« relation des exploits fabuleux du Roi Arthur que nous
« lisons dans Godefroi de Monmouth, ou que les légen-
« des des temps primitifs de Rome que raconte Tite-
« Live ».

A ces inexactitudes propres au caractère des peuples orientaux, il faut ajouter, dans ce cas particulier, les conditions spéciales de l'époque du développement du Bouddhisme ; époque de délire exacerbé par les contes échevelés des *Puranas*, à la hauteur desquels les Bouddhistes voulurent se hausser en rivalisant d'imagination.

Enfin, pour mettre le comble à ce désordre, les premiers siècles du Bouddhisme furent une époque de grandes controverses : et les moines, pour défendre leurs opinions, s'avisèrent durant les loisirs de leurs Vihâras, de falsifier à leur guise des sûtras, de façon à attribuer à Bouddha lui-même leurs opinions particulières ; ils allèrent même jusqu'à inventer des conciles qui n'existèrent que dans l'esprit des faussaires.

Pour toutes ces raisons, on pourrait comparer le Bouddhisme à un arbre que le lierre couvre et défigure complètement et qui, de plus, est caché par les broussailles épaisses que l'extrême fertilité du terrain a fait pousser autour de lui.

Or, la science des orientalistes, dans de pareilles conditions, à consisté à prendre la photographie de ce monstrueux ensemble de lierre et de ronces et à nous la présenter comme l'image fidèle du Bouddhisme. Ils n'ont même pas soupçonné leur erreur ; bien au contraire, ils se sont fait gloire de leur perspicacité et ils ont vanté le mérite de leur travail, comme Foucaux qui ingénument célèbre l'avorton mal venu du *Lalitavistara* comme *la plus solide assise de l'histoire du Bouddhisme*.

L'opinion générale a été si bien égarée que toute version sensée de Bouddhisme est repoussée ; même par ceux qui devraient prendre plaisir à voir, au fond des croyances de centaines de millions d'hommes, une doctrine créationiste plus ou moins défectueuse.

Vers le milieu du siècle dernier, deux missionnaires apostoliques, Huc et Gabet, qui visitèrent Lhassa, eurent de longues conférences, non pas avec des Lamas inférieurs, mais avec le Régent du Thibet lui-même désireux de connaître la Religion chrétienne. « Nous
« lui exposâmes successivement, disent-ils, les vérités
« dogmatiques et morales, et à notre grand étonne-
« ment, rien ne paraissait le surprendre. *Votre Reli-*

« gion, répétait-il sans cesse, *est conforme à la nôtre* ;
« *ce sont les mêmes vérités*, et nous ne différons que
« dans la manière de les expliquer » (1).

A l'orientalisme fantaisiste des *savants*, il faut substituer un travail de déblaiement, semblable à ces fouilles de l'Asie Mineure qui découvrent dans les Tell-Loh les vestiges de monuments antiques. Il faut d'abord rejeter toutes les fantaisies divulguées avec complaisance par la critique ; puis, couper les broussailles et arracher le lierre qui recouvrent complètement l'arbre du Bouddhisme, afin qu'on le voie tel qu'il est avec toutes ses vérités et ses erreurs.

C'est dans ce sens qu'on travaillé Minayeff dans ses *Recherches sur le Bouddhisme*, traduites en français (1894) et surtout Wassiljew dans *Der Buddhismus, seine Dogmen, Geschichte und Literatur*, traduit du russe en allemand (1860). Ces ouvrages sont bien plus recommandables que les photographies de la brousse bouddhiste prises par les savants les plus renommés de l'orientalisme moderne.

§ 3. — Cakya-Mouni : son époque

Les opinions erronées qui se sont propagées au sujet de l'origine du Bouddhisme viennent surtout de ce qu'on a confondu la vie avec la doctrine de son propagateur le plus célèbre.

La doctrine bouddhiste n'est autre que le Créationisme védique professé depuis fort longtemps par les Aryas ; et dans ce sens on peut dire qu'ils ne commettent

---

(1) *Souvenir d'un voyage dans la Tartarie et le Thibet*, par M. Huc, ancien missionnaire apostolique. Tome II, chap. 8.

pas une erreur ceux qui parlent de la prédication bouddhique au XIIe ou même au XXIVe siécle avant l'ère chrétienne.

Bouddha, dérivé de *bouddhi* (Intelligence) comme *Jina, Arhant, Sugata, Siddha*, sont des noms génériques appliqués aux ascètes ou apôtres du Créationisme ; et dans ce sens il y eut des *bouddhas* à différentes époques ; et Pârsvanâtha et Mahâvira furent des apôtres du Bouddhisme.

Mais le Bouddha par antonomase fut Siddhârta, appelé Çakya-Mouni, l'ascète (Mouni) de la famille des Çakyas, fils d'un roitelet de Kapilavastu, vassal du puissant monarque de Magadha dont l'empire s'étendait de l'Himalaya jusqu'aux monts Windya. Adjatasatru, assassin et successeur de son père Bimbisara sur le trône de Magadha fut le plus célèbre des personnages convertis par la prédication et l'exemple de Çakya-Mouni.

La première erreur de la science officielle porte sur les dates de la vie de Çakya-Mouni. Historiens et philosophes prétendent en général qu'il vécut de 622 à 586 avant Jésus-Christ. Il y a déjà un demi-siècle que cela a été reconnu faux, mais les *savants* l'ignorent encore. Westergaard, orientaliste éminent, professeur à l'Université de Copenhague, dans un Mémoire écrit en 1860 et traduit en allemand en 1862, démontra par des faits et des arguments irrécusables, qui témoignent d'une intelligence très claire et d'une profonde érudition, que la mort de Çakya-Mouni ne remonte pas au delà de l'année 370 ou 369 et que sa prédication commença vers l'année 400 avant l'ère chrétienne.

Quelques années après Schiefner traduisit en allemand l'*Histoire du Bouddhisme* de Târânâtha (imprimée à Saint-Pétersbourg en 1869) et les renseignements donnés par cet intéressant ouvrage vinrent confirmer pleinement le jugement de Westergaard en découvrant la cause principale de l'erreur. Un même empereur de Magadha nommé Asoka, contemporain de Séleucus (312-273) fut connu dans l'histoire orientale sous trois noms différents, correspondant à trois périodes bien distinctes de son règne. Dans une première période de dissolution et de libertinage il fut appelé *Kâmâsoka*; dans une seconde période de cruauté et de violence *Tshandâsoka* ; et enfin dans une troisième période de repentir, de piété et de vertus, *Dharmâsoka*. Là où les orientalistes voyaient trois monarques différents, il n'y eût, suivant l'histoire de Târânâtha, qu'un seul Asoka ; qu'il ne faut d'ailleurs pas confondre avec un de ses petits fils appelé *Vigalâsoka*. Le *T'shandâsoka* est précisément le *Sandracoll* que connut Magasténès vers l'an 295 comme ambassadeur de Séleucus.

La double série de monarques de Magadha et de chefs du Bouddhisme qui, suivant Târânâtha, se placent entre Adjatasatru et Asoka, confirment la date fixée par Westergaard.

Après Adjatasatru, n'occupèrent le trône de Magadha que Sabâhu (10 ans), Sudhânu, Mahendra (9 ans), Tschamassa (22 ans) et l'usurpateur Gambirâsila, qui fut détrôné au bout de peu de temps ; et comme patriarches du Bouddhisme, contemporains des monarques de Magadha, figurent seulement Ananda, Sanavasika contemporain de Sudhanu, et Upagupta, collaborateur d'Asoka.

Les calculs de Westergaard et de Târânâtha sont d'accord avec l'histoire chinoise, d'après laquelle

Asoka monta sur le trône soixante ou soixante-un ans après Adjatasatru ; et aussi avec ce que Hiuan-Tsang dit de Vasubandu, fameux bouddhiste du Ve siècle qui aurait vécu neuf cents ans après Bouddha.

Cette rectification de la date de la mort de Çakya-Mouni est de la plus grande importance pour la connaissance de la véritable histoire du Bouddhisme, dans laquelle il faut distinguer quatre périodes différentes

§ 4. — Première période :
La prédication de Çakya-Mouni

Il n'est pas d'erreur plus grande que de considérer Çakya-Mouni comme le fondateur d'une Religion nouvelle. Çakya-Mouni n'a rien inventé, rien fondé, rien enseigné de nouveau. Sa mission se réduisit à prêcher l'ascétisme, pour l'opposer à la corruption et au libertinage des brahamnes, comme avait fait avant lui Mahâvirâ, et avant celui-ci, Pârsvanâtha. Il adora le Dieu des Nirgranthas et des Jainas et de tous ceux qui ne suivirent pas les brahmanes dans leur apostasie; le Dieu du vrai Véda et non du Véda falsifié par Véda-Vyasa.

Affligé par le spectacle des quatre grandes misères de la vie humaine : pauvreté, maladies, vieillesse et mort, il abandonna le trône de ses pères, les joies du foyer domestique, les plaisirs de l'amour et de la vie pour se consacrer à la prédication de l'ascétisme, mais d'un ascétisme qui n'était pas plus rigoureux que celui prêché par Mahâvira et pratiqué par les Jainas digambaras. Trône, richesses, joies, plaisirs, il abandonna tout pour enseigner pratiquement comment l'homme doit lutter contre les suggestions de la *Druh* védique et de la *Prakriti* de Kapila, et pour fonder un ordre religieux particulièrement consacré à la vie spirituelle.

Quelques siècles plus tard, ses prosélytes divisés par la divergence des opinions philosophiques, falsifièrent un grand nombre de sûtras afin de prouver que la doctrine de chacun était vraiment celle qu'avait professée Cakya-Mouni lui-même ; et leur ignorance et leur mauvaise foi allèrent jusqu'à inventer des conciles apocryphes qui s'ouvraient par la récitation du Vinaja, lequel fut composé bien longtemps après la date, attribuée au Concile.

L'histoire fut obscurcie par une foule d'inventions fantaisistes. En réalité tout l'enseignement de Cakya-Mouni se réduisit à sa doctrine *des quatre vérités*.

La vie humaine n'offre que des misères et des afflictions.

La fin de l'homme est de racheter son Esprit de l'esclavage dans lequel il vit, emprisonné qu'il est dans le corps.

Sa Rédemption consiste dans le sacrifice de sa vie zoologique.

Il faut suivre le chemin tracé pour se sauver.

Enseigner exclusivement ces quatre vérités, réunir les prosélytes les plus fervents dans des *vihâras* ou monastères, et, en général, organiser les *sanghas* en collectivités de fidèles, voilà toute l'œuvre personnelle de Çakya-Mouni.

Pendant le siècle qui suivit sa mort, ses disciples immédiats appelés *Sravacas* ou *Sramanas* ne s'occupèrent que de pénitence et d'ascétisme. Ce fut la première période du Bouddhisme, exclusivement disciplinaire, auquel correspondent le Concile de Vaisâli et une première rédaction du *Vinaja,* code de morale qui spécifie tous les péchés mortels ou véniels, toutes les fautes qui sont un objet de réprobation.

Durant cette première période, les esprits se divisèrent uniquement sur la rigueur plus ou moins grande des austérités. Les uns, appelés *Slhaviras* étaient partisans d'une discipline sévère, à l'instar des Jainas digambaras ; les autres, appelés *Mahâsânghikas* voulaient au contraire que l'ascétisme ne fut pas poussé à de tels excès de pénitence et de mortification.

Parmi ces derniers se distingua Ananda, cousin de Çakya-Mouni, qui durant quarante ans dirigea la grande sangha de Magadha ; et qui par le relâchement de la discipline qu'il y introduisit s'attira les reproches les plus sévères et fut obligé d'en faire une pénitence publique. Hiuang-Tsang lors de son voyage dans l'Hindoustan vit la stûpa qui fut élevée à l'endroit où Ananda avait été jugé.

§ 5. — SECONDE PÉRIODE : LA HINAYANA

Durant la seconde période, tous les Bouddhistes furent d'accord pour adopter la doctrine fondamentale du Créationisme hindoustanique. Dans le but de préciser et de définir leurs doctrines, ils tinrent vers les débuts de l'ère chrétienne, deux grandes assemblées à laquelle prirent part les bouddhistes les plus célèbres. La première, convoquée par le roi Kaniska, se réunit à Kaboul ; la seconde, convoquée par Wattagâmani, à Ceylan. La concordance des définitions de l'une et l'autre fut regardée par tous comme une chose providentielle.

Bien qu'il y ait eu, suivant Vasumitra, jusqu'à dix-huit écoles différentes, si l'on examine les questions controversées, qu'il énumère minutieusement, on remarque tout aussitôt que les divergences n'ont pas l'importance nécessaire pour constituer un si grand nombre d'écoles. La discordance se réduisait à la manière d'expliquer la Nature, que tous considéraient comme le creuset des Esprits.

Il n'y eût à proprement parler que deux écoles appelées *Vâibâshika* et *Sautrântika* qui soutenaient respectivement les systèmes cosmologiques de Kapila et de Kanada.

La cosmologie de Kapila fut celle qui prévalut dans la mémorable assemblée de Kaboul convoquée par Kanishka. Les textes en sont appelés *Abidharmas*, et leur collection *Vibâsha*.

La cosmologie de Kanada fut défendue par l'école Sautrântika dont les textes sont appelés *Agamas*.

Durant cette seconde période du Bouddhisme, appelée dans la suite l'*Hinâyânisme* le sujet de tous les débats fut de savoir si la Matière devait disparaître comme la Prakriti de Kapila ; ou bien si ses Atomes combinés, par l'ordre de Dieu, d'une manière nouvelle, devaient former de nouveaux corps, appelés *Dharmakâja* dont les Esprits serait revêtus dans leur vie bienheureuse. En d'autres termes, la vie éternelle des Esprits serait-elle absolument spirituelle ou, dans une certaine mesure, corporelle ? Les deux écoles inventèrent à plaisir toutes sortes de sûtras pour pouvoir que leurs opinions avaient été enseignées par Çakya-Mouni lui-même ou tout au moins par ses disciples immédiats.

Eckstein croit que le premier enseignement du Bouddhisme fut la cosmologie de Kanada. Mais, tout bien considéré, il semble plutôt que le concept atomiste fut professé par les Jainas, et que la doctrine primitive du Bouddhisme fut la cosmologie non de Kanada, mais de Kapila. Spence Hardy rapporte une tradition très ancienne d'après laquelle Çakya-Mouni n'était autre que Kapila ressuscité.

§ 6. — Troisième période : la mahayana

Dans ses deux premières périodes, le Bouddhisme ne fut que l'enseignement du Créationisme hindoustanique, circonscrit à la théologie védique et à la doctrine des quatre grands métaphysiciens Patandjali, Gotama, Kanada et Kapila, interprètes des vieilles traditions de la race arya.

Dans sa troisième période, le Bouddhisme fut profondément transformé par la prédication du Christianisme dans la région du Gange. L'Histoire n'enregistre que l'existence de chrétientés sur la côte méridionale du Dekkan ; mais ne dit rien de cette réforme si importante du Bouddhisme par la prédication chrétienne. C'est un fait généralement ignoré et qui mériterait qu'un homme de talent étudiât avec soin cet épisode remarquable de la métaphysique orientale et même de l'histoire du Christianisme ; qui explique les analogies frappantes que Neumann rencontre entre la doctrine bouddhique et la doctrine chrétienne(1).

Vers la fin du premier siècle de notre ère et au commencement du second, l'Hindoustan entendit avec un étonnement mêlé d'admiration des enseignements qui s'élevaient au-dessus du Créationisme hindous-

---

(1) *Die innere Verwandtschaft buddhistischer und christlicher Lehren.* Leipzig (sans date).

tanique *comme les pics de l'Himalaya s'élèvent au-dessus des plaines du Gange.*

Dès lors il se fonda une nouvelle école connue sous le nom de *Mahâyâna,* la grande doctrine, pour la distinguer de l'antique Créationisme hindoustanique appelé *Hinâyâna* ou la petite doctrine.

La nouvelle prédication, loin de condamner la doctrine ancienne, l'amplifiait et la perfectionnait ; elle acceptait et louait sans réserve les quatre vérités de Çakya-Mouni, mais dans ses *Pâramitâs* (1), nom donné à ses textes pour les distinguer des Abidharmas et des Agamas, elle ouvrait devant les yeux de nouveaux horizons illuminés par une lumière surnaturelle.

Faute d'une chronologie fixe, on ne peut préciser les années ; mais la tradition bouddhique concorde exactement avec la date de la prédication apostolique.

L'histoire du Bouddhisme rapporte que le premier apôtre de *la grande doctrine,* du Mahâyânisme, fut un ancien bhickshu appelé *Mandschusri,* qui mourut, vers le nord du Gange, quatre-cent cinquante ans après la mort de Çakya-Mouni, c'est-à-dire vers l'an 80 de l'ère chrétienne. La concordance des deux chronologies chrétienne et bouddhiste porte à croire que ce Mandschusri fut l'apôtre Saint Thomas lui-même, qui mourut à *Cambalu,* nom qui, suivant Lacroze, signifie *cité de l'Empereur.* La date de la mort de Çakya-Mouni une fois rectifiée, l'histoire bouddhiste vient confirmer la tradition chrétienne sur la prédication de Saint Thomas d'abord dans le Dekkan, puis dans la partie septentrionale de l'Hindoustan ; où il mourut à un âge très avancé.

---

(1) *Pâram-itâ* signifie *aller au-delà.*

LE BOUDDHISME 565

Parmi les disciples de Mandschusri le plus célèbre propagateur de la nouvelle doctrine fut Nâgârdjuna, c'est-à-dire le blanc (*ardjuna*), de la côte occidentale du Katsh actuel appelé alors *Nâgakhanda* ; pays des serpents (*nâgas*) suivant les témoignages de Strabon et d'Arrien.

Nâgârdjuna naquit cinq-cents ans après la mort de Bouddha, vers l'an 30 de l'ère chrétienne. Il était protégé par un roi de ce littoral. Désireux d'approfondir la nouvelle doctrine de Mandschusri, il se rendit dans une île de l'Occident, dont la tradition bouddhique ne donne pas le nom ; mais qui certainement fut l'île de Socotora où se trouvait une chrétienté florissante fondée par l'apôtre Saint Thomas, par Mandschusri lui-même.

Le disciple le plus connu de Nâgârdjuna fut Arjadeva, appelé aussi Kanadeva parce qu'il avait été éborgné par les brahmanes, pour avoir d'un coup de pierre brisé un œil à une idôle fameuse dont ils remuaient les yeux afin de tromper le vulgaire. C'est lui qui composa le *Livre de Maitreya*, un des ouvrages principaux du Mâhâyânisme.

Après Nâgârdjuna et Arjadeva s'ouvre une longue période de guerres qui dévastèrent la région du Gange. Beaucoup de temples bouddhiques furent détruits ; et le grand monastère de Nâlanda, fameux par sa bibliothèque, qui était devenu le centre principal du Mâhâyanisme, fut incendié.

Durant cette période de profonds bouleversements, d'invasions et de guerres soutenues par Hunimanta le perse, par Turushka et par les Mletshas et les Tirthikas, le nouveau Bouddhisme, qui, jusqu'alors s'était développé rapidement, subit un temps d'arrêt ou même recula. Puis, les guerres finies, une nouvelle ère de paix favorisa sa propagation et il prospéra de nouveau dans les deux grands empires de Bénarès et de Bengale à Bénarés il fut protégé par de puissants monarques, comme Sriharsha et Silâditya ; dans le Bengale par les deux dynasties des Tshandras et des Pâlas dont le règne dura plusieurs siècles.

C'est alors que figurent comme représentants du Mahâyanisme, Arjâsanga et Vasoubandu, célèbre docteur de l'école Svatantrika, converti à la grande doctrine ainsi qu'Aswagosha, docteur non moins fameux de l'école Vâisbâshika. Ainsi, les deux maîtres le plus célèbres des deux écoles de l'Hinâyânisme furent convertis à la nouvelle doctrine de la Mahâyâna.

§ 7. — Nouvelles doctrines

La Mahâyâna professait des doctrines nouvelles contre lesquelles les docteurs de l'Hinâyâna protestaient disant qu'elles n'avaient jamais été enseignées par Çakya-Mouni. Dans la grande doctrine le Bouddha *Maitreya*, né d'une Vierge, véritable Adhibuda, Bouddha suprême comparable à l'Indra védique, éclipsait si bien Çakya-Mouni qu'on en vint à se demander s'il était licite d'honorer les images de ce dernier. Çakya-Mouni passait non seulement après Maitreya, mais encore après les bodhisattwas de la nouvelle école. Le nouveau Bouddha dont la venue, avait, disait-on, été annoncée par Çakya-Mouni lui-même, était le vice-gérant du Ciel, venu au monde au nom du Tathâgatta incréé pour sauver le genre humain. La pensée principale exprimée dans la célèbre Stûpa de Barhut, restaurée au temps du Mahâyânisme, est celle d'un sauveur du monde.

Et la Mahâyâna différait non seulement par ce culte suprême rendu à Maitreya, mais encore par l'enseignement de doctrines nouvelles que les vieux bouddhistes écoutaient avec étonnement.

Au lieu des sanghas particuliers de l'Hinâyâna, il y avait maintenant un *Sangha universel*; et les promesses de bonheur faites particulièrement aux moines des Vihâras étaient étendues à tous les croyants en général. Au grand scandale des moines, on enseignait que tous, même les séculiers, les laïques, pouvaient atteindre à la vertu la plus haute.

Les quatre vérités de l'antique Bouddhisme étaient complétées par une vérité nouvelle, celle de la *charité* chrétienne. Le Bouddhisme primitif se bornait à l'anéantissement des passions dans une vie passive de pure austérité. Dans le nouveau, il fallait ajouter à l'ascétisme la charité et consacrer une vie active à faire au prochain tout le bien possible. Le nom même de *Maitreya*, donné au nouveau Bouddha de l'Occident, vient de *Maitri* qui signifie charité.

Mais ce qui étonna plus encore que la prédication de la charité, ce fut la nouveauté de la doctrine du *pardon immédiat des péchés*. Le Créationisme, professé jusqu'alors dans l'Hindoustan, enseignait que les péchés devaient être inexorablement expiés dans cette vie ou dans l'autre. D'après la nouvelle doctrine, tous les péchés pouvaient être immédiatement pardonnés au baptême, et principalement par un repentir explicitement confessé. A l'expiation inévitable succédait la possibilité d'un bonheur immédiat. L'impression produite par la nouveauté de cette doctrine fut si grande que les rois les plus puissants voulurent donner l'exemple en manifestant leur repentir et en confessant publiquement leurs péchés. Dans ses *Mémoires*, Hiuan Tsang fait une description très intéressante des cérémonies imposantes auxquelles il assista dans la plaine appelée Camp des Aumônes. Le puissant monarque Silâditya, entouré de dix-huit rois tributaires et d'une foule immense venue de loin, fit une confession publique et générale de ses péchés et passa soixante-quinze jours à faire des œuvres de charité et à distribuer en aumônes le prix de ses joyaux. Cette cérémonie mémorable ne fut pas d'ailleurs un cas isolé ; elle se répéta durant quelque temps tous les cinq ans.

C'est dans l'étude des pâramitâs et, en général, de tous les textes se rapportant à cette intéressante période du Bouddhisme que les écrivains compétents et laborieux doivent, marchant sur les traces de Wassiljew, chercher la véritable histoire du Bouddhisme, et non dans les bêtises du *Lalitavistara* et du *Lotus* d'où Barthélémy Saint Hilaire, Burnouf, Foucaux, Renan et tant d'autres ont tiré les extravagantes histoires du Bouddhisme qui constituent aujourd'hui la science officielle.

§ 8. — Écoles de la Mahayana

De la variété des écoles que les bouddhistes distinguent dans le Mahâyânisme on peut dire ce qui à été déjà dit des dix-huit écoles que Vasumitra distingue dans l'Hinâyâna.

Sous des noms nouveaux les écoles sont les mêmes que celles de l'antiquité.

L'école appelée *Iôgarlshârja* n'est autre que l'école

mystique de Patandjali dont l'objet exclusif est le commerce avec Dieu. Ses maîtres appelés *Atshârjas* traitent particulièrement de la vie spirituelle et contemplative du *Iôga*.

Les écoles consacrées aux spéculations philosophiques sont comprises sous le nom de *Madhjamika*, laquelle est subdivisée en deux : la *Svatantrika* et la *Prasanga* qui correspondent exactement à la Santrântika et à la Vaibhâshika de l'Hinâyânisme.

Les partisans de Kapilas ont de l'école Svatantrika, et ceux de Kanada de l'école Prasanga. Comme toujours, les deux écoles sont d'accord pour affirmer qu'une vie future sera la récompense des mérites de la vie présente ; elles ne diffèrent que sur la question de savoir si la vie éternelle sera absolument spirituelle, ou si les Esprits seront revêtus de nouveaux corps, *Sambhogakaja*, formés d'atomes qui ne seront pas anéantis comme la Prakriti de Kapila.

Bien que les deux écoles aient eu de tout temps leurs partisans, ceux de Kapila prévalurent durant les deux premières périodes ; ceux de Kanada, appelés Prasangas, l'emportèrent durant la première époque du Mahâyânisme ; et enfin l'école Svatantrika fut restaurée plus tard par Bouddhapalita.

§ 9. — Quatrième période : Réforme disciplinaire et liturgique du bouddhisme

Le roi du Thibet Dzan-Pfù Srong S. Gambuo, au commencement du VIIe siècle, à l'apogée du Mahâyânisme, introduisit dans ses Etats le Néobouddhisme et construisit les premiers temples de la région. La capitale du royaume, Lha-ssa (*cité des Esprits*) était destinée à être la capitale spirituelle de l'Orient.

Depuis son introduction jusqu'au XIIe siècle le Bouddhisme, dans le Thibet, n'offre aucun intérêt particulier. C'est dans l'Inde et en Chine qu'il eut durant cette époque une histoire agitée.

Dans l'Inde, les vieilles castes privilégiées des brahmanes et des xatriyas lui déclarèrent une guerre à mort, et ils réussirent à l'expulser successivement du Dekkan, de Bénarès et du haut Gange; ne le laissant subsister que dans l'île de Ceylan, dans le Boutan et le Népal.

En Chine, bien que moins maltraité, il eût à subir aussi de rudes batailles contre les lettrés de la Religion de Confucius, ennemis jurés de toute mortification et de toute pénitence. Les lettrés remportèrent quelques triomphes et les bouddhistes furent persécutés; mais ceux-ci l'emportèrent à leur tour, brûlèrent les livres des lettrés, et les monastères bouddhiques se multiplièrent si bien qu'on y compta plus de deux cent soixante mille bonzes.

La prépondérance du Thibet dans la Religion bouddhique ne commença qu'au XIIIe siècle, grâce aux empereurs mongols qui protégèrent le Bouddhisme; et furent en relations constantes avec les nations européennes et principalement avec Rome. Rémusat dans ses *Mélanges asiatiques* et Rohrbacher dans son *Histoire de l'Eglise* parlent en détail de ces relations des successeurs de Gengis-Khan avec les peuples chrétiens; auxquels ils proposèrent même des alliances afin d'attaquer simultanément les Mahométans et par l'Orient et par l'Occident.

Des ambassadeurs de ces empereurs visitèrent les

cours d'Italie, de France, d'Espagne, d'Angleterre, de Hongrie, d'Autriche et de Pologne. De nombreux voyageurs mongols visitèrent Rome, Barcelone, Venise, Lyon, Paris, Londres et Northampton.

De leur côté des français, des russes, des génevois, des pisans et des vénitiens allèrent en Tartarie. Le premier ambassadeur tartare qui vint en Hongrie fut un anglais ; Marco Polo était fils d'un italien de la suite d'un ambassadeur envoyé auprès de Kublai. Il fut même question de créer à Paris une chaire de tartare pour faciliter les relations entre les deux pays.

Les rapports des mongols avec les Papes furent si intimes que leurs ambassadeurs assistèrent au concile tenu à Lyon en 1276. Kublai et ses descendants envoyèrent de nombreuses ambassades aux Papes Jean XXI, Grégoire X et Honorius IV et protégèrent le Christianisme dans leurs Etats. Leurs lettres commençaient par ces mots : *Au nom du Christ: Ainsi soit-il*; la Croix figurait sur les drapeaux de leurs armées. Kublai, d'après Marco Polo, demanda au Pape des missionnaires : Nicolas III et Nicolas IV envoyèrent un certain nombre de capucins ; plus tard Jean de Montecorvino, nommé archevêque de Pékin, fit traduire en mongol le Nouveau Testament. Parmi les mongols perses une chrétienne se fit remarquer par sa piété, Eroc Katon, femme d'Argun, dont le fils Karbagand prit, lors de son baptême, le nom de Nicolas ; des grands seigneurs, des généraux, des ambassadeurs se convertirent au Christianisme.

Le résultat de ces relations incessantes des empereurs mongols avec les Papes et avec les nations chrétiennes de l'Occident, fut la réorganisation à Lha-ssa du culte bouddhique sur le modèle du culte catholique.

Tsong-Kaba Rambutchu, disciple d'un missionnaire européen, fut l'auteur de cette grande réforme disciplinaire et liturgique du Bouddhisme qui caractérise la quatrième période de son histoire. « La croix, la « mitre, la dalmatique, la chape dont les Lamas se ser- « vent dans les cérémonies hors du temple, l'office à « deux chœurs, la psalmodie, les exorcismes, l'en- « censoir à cinq chaînes s'ouvrant et se fermant à « volonté, les bénédictions données par les Lamas « en étendant la main droite sur la tête des fidèles, « le rosaire, le célibat ecclésiastique, les retraites spi- « rituelles, le culte des saints, les jeûnes, les proces- « sions, les litanies, l'eau bénite », tout fut fidèlement copié de la discipline de l'Eglise Catholique à la fin du XIVe siècle, ou au commencement du XVe, et depuis lors tout a été conservé dans les temples bouddhiques, principalement à Lha-ssa (1).

§ 10. — Corruption du bouddhisme

Les dangers inhérents aux Religions populaires qui doivent, sans un secours surnaturel, expliquer *rudibus et idiotis* les grandes conceptions métaphysiques et exciter à la piété des foules ignorantes, prirent dans l'histoire du Bouddhisme des proportions extraordinaires; tant à cause de l'imagination exubérante des peuples orientaux que de l'ambition des bouddhistes de dépasser les brahmanes par le merveilleux de leurs inventions.

---

(1) Huc. *Souvenir d'un voyage dans la Tartarie et le Thibet.* II, ch. 3. Les Lamas *jaunes* sont les partisans de cette grande réforme combattue par les *rouges*.

Le Bouddha des légendes populaires n'est plus le prince de Kapilavastu qui, affligé par le spectacle des misères humaines, prêche un austère ascétisme, mais un être fantastique dont Senart a pu avec raison nier la réalité.

Les légendes disent que Çakya-Mouni étant non à Kapilavastu mais dans le ciel Tushitta se décida, après mille consultations, à descendre sur la terre. Il sortit du flanc d'un éléphant blanc et ce fut une chose admirable que la façon dont l'Univers célébra sa naissance. Des régions les plus lointaines des vols d'oiseaux accoururent à tire d'aile chantant sa venue de leurs roulades, les arbres se couvrirent de fleurs, des pluies de roses tapissèrent la terre au point de former des pyramides de trente-trois lieues de hauteur, les ruisseaux arrêtèrent leurs eaux, des millions d'instruments invisibles jouèrent des mélodies célestes, des lumières aux mille couleurs illuminèrent la terre, les serpents, les lions et les tigres bondirent de joie comme des agneaux sans nuire à personne, dix mille déesses vinrent éventer le nouveau-né avec des plumes de paon, dix mille autres le protégèrent des rayons du soleil avec leurs parasols, dix mille autres embaumèrent l'air des parfums de leurs cassolettes. Enfant, huit nourrices le nourrirent de leur lait, huit le portèrent dans leurs bras et huit autres l'amusèrent ; jeune homme, quatre vingt mille femmes d'une beauté merveilleuse lui offrient leur amour.

Quand il prêchait, les plus hautes montagnes, et on sait si les montagnes de ce pays sont hautes, s'inclinaient et se prosternaient devant lui ; quand il méditait et priait, son corps lançait des rayons lumineux de mille couleurs ; et pour que rien ne lui manquât il eut jusqu'à onze mille soixante treize noms différents.

- Sa personne était inviolable. Un jour Devadatta voulut se livrer sur lui à des voies de fait : la terre s'entr'ouvrit, l'engloutit et il fut précipité dans l'enfer. Un autre jour ses ennemis voulurent le tuer en enivrant un éléphant ; mais celui-ci à la vue de Bouddha, s'attendrit, fondit en larmes et... se fit bouddhiste !

Bouddha n'était pas seul à faire des prodiges ; ses moines en faisaient aussi et de merveilleux. Quand ils avaient quelque grande cérémonie à célébrer ou qu'ils voulaient s'établir dans de nouveaux pays, on voyait des légions de quatre-vingt mille moines volant dans les airs comme des bandes d'oiseaux. Quand les provisions venaient à manquer dans leurs monastères, des nuages de canards venaient avec joie à travers les airs s'offrir à leur appétit. Si un malfaiteur cherchait à dérober la pierre précieuse qui ornait le front d'une idole celle-ci allongeait si haut le cou qu'il n'était pas posible de l'atteindre. Telle était l'éloquence des prédicateurs que les animaux eux-mêmes les écoutaient avec un grand recueillement. Durant les six grands jours qui précédèrent un sermon d'Asswhagosha on fit jeûner sept chevaux; lorsqu'il commença à parler on leur offrit une copieuse provende, mais aucun d'eux n'y voulut toucher jusqu'à ce qu'il eut terminé son sermon ; qu'ils écoutèrent tous les sept en versant des larmes abondantes ! Si les mages brahmanes par art diabolique faisaient des miracles, les bouddhistes ne leur cédaient en rien. Un jour un brahmane, pour montrer son pouvoir, fit surgir un étang au milieu duquel s'étalait un lotus à mille feuilles ; aussitôt un moine bouddhiste créa un éléphant gigantesque qui but l'étang et mangea le lotus. Par leurs ordres les arbres se couvraient de fleurs en plein hiver, et quand ils priaient, l'extase les soulevait de terre et les soutenait en l'air et ils étaient enveloppés d'une lumière resplendissante.

Le pouvoir des reliques et des images adorées par les moines n'était pas moindre. On racontait des prodiges étonnants de l'écuelle dont se servait Bouddha, d'un pan de son manteau, de quelques poils qu'il s'arracha, des rognures de ses ongles ; une dent de Bouddha suffisait à bouleverser le monde. Et craignant que le récit de ces merveilles fût insuffisant, les bouddhistes, rivalisant avec les brahmanes, fabriquèrent des idoles qui remuaient les yeux et lançaient de la fumée par les narines, afin de rendre la foule plus fervente.

Voilà à quels lamentables délires arriva l'idolâtrie des moines bouddhistes. Mais ce qui est pire encore, ce sont les scandales que l'on raconte de la dépravation de leurs monastères. Après avoir fait profession de pénitence et d'austérité, ils donnèrent de tels exemples de corruption, tel le *Tchin-lham*, qu'on ne peut les décrire dans une langue vulgaire.

Telle est la série d'inventions fantaisistes, mélange d'idolâtrie et de superstition, que la science officielle nous présente comme le véritable enseignement du Bouddhisme.

Que, dans des foules orientales très ignorantes, de pareils récits aient trouvé un écho, cela n'est pas pour nous étonner. Ce sont en effet des peuples misérables, à l'imagination fiévreuse, qui écartent leur regards des horreurs de la vie réelle pour rêver des choses extraordinaires. Mais tous les bouddhistes éclairés protestent contre leur fanatisme. A la fin de l'audience qu'il

accorda aux missionnaires apostoliques Huc et Gabet, le Régent du Thibet fut le premier à condamner la superstition bouddhique : « Dans tout ce que vous
« avez vu et entendu dans la Tartarie et dans le Thi-
« bet vous avez dû rencontrer bien des choses à cen-
« surer ; mais vous ne devez pas oublier que les
« nombreuses erreurs et superstitions que vous avez
« constatées ont été introduites par des Lamas igno-
« rants et sont condamnées par les bouddhistes ins-
« truits ».

Ce qu'il y a de plus étrange, c'est que les savants orientalistes n'aient rien vu, au fond du Bouddhisme, en dehors de ses délires et de sa corruption.

TABLE ALPHABÉTIQUE

A

Abélard 318
Abulkasim Firdusi 454
Achterfeld 425
Adami 499
Ader Berzin 454
Adimante 314
Agassiz 103
Agathon 41
Ahmed Almakari 212
Aknas 314
Alain de Lille 436
Albert le Grand ... 392, 413
Alcibiade 305
Alcinous 309
Alexinos 41
Alexis 41
Al-Farabi 49, 317
Allan Kardec 323
Ambroise (St), 339, 347, 350 355
356, 358, 369, 411, 431
Anaxagore 410
Anaximandre 410
Anaximène 410
Anquetil 519
Anselme (St), 23, 49 413
Antigonos 42
Antipater 42, 43
Apelle 147
Apicius 197
Apuleius 318
Arbois de Jubainville ... 479
Archélaus 278, 305, 410
Archimède 59

Architas 46
Aresas 305
Arintero 365
Aristippe 244
Aristoclès 40
Aristophane 305, 306
Aristote 20, 40, 41, 42-50, 200
201, 227, 266, 272, 274-277
285, 286, 307, 325, 326, 351
352, 364, 386, 391-393, 410
415, 419, 436, 521
Arménide 410
Armisa 475
Arrien 42, 43, 490
Asclépigène 309
Asclepios 307
Astor 41
Atticus 328
Angelander 75
Augustin (St) 24, 49, 61, 64, 163
173, 208, 314, 339, 340, 346
347, 348, 350, 352-356, 358
361, 362, 368, 369, 374, 375
403, 411, 412, 413, 416, 418
419, 425, 431, 441, 463
Austen 115
Autrecourt 231
Avempace 317
Averroes 317
Acicebron 318
Avicenne 317
Azada 474

B

Bacon	54	Berthelot	59, 92,	93
Baeumker	267, 280, 310	Berthollet		86
Bain	113	Berzélius	83, 85, 91,	92
Ballantyne	532	Bessarion		318
Baltus	409	Bezold		469
Baltzer	353	Bichat		173
Balzac	8	Blavatsky		322
Banerjea	524, 530, 533	Boèce		49
Baraduc	322	Boehme		319
Barthez	206	Bolyai		74
Basile (St)	350	Bonald (de)		334
Basilidès	313	Bonaventure (St)		347
Bastian	92	Bonetty		334
Baumé	206	Bossuet		424
Bautain	324	Boutet		4
Beaunis	100, 183	Boyle		83
Beausobre	315	Brehm, 21, 106, 107, 111,		148
Becquerel	80	Brocker	172,	195
Bède (Vble)	431	Brunetière		130
Bellermann	475	Brunhes		124
Beltrami	74	Bruno (Giordano)		318
Bentham	113	Buchner	263,	384
Bergaigne	449, 464, 506	Buffier		35
Bergson	263-266, 384	Buist		116
Berkeley	28	Burnouf		455
Bernard (St)	208	Butleroff		86
Bernouilly	76	Byron		211
Bérose	489, 496			

C

Caithness (Lady)	322	Celse	409, 410
Çakya-Mouni	557-560, 564, 566	Céphisodote	41
Calcidius	318	Chaignet	386
Callias	45	Chantre	177
Callisthène 43, 47, 272,	516	Chastel	334
Caro	384	Chateaubriand	112
Cardan	319	Chevreul	107
Carnéade	279	Chrysippe	279, 280, 291
Cassandre	42, 43	Chwolson, 452, 453, 473-476	499
Castelein	365, 366	Cicéron	287

CLAUDE BERNARD 98, 114
CLAUSIUS 121
CLÉANTHE 278
CLERCK MAXWELL, 71, 72, 73, 231
CLIFORD 74
COCHIN 91, 98, 120
COLDING 78
COLEBROOKE, 516, 531, 532, 534, 547
COLLINGWOOD 115
COMTE Auguste, 31, 142, 270, 271
CONDILLAC 44
CORNÉLIUS AGRIPPA 319

COUSIN Victor 321, 386
CRATÈS 278
CRÉMONIDE 41
CREUZER, 447, 463, 467, 477, 510, 517
CRITOLAOS 279
CROLL James, 76, 188...... 451
CROOKES, 74, 80, 81, 87,... 323
CROVA 121
CSOMA DE KOROS......... 553
CUFFELER 268
CURIE (Mme)............ 80
CUVIER 107
CYPRIEN (St)........... 358
CYRILLE (St)........... 412

D

DAKIKI 454
DALTON 86
DANISHVER 454
DARWIN, 90, 105, 106, 108, 111, 113-115, 134, 138, 142, 162, 168, 234, 364
DAVID DE DINANT 329
DAVY 59, 78
DELANNE 323
DÉMOCHARÈS 41
DÉMOCRITE, 69, 230, 231, 410
DÉMOPHILE 41
DERBY 142
DESCARTES, 26, 38, 61, 125, 234
DESTUTT DE TRACY...... 35
DEWANAI 475
DEWEY 7
DEXIPOS.............. 47

DHAGRIT 452
DIEULAFOY 487
DILTHEY 235
DIOGÈNE LE CYNIQUE, 449, 476
DIOGÈNE DE LAERCE, 279, 306
DION DE SICILE...... 41, 307
DONOSO CORTÈS 334
DRAPER 90
DROZ 231
DRUMAUX 79
DRYDEN 204
DU BOIS-REYMOND, 76, 96, 241
DUHEM 129
DUHRING, 6, 227, 231, 237, 238, 241, 242, 244, 246
DUMAS 85
DUMERIL 183
DURAND 415

E

ECKART 436
ECKSTEIN 519, 562
ELIEN 41
EMERSON 198, 205

EMPÉDOCLE 300, 410
ÉPICTÈTE 279, 287
ÉPICURE 41, 231, 286, 328
EUBULIDE 41 45

TABLE ALPHABÉTIQUE

Euclide le Socratique... 45
Eurités 305, 306
Eurumidès 41
Eusèbe 412

F

Fabre 102, 177, 183
Falsan 177
Faraday 78
Farges 29
Faustin (S¹) 410
Faustus 314
Fay 83
Faye 121, 126, 233
Fechner ... 211, 244, 284, 323
Félix 314
Fénelon 35, 424
Fergusson 481
Ferri.. 137, 156, 162, 163, 192
Feuerbach 270
Fichte 61, 244, 269

Figuier ... 206, 321, 322, 351
Findel 323
Fitzedward 533
Flammarion.... 233, 321, 322
Forel 116
Fortlage 291
Fortunatus 314
Fouillée. 31, 40, 118, 321, 386
Franck 561
Franklin 183, 184
Fredault 360
French 199
Froschammer.. 337, 425, 426
Funck-Brentano 44

G

Gabet 555, 576
Galilée 60, 77
Garofalo 192
Gauss 74
Gautier 91
Gay Lussac 59
Gerando 386
Gerhardt 85, 87
Gemisthio 318
Gfrorer 475
Gioberti 426
Girard 183, 184
Gladstone 197
Goethals 22
Goethe 268
Goldstein 80
Gonzalez (Card.).... 365, 456
Gonzalez de Cellorigo... 193
Gotama 534

Gould 106
Grant-Allen 211
Grasset 133
Grassmann 449
Gratiolet 107
Gray 206
Grégoire le Grand (S¹)... 450
Grégoire de Nazianze (S¹)
   164, 339, 347, 350, 352,
   356, 361, 411, 412, 421,
               431, 436
Grimblot 553
Grove 78, 234
Guérinot 546, 547
Guizot 151
Gunther 425
Guyau 108, 113
Guyon (Mᵐᵉ) 424

TABLE ALPHABÉTIQUE

H

Haeckel	364	Herschell	73, 75
Haller	351	Hilaire (St)	348, 350
Hallitz	205	Hippias	45
Hamilton	342	Hippocrate	230
Hartley	172	Hirn	70, 81

Hartmann 191, 193, 195, 196, 209, 262, 264, 265, 284, 293, 329, 387
Hiuan Tsang 568
Hodgson 520, 553
Holbach (d') 244, 268
Hégel, 224, 225, 227, 244, 255, 262, 269, 270, 284, 285, 319, 320, 342
Holtzmann 448
Homère 453
Hommel, 448, 465, 469, 470, 471, 480, 489, 496
Heine 198
Helmholtz, 74, 79, 104, 121, 123
Horace 72
Henle 207
Houzeau 111, 143
Héraclite 278
Huber 109, 116, 146
Herder 40
Huc 555, 572, 576
Herméias 41
Hugues de St-Victor, 436, 437
Hermés 337, 425
Humboldt 183, 184
Hermias 410
Hume 29
Hérodote 463, 504
Huyghens 76, 125

I

Ildefonse (St) 431
Irénée (St) 412
Iolaus 43
Isidore (St) 431

J

Jacobi 36
Jérome (St) 350, 411, 431
Jacques (St) 328
Jérome de Rhodes 305
Jamblique, 47, 302, 311, 319, 328
Johnson 172
Johnston 551
Jambuschad 452
Johnston Stoney 79
James W., 7, 8, 9, 15, 16, 17, 18, 129, 133, 428
Joly 107
Jones W 516
Janet 256, 384
Josèphe 475
Jarbuqa 453
Joubert 84
Jean (St) 351, 374, 376
Jouffroy 408
Jean XXI, 414, 420, 438, 439
Joule 78
Jean Chrysostome (St) 365, 412
Julien 328, 407, 409, 410, 418
Jean Damascène (St), 350, 431
Justin (St) 412
Jean de Salisbury, 49, 413

K

KANADA 534, 543
KANT, 6, 7, 13, 15, 29, 30, 31,
  36, 39, 40, 53, 62, 63, 65,
  73, 104, 140, 156, 161,
  163, 168, 213, 219, 231,
  233, 242, 270, 292, 341,
  342, 343, 373, 384, 427, 429
KAPILA 534, 541, 543
KÉKULÉ 86
KÉPLER 77
KILWARDBY 414
KLEE 425
KNUD 385
KRAUSE 319, 384, 513

L

LABAU 263
LACTANCE 410, 412
LAMARTINE 214
LAMENNAIS 37, 321
LA METTRIE 231, 244
LANGE 10-12, 14, 15, 23, 31,
  239, 242, 243, 244, 247,
        248, 387, 429
LASSEN 448
LAUN 91
LAVOISIER 83, 86
LE BON 263, 266, 267, 385
LE CLERC 409
LEHEN 360
LEIBNITZ, 27, 38, 125, 129, 291
LEMKE 147
LENORMANT, 468, 469, 489,
          490, 496
LÉON XIII, 55, 334, 339, 430
  431, 432, 433, 435, 437, 438
LÉOPARDI 212
LEROUX 321
LEROY 102, 365
LE SAGE (de Genève) 72
LESSING 147, 268
LEUCIPPE 230, 410
LEWIS-MORGAN 103
LIBERATORE 334
LIEBIG 90
LIPSCHITZ 74
LITTRÉ 272
LITROW 322
LOBATCHEUSKY 74
LOCKE 36, 44, 387
LOCKWOOD 106
LODGE 79
LOISY 426
LOCKMANN 509
LOMBROSO, 59, 136, 138, 139 162
              385
LOTZE 319, 320
LOUIS DE GRENADE 173
LUBBOCK, 109, 146, 162, 183
  195, 197, 198, 199, 201, 204 213
LUC (St) 376
LUCIEN 41
LUCRÈCE 72, 120, 227, 232
      234, 251, 279, 311
LUPUS 334
LUTHER 421
LYELL 451
LYSIPPE 147

M

MACH 129
MACQUORN RANKINE 127
MADLER 75
MAHMOUD LE GRAND 454

TABLE ALPHABÉTIQUE 583

MAIMONIDÈS 318
MALEBRANCHE 425
MANÈS 313, 314
MANSEL 342
MARC-AURÈLE 279, 407
MARCION 313
MARINOS 309
MARSILIUS FICINIUS 318
MARTIGNÉ 353, 414
MARTINEZ PASCUAL 319
MAYER 78
MAXWELL HALL 75
MÉLAMPUS 509, 510
MÉLISSOS 260
MILL J. STUART 31, 233
MILHAUD 129
MINAYEFF 556
MINUTIUS Felix 410

MIQUEL 170, 180, 181
MIVART 365, 366
MODERATUS 309
MOGGRIDGE 117
MOHLER 420
MOHR 78, 263
MOLESCHOTT 90, 91, 99
MOLINOS 424
MONTANUS 424
MONTECORVINO (Jean de).. 571
MONTES DE OCA.......... 116
MOQUIN TANDON......... 183
MORTIMER TERNAUX...... 146
MOSCHUS 509, 510
MUIR 506
MULLER MAX, 448, 536, 552, 554
MURRI 426
MYERS 133

N

NAGARDJUNA 565
NEHEMIAH NILAKANTA 532
NEUMANN 563
NEWMANN 75
NEWTON, 54, 59, 60, 71, 75,
76, 77, 83, 125

NICOMAQUE 309
NIETZSCHE...... 153, 154, 163
NORDAU MAX, 153, 195, 196,
204, 263, 288, 393
NOURRISSON.... 224, 387, 445

O

OBRY 552
OLDEMBERG 529
OLIVE (Pierre Jean d')..... 353
ONUFRIO 452

OPPERT 488
ORIGÈNE 410
ORVIETO 267
OSTWALD 129

P

PALMIERI 360
PANÉTIUS 279
PAPINI 8
PARACELSE 319
PARIS (Pierre)........... 480
PARMÉNIDE 260, 261, 324

PARRHASIUS 147
PASTEUR 92, 119
PATANDJALI 534
PATRIZZI 48
PAUL (St), 24, 349, 351, 353,
361, 386, 370, 371, 374,

375, 376, 410, 413, 416,
418, 425, 436
Pauthier 516
Perez de Herrera 193
Perrone 425
Phèdre 41
Phérécide 410
Phidias 147
Philolaus 305, 306
Philon 475
Pie IX 338, 353, 430
Pie X 438, 439, 441
Pierce 16
Pierre (St) 361
Pioger 351
Platon, 41, 44, 45, 227, 306,
307, 308, 309, 311, 313,
386, 410, 412, 414
Pline l'Ancien ... 43, 43, 490
Plotin, 227, 311, 312, 320,
328, 330, 513
Plumacher 263
Plutarque 42, 287
Poincaré (Henri) 129
Polo Marco 571

Polyctète 147
Polygnote 147
Polyhistor 309
Pope 172
Porphyre 302, 311 312
Posidonius 279
Pouchet, 92, 101, 102, 106,
109, 112
Pouillet 121
Prandt 231
Prayer 97
Praxitèle 147
Prezzolini 142
Pringsheim 91
Priscilla 424
Proclus 227, 309
310, 319-321, 328, 330, 384
389, 513
Prodicos 44
Protagoras 44, 45, 410
Proust 74, 87
Pyrrhon 28
Pythagore, 199, 227, 306-309
314, 387
Pythodoros 45

Q

Quatrefages (de) ... 458, 482
Quatremère 453

Quincey (de) 5
Qutami, 452, 453, 459, 493, 504

R

Radau 74
Ramière 360
Ram Mohun Roy 519
Ramsay 424
Ravaisson 321
Rawlinson 448
Regnaud 519
Reid 35
Rémusat 570
Renan, 452, 455, 463, 549,
550, 552, 553

Reuchlin 318
Reynaud 321, 384
Reynolds 87
Ribot 33
Riche 37
Richter 87, 140, 141
Rickah Dass Jaini 547
Riemann 74
Robinet 231
Rœntgen 80
Rœr 519

TABLE ALPHABÉTIQUE

Rohrbacher 350, 570
Romanes 22, 103
Rose 73
Rosmini 38, 52, 426
Roth 449

Rumford 78
Ruskin 198, 202, 205
Ruysbroeck............. 436
Ruyssem 129

S

Sadi Carnot............. 78
Saint-Hilaire Barthélémy, 45, 321, 532, 538, 550, 551
Saint-Martin 319
Saisset 321
Salisbury 146
Salluste 309
Sanchez 54
San Severino....... 27, 363
Sanz del Rio....... 328, 384
Saporta 174
Sarzec 461
Saturninus 313
Scheil 498
Schell 426
Schelling, 244, 268, 269, 319, 320, 513
Schiefner 557
Schiller F. C. S.......... 8
Schiller 268
Schleiermacher 386
Schomberg 110
Schopenhauer, 64, 167, 182, 195, 196, 209, 221, 226, 227, 262, 264, 284, 289, 293, 329, 380, 385, 387, 399
Schwann 93
Schweiger 83
Schweizer 387
Scoppas 147
Scott Erigène........... 318
Scythianus 313
Secchi, 57, 70, 71, 72, 84, 120, 124, 231, 451
Secundinus 314
Seeman 142

Sénèque 198, 279, 287
Serv Azad 454
Sextus Empiricus, 29, 30, 384
Sfondrata 424
Sigwart 129
Silvestery 74
Simon Jules....... 321, 386
Simplicius 47
Sinnet 322
Smith Adam........ 116, 172
Socrate 227, 305-307
Spence Hardy........... 563
Spencer Herbert, 24, 33, 123, 133, 167, 186, 219, 220, 227, 231, 234, 235, 236, 240, 242, 243, 245, 248, 249, 285, 342, 384, 398
Speusippe....... 309, 311, 325
Spinoza, 36, 227, 267, 268, 284, 286, 291, 387
Stael (Mme de)....... 31, 40
Stallo 10, 32, 74
Stas 74, 87
Stein 281
Stewart, 58, 71, 76, 97, 122, 123, 322, 448
Stilpon 41
Stirner 154
Stokes 96, 106
Stosch 268
Strabon 504
Strange 106
Strauss 245
Stringel 421
Suarez 365
Suhab Sath............. 453

SULLY, 193, 195-199, 202-205, 207, 209, 210, 211, 213
SUSO 436
SWEDENBERG 319
SYMMER 83
SYRIANOS 309

T

TAINE......... 23, 146, 231
TAIO 431
TAIT, 58, 71, 76, 97, 122, 123, 126, 322, 448
TARANATHA 557
TATIEN 410
TAULER 436
TENKELUSCHA 493
TEREBINTUS 313, 314
TERTULLIEN 410, 412
THALÈS 226, 410, 445
THÉOCRITE DE CHIOS...... 41
THÉODORE DE MOPSUESTE.. 358
THÉODORET 412
THOMAS (St) 564
THOMSON WILLIAM, 86, 121,

THUCYDIDE 126, 127
THUCYDIDE 488
TIBERGHIEN 384
TIMÉE 41
TIMON LE SILLOGRAPHE, 28, 41, 305, 307
TOFAIL 317
TOLAND 268
TOLSTOÏ......... 59, 322, 384
TONGIORGI 351, 360
TSONG-KABA 572
TUCKER ABRAHAM......... 172
TURPIN 93
TYNDALL... 83, 84, 93, 236, 323
TYRRELL 426

U

UBAGHS 334
UDAYANA 543
UDIKOTAMA 543

UEBERWEG, 10, 11, 12, 236, 245
UNAMUNO 7

V

VACHEROT, 40, 256, 270, 321, 384, 386
VAIHINGEN 10
VALENTIN 313
VAN DEN ENDE.......... 267
VARRON 410
VASUMITRA 561

VAUCANSON 231
VERA 270
VILLENEUVE BARGEMONT.. 193
VIOLLE 121
VIRCHOW 95, 138
VOGT 263

W

WACHTER 475
WAGNER 152
WAHSCHIJJAH 452, 453
WALKENAER 102
WALLACE 162, 323
WARD 531

WASSILJEW 552, 556
WATERHOUSE 106
WEBER 519
WEISHAUPT 323
WELTE 434
WELTZER 434

WENZEL 87
WESMAEL 109
WESTERGAARD 557
WHEWELL 31
WIEN 80
WIGAND 244

WILLIAMSON 87
WINDISCHMANN, 337, 425, 519
WOLF 122, 126, 233
WOLLASTON 86
WURTZ 85, 86

X

XÉNOCRATE 311   XÉNOPHANE, 227, 230, 267 270

Z

ZABOROWSKY 451
ZÉNON, 41, 44, 260, 261, 278, 324
ZEUXIS 147

ZIGLIARA.... 353, 359, 363, 364
ZOLLNER 323
ZOROASTRE........... 502

TABLE DES MATIÈRES

Problèmes de la vie

ETUDES DE POSITIVISME MÉTAPHYSIQUE

ETUDE I

La Zoologie et le Somnambulisme............... 1

La vie zoologique. — La réaction idéaliste. — Le Somnambulisme. — Somnambulisme organique. — Somnambulisme littéraire. — Somnambulisme « philosophant ». — *Premier degré* : Création de vérités : le Pragmatisme. — *Deuxième degré* : Création de l'Univers. — *Troisième degré* : Rayons ultra-violets du kantisme. — Dangers du Somnambulisme. — Avantages du Somnambulisme philosophant. Caractère zoologique du Somnambulisme. — La fraude du Pragmatisme.

ETUDE II

Le Positivisme Métaphysique

CHAPITRE I. — *La Connaissance intellectuelle*............... 22
Deux positivismes. — L'Entendement zoologique. — L'Intelligence. — Diversité de leurs natures respectives. — Positivisme de la Métaphysique. — La vision intellectuelle. — Négation frauduleuse des Idées.

CHAPITRE II. — *Analyse de la connaissance intellectuelle*...... 29
Classification des Idées. — Causalité, Substance et Loi. — La diversité des lois est une preuve de la pluralité des substances.

CHAPITRE III.—*De la certitude de la connaissance intellectuelle.* 33
Scepticisme zoologique. — Scepticisme intellectuel. — La
certitude résulte de l'assentiment. — Aveux des sceptiques.
— La théorie et la pratique.
CHAPITRE IV.—*Sens détourné de la connaissance intellectuelle.* 41
Concept zoologique de la connaissance intellectuelle. — Le
consentement universel de Lamennais. — Les idées innées.
CHAPITRE V. — *Du discrédit de la Métaphysique*............ 45
Pathologie de l'Intelligence. — Cultisme Kantien. — Aristote. — Ce qu'Aristote entend par Intelligence et par Idées.
— L'Aristotliesme. — Paroxysme aristotélicien du Moyen-Age.

ETUDE III

Méthodologie... 58
Egarements de l'apriorisme ontologique. — Connaissance préalable de la réalité. — Nécesssité de l'observation
scientifique : Bacon et Sanchez. — Doctrine de l'Eglise catholique. — Distinction à établir entre les observations et les
inductions. — Acceptation des observations scientifiques. —
Critique des inductions des prétendus savants. — Nécessité
de l'observation interne. — Supériorité de l'observation interne. — Contradictions de Kant.—Plan de la Métaphysique :
Analyse et Synthèse. — Les trois problèmes de l'Analyse.

PREMIÈRE PARTIE
L'Analyse et ses Problèmes
ETUDE IV
Le Problème Cosmogonique.

CHAPITRE I. — *Données de la Physique.*................. 76
La Matière : deux espèces diverses. — L'Ether. — Les
Atomes : Loi de Gravitation. — L'Energie : Ame cosmique.
— Premier antagonisme : entre l'Energie et la Gravitation.
CHAPITRE II. — *Données de la Chimie.*................... 91
Sexualité des corps inorganiques. —Procréation de l'Energie. — Préordination interne des corps inorganiques. — Préordination morphologique.

CHAPITRE III. — *Données de la Biologie*............ 97
Formation des organismes. — Altérations mécaniques, morphologiques et chimiques. — Préordination, unité et solidarité des organismes. — Sensation et conscience. — L'Hérédité. — Second antagonisme : entre l'Energie et les Ames individuelles.
CHAPITRE IV. — *Données de la Zoologie*............ 108
Finalité de la vie zoologique. — Appétits du Brutalisme. Appétits du Sensualisme : l'Esthétique. — Déterminisme zoologique : Loi de Chevreul. — Morale zoologique. — Association en vue de fins brutalistes. — Association en vue de fins esthétiques. - Langage. — Chefs et classes sociales. — Fausseté de l'altruisme zoologique. — Troisième antagonisme : la loi du combat.
CHAPITRE V. — *Mort de l'Univers visible*............ 127
Mort des individus et des espèces. Extinction de l'Energie. — Subterfuges des savants.
CHAPITRE VI. — *Position du problème cosmogonique*....... 137
Résumé cosmologique. — Facteurs du problème cosmogonique.

ETUDE V

Le Problème Ethique

CHAPITRE I. — *Données de l'Anthropologie: La Bête humaine.* 141
Dualisme anthropologique. — Nature zoologique de l'homme.. — Conditions zoologiques des associations. — La loi du combat : fausseté de la doctrine de Lombroso et de l'école italienne. — Apothéose de l'Esthétique. — L'Acoustique. — La Perspective.
CHAPITRE II. — *La Zoolâtrie dans l'Histoire*........ 152
Philosophie de l'Histoire. — Paroxysmes de la bestialité humaine. — La Grèce. — Le Moyen-Age. — L'Ancien Régime. — Le XIXe siècle : l'extase zoologique de Wagner. Nietzsche. — L'animal sacré. - La nouvelle Sociologie.
CHAPITRE III. — *La loi du Devoir*............... 165
Négation de la vie zoologique. — Confusion entre la Bonté et la Beauté. — Témoignage de l'école italienne. — L'Esprit. — Quatrième antagonisme : entre l'Esprit et l'Ame zoologique. Unité du composé humain.

CHAPITRE IV. — *Gravité du problème éthique*............... 172
Témoignages de Schopenhauer et de Spencer. — Prédétermination de la fin de la vie humaine. — Termes du problème.

ETUDE VI

Le Problème du Bonheur.

CHAPITRE I. — *Malheurs de l'Humanité*................... 176
Nécessité de l'analyse de la vie humaine. — Félicités paradisiaques de l'époque tertiaire. — Cataclysmes de l'époque quaternaire : l'Humanité. — Traditions primitives. — Maux que l'Humanité subit de la part de la Nature. — Désastres de la lutte zoologique. — Infériorité zoologique de l'homme. Aggravation des maux humains. — Avenir de l'Humanité, d'après la Biologie. — L'Avenir d'après la Géologie. — Illusions et désillusions du progrès.
CHAPITRE II. — *Philosophie de l'Optimisme*............ 202
Lubbock et Sully. — Plaisirs naturels du Brutalisme. — Plaisirs artificiels.—Conversion des supplices en plaisirs. —Extermination des malheureux.
CHAPITRE III. — *Résumé de l'Analyse*................... 212
Universalité de l'infortune humaine.—Le *Tædium vitæ* des privilégiés. — Suicide ou contentement. — L'énigme du Mal.

DEUXIÈME PARTIE

La Synthèse et ses Solutions

ETUDE VII

La Cause Première............................ 221
Induction d'une Cause unique. — Témoignage de Kant. — Témoignage de Spencer. — Incognoscibilité de l'Etre Suprême. — Recherche de ses desseins manifestes. — Conditions de la Cause Première. — Epopée intellectuelle. — Itinéraire de l'Intelligence. — Tableau synoptique de la Métaphysique.

ÉTUDE VII

Premier Système : l'Atomisme.

CHAPITRE I. — *Les Ecoles*........................... 231
La thèse de l'Atomisme. — Histoire et Ecoles de l'Atomisme. *Première école* : le Hasard : Lucrèce : — *Deuxième école :* la Loi : Spencer. — *Troisième école* : les Atomes vivants : Dühring.

CHAPITRE II, — *Critique de l'Atomisme*.................. 240
Solution du problème cosmogonique. —Transition au Naturalisme. — Solution du problème éthique. — Solution du problème du bonheur.

ETUDE IX

Second Système : le Naturalisme.

CHAPITRE I. — *Idées fondamentales*............... 251
La Nature. — Monisme absolu. — Evolution ascendante de la Matière. — Le supérieur est dans l'inférieur et vice versa. — Unité de Forme. — Idée matérialiste de l'Esprit. — Idée matérialiste de Dieu. —Dieu, cause finale. – Dieu dans le Temps. — Dieu subordonné au Destin.

CHAPITRE II. — *Les Ecoles* 259
Première école : Naturalisme athée. — *Deuxième école* : Panthéisme. — *Troisième école :* Anthropolâtrie. — *Quatrième école :* Astrolâtrie sans Providence, — Supercheries aristotéliciennes. — *Cinquième école* : Astrolâtrie et providentialisme.

CHAPITRE III. — *Critique du Naturalisme* 280
Solution du problème cosmogonique. — Solution du problème éthique. — Solution du problème du bonheur.

ETUDE X

Troisième Système : l'Emanatisme.

CHAPITRE I. — *Idées fondamentales*....................... 251
L'Immanence et la Transcendance. — Le foyer et ses éma-

nations. — Évolution descendante de la Cause Première. — Le Dieu de l'Emanatisme: Panenthéisme. — Anthropologie émanatiste. — Théurgie et Magie. — Enseignement ésotérique: Gnosticisme.
Chapitre II. — *Les Ecoles*... 301
Divisions au sein de l'Emanatisme. — *Première école :* Pythagore, Socrate et Platon. — *Deuxième école*: Proclus. — *Troisième école :* Plotin. — *Quatrième école :* le Manichéisme.
Chapitre III. — *Histoire de l'Emanatisme*................... 313
Moyen-Age. — Temps modernes. — Allemagne : Krause, Schelling et Lotze. — France: le cycle cousinien. — Angleterre et Russie. — Franc-Maçonnerie et Spiritisme,
Chapitre IV. — *Critique de l'Emanatisme*................... 320
Solution du problème cosmogonique, — Solution du problème éthique. — Solution du problème du bonheur.

ETUDE XI

Quatrième Système : le Créationisme

Chapitre I. — *Métaphysique Chrétienne*..................... 328
Condamnation du Traditionalisme. — Condamnation du Rationalisme: Révélation, Foi et Théologie. — La vue et le télescope. — Siècle d'or de la Métaphysique chrétienne : Saint Augustin.
Chapitre II. — *La Cause Première selon le Créationisme*.... 335
La création ex-nihilo. — Solution du problème cosmogonique. — Le Dieu Créateur. — Triple personnalité du Créateur.
Chapitre III. — *Cosmogonie créationiste*..................... 343
Double création du Ciel et de la Terre. — Finalité respective des deux Créations.
Chapitre IV. — *Anthropologie créationiste* 346
Condamnation du Monisme naturaliste et du Dualisme émanatiste. — Analyse anthropologique d'après le Créationisme chrétien. — Origine distincte des Esprits et des Corps. Pluralité de substances et de lois dans l'ordre anthropologique. — Le quatrième antagonisme dans le système créationiste. — Unité du composé humain. — L'Esprit, forme substantielle du corps humain. — Question secondaire.

TABLE DES MATIÈRES   595

Chapitre V. — *Solution du problème éthique*............ 359
Sacrifice de la Bête humaine. — Nécessité de la grâce ou secours divin.
Chapitre VI. — *Solution du problème du bonheur*.......... 363
Finalité du Mal. — Vie future de l'Humanité. — La vie future dans le Temps. — La vie future dans l'Eternité. — Erreurs concernant la prédestination.
Chapitre VII. — *Défauts de l'Idéographie créationiste*....... 369

ETUDE XII

Critique générale de la Métaphysique.

Chapitre I. — *Extravagances des philosophes*............. 373
Arrogance des Philosophes. — Confusions de systèmes et d'écoles. — Le Métissage.
Chapitre II. — *De l'investigation de la vérité métaphysique*... 380
Proscription de la chorégraphie aristotélicienne. — Base de toute discussion métaphysique. — Classification et critique des philosophes.
Chapitre III. — *La Philosophie et la Religion*............. 386
Sens étymologique des mots *Philosophie* et *Religion*.—Sens usuel des deux mots.—Dégradation philosophique de Dieu. Deux optimismes différents. — Concepts opposés de l'Intelligence humaine. — Jugements opposés sur la vie zoologique.
Chapitre IV. — *Antagonisme entre la Philosophie et le Christianisme*.. 394
Guerre des philosophes contre le Christianisme. — Guerre des Pères de l'Eglise contre la Philosophie. — Condamnation spéciale d'Aristote. – Condamnation spéciale de Platon et de l'Emanatisme.—Nouvelles condamnations au XIIIe siècle.
Chapitre V. — *Intoxication philosophique du Créationisme*... 404
Clairvoyance des Saints Pères. — Infection naturaliste. — Genèse du protestantisme et du jansénisme. — Infection émanatiste. — Infection du Kantisme et du Pragmatisme. — Les Modernistes.
chapitre VI. — *L'Intégrisme dans la Métaphysique*......... 416

APPENDICES

ETUDE XIII

Préhistoire de la Métaphysique.

Chapitre I. — *Paléontologie*........................... 427
Temps préhistoriques. — Sources de la Métaphysique préhistorique. — Données des philosophes antiques. — Extravagances des orientalistes. — Fantaisies paléontologiques. Traditions chaldéennes : Qûtâmi et Tenkelûschâ. — Traditions perses : le Shah Nameh. — Quatre époques de la Préhistoire.

Chapitre II. — *Première époque* : 5.000-2.400 av. J. C...... 438
Souvenirs de l'époque quaternaire. — Empires primitifs de la race blanche. — Bases du Créationisme préhistorique. L'Egypte. — La Mésopotamie d'après les orientalistes. — La Mésopotamie d'après les traditions chaldéennes. — L'Iran. — Emigration de la race blanche vers l'Occident. — Etrusques et Lybiens. — Emigration de la race blanche vers l'Orient.

Chapitre III. — *Seconde époque* : la Domination touranienne. 466
La race touranienne. — La conquête touranienne. — Triomphe de l'anticréationisme d'après les orientalistes. — Triomphe de l'anticréationisme d'après la tradiction chaldéenne.

Chapitre IV. — *Troisième époque* : les Restaurations........ 473
La race blanche reconquiert ses pays. — Restauration du Créationisme dans les trois Empires d'après les orientalistes. — Ampliations des livres sacrés. — Restauration du Créationisme d'après la tradition chaldéenne. — La Grèce. — Abraham.

Chapitre V. — *Corruption et discrédit du Créationisme préhistorique*.. 480
Causes de la décadence du Créationisme. — L'Idolâtrie. — Substitution du sacrifice liturgique au sacrifice personnel. Anthropomorphisme divin.

Chapitre VI. — *L'Anticréationisme en Occident*............ 484
Réaction anticréationiste. — Enseignement ésotérique de l'anticréationisme : les Mystères. — *Premier système :* l'Ato-

misme. — *Deuxième système :* le Naturalisme. — *Troisième système :* l'Emanatisme.
Chapitre VII. — *L'Anticréationisme en Orient*............ 490
Les Aryas dans l'Hindoustan. — Préhistoire métaphysique de l'Hindoustan. — La thèse des tournois dialectiques. — Les Upanishads.—*Premier système :* l'Atomisme. — *Deuxième système:* le Naturalisme. — *Troisième système :* l'Emanatisme.— Apostasie des brahmanes et établissement des castes. — Dépravation émanatiste : la légende de Krishna.
Chapitre VIII. — *Le Créationisme dans l'Hindoustan*........ 506
Falsification du Créationisme hindoustanique. — Métaphysique et culte créationiste. — Théologie védique. — Anthropologie védica. — Kapila, — Kanada. — Les Jainas.

ETUDE XIV
Le Bouddhisme.................................... 524
Le délire de la critique. — Sources du Bouddhisme. — Çakya-Mouni : son époque. — *Première période :* la prédication de Çakya-Mouni. — *Deuxième période :* la Hynâyâna. — *Troisième période :* la Mahâyâna. — Nouvelles doctrines. — Ecoles de la Mahâyâna. — *Quatrième période :* réforme disciplinaire et liturgique du Bouddhisme.—Corruption du Bouddhisme.

Table Alphabétique 577
Table des Matières. 589
Errata 599

POITIERS. — IMPRIMERIE M. BOUSREZ.

ERRATA

Pages	ligne	au lieu de	lire
9	13e	se créer uniquement des idées absolutistes	se créer uniquement telles idées absolutistes
35	12e	Sensualités	Sensualistes.
46	20e	jeu de dès gobelets	jeu des gobelets
59	30e	et pousser l'orgueil	et ne pousser l'orgueil
81	26e	à 273°	à — 273°
129	30e	et de la gravitation	et la gravitation
130	26e	et l'Univers	et l'Intelligence
146	1re	d'Agrigente	Théron d'Agrigente
197	9e	et surtout les plaisirs esthétiques	plutôt que des plaisirs esthétiques
237	1re	physique	psychique

La note (2) *Die Psychologie der Stoa*, de la page 280, doit être à la page 281, ligne 3me, à l'auteur Stein — il faut donc lire page 281 (1) Stein.

Texte détérioré — reliure défectueuse

NF Z 43-120-11

Librairie Marcel RIVIÈRE, 31, rue Jacob, 1

BIBLIOTHÈQUE
DE
Philosophie Expérimentale

Directeur E. PEILLAUBE

Volumes parus :

I. **Le Psychisme inférieur**, par le Dr J. GRASSET, professeur de Clinique Médicale à l'Université de Montpellier (2ᵉ édit.)
1 vol. in-8° de 534 pages, broché............................ 9 francs
— relié.. 10 fr. 50

II. **La Théorie physique**, son objet et sa structure, par P. DUHEM, professeur de Physique théorique à la Faculté des Sciences de Bordeaux.
1 vol. in-8° de 450 pages, broché............................ 8 francs
— relié.. 9 fr. 50

III. **Dieu. L'Expérience en métaphysique**, par XAVIER MOISANT.
1 vol. in-8° de XIII + 300 pages, broché....................... 7 francs
— relié.. 8 fr. 50

IV. **Principes de linguistique psychologique**. *Essai de synthèse*, par VAN GINNEKEN, docteur de l'Université de Leyde.
1 vol. in-8° de 552 pages, broché............................ 12 francs
— relié.. 13 fr. 50

V. **Cournot et la Renaissance du probabilisme**, par F. MENTRÉ, professeur à l'École des Roches.
1 vol. in-8° de 652 pages, broché............................ 12 francs
— relié.. 13 fr. 50

VI. **Essai sur la Psychologie de la main**, par N. VASCHIDE, directeur-adjoint du Laboratoire de Psychologie pathologique à l'École pratique des Hautes-Études.
1 vol. in-8° de 504 pages, broché............................ 12 francs
— relié.. 13 fr. 50

VII. **Les systèmes logiques et la Logistique**, par C. LUCAS DE PESLOUAN.
1 vol. in-8° de 418 pages, broché............................ 8 francs
— relié.. 9 fr. 50

VIII. **Précis de Psychologie**, par W. JAMES. Traduit par E. Baudin, professeur de Philosophie au Collège Stanislas, et G. Berlier, directeur de l'École des Roches.
1 vol. in-8° de 632 pages, broché............................ 10 francs
— relié.. 11 fr. 50

IX. **Les Images**. *Essai sur la mémoire et l'imagination*, par E. PEILLAUBE, professeur à l'Institut Catholique de Paris, directeur de la « Revue de Philosophie ».
Un vol. in-8° de 514 pages, broché........................... 9 francs
— relié.. 10 fr. 50

X. — **La Philosophie Bergsonienne**. *Études critiques*, par J. MARITAIN, agrégé de philosophie, professeur au Collège Stanislas.
1 vol. in-8° de 478 pages, broché............................ 9 francs
— relié.. 10 fr. 50

Sous presse :

La Science et la Philosophie des Organismes, par H. DRIESCH, professeur à l'Université de Heidelberg.

Imp. *L'Union Typographique*, Villeneuve-St-Georges (S.-et-O.).

www.ingramcontent.com/pod-product-compliance
Lightning Source LLC
Chambersburg PA
CBHW060411230426
43663CB00008B/1446